23인의 전문가가

들려주는

바다 이야기

sea,
Conversation
with
the Specialist

바다
저자와의 대화
II

김인현 외 22인 공저

法 文 社

서 문

1년전에 발간한 「바다, 저자와의 대화Ⅰ」에 이어서 「바다, 저자와의 대화Ⅱ」를 발간하게 되었다.

2020년 9월 코로나19 때문에 오프라인 공부모임을 하지 못하게 되자, 나는 온라인으로 공부모임을 개설하게 되었다. 처음에는 바다관련 저자 20명을 모셔서 바다관련 교양을 전달할 것을 모임의 목표로 했다. 바다관련 다양한 지식을 습득하면서 통섭이 이루어졌다. 해운분야 사람들은 조선분야를 알게 되었고, 조선분야 사람들은 해운분야를 알게됐다. 선박금융인들이 가세하였다. 여기에 해양사 등 인문학이 추가되었다. 사람들은 공부모임을 확장하여 바다관련 전문가들을 다시 모시기로 했다. 전문가 20명을 모셔서 바다, 전문가와의 대화라는 이름의 공부모임을 연장하여 실시했다. 20명의 저자가 다루지 못한 분야의 전문가 20분을 모시면 총 40강이 될 것이었다. 이를 두 권의 책자로 만들면 바다관련 개론서로서 충분히 기능을 할 것으로 기대했다.

20명의 저자들이 발표한 내용은 「바다, 저자와의 대화Ⅰ」이라는 이름으로 발간되어 절찬리에 판매되었다. 「바다, 전문가와의 대화Ⅰ」이라는 이름으로 제2권을 발간할 예정이었지만, 필자들 사이에서 복잡하게 할 것이 아니라 「바다, 저자와의 대화Ⅱ」로 해도 충분하고 간단하다는 의견이 채택되었다. 그래서 본서의 서명은 「바다, 저자와의 대화Ⅱ」로 하기로 한다. 나머지 발간될 책들도 바다, 저자와의 대화 Ⅲ, Ⅳ로 하기로 했다.

해운업, 조선업, 선박금융업, 해상법, 해양사 등 다양한 분야에 걸친 전문가들이 적어도 20년 이상 천착한 자신의 분야를 발표한

다음 요약 정리한 글 23편이 이 책에 담겼다. 본서는 제1권 격인 「바다, 저자와의 대화 I」에 빠진 바다관련 분야를 채워주는 역할을 할 것이다. 두 단행본은 서로 보완재로서 기능하는 자매서인 것이다.

금년 2월에 총 82강의 강의가 완료되었다. 각 단행본에는 20강씩 담겨서 4권의 책으로 발간되는 것이다. 금년 안으로 나머지 42강도 정리해서 제III권과 제IV권으로 편찬해낼 예정이다.

매주 토요일 밤 온라인으로 모여드는 650여명의 회원들과 기꺼이 자신의 전문분야를 발표해주는 저자, 전문가들의 열정이 모여서 본서가 탄생하게 되었다. 회원들과 저자 전문가들의 노고에 깊이 감사드린다. 본서가 바다관련 산업과 전문분야를 알고자하는 학생, 전문가들, 특히 통섭적인 공부를 하고자하는 이들에게 널리 읽히기를 바란다. 본서를 발간해준 법문사의 배효선 사장님과 예상현 과장님께 감사드린다.

2022. 6. 30.

바다 저자와의 대화

운영대표 김인현 교수(고려대 해상법연구센터소장)

차 례

제1부 해운·항만·물류 ················· 1

내가 경험한 부정기선 해운 / 김칠봉 ················· 3

한국 해운 현황과 대책 / 김영무 ················· 18

해운물류산업과 Digital Transformation / 최영석 ················· 41

유럽의 물류산업 발달 과정 및 국내 물류 산업 발전을
위한 제언 / 최덕림 ················· 54

북극항로 / 최수범 ················· 85

알기 쉬운 항만경제 / 양창호 ················· 100

세계 각국의 항만 인센티브제도 및 우리나라 항만 인센티브
제도 개선방안 / 윤경준 ················· 116

제2부 조선·선박금융 ················· 131

우리나라 조선산업을 뒤돌아보며 / 유병세 ················· 133

선박금융 현주소와 발전방향 / 이동해 ················· 152

Decarbonisation & Digital Transformation이 세상을
바꾸다 / 권오익 ················· 173

해양진흥공사의 다양한 기능 / 조규열 ················· 184

기국(Flag State)의 기능과 역할 및 라이베리아 기국 / 김정식 ·· 203

제3부 법 률 ················· 227

해상법 개론 / 김인현 ················· 229

알기 쉬운 해상법 이론과 판례 / 김 현 ················· 244

알기 쉬운 해사도산법 / 정병석 ················· 261

선박 금융과 SPC / 정우영 ················· 281

알기 쉬운 해상보험 -해상보험의 정의, 역사 및 종류- / 권오정 ····· 296

내가 경험한 선박회사의 각종 사고와 분쟁 / 이석행 ················· 311

제4부 해상안전, 선박관리, 수산, 해양문화 ·········· **331**

　해양시스템과 안전 / 이종갑 ·········· 333

　화주, 용선주의 선박검사 소개 및 일본의 선박관리에

　　대하여 / 강명호 ·········· 348

　우리나라 수산정책의 과거 · 현재 · 미래 / 이광남 ·········· 364

　우리나라 해양수산 R&D / 조승환 ·········· 382

　해양교육과 해양문화 ― 四海로 열린 나라, 매혹의 바다수영 ―

　　/ 김연빈 ·········· 400

◆ **부록 | 건의서** ·········· 430

◆ **집필자 후기** ·········· 433

제 **1** 부

해운·항만·물류

내가 경험한 부정기선 해운 _ 김칠봉

한국 해운 현황과 대책 _ 김영무

해운물류산업과 Digital Transformation _ 최영석

유럽의 물류산업 발달 과정 및 국내 물류 산업 발전을 위한 제언 _ 최덕림

북극항로 _ 최수범

알기 쉬운 항만경제 _ 양창호

세계 각국의 항만 인센티브제도 및 우리나라 항만 인센티브제도 개선방안

　_ 윤경준

내가 경험한 부정기선 해운

김칠봉(전 대한해운 부회장)

부정기선 시장에 대한 전반적인 이해를 돕기 위한 목차는 다음과 같다.

1. 부정기선의 개념과 특징
2. 우리나라 부정기 용선영업의 시초
3. 부정기 선박의 운영 형태
4. 부정기선 시장의 주요 선박과 화물
5. 사업의 안정성을 확보하고 시장의 변동성을 최소화하기 위한 경영 전략
6. 해운 경영에 어려움을 초래하는 사례

1. 부정기선의 개념과 특징

부정기선의 개념

부정기선은 일정한 시간과 장소(항구)가 정해져 있지 않은 상태에서 특정 화주의 특정 화물 운송 수요에 따라 선박이 이동하면서 해상 화물 운송이 이루어진다. 부정기선은 특정 운송 수요와 무관하게 일정한 시간에 일정한 지역으로 정해진 일정에 따라 선박이 이동하며 화물을 운송하는 정기선과 구분된다.

부정기선의 주요 특징

1) 포장되지 않은 대량의 벌크 화물인 원유, 석탄, 곡물, 철광석 등 원자재를 주로 적재한다.

2) 불특정 다수 선주의 선박과 다수 화주의 화물 운송 수요가 존재하는 완전경쟁시장이다.

3) 계절적 요인, 기상이변, 정치적 외부 환경에 따라 수요가 불안정하고 불규칙적이다.

4) 수요의 변동에 따른 선박의 탄력적 운영이 가능하다.

5) 화물, 항로, 계약의 형태 등이 다양하게 존재한다.

2. 우리나라 부정기 용선영업의 시초

1970년 이전의 용선영업

1970년 이전, 우리나라의 부정기선 용선영업은 활발하지는 않았지만 소형선 위주의 용선영업이 이루어졌다.

1963년 7월 24일 한국 기술진에 의해 최초로 건조된 화물선인
신양호(고려해운)의 진수식이 부산에서 거행되는 모습

자료: 국가기록원.

1970년대 용선영업

우리나라의 부정기선 용선영업은 1970년대 화물을 운송하기 위해 선박을 용선한 것으로부터 본격적인 시작이 이루어졌다. 그 근간이 되는 화물은 다음과 같다.

1) 포항제철이 수입하는 철광석과 석탄
2) 중동으로 수출되는 포스코 철강제품
3) 한국으로 수입되는 철강스크랩
4) 일본의 종합상사 Marubeni 또는 Nisho Iwai
5) 프랑스 LDC의 곡물 등

1980년대 이후의 용선영업

1980년에 들어서자 순수한 의미의 국제용선영업이 시작되었다. 1980년 후반 1990년대 초반에 선박을 1년 이상 정기 용선하는 용선영업이 본격적으로 시작되었다.

3. 부정기 선박의 운영(계약) 형태

부정기 선박의 계약은 화물 운송이라는 전통적인 항해 용선 계약에서부터 선박을 용선 또는 대선하는 형태의 계약까지도 포함하는 개념으로 확장되었다.

항해 운송 계약(Voyage Charter)

항해 운송 계약은 선주가 화주의 화물을 특정 항구에서 특정 항구까지 운송해주기로 하는 화물 운송 계약이다. 운임은 톤(USD / MT) 기준으로 정해지며 일반적인 계약의 형태는 다음과 같다.

1) SPOT

SPOT은 시장에 나와 있는 화물 운송 수요에 따라 한 항차 단위 계약이다.

> 예 180,000MT Iron Ore In Bulk, Port Hedland, Australia to Pohang, Korea March 1-15, USD10.00 / MT

2) COA(Contract of Affreightment)

COA는 수 개의 화물 운송 계약을 통해 화주의 요구에 따라 선박을 배선한다.

> 예 7 X 180,000MT Iron Ore In Bulk, Australia to China Jan.-Dec. 2021 USD8.00 / MT

1년 간 7개 항차 운송 계약을 톤당 8불로 계약하고, 화주가 요청하는 선적 기일에 선박을 배선한다.

3) CVC(Consecutive Voyage Contract)

CVC는 특정 선박이 정해지지 않은 상태에서 선적 기일(Lay / Can)이 정해지면 그 기일에 맞춰 선박을 투입하는 형태이다. 계약의 이행을 위해 특정 선박이 지정되어 연속적으로 특정 화주의 화물을 운송하는 형태의 CVC는, 용어의 차이는 있으나 COA의 일종이다.

> 예 선주와 화주는 선박 Cape A를 이용하여 화주가 원하는 화물을 지정되는 항구로 연속해서 운송해주고 사용료로 일일 USD15,000을 보장하는 운임을 받기로 하는 계약

기간 용선 계약(Time Charter)

기간 용선 계약은 선박을 제3자에게 빌려주는 형태의 계약으로 용선료는 일 기준으로 정해진다.

> 예 USD10,000 / Day

1) BBC(Bare Boat Charter, 나용선 계약, 선박임대차 계약)

BBC는 선주(재무적 선박투자자)는 선박을 도입한 후 선박 자체만을 용선자에 대선하여 주고, 용선자가 선원, 관리 등 운항에 필요한 모든 권한을 갖는 형태의 계약이다. 선주는 선박 가치 상승 및 일정 기간 동안 안정적인 수익 확보를 기대하고, 용선자는 대규모 자본 투자 없이 선박을 점유, 운영하길 원하는 경우에 적합한 형태이다.

2) BBC HP(Bare Boat Charter Hire Purchase, 선박취득조건부 나용선 계약)

BBC HP는 계약 기간 종료 후 용선자가 해당 선박을 취득할 수 있는 권한이 부여된 계약으로 전용선 계약을 위해 일반적으로 행해지는 형태이다.

3) Time Charter(정기 용선 계약)

Time Charter는 부정기 용/대선 시장에서 활발하게 행해지는 계약으로, 선박 건조의 자금 부담 없이 타인의 선박을 활용하여 해운 영업을 하고자 하는 용선자에 대여(대선)해주는 형태이다.

① One Time Charter(One TCT, One Time Charter Trip, 한 번의 화물 운송에 해당하는 기간만 계약)

화주와 화물 운송계약을 하였으나 적정 선박이 없는 경우, 시장에서 해당 화물 운송을 위해 선박을 필요로 하는 용선자에 대여(대선)하는 형태이다.

> 예 Panamax(74K, DWT) ONE TCT from Brazil to China round voyage with Grain at USD15,000/day, Duration about 70 days

② Period Time Charter(6개월부터 수 년 기간으로 계약, 6개월, 1년, 2년, 3년 등)

수 개의 화물 운송 계약(COA, CVC)은 있으나 적정 선박이 부족한 용선자나, 시장의 상승을 기대하는 용선자에 대여(대선)하는 형태이다.

예 Supramax(56K,DWT) Time Charter for about 5 / 7 months at USD13,000 / day, Delivery 1-5 March,China

지수연동 계약(Index Link)

지수연동 계약은 화주(용선자)들이 선호하는 형태의 계약으로, 계약 당시 용선료나 운임을 특정하지 않고 동등한 선박 또는 동일한 항로의 시장 가격을 적용하기로 하는 계약 형태이다. 즉, 계약 쌍방이 시장의 변동성에 따라 유리 또는 불리한 계약의 위험성을 회피하고자 할 때의 계약 형태로 주로 1년 이내의 기간에서 이루어진다.

주로 Cape, Panamax, Supramax 용선 계약, 호주 및 브라질과 중국 간의 철광석 운송계약 등 부정기 Bulk 선형이 대상이며 발틱 해운거래소(Baltic Exchange)에서 발행하는 Baltic Index(BDI, BCI, BPI, BSI 등)를 적용한다.

예 Cape W.Australia-China, 170K 10% more or less Iron Ore, 1-15 March, Freight to be average of BCI Route C5 From 1-15 March 21

예 Panamax 74K Time Charter for 1 year, for Hire, BPI 4TC Rate to be applied.

영국 런던에 위치한 발틱해운거래소

전용선 계약(Dedicated Charter)

전용선 계약은 통상 선박의 도입부터 폐선까지 특정 화주의 화물 운송 계약에 투입되는 형태이다. 초기에는 계획 조선의 형태가 일반적이었으나, 최근에는 계약 기간이 10년, 15년 등 다양화되면서 중고선 등을 활용하는 경향이 증가하고 있다.

선박의 도입과 동시에 장기 계약이 이루어짐에 따라 시장 변동성에 따른 위험이 없고 회사의 재무 안정성 측면에서 긍정적이나, 마진이 적고 미래 시장 상승에 따른 추가 이익을 기대할 수 없다. 국적선사 대부분은 국내의 주요 화주인 포스코, 한국전력, 한국가스공사 및 민자 발전사와 다수의 전용선 계약을 갖고 있다.

전용선 계약은 특정 화주와 장기간에 걸친 계약으로 일반적인 부정기선 시장에서의 화물 운송 계약과는 구분되는 개념이다.

4. 부정기선 시장의 주요 선박과 화물

2020년 기준, 전 세계 해상 물동량은 약 115억 톤으로, 화물 운송 선박은 약 6만 2천 척에 달하고 있다. 주요 화물 수출국 및 화주는 다음과 같다.

주요 화물 수출국 및 화주	
철광석, 석탄 주요 수출국	브라질 VALE
	호주 BHP, RIO TINTO
	인도네시아 부미리소시스 등
곡물 교역량의 주요 국가	미국 CARGILL, ADM
	프랑스 LOUIS DREYFUS
	남미 BUNGE

벌크선(Dry Bulk Carrier)

벌크선은 일반적인 Dry bulk 화물 운송용 선박으로 약 1만 2천 척이 매년 약 50억 톤의 화물을 해상으로 운송한다.

1) Valemax(400K, DWT)
브라질 화주인 Vale의 철광석 전용 운송 선박이다.

2) VLOC(200~300K, DWT), Cape(180K DWT)
대형 화물인 철광석, 석탄 등을 브라질, 호주 등지로부터 한국, 중국, 일본 및 유럽으로 운송한다.

3) Kamsarmax(82K, DWT), Panamax(74K DWT), Supramax(56K DWT), Handy(20K~45K, DWT)
중형 화물인 곡물, 석탄, 철광석, 철재, 골재, 비료, 원목 등을 미국, 남미, 호주, 인도네시아, 아프리카, 인도 등지로부터 아시아 및 유럽 등으로 운송한다.

브라질 화주 Vale의 철광석 전용 운송 선박 Valemax

탱커선(Tanker)

탱커선은 석유 및 석유 제품의 해상 운송용 선박으로 약 1만 2
천 척의 선박이 매년 약 30억 톤의 화물을 운송한다.

1) Crude Tanker

주요 선형으로는 VLCC(300K, DWT), Suezmax(150K, DWT),
Aframax(105K, DWT)가 있다. 주요 항로는 중동, 미국, 아프리카로
부터 중국 등 아시아, 유럽으로 운송한다.

Arctic Aframax

2) Product Tanker(Clean, Dirty)

주요 선형으로 LR1,2(55K~75K, DWT), MR(35K~40K, DWT),
Panamax(55K, DWT), Handy(30K, DWT)가 있다. 주요 항로는 중동,

미국, 아프리카로부터 아시아, 유럽으로 운송한다.

3) 가스선(Gas Carrier)

가스선은 LNG, LPG의 해상 운송용 선박으로, 약 2천 1백 척으로 매년 약 5억 톤의 화물을 미국, 중동 등지로부터 아시아, 유럽 지역으로 운송한다.

1994년 현대중공업이 건조한 한국 최초 LNG선 HMM(현대상선의 전신)의 현대 유토피아

4) 케미칼선(Chemical Carrier)

케미칼선은 석유 화학 제품 운송용 선박으로 약 4천 척의 선박이 해상 화물 운송에 활용되고 있다.

Stolt Perseverance 케미칼 탱커선

5. 사업의 안정성을 확보하고 시장의 변동성을 최소화하기 위한 경영 전략

경쟁력 있는 선박 확보

저 시황 시기에 선박 도입은 원가 경쟁력을 확보하게 되어 약 25년이라는 장기간의 선박 사용기간에 발생할 수 있는 다양한 변수에도 생존할 수 있는 바탕이 된다.

장기 계약의 비중 확대, Spot 영업 비중 축소

전용선 계약, CVC, COA 등을 활용하여 일정 기간 시장 변동성에 대비한다. 다국적 기업 입찰(QATAR LNG, SHELL, BP)에 적극 참여한다.

지수연동 계약 활용(Index Linked)

시장 여건으로 인해 장기 계약이 어려운 경우, 시장 가격을 적용한 계약을 통해 시장의 급변에도 계약 불이행의 위험을 최소화하고 안정적으로 선박을 운영한다.

운임선물거래 활용(FFA, Forward Freight Aggrement)

계약 조건(당사자 신용, 운임 등)이 불안정한 경우, 수익이 확정되지 않아 시장 변동성에 노출된 경우에는 실물 시장에서 안정적, 확정적 수익이 확보될 때까지 FFA를 활용하여 간접적으로 수익을 확보하며 재무 안정성을 유지한다.

부정기선 시장의 세계적인 해운사들은 거의 모두가 FFA를 활용하여 시장의 변동성에 대비하며 경영하고 있다. FFA는 유동성이 담보되어 실물 시장에서 거래가 어려운 경우에도 적절한 헤지 수단을 제공하고 있기 때문에 환, 원자재 선물 등과 같은 인식으로 접근할 필요가 있다.

6. 해운 경영에 어려움을 초래하는 사례

계약에서 발생하는 위험성

1) 기간 용선 계약 ▶ 대선 계약 불법 파기

선박 인도 이후 일정 부분의 이익을 확보하는 용선료로 장기간 (5~10년) 대선하였으나, 시장의 하락 등으로 계약이 파기되고 손해 배상을 받지 못하는 경우 선주의 경영 악화를 초래한다.

예 불법 반선 사례

2008년 고 시황(고가 선박 건조)시 D사는 Cape 선박을 일일 5만 달러의 용선료로 G사와 5년간 대선 계약을 진행하던 중 세계 금융 위기로 인해 시장이 폭락하자, 용선자 G사는 선박을 불법 반선하였고 선주 D사는 당초 5만 달러의 용선료 수익 대신 시장에서 약 3만 달러의 수익만 획득하여 경영 상 큰 어려움을 겪었다.

이 경우, 용선자가 적정 손해배상을 해주지 않기 때문에 장기간 소송을 진행해야 하는 경우가 대부분이다. 또한, 불법 반선 시에 파생되는 문제로 용선자가 선박을 사용하면서 지급하지 않은 벙커 대금, 항만 사용료, 기타 선용품비 등을 선주가 대신 지급해야 하는 이중의 손해에 직면하는 경우도 많다. 이러한 비용을 지급하지 않은 경우 선박이 압류되는 경우도 발생한다.

예 벙커 대금 미지급으로 인한 선박 압류 사례

탱커선 용선자인 D사는 용선기간의 일부를 제3자에게 재용선 계약을 하였는데, 제3자가 선박을 운영하면서 사용한 벙커 대금을 지불하지 않았고 벙커 업자는 대금 회수를 위해 해당 선박을 압류했다.

이에 따라 선주 및 1차 용선자가 벙커 대금 지불을 담보하고 압류를 해제함과 동시에 소송을 진행하게 되어 금전적, 시간적으로 회사에 큰 부담을 주었다.

2) 항해 용선 계약 ▶ 화물 운임 미지급

화주(용선자)의 재정 상태 악화 등으로 운임 미지급 상황이 발생한다.

예 선주와 화주의 중간 계약자인 제3자가 화주의 운임을 수취하고 선주에게는 지급하지 않는 경우, 선주는 화물 유치권 등 법적인 조치를 취해 권리를 회복해야 한다. 이런 경우는 제3자의 기만에 의한 경우가 대부분으로, 전적으로 신용에 의존해야하는 부정기선 시장에서의 화물 운송 계약 시에는 특히 상대방에 대한 신용도 확인이 매우 중요하다.

외부 환경에 따른 위험성

1) 무역 분쟁 등 정치적 갈등에 따른 시장 왜곡

2020년 중국과 호주의 갈등으로 중국의 호주산 원자재 수입 금지 조치로 많은 선박이 항구에 묶이는 사태가 초래되었다.

2) 해적으로 인한 선박 나포(말라카 해협, 소말리아 해역)

3) 선박의 불가동 손실(Loss of earning) 발생

[첨부 1] 벌크선 화물운송 계약의 종류 및 장단점

계약의 종류	계약 기간	장점	단점
SPOT	1항차 기준	단기 운영 운임 시장에서 선박 단기 도입 가능	선박의 시황 변동 위험에 노출
COA	1년, 2년, 3년 등 다양	시황 변동 위험 어느 정도 관리 가능 수익을 선확정	안정적 계약 이행을 위한 선대 확보 필요

CVC	5년 이상의 장기 (수행선박 지정됨)	시황 변동 위험성 최소 수익의 선확정	금융 경쟁력, SM COST 경쟁력 확보 필요
INDEX 연계	1년, 2년, 3년 등 다양	선박 운영 안정성 확보 대형화주와의 계약으로 마케팅 능력 상승 BDCI 지수로 운임이 결 정되므로 FFA(운임선물) 로 위험성 Hedge 가능	시황 변동 위험에 노출

[첨부 2-1] INDEX 연계 COA

1) 대상화물

석탄, 원유, 곡물 등 대량 화물이 주종을 이룬다.

2) 화주

대형 정유사, 대형 석탄 Trader(BHP, RIO TINTO 등), 일본 종합 상사 등 Massive User 또는 대형 Trader가 있다.

3) 기간

통상 1년 단위 COA로 이루어지고 있다.

4) 물량

계약에 따라 변동하나 통상 월 1항차 혹은 선박을 지정하고 CVC 형태로 운영하기도 한다.

5) 운임

기존 COA는 운임이 화주와 선주 간의 합의로 선박 운항 전에 결정되나 INDEX(BDI지수)로 결정된다. 즉, 시장의 변동에 따라 운임이 결정된다.

[첨부 2-2] INDEX 연계 COA 시 주의점

INDEX 연계 COA는 운임 결정 구조 합의 시 선주의 입장에서 상당한 주의를 요한다.

  1) 화물의 선적기간을 화주가 선주에 통보하므로 SPOT 시장의 급변동 시 선주에게 불리하게 작용할 가능성이 높다.

  2) 가운임을 사전에 합의하고 실질 정산 운임을 6개월 평균 혹은 1년 평균 등 운임 결정 기간을 넓힐 필요가 있다.

한국 해운 현황과 대책

김영무(한국해운협회 상근부회장)

1. 한국해운의 현황

한국해운의 현황을 본다. 우리나라의 해상물동량은 12억 톤, 무역규모 1조$, 컨처리량 2,199만TEU, 조선 1위, 해운 5위, 부산항 6위임에도 불구하고 산업간 상생보다는 각자도생한 결과 해운과 조선산업은 위기에 처해있다. 우리나라는 세계교역량 기준으로 9위의 무역대국(2019)이다.

순위	국가명	교역규모(달러)	순위	국가명	교역규모(달러)
1	중국	4조 5,760억	6	프랑스	1조 2,210억
2	미국	4조 2,140억	7	영국	1조 1,160억
3	독일	2조 7,230억	8	홍콩	1조 1,130억
4	일본	1조 4,270억	9	한국	1조 450억
5	네덜란드	1조 3,450억	10	이탈리아	1조 70억

자료: WTO.

부산항 컨테이너 처리량은 기준 세계 6위에 랭크되어 있다.

('19. 12월 기준)

순위	국가명	처리 물동량(만 TEU)
1	상하이	4,330
2	싱가포르	3,719
3	닝보	2,753
4	선전	2,577
5	광저우	2,323
6	부산	2,199
7	칭다오	2,101
8	홍콩	1,830

우리 경제 규모의 20%(GDP 기준)에 불과한 덴마크의 MAERSK 는 지난 20년 동안 세계 최고의 선사로 도약했다.

('19. 12월 기준)

구 분	대한민국	덴마크
인 구	5,182만 명	579만 명
GDP	1조 7,208억$	3,512억$
교역규모	1조 450억$	2,082억$
컨선대	현대 72척, 72만TEU	머스크 707척, 414만TEU

그런데, 해운업계는 '08년 매출 51조 원을 기록한 이후 지속적으로 하락하여 '19년 32.7조 원으로 추락했다. 단위당 매출액은 2008년에 비해 1 / 2 수준에 불과하다.

(단위: 조 원)

구 분		2008	2010	2013	2015	2017	2019
척수	사선	786	933	1,016	1,088	1,024	995
	용선	615	554	570	511	415	360
	계	1,401	1,487	1,586	1,599	1,439	1,355
해운업 전체 매출액		51.7	44.0	39.6	39.1	29.5	32.7
단위당 단가 (매출 / 척수)		369억 원	296억 원	250억 원	245억 원	205억 원	241억 원
한진해운 매출액		9.3	9.4	9.8	7.7	–	–

자료: 한국선주협회.

항로별 운임 추이를 보면, 2016년 한진해운 폐업이후 운임은 지속적으로 상승했다.

(단위: $ / teu)

구 분	2010	2015	2016	2017	2018	2019	2020	'21.1	'21.3
미주	2,320	1,482	1,272	1,485	1,736	1,525	2,745	4,039	4,004
구주	1,772	620	690	876	822	760	1,204	4,384	3,839
일본	315	143	185	215	223	229	232	255	255
싱가포르	320	185	70	148	146	138	278	966	990

자료: 상해 교역소.

2. 해운산업의 중요성

해운산업의 중요성을 본다. 우리나라 유일의 운송통로, 국가경제의 대동맥이고, 우리나라 수출입화물의 99.7%를 선박으로 운송한다. 대외무역의존도가 높아 해운이 절대 필요하다. 여타의 해운강국들에 비해 대외 무역의존도가 높다.

(2019년 기준)

구 분	국 가	대외무역 의존도(%)
1	그리스	47.8
2	중국	33.5
3	일본	28.1
4	독일	70.8

자료: 국가통계포럼, 대외무역의존도＝수출액＋수입액 / 국민총생산.

　해운산업은 미래 국가 성장동력이자 국부창출의 원천이다. 해운은 반도체, 석유제품, 자동차, 디스플레이와 함께 5대 외화 가득산업이다.

(2019년 기준)

품목	반도체	자동차	석유제품	해운	자동차
수출금액	939억$	430억$	407억$	280억$	225억$

자료: 한국무역협회.

　해운은 직접고용 및 연관산업 간접고용에 크게 기여한다. 해양·항만산업 40개 업종 50만 명, 매출 144조 원이다. 해운업은 경제적 파급효과가 커서, 조선, 철강, 금융, 관광산업 등 전 산업의 연계발전을 유도할 수 있는 선도산업이다.

(2017년 기준)

구 분	해운항만 부대사업	조선산업
매출액(조 원)	67	77
종사자수(만 명)	29	23

　해운은 유사시 육해공군에 이어 제4군 역할 수행한다. 국가 비상사태 시 전시물자 등의 수송을 통해 국가안보의 한축 담당한다. 포

클랜드 전쟁 시 1982년 아르헨티나가 무력점령을 하여 영국과 전쟁 발발, 당시 영국병력 대부분이 상선을 통해 신속히 수송되어 75일 만에 영국군의 승리로 종결되었다.

3. 해운정책의 경과

다음으로 해운정책의 경과를 본다.

1940〜1960년대

1949년 대한해운공사가 창립되었다. 조선우선주식회사와 관영업체인 부영선박 통합으로 대한해운 공사가 설립, 출범당시 24척, 38,000톤을 운항했다.

1953년 해무청이 창설되었다. 정부는 "해운산업육성방안"을 수립하여 500만$ 정부투자로 선박도입을 시작했다.

1963년 국적취득조건부나용선(BBCHP)제도가 처음으로 도입되었다. 해운업계의 제안과 정부의 지원으로 최초 BBCHP선박인 유니온 스타호(서울해운)가 도입된다.

1970〜1980년대

1968년 선주협회는 해운진흥계획을 정부에 건의하여 선박도입자금으로 8억 원을 확보했다.

1973년 외항해운 육성방안 추진대책이 발표되었다. 대한해운공사와 범양전용선을 대단위 해운회사로 육성했다.

1975년 대한해운공사의 최초 풀 컨테이너선박인 "코리안 리더호"가 도입되었다. 정부 지원 하에 5개 시중은행과 외환은행이 공동보증을 추진했다. 국적외항선사 주요 선박확보 수단으로 활용했다(1993년까지 시행). 181척, 455만G / T가 확보되었다.

계획조선사업 시행(1975~1993)

1976년 해운항만청이 창설되었다.

1977년 한국은행은 선가상환부족자금 / 국제항로 신규개설자금 융자를 실시했다.

1984년부터 1989년까지 해운산업합리화조치가 실시되었다.

1989년 국내건조 국적취득조건부나용선이 도입되었다. 이를 통해 1989년부터 1997년까지 145척, 47.5억$이 지원되었다.

1994년 한국은행 외화자금(KFX)을 통한 중고선 도입이 지원됐다. 이를 통해 1994년에서 1997년까지 39척, 3억 682만$이 지원되었다.

1990~2000년대

1996년 해양수산부가 창설되었다.

1998년 국제선박등록제도가 도입되어, 취득세 면제, 재산세 50% 감면 등의 조치를 취했다.

2000년 한국선주상호보험조합이 설립되었다. 954척, 2,353만G / T, 보험료 3,084만$에 이르게 되었다.

2002년 제주선박등록특구제도가 도입되었다. 취득세, 재산세, 농특세 면제가 면제되었다. 절감금액은 962억 원('20), 868억 원('19), 755억 원('18)이다.

2002년 수출입은행에서 수출연불금융 자금을 지원했다.

2002년 선박투자회사제도가 도입되었다. 320척, 약 112억$ 규모의 선박금융이 2002년에서 2018년까지 체결되었다. 당초 도입 시 채택된 세제혜택이 2008년 폐지됨에 따라 이 제도는 유명무실해졌다.

2005년 톤세제도가 도입되었다.

2008년 해양수산부가 폐지되고 국토해양부로 흡수되었다.

2010~현재

2010년 선주협회는 부산시와 공동으로 선박금융 전문기관 설립 연구를 추진했다. 선주협회는 정부에 선박금융공사 설립을 건의하였으나 수용되지 않았다.

2012년 선주협회는 박근혜 정부 대선 공약으로 선박금융공사 설립을 반영했다.

2014년 한국해양보증보험이 설립되었다.

2017년 선박금융공사가 대신 설립되어 선박금융 후순위 보증 등 지원했다. 한진해운이 파산에 이르렀다.

2017년 한국선박해양이 설립되었다. S&LB(Sale and Lease Back)을 통한 유동성 공급되었다.

2017년 선주협회는 민주당 문재인 대선캠프에 해운업계 건의를 했다. 「해운산업 재도약을 위한 정책과제」로 글로벌 메가캐리어 육성(원양 100만TEU 이상, 근해 20만TEU 이상), 한국해운금융공사(가칭) 설립을 제시했다. 선박신조지원 프로그램(2.36조 원), 한국선박해양(1조 원), 글로벌해양펀드(1조 원), 한국해양보증보험, 캠코선박펀드(1.9조 원) 등을 합쳐 규모의 경제시현 및 시너지 창출되었다. 노후선박 폐선보조금(친환경보조금) 제도가 도입되었다. 선박평형수 처리장치 설치자금 저리 지원이 이루어졌다. 외항선 이차보전제도가 도입되었다. 정책금융기관국적선 금융지원이 확대되었다(선박금융 중 50%).

2017년 문재인 대통령 후보 공약에 선주협회의 건의가 수용되었다.

2017년 해운재건 5개년 계획이 발표되었다.

2018년 한국해양진흥공사가 설립되었다. 이는 한국해양보증보험과 한국선박해양을 통합하여 설립되었고, 선박금융 투자보증, S&LB을 통한 유동성 공급, 해운재건 추진 등을 업무로 했다.

2018년 친환경선박 전환지원 사업이 도입되었다. 친환경선박 건조 시 평가를 통해 전환지원금을 지원했다(사업기간: 2018~2022, 지원실적: 32척, 655억 원).

2019년 친환경설비 이자차액보전사업이 도입되었다. 친환경설비를 위해 금융권으로부터 차입 시 2% 이자를 지원했다. 지원실적은 100억 원에 이른다.

2020년 우수선화주인증제도가 도입되었다. 국적선 적취율 제고를 위해 화주가 국적선사를 이용한 금액의 약 3%를 법인세에서 공제해주는 제도이다.

2020년 코로나 대응 해운금융지원 대책을 세웠다. 해수부는 1.25조 원 규모의 금융지원 대책을 추진했다. 정부는 해운산업을 7대 기간산업에 포함하여 기간산업안정기금을 지원했다.

4. 우리해운의 과거 위기극복 경과

1984년(오일쇼크): 구조조정 및 지원대책(해운산업 합리화)

1984.5.12. 해운산업 합리화 계획이 발표되어 당시 63개 선사는 20개사로 통폐합이 되었다. 컨테이너 항로로 통폐합되었다. 677억 원 조세감면 및 약 3,700억 원에 대한 연 원리금 상환을 유예해주었다.

1985.7.19. 해운산업 합리화 보완대책이 발표되었다. 금융지원 조건을 개선했다(3년거치, 5년 분할상환). 국적선 적취율을 제고했다.

1987.4.4. 해운산업 합리화 보완대책을 발표했다.

1988년까지 선복량을 동결하고 선사들은 자구노력에 940억 원을 투입하기로 했다. 노후비경제선 160만 톤을 처분하고 600억 원에 대한 저리(5%) 자금지원을 받았다. 부채상환조건을 대폭완화(예: 5년 거치 10년 분할상환 등)하였다.

1998년(IMF 외환위기): 구조조정 아님(해운지원대책 없었음)

1998년 IMF위기 시 돈되는 자산에 대한 매각을 강요받고 채권이 회수되었다. 현대상선은 자동차선 20억$ 매각했다. Wallenius 3억$ 자기자금＋17억$ 국내금융 차입을 통해서 한 것이다. 조양상선은 채권회수를 당하여 파산에 이르게 되었다. 부채비율 200%로 인하하여 맞출 것이 강요되었다. 2008년 금융위기 시 해운산업의 어려움을 잉태한 결과를 초래하고 말았다(노무현 정부시절에 톤세제, 국가필수국제선박, 승선근무예비역제도 등 해운하기 좋은나라가 추진되었다).

2009년(금융위기): 구조조정 아님(해운지원대책 없었음)

자구노력을 강요하면서 금융권은 채권회수에 급급했다. 현대상선은 4.0조 원, 한진해운은 3.0조 원을 갚아야했다. IMF 사태로부터 교훈을 얻지 못했다. 조선위기 극복하려다 오히려 해운위기를 초래했다. 조선금융의 85%는 외국선사를 행했고 15%만 국내선사였다. 국내선사는 외국선박의 용선이 불가피한 상황이 되었다. 부채비율 200%를 맞추기 위하여 금융지원, 선박확보가 불가했다. 따라서 외국선박의 용선이라는 과정을 거치게 되었다. 한진해운 컨테이너선 100척 중 용선이 50%에 달했다.

해운에 대한 지원이 없어 결국 한진해운은 파산되었다. 채권단은 해운업 구조조정 3대원칙(① 용선료 인하 ② 사채권자 채무조정 ③ 얼라이언스 가입)을 정하고 강요한 결과 한진해운이 퇴출되었다. 채권단은 한진해운의 5천억 원 부족자금에 대한 지원거부를 결정했다. 한진해운 파산으로 대규모 물류마비가 발생하여 수십조 원 손실을 보았다. 한진해운 파산으로 국내물류업계는 약 20조 원의 피해를 보았다. 경남부산지역 12,000명의 일자리가 감소되었다(KMI).

■ **한진해운 교훈**
· 해운산업은 금융의 시각이 아닌 국가기간산업의 시각인식 필요
· 컨선사의 파산은 전 세계 물류시장 마비로 연결되어 피해막심
· 세계적인 물류네트웍 구축에 수십 년의 시간과 비용 소요
· 해운산업은 고도의 자본집약적 산업으로 대규모 비용 소요

2008년 이후 해외선사의 금융위기 극복 사례

외국의 경우 자국선사 위기극복을 위해 위기 초기에 신규자금 및 신용자금 등 전폭지원했다. 신용등급 확보에 따른 부채비율 감소, 이자부담 완화, 신규투자 가능 등의 조치이다.

국 가	대 상	내 용
중 국	COSCO	· 중국은행 108억$ 신용 제공 · 중국초상은행 49억$ 대출 제공(3년만기)
	조선업계	· 중국조선소 신조발주 지원을 위한 여신 제공 - 약 224억$ 규모의 여신 마련
	COSCO China Shipping	· 중국 수출입은행 향후 5년간 95억$씩 지원
	5개 민영 해운기업	· 중국수출입은행 1억 6,000만$ 지원
덴마크	MAERSK	· 수출신용기금 5억 2,000만$ 금융 지원 · 62억$ 금융 차입 · 머스크그룹은 덴마크의 삼성전자로 정부 차 원의 유무형 지원이 있을 것으로 추측
독일	Hapag-Lloyd	· 정부 18억$ 지급보증 · 함부르크시 7억 5,000만 유로 현금 지원 · 함부르크시 공기업 투자하여 지분 20.2% 지 분 보유
프랑스	CMA-CGM	· 채권은행 5억$ 자금지원 합의 · 프랑스 국부펀드(FSI) 1억 5,000만$ 지원 · 금융권 3년간 2억 8,000만 유로 유동성 지원

이스라엘	ZIM Line	· 34억$에 달하는 자체 재무구조 개선계획 발표 · 채권은행 14억$ 출자전환 합의
인도	해운업계	· 정부가 21억$ 자국 선주 지원
싱가포르	APL	· 정부투자기관 Temask Holdings에서 APL 우선주 10억$ 인수하여 유동성 지원
일본	해운업계	· 이자율 1%로 10년 만기 회사채 발행 가능

2008년 이후 외국계 정기선사 동향

외국의 주요선사는 M&A 및 신조발주를 통해 선복량을 확대했다. Global mega carrier가 탄생하면서, 한국선사는 원양컨선시장에서 퇴출되었다.

※ CMA가 하팍로이드(168만TEU) 인수 시 447만TEU로 세계 1위 등극(합병동향 진행 중)

(단위: 만teu)

구 분	Maersk	MSC	CMA	COSCO	한진해운	현대상선
1997	23	15	9	20	17	11
2020	401	375	279	293	(60)	69
증가율	17.4배	25.0배	31.0배	14.7배	–	6.3배

자료: Clarkson.

Intra-Asia에서 운항하는 지역의 정기선사도 규모를 확대했다. 우리 정기선사는 외국선사에 비해 규모가 영세하고 국내선사 간 과당경쟁이 심화되었다.

(단위: 만teu)

구 분	PIL	Wanhai	MCC	한국 12사
1997	9	5	–	8
2020	36	33	21	28
증가율	4.0배	6.6배	–	3.5배

자료: 한국선주협회.

　2018년 유럽계 선사들은 공급과잉으로 신조발주보다는 선복량 증가없는 M&A를 통해 선대확보 하겠다면서도 계속 신조발주를 했다. 한국선사의 발주(초대형선 20척, 40만teu)를 막기 위한 Propaganda를 실시했다.

주요 컨대형선 신조확보 현황

구 분	Maersk		MSC		CMA - CGM		합 계		현대상선	
	척수	만TEU	척수	만TEU	척수	만TEU	척수	만TEU	척수	만TEU
'09년-'20년	121	123	49	76	66	78	236	277	27	50
발주잔량	18	5	16	32	20	30	54	67	8	13
합 계	139	128	65	108	86	108	290	344	35	63

자료: Clarkson Research, Alphaliner.

2009~2020 대형선박 발주 현황

선복량 순위	선사명	척수	TEU
1	APM - Maersk	121	1,234,622
2	MSC	49	755,360
3	COSCO Group	118	1,420,414
4	CMA CGM	66	780,883
5	Hapag - Lloyd	58	723,291

6	ONE	44	521,844
7	Evergreen	76	669,830
8	HMM	27	496,628
9	YANG MING	24	120,652
10	Wan Hai	38	114,531
상위 10대 선사 총 발주량		621	6,838,055

자료: Clarkson Research, 2020. 11.

일본 컨테이너선사의 통합 사례를 보면, 일본 정기3사(NYK, MOL, K-Line)는 한진해운 파산에 따른 위기감 고조로 통합에 이르게 된다. 관계부처 역할 및 지원이 주효했다. 국토교통성은 상환이율 인하 및 기간 연장, 정부일감을 지원했다. 재무성은 재산세·취득세·법인세를 경감해 주었다.

5. 해운재건 5개년 계획

5개년 계획 추진 경과

선주협회는 2017.4. (민주당, 국민의당, 바른정당) 대선캠프와 정책 간담회 개최 및 정책 건의를 했다. 민주당은 선주협회의 정책건의를 대선공약에 반영했다. 2017.7. 100대 국정과제에 선주협회의 정책건의가 반영되었다. 2018.4. 해운재건 5개년 계획이 발표되었다.

추진방향	계획	세부내용
안정적 화물 확보	선화주 상생	○ 「해상수출입경쟁력 강화 상생위원회」 운영을 통한 국적선 수송 확대
		○ 선·화주·조선 상생펀드 설립을 위한 법령개정 추진
		○ 선사의 차별화된 서비스 제공과 함께 신조시 화주의 참여 유도

		○ 우수 선·화주 인증제도 도입 추진
		○ 컨화물 장기운송계약 모델 개발 추진
	전략화물 적취율 제고	○ 자국 선사 이용률 제고 추진
		○ 기존 장기운송계약 연장 및 외국선사와의 계약 국적선사로 대체 유도
		○ 종합심사 낙찰제 도입 추진
		○ 한국형 화물우선적취방안 마련 추진
경쟁력 있는 선박 확충	금융지원	○ 선박신조지원프로그램 및 해양진흥공사를 통항 선박 신조 지원
		○ 기존 금융프로그램의 이용이 어려운 건실한 중소선사 에 금융 지원 확대
		○ 중고선박, 평형수처리시설, 컨테이너기기 등 지원 대 상 확대 및 다양한 선종에 대한 투자방안 검토
	재정지원	○ 친환경선박 전환지원사업 시행
	국가필수 해운제도	○ 유사시 대비 국가필수 해운제도 도입
경영 안전 지원	해운안전 판 확보	○ 캠코펀드, 해양진흥공사의 S&LB 프로그램을 통해 선 사의 재무건전성 제고 지원
	협력기반 경영혁신	○ 한국해운연합(KSP)의 다각적 협력에 기반한 해운 경 영 혁신 추진
	해운거래 관리강화	○ 선제적 선사 경영·재무상황 파악 ○ 각종 리스크 관리 ○ 선박투자컨설팅 등
	터미널 확보	○ 선사, 물류기업, 공사 등이 참여하는 K-GTO 육성 추 진

해운재건 5개년 계획의 성과(2020. 8.)

해운산업 성장기반이 마련되었다. 한국해양진흥공사가 설립되었
다. 설립 이후 49개사에 4조 2,830억 원이 지원되었다. 선화주 협
력강화(우수선화주 인증 등)를 통해 적취율을 개선했다. 해운산업 실
적이 개선되었다. HMM의 영업이익이 21분기만에 흑자로 전환되었

다. KSP를 통해 국적선사 간 과잉경쟁 해소 등 성과가 달성되었다. 선박 200척 발주를 통해 해운-조선 상생이 달성되었다.

해운재건 5개년계획의 주요 정량적 성과는 아래와 같다.

구 분	한진 사태 전	한진 사태 후	해운재건 중
해운매출액	39조 원('15)	29조 원('16)	37조 원('19)
원양 '컨'선복량	105만TEU ('16.8) (한진 63만, 현대 42만) ⇒	46만TEU ('16.12) (현대 46만) ⇒	65만TEU ('20.7) (HMM 59만, SM 6만)
지배선대(DWT)	8,586만('16)	7,994만('17)	8,535만('19)

해운산업 리더국가 실현전략

기대효과는 아래와 같다.

구 분	해운매출액	원양선복량	지배선대
2020년	36조 원	78만TEU	8,900만DWT
2030년	70조 원 이상	150만TEU이상	1억 4,000만DWT

주요 내용은 해운재건계획 발전 및 보완하는 것이다.

최대 30억 불 규모 정책금융 신조지원 프로그램을 마련했다. 고효율·친환경선박 관련 공모펀드 과세특례 적용을 검토한다. 안전적 화물확보를 한다. 중소화주기업 장기운송계약 체결 지원하고, 화주·선주·물류업계 상생형 표준거래계약서 도입한다. 미국 등 글로벌거점터미널 확보로 국적선사 서비스안정성을 제고한다. 경영안정을 지원한다. 해양진흥공사는 운용리스(BBC)방식의 한국형선주사업을 시범추진한다. 연근해컨선사 대상 컨박스 리스사업 및 금융을 추진한다. 해진공의 신용보증 및 신규 보증사업을 시행한다.

미래성장동력 마련

친환경 전환이 가속화되고 있다. 2050년까지 무탄소선박의 완전 상용화 목표로 기술지원을 한다. LNG벙커링 전용선 건조 및 친환경선박 전환보조금 지원한다. 스마트해운물류 시스템을 도입한다. 자율운항선박 기술개발 및 물류운송 최적화를 위한 기술 개발한다. 지원 인프라 구축을 한다. 해진공, 국적선사 지원을 위해 추가 정부 출자를 추진한다.

6. 해운산업 재건을 위한 대책

대한민국은 무역규모 1조 달러, 물동량 12억 톤, 조선 1위, 해운 5위, 부산항 6위로서 해운과 조선산업, 항만산업이 성장할 수 있는 최적의 환경을 가지고 있다.

해운산업 발전의 핵심으로서 적취율 제고 컨테이너의 적취율이 현재 45%인데 이것을 70%로 상향조정한다. 전략물자는 현재 58%인데 100%로 적취율을 올린다.

(기준: 2018)

구 분		물동량	투입척수	현재 적취율	장기 목표
컨테이너	원 양	462만TEU	50척	19%	70%
	인트라	653만TEU	153척	63%	70%
	소 계	1,115만TEU	203척	45%	70%
전략 물자		3억 7,586만 톤	172척	58%	100%

자료: 한국선주협회, 전략물자: 원유, 석탄, 철광석, LNG.

실천 방안

해운산업 재건 5개년 계획을 지속 추진한다.

해운산업계 예상 지표

〈 구 분 〉	2016	2022
해운 매출액 (조 원)	28.8	51.0
지배선대 (DWT)	8,586만	10,040만 이상
원양 선복량 (TEU)	46만	113만 이상

목표달성을 위한 세부방안은 아래와 같다.

추진방향	계획	세부내용
안정적 화물확보	선화주 상생	○「해상수출입경쟁력 강화 상생위원회」 운영을 통한 국적선 수송 확대
		○ 우수 선·화주 인증제도 도입 추진
	전략화물 적취율제고	○ 자국 선사 이용률 제고 추진
		○ 기존 장기운송계약 연장 및 외국선사와의 계약 국적선사로 대체 유도
경쟁력 있는 선박확충	금융지원	○ 선박신조지원 프로그램, 공사의 투자/보증을 활용한 선박건조 지원
		○ 친환경 설비, 컨테이너 기기등도 지원대상에 포함하여 지원
	재정지원	○ 친환경전환사업 추진('22년까지 50척 건조 예상)
경영안전 지원	해운안전판	○ 중고선박 매입후 재용선(S&LB) 지원을 통한 재무건전성 제고
	경영혁신	○ 한국해운연합의 다각적 협력을 통한 경영혁신 추진
	해운거래	○ 시황정보, 선박투자 컨설팅 제공 등 해운거래 모니터링 강화

국내 선사의 대형화 필요

원양 컨테이너선사는 200만TEU급 이상이 되어야 한다. 참고로 머스크(419만TEU), MSC(383만TEU), CMA(269만TEU), 현대(38만TEU)이다.

근해 컨테이너선사는 50만TEU급 이상이 되어야 한다. PIL(42만 TEU), Wanhai(26만teu), 한국 12개사(합계 28만TEU)이다. 2018년 이후, 대만계열 해운회사 근해항로 투입할 선박 대거 발주했다. 에버그린(1,800TEU×4척, 2,500TEU×4척 총 8척), 완하이(2,000TEU×12척, 3,000TEU×8척 총 20척).

벌크선사는 1,500만DWT 이상이 되어야 한다. COSCO(3,078만 DWT), NYK(1,623만DWT), K-Line(1,377만DWT), 폴라리스쉬핑(920만 DWT), 팬오션(848만DWT), 장금(857만DWT)이다. 폴라리스 건조중 선박 17척(491만DWT) 인도시 1,411만DWT 세계 3위이다.

선박확보를 위한 금융 및 세제 개선

해양진흥공사의 자본금 확대 필요(5조 원 ⇒ 10조 원), 산은(18조 원), 수은(11조 원)

해양진흥공사 기능 확대가 필요하다. 정부수행업무(우수선화주, 친환경선박전환사업, 이차보전사업 등)를 확대해야 한다. 톤니지뱅크도 도입도 해야한다.

정책금융기관(산은, 수은)의 해운지원 지속 필요하다. 해양진흥공사 설립 이후 지원에 소극적이다. 수출입은행 선박금융 국내외선사 균등지원 필요하다.

(단위: 억 원)

구 분	2008-2017		2018		2019		2020		합 계	
국적선사	29,150	17%	6,676	40%	6,343	40%	6,226	31%	48,395	22%
외국선사	137,170	83%	9,792	60%	10,900	60%	14,053	69%	171,915	78%
합 계	166,320	100%	16,468	100%	17,243	100%	20,279	100%	220,310	100%

※ 수은의 연간 여신규모 약 70조 원('18년도).

조선 · 해운	해외건설	기타제조	계
21조 원(30%)	14조 원(20%)	35조 원(50%)	70조 원(100%)

Tonnage Bank 제도 및 선박에 대한 고속상각제도 도입 필요하다. 선박의 공급기능 다변화되어야 한다. 영국, 프랑스, 일본 등 선박에 고속상각제도 운영한다. LTV 보증상품 개발 및 선박투자회사 제도에 대한 세제지원 재도입 필요하다.

적취율 향상 대책

우수화주에 대한 법인세(약3%) 공제 지원한다. 정기컨테이너선사 이용 국제물류주선업자 대상이다. 전략물자의 국적선사 장기수송계약 비중 100% 확대 추진한다. 대량화주(한전, 가스공사, 포스코, 정유사 등)와의 유대강화가 필요하다. 우수선화주제도를 부정기선사에도 적용하는 것이다.

해운경영 환경 개선

제주선박등록특구제도 취득세 일몰연장 추진한다. 저유황유 할증료(LSS)의 원활한 징수를 추진한다(항로별 70$~150$ 수준).

해운시장 질서 확립 추진

컨테이너 선사의 공동행위 해운법 적용 및 공정거래법 적용 제외가 필요하다. 공정위의 무리한 조사 재발방지 및 컨선사 안정적 발전에 필요하다. 정기선분야 불공정 행위 방지대책 시행('20. 2월 시행). 한국형 컨테이너 장기표준계약서 사용한다. 불공정 행위 제3자 신고 허용했다. 부정기선분야 불공정행위 방지대책 마련한다(해운법 개정 추진).

항만정책 재정립

국적 컨선사가 국내모항에서 경쟁력을 확보할 수 있는 전용 컨테이너터미널 정책 수립 필요하다. 전용 터미널 확보가 필요하다. 항만공사와 컨선사가 긴밀한 소통 필요하다. 국적선사에 대한 인센티브 강화 필요하다. 국적선사에 대한 항만시설사용료 인하 필요하다.

기대 효과

원양컨선 적취율 70%, 전략물자 적취율 100% 달성시, 해운-조선-금융산업의 상생발전 및 고용창출 기대된다.

구 분		컨테이너	전략물자	합 계
신조 물량		58척	143척	181척
신조 소요비용		53억 불	150억 불	203억 불
해운 매출증대(연)		27억 불	23억 불	50억 불
고용 창출	해운	950명	4,086명	5,036명
	조선	10,496명 / 5년	29,356명 / 5년	39,852명 / 5년
근로 소득 (연)	해운	0.4억 불	2.0억 불	2.4억 불
	조선	6.6억 불	18.4억 불	25.0억 불
	계	7.0억 불	20.4억 불	27.4억 불

향후 5년간 신조선 발주 물량은 5년간 530척에 이를 것이다. 적취율 확대물량＋기존선박 대체물량＋물동량증가에 따른 신규물량＝36척＋50척＋20척＝106척／연간, 106척×5년＝530척이 될 것이다.

〈부록1〉 초대형선 명명식 대통령 축사내용

○ 일자 및 장소: '20.4.13 / 거제도 대우조선
○ 대통령 축사내용
  - 바다의 중요성과 대한민국에서 해운강국은 포기할수 없는 미래이면서 해운은 산업발전의 효자라고 강조
  - 전방의 항만, 후방의 조선과 같이 연관산업의 파급효과가 매우 크며, 전시에는 육해공군에 이어 제4군의 역할 강조
  - 해운재건을 반드시 추진하겠으며 다음 사항 당부
    · 선화주 상생형 해운모델 정착
    · 4차산업혁명을 해운에서 이루겠음
    · 친환경 선박산업을 적극 육성

〈부록 2〉 한울호 출항식 대통령 축사내용

○ 일자 및 장소: '21.6.29 / 부산신항 다목적부두
○ 대통령 축사내용
  - 해운업 재건계획을 통해 해진공과 HMM 20척 초대형선 건조를 통해 해운업이 살아났음을 강조
    · 선화주 협력으로 국적선 적취율 증가 및 국적선사가 126척의 선박을 국내조선에 발주하며 조선업 발전에 기여
  - 2030년에 컨선복량 150만TEU 확보를 통해 해운업 매출 70조 원 달성하여 해운산업 리더국가로 도약방안 발표

〈부록 3〉 동남아정기선사 공정위건

1. 공정위 사무처, 심사보고서 요약
○ 심사대상: 23개 사업자(국내 12개사, 해외 11개사), 동정협
  - 과징금 부과: 최대 8천억 원(국내 5,600억 원)
○ 행위사실: 총 122차례의 운임관련 협의 및 시행

2. 해운기업의 공동행위 관련 국내외 법규정

○ 해운법 제29조에 따라 운임, 선복공유 등 공동행위 허용

○ UNCTAD Liner Code(정기선 해운동맹 규약협약)에 따라 공동행위 허용(한국은 동협약 1979년에 가입 및 해운법에 반영)

3. 쟁점사항 요약 정리

구 분	공정위 주장	Fact Check
공정위 인가	받은적 없음	'80. 10월 인가받음 (경제기획원, 공정거래위원회)
화주단체와 협의	협의 부족	협의하였음
해양수산부 신고	122회 신고불철저	122회 부속협의 신고대상 아님 (해수부 유권해석)
가입 탈퇴의 제한	제한	자유

4. 공정위 제재시 문제점

○ 천문학적인 과징금 부과로 제2의 한진사태 우려

　- 동남아, 한일, 한중항로 과징금 포함시 2조 원 이상 예상

　- 국적선 89척 매각가격 추산: 원리금 상환하고 가용자금 4,500억 원

○ 해운산업재건 국자정책에 전면 배치

○ 수출기업 물류애로 가중 불가피

○ 외국과의 외교마찰 초래 및 보복조치 우려

○ 동남아 항로에서 원만한 수출입 해상운송 서비스 제공 우려

해운물류산업과 Digital Transformation

최영석(남성(해운)홀딩스 전략기획실장)

1. 강의 배경 및 목차

2016년 세계경제포럼(World Economic Forum)에서 클라우스 슈밥이 언급한 '4차 산업혁명 시대의 본격화' 이후, Digital Transformation의 대표적인 기술들로 얘기되고 있는 Artificial Intelligence, Internet of Things, Big Data, 3D Printing, Digital Twin, Robotic Automation, AR / VR 등이 산업 및 각 기업에 적용됨으로써, 운영 효율성 개선뿐만 아니라, 비즈니스 모델 자체도 변화를 가져오는 방향으로의 변화가 급속도로 진행되는 변곡점이 된 가운데, 글로벌 해운물류 업계에서도 글로벌 선도회사들 – 예를 들어 Maersk 선사, DHL 포워더사, DPW 터미널운영사 – 중심으로 디지털 트랜스포메이션을 비즈니스 전략적 대전환으로 연결시키려는 움직임이 가속화 되고 있다. 여기에 작년 초 창궐한 COVID-19 Pandemic으로 글로벌 공급망의 단절, 기존 영업 및 운영방식의 제한 심화 등으로 인한, 글로벌 물류환경 및 고객의 물류 요구사항의 구조적인 변화가 불가피한 상황에 더해, 비대면(Untact), 사회적 거리두기(Social Distancing) 등이 기업간 업무방식에도 새로운 표준(New Normal)이 되면서, 디지털 전환 또한 선택이 아닌 필수적인 상황으

---

* 강연 내용을 글로 옮긴 것이라 경어체로 되어 있다는 점을 밝혀둔다.

로 다가오고 있습니다.

이런 급격한 글로벌 물류산업과 Digitalization의 변화의 큰 물결 (Big Wave) 상황 하에서, 실제로 글로벌 선도 선사(Container Shipping Carrier), 물류사(Logistic Service Provider), 항만운영사(Terminal Operator), 유통사(e-Commence Retailer)들의 글로벌 물류전략의 변화를 살펴보고, 또한 Digital Transformation을 대표하는 주요 Digital Techno-logy별로 실제 기업에서 구현되어지는 사례를 공유함으로써, 국내 해운항만물류업계의 글로벌 경쟁력 및 운영수준을 강화할 수 있는 시사점과 기회를 함께 찾아보고자 하였습니다.

위와 같은 배경과 취지를 가지고, 아래와 같이 크게 세 가지의 목차와 세부적인 내용으로 구성을 하였습니다.

첫째로, 글로벌 해운물류 산업내 주요 비즈니스 환경 변화에 대한 공유를 통해, 특히 팬데믹 이후의 핵심적이고 급격한 변화요인들과 글로벌 선도기업들의 전략적인 전환 움직임을 짚어 보면서 우리의 현실과 미래의 전략적 변화의 중심축에 대해 공감할 수 있도록 하였고, 둘째로, 컨테이너 정기선 중심의 산업내 Digital Transformation 진행방향을 함께 살펴봄으로써, 기업내 내부운영 효율성을 개선/강화하려는 목적과 함께 비즈니스 모델에 대한 근본적인 전환 차원에서의 디지털라이제이션의 목적도 함께 이해할 수 있도록 하였습니다.

마지막으로, Digital Transformation의 주요 개별기술별 실제 진행사례를 아주 개략적인 수준에서 살펴봄으로써, 각 기술별 본질적인 활용 용도가 무엇인지? 실제 활용을 통해 어떤 효과를 기대할 수 있는지에 대해 실증적인 경험을 할 수 있도록 구성하였습니다.

2. 글로벌 해운물류 산업내 주요 비즈니스 환경 변화

COVID-19 이후 최근 국제물류의 가장 큰 2가지의 변화특성들을 보자면, 가장 큰 변화특성으로는 'Global Value Chain의 변화 필요성 및 SCM 회복력(Resilience)에 대한 중요성 증대'인 것으로 보입니다. 수십년 동안 세계의 공장 역할을 하고 있었던 중국발 글로벌 공급망 단절이 글로벌 생산과 소비의 급격한 축소로 이어지는 모습들을 실제 경험하셨을 것이며, 이로 인해 GVC 다변화, 리쇼어링과 니어쇼어링 등 글로벌 제조기반 및 공급망의 변화가 선행되고 있고 아울러 SCM의 회복력이 무엇보다 중요하게 대두되어, 기존 대부분 해상으로 운송되던 국제물류 운송에도 항공운송을 비롯 대륙간 열차운송 등으로의 운송방식 다변화와 함께 Door to Door 운송정보의 투명성과 및 가시성에 대한 니즈는 그 어느 때보다 중요한 요소가 되고 있습니다.

다음의 큰 변화특성으로는 '비대면 및 사회적 거리두기로 인한 이커머스 시장 확대 및 비대면 대고객 접점서비스 비율 증가'라고 할 수 있겠습니다. 국내 뿐만 아니라 글로벌 국가간 이커머스 시장의 확대는 기존의 전통적인 글로벌 물류 운영방식인 B2B, B2C, C2C의 각 단계별 물류주체에 의한 다단계 실행방식에서 1개의 이커머스 유통업체가 개인고객에게 직접 최종 Delivery까지를 책임지는 Direct to Customer(D2C)의 운영방식으로의 비중이 급격하게 증가하고 있는 국제물류의 근본적 구조혁신이 실제 확대되고 있는 것입니다.

이러한 큰 변화특성을 선도적으로 인지, 전략적인 변화 움직임이 각 업종별 - 컨테이너 운송선사, 글로벌 포워더사, 글로벌 터미널 운영사, 글로벌 이커머스 유통사 - 글로벌 선도기업들을 중심으로 이미 구체적으로 시작되고 있음을 알 수 있습니다.

첫 번째로는 "선사向 종합물류업(LSP; Logistics Service Provider) 움직임"으로서, 대표적인 기업으로 Maersk와 CMA CGM을 들어 볼 수가 있겠습니다. Maersk의 경우는 '선사(Maersk Lines / Sealand) + 3PL(Damco) + 디지털 플랫폼(TradeLens / Twill / Spot)' 조합을 통한, 종합물류업으로의 전략적 전환 유형으로 보이며, CMA CGM의 경우 '선사(CMA CGM / APL) + 3PL(CEVA) + 항공(화물항공기 구매)' 조합을 통한, 종합물류업으로의 전략적 전환 유형을 대표하는 것으로 보입니다.

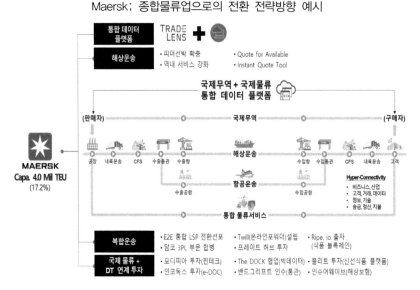

Maersk; 종합물류업으로의 전환 전략방향 예시

자료: 밸류링크유, 국내 해운물류 플랫폼 스타트업.

두 번째로는 "글로벌 터미널운영사向 종합물류업(LSP; Logistics Service Provider) 움직임"으로서, 대표적인 기업으로 DPW(Dubai Port World, 아랍에미리트)와 PSA(싱가포르) 들어 볼 수가 있겠습니다. DPW의 경우를 보면, 아시아·유럽의 주력 피더선사 및 현지 중대형 물류회사 등을 전략적으로 인수합병하는 한편, 글로벌 디지털 플랫폼 및 블록체인 컨소시엄 등에 적극적으로 참여하는 방식으로 미래 성장전략을 하나씩 하나씩 실현해 나가고 있음을 확인하실 수 있습니다.

DPW; 주요매체 헤드라인 기사를 통해 본, 종합물류업으로의 전환 전략적 방향

DP월드, 인도 피더선사 인수…선복량 세계 17위 도약
컨테스물도지아…(포지막 혼사내 매입)

'항만의 해운친손' DP월드, 유럽역내선사 유니피더 인수
초대형선 기항 준가 대형 피더서비스으로 체산 환화

2018-03-27 16:06
DP월드, 인도·페루 물류기업 인수
CWC 지분 90% 취득

2020-07-28 16:34
두바이 DP월드, 유니코로지스틱스 지분 60% 인수
지분 인수 2020년 4분기 마무리

2019-02-28 10:17
DP월드, 英 P&O페리 다시 품에 안는다
모회사서 인수…유니피더와 유럽역내수송 시너지

자료: 코리아쉬핑가제트.

세 번째로는 "글로벌 e-Commerce 유통사의 종합물류업(LSP; Logistics Service Provider) 움직임"으로서, 대표적인 기업으로 AMAZON과 Alibaba를 들 수 있겠습니다. AMAZON의 경우는 80여대 이상의 자사 화물 항공기를 확보·운영하고 있는 동시에, 해상운송을 위한 NVOCC 자격을 확보함으로써, 글로벌 국가간 화물운송의 인프라를 직접 운영하는 비중을 확대하고 있으며, Alibaba의 경우에도 이커머스와 별도의 물류 플랫폼 회사를 분리·운영함으로써, 콜드체인 및 크로스보더 이커머스 물류를 비롯한 자사 물류서비스를 직접 운영하는 비중을 키워가고 있는 것으로 확인하실 수 있습니다.

이와 같이 전통적인 물류 비즈니스 모델(해상화물운송업, 항만운영업, 국제포워더업, 항공화물운송업, 이커머스유통업 등)로 구분, 각자의

수익모델을 영위하였던 과거 대비, 4차 산업혁명 및 COVID-19로부터 기인한 고객의 Supply Chain & Logistics(공급망 및 물류)의 변화 및 디지털 기술의 획기적인 발전과 맞물려 하나의 고객의 Door to Door 물류 서비스가 하나의 물류 서비스 기업이 수행할 수 있는 비즈니스 모델로의 전환이 예상보다 빠르게 진행되고 있음을 체감할 수 있으며, 이러한 속도감 있는 변화에는 Digital Transformation이라는 커다란 변화의 물결도 한 몫 단단히 하고 있음은 자명한 사실로 보입니다.

컨테이너 정기선 중심의 산업內 Digital Transformation 진행방향

컨테이너 정기선사의 입장에서 보더라도, 컨테이너 해운선사들은 실화주 거래보다는 물류주선업체와의 거래비중이 아주 큰 상황으로, 실화주와의 직접적인 마케팅 채널관계 미약했으나, COVID-19 이후 디지털 주선업체의 거래가 더욱 안정화 및 확대될 것으로 전망이 되고 있으며, 대형 전자상거래 업체가 해상운송에 진출할 수 있는 여건은 이미 형성되어 있고, 컨테이너 해운선사들의 실화주와의 직접적인 마케팅 채널 확보를 위한 수단도 강화될 것으로 전망되고 있습니다.

디지털 플랫폼을 활용한 컨테이너 정기선사의 마케팅 채널의 변화유형

자료: 중앙대학교 국제물류학과 우수한 교수, 2021년 2월.

또한 다양하고 복잡한 Digital Transformation 구현기술들 중에, 컨테이너 정기선사들에 가장 적용하기 적합한 주요 기술 7가지에 대해 글로벌 유수의 컨설팅 회사인 Boston Consulting Group에서 지난 2018년 가을에 분석결과를 발표한 바에 의하면, 아래 표와 같 습니다.

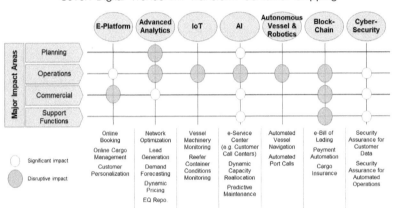

자료: BCG Analysis, 2018.

상기 개별 기술들은 그 역할에 따라 '데이터 생성', '데이터 분 석', '데이터 활용' 및 '데이터 교환 및 저장'의 4가지로 크게 다시 구분할 수 있겠습니다.

첫째로, '데이터 생성' 영역의 주요 기술로는 디지털 플랫폼과 IoT가 있으며,

1) 디지털 플랫폼: 온라인(Digital)을 통해 생산자(Supplier)와 소 비자(Consumer)간의 생산·소비·유통이 이루어지는 장(場)

2) IoT(사물인터넷): 여러 사물에 정보통신기술이 융합되어 실시 간으로 데이터를 인터넷으로 주고받는 기술

둘째로, '데이터 분석' 영역의 주요 기술로는 Big Data가 있고,

1) Big Data: 기존 데이터에 비해 너무 방대해 이전 방법이나

도구로 수집, 저장, 검색, 분석, 시각화 등이 어려운 정형 또는 비정형 데이터

셋째로, '데이터 활용' 영역의 주요 기술로는 RPA와 AI가 있습니다.

1) RPA(Robotic Process Automation): 비즈니스 과정 중 반복적이고 단순한 업무 프로세스에 소프트웨어를 적용해 자동화하는 기술

2) AI: 인간의 학습능력과 추론능력, 지각능력, 자연언어의 이해 능력 등을 컴퓨터 프로그램으로 실현한 기술

마지막으로는, '데이터 교환 및 저장' 영역의 주요 기술은 블록체인과 클라우드가 있어서,

1) 블록체인: 디지털 공공 거래 장부라고도 부르며 가상 화폐로 거래할 때 발생할 수 있는 해킹을 막는 기술로서, 거래에 참여하는 모든 사용자에게 거래 내역을 보내 주며 거래 때마다 이를 대조해 데이터 위조를 막는 기술

2) 클라우드: 데이터를 인터넷과 연결된 중앙컴퓨터에 저장해서 인터넷에 접속하기만 하면 언제 어디서든 데이터를 이용할 수 있는 기술

상기와 같이 7가지 대표적인 Digital Technology들은 각 기술 개별적으로도 업무운영의 효율성, 효과성을 향상시켜줄 수도, 때로는 새로운 사업모델로도 충분히 역할을 할 수 있고, 실제 사례도 여러 곳에서 확인이 가능합니다만, 각 기업(선사)들 입장에서는 Digital Transformation의 전략적 방향을 시작 단계에서부터 좀더 명확히 구분, 수립할 필요가 있다고 생각합니다. 아래 그림에서와 같이 디지털 전환을 통해, '현재의 서비스 개선 및 수익성 강화'에 초점을 맞출 것인지? 또는 '미래 고부가가치 사업발굴'에 전략적 집중을 할 것인지?를 생각해 볼 수 있겠습니다.

각 개별기업의 Digital Transformation의 전략적 실행 옵션

자료: EY한영산업연구원, '수퍼플루이드 경영전략' p. 295 'Dual Strategy'.

다음으로, 주요 Digital Technology별로, 해운기업이 실제로 구현한 사례를 간략하게 살펴봄으로써, 어떤 활용영역이 있는지? 어떤 실제 효과가 기대되는지를 간접적으로 이해해 보시기 바랍니다.

첫째로, E-Platform이라고 하는 '디지털 해운물류 플랫폼' 기술 부분으로서,

해운과 물류업무에서 주체가 되는 공장과 항만 등을 비롯해 그 사이에서 이루어지는 모든 형태의 물류 업무들(예를 들어 내륙운송, 통관, CFS 등)까지 모두 연결하는 통합디지털 플랫폼입니다. 한편 2019년 글로벌 해운물류 디지털 컨소시엄인 GSDC(Global Shipping & Logistics Digitalization Consortium)를 출범하여, 국내 해운물류기업, 데이터기술기업, 제조 및 유통기업 등으로 구성된 GSDC를 통해 국내 기업들은 물론 국내 물류 플랫폼 업체들의 서비스를 이용하는 고객들이 글로벌 해운물류분야의 변화에 빠르게 대응할 수 있도록 하는 역할을 하고 있습니다.

국내 해운물류 플랫폼 스타트업 서비스 예시 - 국제물류 올인원 서비스

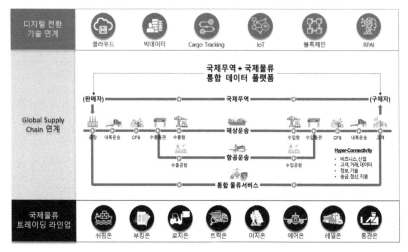

자료: 벨류링크유, 국내 해운물류 플랫폼 스타트업.

둘째로, Internet of Things라고 하는 '사물인터넷' 기술 부분으로서, 2020년 12월 기준 선복량 순위에 따른 글로벌 10대 선사별 IoT 적용현황을 간략히 살펴보면 아래와 같습니다.

1) Maersk: Reefer Container 약 300,000대에 IoT Device 적용('17년~)

2) Mediterranean Shg Co.: Traxens社를 통해 IoT Device 도입 중('19년~)

3) COSCO Group: Traxens社와 파트너십 체결하여 IoT Device 적용 중('20년~)

4) CMA CGM Group: Reefer Container 약 100,000대에 Traxens社 IoT Device 적용

5) Hapaq-Lloyd: Reefer Container 약 100,000대에 Globe Tracker社 IoT Device 적용

6) ONE(Ocean Network Express): Globe Tracker社와 파트너십

을 체결하고 IoT Device 적용

7) Evergreen Line: BLUEX社의 물류 데이터를 활용한 GreenX 런칭

8) HMM Co. Ltd.: Reefer ContainerIoT Device적용의 件 검토 중

9) Yang Ming Marine Transport Corp.: 일부 선박 Smart Ship Notations 인증 확보중

10) ZIM: Maersk의 MCI Smart Container구매, 자체 플랫폼 (ZIMonitor)에 적용중

이런 외국적 선도선사의 상황과는 다르게, 국내 선도 원양선사를 비롯, 중대형 / 중형 근해선사들도 지속적으로 관심은 보이고 있으나, 본격적인 적용에는 아직 미온적인 태도를 보이고 있는 상황입니다.

IoT 장비 및 실시간 화물위치 정보 추적모습

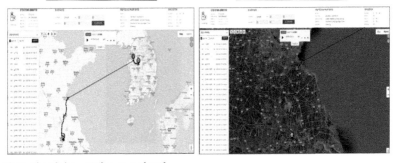

전체 운영 라우트(Google 기반)   도착국 내륙운송(위성 기반)

자료: 에스위너스, 국내 IoT 스타트업.

셋째로, RPA(Robotic Process Automation)이라고 하는, '업무수행 자동화' 기술 부분으로서, 사람이 하던 반복적이고 규칙적인 업무를 소프트웨어 로봇을 적용해 자동화하는 기술입니다. 일상적인 잡무를 로봇이 대신해 주기 때문에 업무의 효율성은 높이고, 비용을 최소화할 수 있는 장점이 있습니다.

마지막으로, 블록체인(Block Chain)이라고 하는, '위변조 원천 방지' 기술 부분으로서, 수작업으로 이루어지던 국제 무역업무를 온라인화하고 이해관계자들을 블록체인에 참여시킴으로써 블록체인 기술을 통한 투명한 이력관리가 가능해지고 거래시간 단축, 문서를 전송하고 관리하는 비용을 줄일 수 있는 장점이 있습니다.

블록체인 참여자간 개략적인 구조도 예시

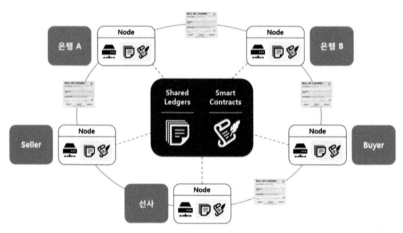

3. 결 어

한진해운 파산 이후, 글로벌 물류의 국가 경쟁력이 더 주춤한 상황에서, 글로벌 제조 Supply Chain의 변화, 물류 요구사항의 구조적 변화를 직시하여, '해운재건 5개년 계획'의 전반부는 양적인 성장과 회복에 초점을 맞추었다면, 남은 후반부 기간 동안에는 질적인 변화와 성장을 선도할 수 있도록 정부, 정부기관, 산업계, 학계, 연구기관이 실질적인 협력과 실행결과를 만들어 낼 수 있는 노력들이 가일층 발전되는 계기가 되었으면 하는 바람입니다.

유럽의 물류산업 발달 과정 및 국내 물류 산업 발전을 위한 제언

최덕림(삼성SDS 상임고문)

1. 유럽 포워더의 유래

11세기 포워더의 태동

유럽의 대부분의 산업들(공업, 유통, 금융, 교통 등)은 산업혁명 이후부터 급격한 발전을 이루어 왔다. 물류 분야 또한 산업혁명으로 인한 대량 생산체제하에 많은 성장과 세분화가 이루어 졌다. 특히 증기터어빈의 발명으로 인한 기계혁명으로 기차, 선박 등 운송수단의 획기적인 발전이 물류산업의 고도화와 세분화를 이끌어 냈다. 반면 유럽지역의 국가간 교역의 발전으로 초기 형태의 물류업이 체계화 된 것은 11세기부터 거슬러 올라간다. 유럽 지역의 포워더의 태동 또한 동 시기부터라고 알려져 있다.

유럽은 10세기~11세기 이전까지 이민족의 침입과 십자군 전쟁으로 혼돈의 시기에 있었지만, 11세기 이후 비교적 평안을 되찾기 시작했다. 실지로 1050년부터 1300년까지 유럽 인구가 3배나 증가되고 농경지 개발이 활발해 짐은 물론 제조업과 상업이 활기를 띠기 시작했다.

당시 봉건 사회에서 영주의 권한이 강화되어, 영주들의 각종 세금 징수 및 착취 등의 폐해에서 벗어나기 위해, 도시 상공인 들은 영주 대신 왕에게 세금을 내고 자치권을 얻게 되었다.

이들이 모여 이른바 상공인 길드(Guild)를 형성하여, 독일, 네덜란드, 프랑스, 프랑드르 등 북유럽 전반에 걸친 지역에 상공인들의 동맹이 형성되기 시작했다. 대 상인들이 조직한 상인 길드가 형성하였고 생산업에 종사한 사람들은 장인길드를 형성하였다.

한자(HANSA) 동맹이 이중 대표적인 동맹이었는데 북부독일과 네덜란드, 발트해, 덴마크 등 북유럽 여러 국가에서 발달을 하였고 지금도 Hansa는 독일의 함부르크, 뤼벡, 브레멘(Hamburg, Lubeck, Bremen) 등의 주의 이름으로 불린다. 이때부터 각 나라간의 교역이 발달을 했는데 초기 형태의 무역업이 형성이 되었고 이에 따라 세무인, 법관관료, 화물 중개인도 생겨났다. 초기의 화물 중개인은 무역업자와 선주의 사이에서 역할의 구분이 다소 모호한 상태에서 시작했으나 해상무역이 인구가 늘고 규모교역이 활발하고 물량이 늘어나면서 고유의 화물 복합 중개인이 탄생하였다.

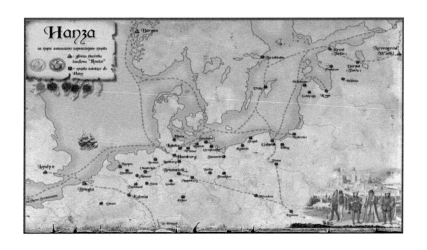

14세기 유럽 국가간 무역의 발달

14세기부터 유럽지역에 대형 도시가 발달하고, 지중해 무역이 급격히 발달하였다. 사실 지중해 지역은 이태리, 포르투갈, 스페인, 남프랑스 지역 위주로 일찍부터 무역이 발달 되었는데, 선박 건조 기술이 발달함에 따라 영국, 독일, 네덜란드, 플랑드르, 프랑스 등 북유럽 국가와의 고역이 본격화 되고 터키, 레바논까지 교역이 확대되어 대형 무역국들이 본격적으로 탄생하게 되었다. 이때에도 물류업이 보다 세분화와 고도화되어 창고업, 유통업, 하역업 등 전문 물류 산업이 발달하고 포워딩 산업도 체계를 잡아 나가기 시작했다.

16세기 대항해 시대

대항해 시대인 16세기부터는 근해 무역과는 달리 품목의 다양화와 장거리 운송에 적합한 선복이 다량 건조되어 과거와 다른 규모의 무역거래가 진행되었다, 이른바 원양 무역의 시대가 열리고 무역 및 국제 물류의 시대가 전개가 되었다.

무역량도 많이 늘어 전문적인 창고업, 하역업, 복합 주선업, 관세사 등 근대 물류산업의 형태가 태동하기 시작하였다.

이후 산업혁명 시대에는 제조 물량의 폭주와 전문 물류회사 및 포워딩 및 물류산업이 급속히 발전을 하였는데, 특히 철도의 발달과 더불어 포워딩의 Consolidation business 의 발달로 물류의 혁명 시대를 맞이 하였다. 이후 식민지 개발 시대에는 각 유럽 국가마다 식민지 무역을 활성화 시키기 위해 동인도 회사를 설립하고, 인도, 아프리카, 중국, 인도 차이나 등 많은 식민국가로부터 물적 이동이 활발히 진행되었고, 물류업의 세분화가 본격적으로 이루어지고 포워딩 산업이 고도화 되었으며, 이후 컨테이너의 발명 이후 해운산업의 표준화, 자동화, 대형화 등으로 포워딩 산업의 전성시대를 맞이하게 된다.

유럽 국가별 포워더 명칭

복합 화물 주선업에 대한 국가마다 명칭이 다르다. 영어로는 우리나라에도 쓰이고 있는 Freight Forwarder로 표현 되었고, 전 세계적으로 통용하여 쓰인다. 유럽은 각 나라마다 포워더를 11세기부터 쓰여왔던 각 고유 언어로 부른다. 프랑스어는 Transiteur라 부른다. 그리고 독일어는 Spediteur, 이태리어는 Spedizioniere, 스페인어로는 Trasitaro, 네덜란드어로는 Expediteur 등으로 불린다, 나라마다 표현법은 다르지만 모두 화물을 주선(알선)하는 주체, 화물을 보내는 주체 등의 의미를 지닌다.

2. 18세기 International Forwarder의 등장

상기에서 설명한대로 포워더의 발전은 11~13세기부터 도시간의 상공업 발달로 길드의 형성, 14세기 무역, 물류업 세분화와 전문화, 16세기 대항해 시대가 열리며 선박 기술 항해 기술의 고도화를 통한 해운업 발달, 그리고 18세기 산업혁명으로 인한 교역 확대로 전문 물류 중개인 필요성 대두, 19세기 현대적 의미의 전문 포워더 등장들의 발전 과정을 설명했다.

특히 유럽지역은 철도의 발달과 운하의 발달이 교통 및 물류의 발달을 가져왔으며 이러한 육로 및 수로의 이점을 활용해 운송사 및 포워더들이 급격한 성장을 하였다.

특히 18세기 중반 철도의 발달로 인해 유럽 국가간의 물적 이동이 활발해 지고, 유럽 전 권역의 이동을 수행할 수 있는 포워더들이 독일, 스위스, 프랑스, 오스트리아, 네덜란드 등에서 탄생하게 되었다.

DHL의 탄생

18세기에 탄생한 포워더 업체들은 대부분 철송의 발달에 따라 동반 성장을 하였는데, 열차 1량을 Consolidation하는 형태로 소형 카고를 집하하여 운송하는 비즈니스로 시작했다. 당시는 컨테이너가 발명되기 이전이었으나 이들 International Freight Forwarder 들이 소위 Rail을 이용한 Consolidation 서비스를 이미 경험한 것이다.

현재 우리가 알고 있는 세계 Top 1위~2위의 포워더인 DHL (DHL Global Freight Forwarding)의 원조는 Danzas이다. Danzas는 1854년 Zurich에서 St. Louis로 가는 유럽 철도 Consolidation Cargo를 선적으로 본격적인 Forwarding Service를 시작했다.

Danzas는 프랑스 알자스 Louis Danzas에 의해 1840년 설립이 되었다. 당시 알자스 지방은 30년 전쟁, 보불 전쟁과 세계 1차 대전으로 독일과 프랑스로 행정적인 소속이 빈번이 바뀌었다. 지금은 프랑스에 소속되어 있으나, 사실 이 지역은 이로 인해 국가에 대한 개념이 다소 약해 현재 DHL의 발생지를 따지는 것은 무의미 해졌다. 지금은 대부분의 포워더들이 세금이나 기타 정부 혜택으로 인해 스위스에 본사를 설립하는 경향이 짙으며, 대부분의 포워더는 독일 자본으로 운영되는 경우가 많다.

DHL 본사의 해상 총괄인 Dominique von Orelli 부사장(2018년 취임)은 스위스인으로 한진해운 시절부터 10여 년 동안 필자의 Business partner로 올해 7월초 현 물류사태의 추이와 대응방안에 대해 1:1 줌 회의를 가진 적이 있다.

동 회의를 통해 현 세계적인 물류사태로 인해 DHL 또한 그동안의 침체기에서 벗어나 많은 반사 이익을 취하고 있으나, 공룡기업으로 시장에 적지 않은 영향력을 미치고 있는 DHL로서는 단기적인 회사의 이익보다는 금번 전 세계를 강타하고 있는 물류사태가 전 세계 Supply Chain의 붕괴로 이어져 산업에 미치는 영향에 대한 우려 및 세계적인 물류업체로서 동 상황에 대한 공동 해결책 마련에 대해 고심을 하는 노력을 보였다.

한편 DHL 특송(Express)은 1969년 미국의 Adrian Dalsey, Robert Hillblom, Robert Lynn에 의해 창립되었는데 2002년 독일의 우정국인 Deutch Post Worldnet와 합병, 그리고 같은 해 스위스 기업이 된 (상기에서 설명한) Danzas와 합병이 되어 세계 최대의 국제 택배 물류 회사가 되었다.

특송은 포워딩과 다른 분야이기 때문에 DHL은 Global Forwarding과 Express 그리고 Supply chain을 별도 비즈니스 영역으로 운영을 하고 있다.

Kuhne＋Nagel의 등장

19세기 말에 DHL(Danzas)과 같은 포워더들이 하나 둘씩 설립되기 시작했는데 그 중 대표적인 하나가 Kuhne＋Nagel이다.

Kuhne＋Nagel은 스위스 Schindellegi에 본사를 둔 DHL과 더불어 세계 최대의 포워더 중 하나로 August Kuhne와 Friedrich

Nagel에 의해 독일 Bremen에 설립을 하였다. Kuhne + Nagel도 창립 당시에는 철도 Consolidation과 해운 포워딩으로 시작을 하였다. 당시 영국향 설탕 철도, 해운 수송사업으로 큰 성공을 했다.

Kuhne + Nagel 또한 행정적 본사는 스위스에 위치하고 있으나 해운 포워딩 운영은 Hamburg에서 하고 있다. Hamburg Hafencity에 위치한 Kuhe Nagel 해운 본사는 물류스쿨 까지 설립을 하여 후학을 배출하고 있다. 필자도 독일 주재원 시절 함부르크 Hafen city에 거주를 하였는데 자전거로 출퇴근하는 Kuhne + Nagel 본사 해운 총괄 Otto Schacht를 가끔 마주쳐 눈인사를 하고 지나치기도 하였다. 함부르크는 독일의 발달된 제조업과 국가의 물류 투자로 포워딩, 선박 등 해운 물류의 중심지로 자리매김하고 있다.

또 하나의 물류 공룡기업 DB Schenker

또 하나의 세계적인 International Forwarder인 DB Schenker는 1827년 스위스 국적 Mr. Godfried Schenk에 의해 Austria에 설립이 되었다.

Paris에서 Vienna 첫 철도 위탁 화물 운송을 필두로 Rail Consolidation서비스를 통해 사세를 확장하여 한때 세계 3위의 International Forwarder로 전 세계 200여 개국에 물류 서비스를 제공하였다.

2000년 시드니 올림픽 공식 화물 업체로 선정이 되기도 하였고, 2004년 아테네 올림픽, 2008 베이징 올림픽 IOC 공식 협력 업체로 선정되기도 하였다.

2002년 독일의 철도청인 Deutsch Bahn에서 Schenker와 Stinnes AG를 통합하여 DB Schenker를 설립, 오늘날의 DB Schenker가 되었다.

Danish 물류 기업의 약진 DSV / Panalpina

상기의 3개 포워더들은 흔히 세계 포워더계의 Big 3로 불리었고, Panalpina를 포함에 Big 4 IFF(International Freight Forwarder)로 불리었다.

하지만 Panalpina는 1970년대에 탄생된 Danish계 신흥 공룡 포워더인 DSV에게 인수가 되었고, 지금은 DSV가 매출 및 물량 기준 Big 3로 등장, Big 2의 반열에 도전을 하고 있는 상황이다. 특히 올해 Kuwait계 포워더인 Agility(구 LEP International / Geologistics)를 인수하여 세계 물류계를 놀라게 하였다.

DSV는 1976년 9개의 Feeder 전문 물류회사가 공동으로 설립한 종합 물류회사로 Agility사를 인수를 하여 명실상부한 포워딩계의 Big 3에 진입하였다. 글로벌 선사의 대표 주자인 Maersk와 같이 포워딩계도 Danish가 주도적인 시장개척을 하겠다는 의지를 표명하고 있다.

DFDS 시절부터 DSV의 선사들과 Major Negotiator로 활약하였고, UTI 인수 단장을 하던 Peter Marke는 2016년 UTI 인수 시절부터 DSV가 향후 세계 Big 3아니 Big 2까지 성장할 것이라고 필자에게 자신 있게 주장을 하곤 했다. 당시로는 믿기지 않는 이런 말들이 현재에는 놀랍게도 점점 현실화되어 가고 있고 향후 DSV의 행보가 전 세계의 물류인에게 큰 주목이 되고있다. DSV가 지금은 Carrier 영업 총괄이 Danish가 아닌 독일인인 Michael Hollstein으로 바뀌었고, 유럽 물류의 중축인 독일을 심으로 DSV의 성장이 눈에 띠인다.

최근 DSV는 상기에 소개된 DB Schenker도 인수한다는 설이 있어 세계 물류계가 주목을 하고 있다.

프랑스 대표 종합 물류기업 Bollore Group

프랑스의 서아프리카 식민국가 개척의 주축이 되었던 Bollore Group이 있다.

Bollore 그룹의 사업분야는 물류뿐 아니라, 1800년도 초창기에는 담배 산업, 제지업, 관광업, 해운업에 투자하였고 현재는 배터리, 전기차, 미디어 등에도 투자를 하고 있다. 1867년 문을 열어 아프리카 식민 개척의 교두보 역할을 했던 선사인 Delmas 또한 Bollore Group이 140여 년간 운영을 하였고, 지금은 CMA-CGM 그룹 소속으로 넘어갔다.

필자는 2000년 초반 한진해운 프랑스 지점장 시절, Bollore(당시 SDV)가 당 지점의 5년 연속 제1의 화주였고, 많은 부분 Bollore Group과 긴밀한 협력을 하고 있었다. 현재 Bollore 본사의 Bollore Terminal / Agency Business CEO인 P&I 변호사 출신 Guillaume Arnaud는 당시 한진해운 Marseille에서 활동하던 한진해운 Sales Manager 출신이다.

또한 2008년 한진해운 Algeciras Terminal 개발을 위해 필자가 함부르크 거주 시절 6차례에 거쳐 8개국 아프리카 방문 시, Bollore 측에서 시장 정보, Terminal 소개, 그리고 Getma (Necotrans)라는 회사와 함께 정부 고위층 소개를 전담하였고, 한진해운 아프리카 Nigeria 대리점, Ivory Cost 대리점을 수행 하였고, 한진해운 스페인 대리점 사업에도 투자하여 Hanjin Shipping Spain J / Venture 법인을 양사가 같이 설립하기도 했다.

기타 유럽의 중대형 포워더

이 외에도 프랑스계 포워더인 Emile Calberson이 1894년 창업하여 Paris / Ruen / Le Havre 철도 서비스로 시작, SNCF(프랑스 철도청)에 흡수된 Geodis도 유럽에서 역사와 명성을 자랑하는 포워더이다.

이밖에 1871년 Carl Heinrih Hellmann에 의해 독일 Osnaburg 에서 창립하여 현재 4대째 Jost Hellmann에 의해 운영되고 있는 Hellmann Worldwide가 있다. Family Business의 형태로 운영된 Hellmann은 최근 Business Scope 다양화를 통해 세계적인 종합물 류 서비스 회사의 면모를 유지하기 위해 최선을 다하고 있다.

이밖에 Garment 운송을 바탕으로 성장한 Luxemburg / 독일계 포워더인 Logwin (구 Birkart), 종합 물류 서비스를 천명한 Maersk 라인의 물류 서비스 교두보 역할을 담당하는 Damco, 그리고 2007 년도에 스위스에 설립, TNT Logistics와 EGL을 합병하여 사세를 확장하다, 최근 CMA-CGM에 인수된 CEVA Logistics도 있다.

영국은 대부분 유럽계 포워더인 DHL, Kuhne+Nagel 및 미국계 및 Hong Kong 중국계 포워더의 비중이 높다. 이 중에서도 영국계 로컬 포워더인 Uniserve의 활약이 돋보인다. 1984년 설립된 영국 최대의 포워더인 Uniserve는 개인회사로는 드물게 많은 영국계 유통회사와의 Business 협력을 하고 있고, 내륙 운송, 창고업, 등에 투자하고 있다.

Top 25 International Forwarder 대륙별 매출 점유율(2019)

FIATA의 탄생

이들 포워더에 대한 국제적 규정의 설정이나 구심체 역할을 하 던 단체가 FIATA(Federation International des Association et Transitaire et Assimilaire)인데 명칭은 프랑스어에서 비롯되었다. 영어로는 International Federation of Freight Forwarder 정도로 표현할 수 있다. FIATA 사무국은 1926년에 스위스 쮜리히에 설립되었다. 사무국은 회원들의 상호협력, 이익 옹호, 복합운송서식, 운송약관책정, 서비스내용개선, 현재는 전자 상거래와 책임 운송보험까지 관여를 하고 있다. 150개국 4만여 기업을 둔 비정부 기구로 2020년 작년에 국제 총회가 한국에서 열릴 예정이었으나 연기가 되어, 올해 벨기에에서 열린 후 2022년에 한국에서 열릴 예정이다.

유럽 포워더들은 왜 주로 스위스에 본사를 두고 있는가?

스위스 평균 세율은 약 16.8%(1.4%~24.2%)로 유럽의 타 국가 대비 낮은 편이다.

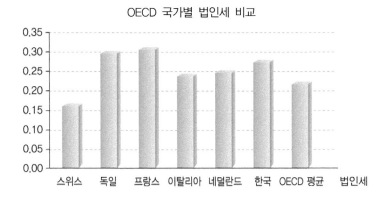

OECD 국가별 법인세 비교

스위스 정부는 해외 글로벌 기업 유치를 위해 1) 해외기업 세금 혜택 조정, 2) 특허 박스(Patent Box), 3) R&D 추가 소득공제 등을 추진했다. 스위스의 법인세는, 연방세, 칸톤세 및 지방세가 합해져 부과되는데, 연방 세율은 8.5%의 고정세율이다. 각 칸톤은 각기 다른 세율을 부과하고 있다. 2020년 주요 칸톤별 법인세율을 비교해 보면 취리히 21.2%, 루체른 12.3%, 바젤시 13%, 추크 11.9% 등이 다. Basel은 스위스 최대의 산업도시이자 법인세 또한 타 주요 도시대비 경쟁력이 있어 많은 세계적인 물류업체들이 스위스에 본사를 두고 있는 것이다.

Top 25 International Forwarder 국가별 매출 규모(2019)

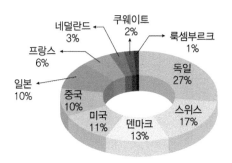

3. 유럽의 국가별 물류 환경

유럽의 포워더의 발달의 원인 중 하나는 유럽국가들의 전통적으로 타 대륙 대비 선진화된 물류 환경이라 하겠다.

유럽 국가들은 11세기부터 국제간의 교역이 발달하여 국가간의 교역 물량의 순조로운 흐름을 위해 물류 인프라 개발이 일찍부터 발달했다.

유럽은 함부르크, 브레멘, 로테르담, 암스텔담, 앤트워프 등의 상업항이 크게 발달하였고, 선박의 정박 시설, 적하 및 양하 물량 보관 창고 및 항만의 물동 대기를 위한 Yard 개발이 일찍부터 이루어졌다. 부두에는 이들 물량을 이동할 전문 부두 노동자들이 오래 전부터 활약을 하였고, 물류관련 이해 관계자 및 각종 산업 및 시설이 일찍부터 발달하였다.

최근까지도 유럽 국가별로 매년 많은 엄청난 규모의 물류 투자가 진행되고 있고, 기존의 항만, 터미널, 창고 클러스터 투자 외에도 물류 디지털화 및 IT를 통한 물류 기반 확충에도 투자를 하고 있다.

국가별 물류 투자비용(2018년 Unit: 10억 US$)

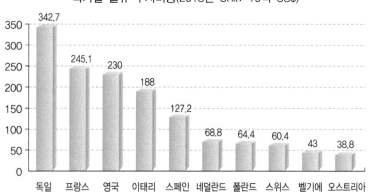

독일의 물류환경

전통적 해상 물류 전통 국가로 해운물류 중심은 영국에서 독일로 이동하고 있다. 과거에는 대형 선주들을 중심으로 한 선박 투자나 보유 측면에서 그리스, 영국, 일본 등을 해운 강국이라 일컬었으나, 실질적인 물적 이동을 기준으로 한 해상운송 및 선박 등 종합적인 측면에서보는 해운물류 강국은 유럽의 독일, 아시아의 중국을 들 수가 있다. 종합 물류의 중심도 과거 베네룩스에서 독일 또는 네덜란드로 이동되는 추세이다.

더욱이 독일의 제조업은 유럽 전체 국가 제조업 총 부가가치의 30%에 달하며 정부차원의 제조업 육성, 대기업+중소 기업 골고루 발달하였다. 특히 자동차 및 부품업, 기계류 등 제조업의 발달과 정부주도의 첨단 사업을 집중 육성하고 있다. 전통적으로 기계, 설비, 석유화학제품, 전자부품, 원자재, 전자제품. 자동차 등이 대부분을 물동량 차지하였으나 현재는 자동차 부품, 배터리, 첨단 전자통신 등 아시아 공업 선진국에 뒤지지 않기 위해 첨단 제품 개발에 박차를 가하고 있다.

국가 경제력 세계 4위, 전체 물류 지수 세계 4위, Infra 부분 세계 1위의 경쟁력을 바탕으로 정부 차원의 R&D 지원 육성에 박차를 가하고 있다. 또한 지속적인 항만 개발(Hamburg, Bremerhaven, Wilemshaven)을 통해 환적 물량 확대 전략으로 동구권, 러시아, 발틱, 스캔디나비아 지역의 Hub 역할을 로테르담 항과 더불어 하고 있다.

육로의 Autobahn시설, 총 연장이 1,000km가 넘는 운하, 총 연장 4만km에 이르는 세계최대의 화물운송 철도망, 철도청 DB의 Flexible한 철도 운영, 15개의 국제 공항, 물류관련 세계최고의 기술 보유국으로의 자부심을 가지고 있다,

또한 라인강, 마인강, 도나우강 등 강줄기로 이어지는 운하를 북

해와 흑해를 연결시켜 유럽의 심장부 역할을 하고 있으며, 동 운하는 독일과 네덜란드, 프랑스, 벨기에, 러시아, 체코까지 이어져서 유럽 전역으로 이어지고 있다.

네덜란드의 물류환경

Rotterdam은 단일 Port로 유럽 제1의 관문으로 이를 통해 네덜란드가 물류 중심국가로 성장할 수 있는 배경이 되었다. 네덜란드는 Rijn, Mass, Schelde 3개의 강을 이용한 내륙 소로 발달하여 Rotterdam에서 양하 된 물량은 동 내륙 소로를 이용한 River 운송 물량 외에도 철도 및 육로를 이용하여 하루 내에 서유럽 · 동유럽까지 이송이 가능하다. 특히 독일 중서부 Dusseldorf · Koeln(내륙 Barge)이나 프랑스 북부 Lille, Paris 등 까지도 RTM 이용 선호(Rail 또는 Truck)

여러 국가와 이중 관세 적용방지 협정을 체결하였고, 컨테이너 화물은 내륙 바지나 피더 이용 · 철도 및 Truck 도 동시에 발달한 유럽 지역 사통팔달 지역으로 세계기업들의 물류 센터 구축 · 다국적 기업의 70% 물류 배송 센터가 RTM에 위치하고 있다. ETC Terminal은 세계 최초의 Full Automatic Terminal로 많은 세계적인 Terminal의 벤치마크 대상이 되고 있다.

프랑스의 물류환경

프랑스는 독일과 함께 EU의 중심 국가로 영토 · 인구 · 산업 · 교통 등 모든 면에 장점이 많은 나라이다. EU 역내 국가 6개 국경으로 Rail · Truck 육상 운송 발달되어 있다. 대표적인 산업으로는 자동차, 중공업, 항공기, 낙농, 전자산업, 관광, 주류, 문화, 석유화학, 화장품, 석유화학, 방산업 등 산업이 골고루 발달되어 있다.

한때 유럽 제2의 물동량으로 남북의 항구 골고루 발달되어 있고

Road Congestion이 없어 육상 물류 이동이 쉽게 가능하다. 또한 Africa 등 식민 시대 연결되었던 Business들이 지속되고 있어, Africa의 물류 Business 관문으로 통하고 있다.

하지만 비교적 까다로운 통관으로 프랑스 내륙향 물량조차도 Rotterdam, Antwerp, Barcelona 등을 통해 운송이 되는 경우가 많다. 서유럽의 타 국가 대비 내륙수로 이용률이 적으며 북유럽 Terminal은 Le Havre가 사실상 유일(Congestion에 대비 난항)하며 잦은 파업으로 인해 물류 흐름이 원할하지 않고 유럽 최초로 주 35시간 업무로 인한 업무 효율성이 악화되었다. 또한 항만 공무원 및 공무원의 고압적인 자세와 정책의 유연성 결여, 그리고 언어 차이에서 오는 소통부재로 인한 문제가 빈번하게 발생을 해왔다. 전 세계 영어로 통일된 세관 Manifest 품목을 프랑스어로 신고하여야 하며 이를 위한 허가된 전문 Broker가 필요하다. 이러한 제도적인 문제가 프랑스 물류 발전을 가로막는 중요한 이유가 되고 있다.

영국의 물류환경

영국은 소비국가, 금융국가, 교육국가, 문화국가이자 전통적인 해양국가이다.

영국은 국민들의 까다로운 소비성향으로 인해 세계적인 문화 컨텐츠, 고급 전자 및 첨단 제품들의 Launching 시장이며 제품의 AS가 극히 발달되어 있다. 상품들의 유통 단계가 복잡하여, 비싼 물가를 유지하고 있고, 포워더가 유통회사와 결집한 형태를 띠고 있다.

제조업이 많이 사라지고 유통업, 금융업 등의 서비스업이 발달되었는데 특히 최근에는 유통 채널 간소화 및 E-Commerce가 발달되어 첨단 유통 시장의 Launching 부대가 되고 있다. 제조, 서비스 등의 소비 성향은 런던, 버밍엄, 맨체스터, 글래스고 등 대도시 위주로 집중 발달되어 있고 50여개의 크고 작은 항구를 통해 해외 수입 의존도가 높다. 50여개의 컨테이너 항구 중 Southampton, Felixstowe에 집중되어 있고 동 항구의 만성 적체 및 겨울철 잦은 폭풍의 영향으로 항만의 가동율이 타항 대비 크지 않다. 또한 50여개의 민간기업을 중심으로 철도 운송이 발달되어 있다,

산업혁명 때부터 Carrier가 표준 Tariff에 의해 운송을 Arrange Pattern이 남아 있어 Carrier Haulage가 타 국가보다 발달되어 있다. Local 포워더 산업이 크게 발달하지 않아 독일·미국·중국계 포워더에 많이 의존을 하고있다. 수입 수출의 Imbalance로 인해 타 주요 유럽 항구 대비 영국의 항들은 컨테이너 선사들의 선호 시장은 아니다. Brexit 이후 물류시장이 크게 위축되고 영국 시민권이 없는 유럽 노동자 탈출로 내륙 운송 서비스 큰 지장을 초래하고 있다.

4. 해운, 물류산업의 추이

글로벌 선사들의 재편

2008년 리먼 사태 및 EU의 경쟁법 강화 일환으로 Block Exemption 철폐 및 FEFC·SEAC·TACA 등 유럽 해운 협의 동맹체가 붕괴되었다.

그 이후 10여 년 동안 해운시장의 침체기가 지속되었다. 2010년 이후 선사별로 규모의 경제 실현의 일환으로 단위당 비용 절감을 통한 선복의 대형화가 급속히 시행이 되었고, 이로 인한 해운 시장의 공급량 초과로 인한 집하 경쟁, 운임 하락이 가속화 되었다.

2015년 이후에는 대형선사인 Maersk, MSC 등의 Chicken Game이 본격화되어 2016년도 초반 아시아발~지중해향 운임이 FEU 당 75불까지 하락하는 초유의 사태가 벌어진 것이다. 지금의 운임이 FEU 당 14,000불(정상 운임은 아니나)에 달하고 있어, 당시 현재 운임의 200분의 1 수준의 경영을 유지하기 어려운 상황이었다.

선사들의 경영악화로 인해 2016년 이후 한진해운이 법정관리에 들어가고 이를 신호탄으로, 일본의 Major 3개 선사인 NYK, K-Line, MOL 등이 하나로 통합되어, ONE라는 대형 선사가 탄생을 했고, 중국의 양대 선사인 COSCO, China Shipping과 Hong Kong의 OOCL까지 합병 아시아의 거대 선사로 탈바꿈했다. 2010년 까지만 해도 한진해운과 비슷한 규모였고 과거 유럽 지선망 확충에 대해 한진해운을 벤치마크하던 선사가 지금은 Big 3 반열에 오르게 되었다.

오직 한국만이 독특한(?) 형태의 최악의 해운 산업 합리화가 이루어진 것이다.

2018년 이후에는 독일의 Hapag Lloyd의 UASC 합병, Maersk의 Hamburg Sued 합병, APL의 CMA 합병이 이루어져 거의 모든 Major선사들이 합병의 직간접적인 영향을 받았다.

이 기간 동안 MSC만이 인수합병에 적극적이지 않았는데 Maersk의 덩치 불리기 작업이 주춤한 동안 MSC의 선복 증가의 추진력이 돋보였다. 2022년 기준 MSC가 Maersk의 선복량을 초과하여, 선복량 기준 440만 Teu로 전 세계 1위의 선사로 탈바꿈한다.

이처럼 과거 24개의 Major global 선사 중 8개 선사가 합병 또는 부도로 사라지고 현재는 11여개의 글로벌 선사(선복량 40만 Teu 이상)들이 남아 있다. HMM은 선복량 기준 세계 8위로 현재 약 84만 Teu의 선복량을 보유하고 있으나, 아직 Big 4 Carrier 대비 선복량이 4배~5배 적은 상황이다.

Covid 19 이후의 컨테이너 시황

2021년 7월 현재 Covid 19로 인한 미국향 소비재 물량의 증가, 2020년 하반기부터 물량의 급등이 이루어 졌다. 2021년 1월~5월 물량 또한 전년 대비 40% 이상 증가하여 사상 유래 없는 시황 활황세가 유지가 되었다.

이에 비해 공급량 측면에서는 1) 미 서안 항만 노동자들의 Covid 19 발병으로 항만 생산성 저하에 따른 선박 외항 대기 장기화, 2) 수에즈의 선박 사고로 인한 아시아 및 유럽 지역의 항만 혼잡 가중, 3) Yantian 및 동남아항들의 부두 노동자 Covid 19 발병으로 인한 터미널 혼잡 가중 등으로 인한 전 세계 해운 물류망 혼란, 4) 미주 지역의 철도 혼잡, 트럭 부족, 섀시 부족등 연쇄적인 Supply chain의 파괴 현상 가중이 되었다.

부족한 선복 및 컨테이너 장비를 선점하기 위해 화주들은 Premium 운임(기존 FAK 운임+2,000불~5,000불)을 지불하고라도 선복을 확보하려는 경향으로 인해 아시아~미주서안, 아시아~유럽, 아시아~미주동안 등은 운임 수준이 약 1만 불대 또는 그 이상의 수준에 도달하여 전년 동기대비 약 7~8배에 해당하는 운임 인상율을 보이고 있다. 이에 따른 SCFI(상해 컨테이너 운임지수) 또한 4,000 대 중반을 기록했다.

금년 하반기 공급 증가는 4%대에 그치는 반면 수요는 7~8%대 증가를 예상하고 있는 바, 2020년 하반기에도 선복 부족 및 운임 상승은 지속될 것으로 예상된다.

Total Logistics Solution

주요 선사들의 대 화주 "종합 물류 솔루션 제공"으로 해당 물류 업계의 대응이 예상 된다. 이미 Maersk, CMA-CGM 등은 그들의 자회사인 Damco, CEVA 등을 통해 대 화주 물류 서비스 일괄 처리 System을 갖추어 놓았고, 시황의 활황세를 틈타 해상운송 고객 유치 보다는 내륙 물류 서비스 고객 유치에 노력을 기울이고 있다. Maersk는 올해 한국 대표는 포워더 CEVA 대표 출신의 인물로 교체를 하였고, MSC 또한 6개월 전 Maersk 본사 COO 출신의 인물을 본사 CEO에 발탁, 과거와 다른 행보를 보이고 있다. 향후 유럽 선사들 뿐 아니라 아시아계 선사들도 Maersk를 벤치마크할 채비를 갖추고 있어 이들의 행보가 향후 유럽계 포워더들을 비롯한 전 물류업계의 큰 도전이 될 것으로 예상이 된다.

또한 유럽계 선사들은 이러한 시장의 개편을 틈타, 그동안 유럽 시장의 지배력이 컸던 포워더군의 비중을 줄이고 대형 BCO (Beneficiary cargo owner: 실화주)와의 장기계약을 통해 운임의 휘발성을 줄여 Asia-Europe 시장의 안정적인 개편을 도모하려고 하고 있다.

하지만 아직도 유럽 시장에서 대형 포워더들의 역할이 큰 바, 아마도 선사들과 대형 포워더의 경쟁관계가 시간이 지남에 따라 자정적인 역할 분담이 암묵적으로 이루어지리라 기대한다.

Digitalization

4차 산업혁명이 21세기 전반적인 산업의 패턴의 변화를 가져올 것으로 예상되는 가운데 플랫폼 비즈니스가 유통 및 물류 변화의 중심에 설 것으로 생각된다. 특히 물류창고, 풀필먼트, 포워딩 등 여러 분야에 물류 플랫폼 비즈니스의 영역이 넓어지고 있다.

선사들의 플랫폼 서비스는 단순한 Web Booking 의 형식을 떠나 On line을 통한 운임 Quotation 및 Filing에서 시작해서 Booking 연결, Schedule 관리 부대 서비스 등 모든 Process를 Platform안에서 이루어지게 된다.

선사들에게 동 Platform 서비스의 주 대상이 되는 화주는 적은 물량을 지원하는 중소형 SME(Small & Medium Enterprise)로, 동 화주들은 선사와의 주된 Communication Channel이 오직 Platform 으로만 진행하게 되어 해상 운송 중 발생되는 갖가지 변수에 대한 문의 응답이 원할하게 이루어지지 않을 가능성이 높다.

선사들도 Platform을 통한 영업 활성화를 적극적으로 추진을 하고 있는데, 주로 유럽선사들 위주로 비즈니스 활성화가 되고 있다. 한마디로 규모가 작은 화주들은 향후 Digital 속에서만 서비스가 가능하고 Manual Service는 선사로부터 제공 받지 못할 가능성이 높다.

글로벌 대형 포워더 들도 Platform을 이용한 서비스를 추진하고 있어 이런 SME(Small & Medium Enterprise)화주들은 대형 포워더에도 외면을 당해 시장내의 입지가 줄어들게 될 수 있다.

최근 Flexport나 Forto 같은 기존의 유럽의 IT Base로 출발한 회사들의 Platform 전용 서비스 포워더들도 등장을 하고 있어, 향후에는 이러한 Digital을 이용한 비즈니스 프레임으로 패러다임이 전환 될 것으로 예상된다.

5. 시사점과 제언

우리나라의 물류 해운 물류 환경

우리나라는 GDP 대비 무역의 의존도가 가장 높은 나라 중의 하나이다. 삼면이 바다로 둘러 쌓여있고 북쪽으로의 진출이 막혀있는 지정학적인 한계로 수출입의 99%를 해상운송에 의지를 하고 있다.

따라서 우리나라는 경제규모의 비약적인 발달과 함께, 기존 동서 해운 항로 확충 및 새로운 유럽 남북 해운 항로 개척, 과감한 해운 시스템 투자 및 경영 혁신 그리고 전 세계 주요 글로벌 Key 고객 대거 유치 등으로 2013년도까지 해운 강국의 위상을 떨치고 있었다.

2008년 리먼 사태의 영향 및 EU의 해운 산업 반독점 금지 정책(Antitrust Immunity)의 일환으로 해운 산업에 대한 포괄적 면제(block Exemption)의 폐지 시키고 FEFC, TACA, SEAC 등 유럽을 중심으로 한 운임 동맹이 사라졌다. 이후 유럽을 중심으로 해운 시장의 자유 경쟁 체제하에 일부 공룡선사들의 Chicken Game도 극렬하게 일어나 세계 해운시장의 붕괴 또한 경험을 했다. 이처럼 지난 10년 동안은 전 세계 해운이 사양산업으로 전락을 했다.

하지만 장기적인 관점에서 해운의 중요성을 인식한 선진국에서는 이러한 시황 불황에도 국가적 지원 및 해운 산업 합리화를 통해 이러한 시기를 슬기롭게 극복했다.

반면에 우리나라 정부는 주변 해운 강국과는 다른 방식으로 자국의 해운 산업에 대한 비상식적이고 극단적인 선택을 단행하여 40년 동안 쌓아온 해운 산업을 단숨에 붕괴시켰다.

한편 작금의 해운 및 물류 공급망의 파괴는 수요 및 공급 측면에서도 코로나의 여파가 직접적인 원인이나, 이를 차치 하고라도 2020년 이후의 수요 공급의 변화 및 해운 환경의 변화는 이미 예측이 되어 있어 장기적인 관점의 국가적인 지원만 있었다면 적어도 우리나라는 이러한 극단적인 피해는 어느 정도 비켜 나갈 수 있었다는 것이 전문가들의 의견이다.

또한 몇몇 선사의 글로벌 해운 전문가들은 이러한 해운시황의 변화에 대한 전망을 하였고, 한진해운 사태 이후에도 급감된 선복량의 재증가 필요성을 지속 주장했다. 결국 비전문가들이 정치적인 잣대 그리고 금융의 잣대로 국가의 기간 산업을 무너뜨리기 일보 직전까지 왔다가 이제서야 재생을 위해 많은 투자와 노력을 경주하는 것이다.

유럽의 물류 인프라는 하루 아침에 이루어지지 않았다. 수십 년간 눈앞의 손해를 감수하고서라도 장기적인 관점에서 국가에 이익에 부합한다면 몇 년이 걸리더라도 투자를 아끼지 않은 것이 유럽의 물류정책이다.

중국 또한 해운의 침체 시기에 Cosco, China Shipping 등 해운

선사의 지속적인 천문학적인 적자에도 불구, 오히려 지속적인 물류 인프라 투자를 통해 지금 그 결실을 보고 있고 중국의 일대일로의 교두보 역할을 하고 있다.

한진해운의 경우 마지막 몇 천억 원 때문에 34조 원이라는 천문학적인 금액의 클레임을 전 세계 수만 개의 화주와 거래처로부터 제기 당했고 작금의 물류 사태에 선복 및 장비 부족으로 수천여 기업을 또 다시 부도로 몰아가고 있다.

현재는 우리나라 국적 선사들이 주요 대기업 및 중소기업에 대한 선복지원을 비교적 공정하고 합리적으로 하고 있어 그나마 다행으로 생각된다.

하지만 현재의 선복 · 장비 부족 및 초 고운임의 문제는 수출업체들의 큰 걸림돌이 되고 있는 것이 사실이다.

한편, 2008년 이후, 약 10년 동안 운임 수준이 BEP 이하로 유지되었고 2016년 1분기 해상 운임이 Feu당 100불(극동~지중해 W/B 기준) 이하를 기록할 때까지 정부나 화주의 운임 정상화 또는 경영 정상화에 대한 어떠한 관심이나 지원이 없던 정부로서는 이제 와서 운임이나 선복운영에 대한 국제적 선사들의 관례를 무시하고 간섭을 한다면 시장경제에 대한 차별적인 간섭이 될 수밖에 없고 그 손해는 부메랑이 되어 돌아올 것이다.

이러한 초유의 물류사태가 화주사나 선사, 물류사 그리고 정부에는 큰 교훈이 될 것으로 사료되며, 이를 계기로 국가의 중후장대 사업, 장치 사업이자 기간산업인 해운업이나 항공업의 중요성이 재인식되기를 바랄 뿐이다.

해운 산업의 탈 한국화

또 하나 강조하고 싶은 것은 해운산업의 국제화와 탈 한국화에 대한 공감이다.

해운산업은 항공화물 사업과 달리 전 세계 모든 시장이 자유롭게 열려 있고, 모든 글로벌 선사들이 전 세계를 상대로 자유로운 경쟁이 허용되어, 선사별로 자국의 무대가 아닌 타국에서 훨씬 많은 수익을 창출하고 있다.

한진해운도 과거 극동 및 동남아 여러 국가에서 각 국가별 시장 점유율 (미주향 및 구주향 기준, 한국향 기준이 아님) 1위~5위를 10여 년 이상 유지를 하고 있었다. 물론 당시 한진해운은 선복량 기준 세계 3위권~5위권을 차지하고 있었기 때문에 가능한 일이었다.

만약 해운 선사들을 보유하고 있는 국가들이 자국 선사를 이용하는 것을 적극 장려하여 자국적 선사 적취율을 일정 부문 유지하라는 규정을 둔다면, 그 나라의 해운사뿐 아니라 전 세계 해운산업의 발전에 큰 장애가 될 것이다.

지금은 어느 나라도 그런 규정을 두고 있지 않다. 과거 1970년도 해운 산업 합리화 시절 국내 해운 산업 보호와 국내 업체들의 안정적인 선복 확보를 위해 그러한 조치가 취해졌다. 해운의 규모가 당시보다 10배 이상 커진 지금 과거 2,000 Teu대 선박으로 운영을 하던 시대의 잣대를 다시 적용하는 것에는 큰 무리가 따른다.

한진해운도 2000년에 들어와 선대 규모가 대형화 되고, 자국 물량의 비중이 8%~10% 내외 정도만을 기록했다. 국내 의존의 해운산업에서 글로벌 해운 산업으로 탈바꿈 한 것이다. 특히 중국의 경제규모가 2000년도 이후 급격히 증가하여 한국발 물량의 10배 이상 증가를 하였고, 당시 한국의 주요 공장도 중국으로 이전을 하던 때였다.

당시 한진해운의 90%의 외화를 순수히 외국에서만 벌어들인 것이다. 또한 극동을 경유하는 노선을 벗어나, 대서양 노선, 유럽~아프리카 노선, 유럽~남미노선, 지중해~캐나다 노선 등도 한진해운 선단으로 운항을 하여 큰 주목을 받았다. 지금은 그 자리에 MSC나,

CMA-CGM 등 유럽 선사들 및 Cosoco, ONE 등이 남아 시장을 독식하고 있다.

HMM도 한국 물량의 비중이 20~25% 내외가 예상된다. 특히 요즘같이 Extra Vessel을 투입하여 한국발 또는 동남아발 한국물량을 보호하는 정책으로 인해 한국발 선복 비중이 30%를 상회한다.

상대적으로 운임 수준이 낮은 한국발 물량을 대거 선적하여 회사의 수익보다는 공익에 기여하는 역할을 더 수행하는 것이다.

이는 해운 강국을 지양하는 국가에서는 아주 예외적인 현상이다. 우리나라의 해운 물동량(중국발 Pusan 환적물양 제외)이 전 세계 물동량의 3% 내외를 차지하는 것에 비하면 Global 선사 평균 대비 10배 이상의 국가 의존도가 높은 것이다.

대부분은 삼국간의 물량에서 외화를 벌어 들이고 있지만, Maersk나 MSC, Hapag Lloyd 같은 유럽 선사에 비하면 한국 국적 선사는 자국 물량(한국 물량)의 비중이 현격히 높다. 물론 작금의 물류 상황 하에서 아시아 주요 수출국가의 선사인 Cosco, ONE, Yang Ming Line 같은 아시아계 선사들은 유럽 선사에 비해 자국 물량의 비중이 과거 대비 비교적 약간 높아진 것은 사실이다.

왜냐하면 요즘 같은 해운물류 대란의 상황에서 일정부분의 자발적인 자국 물량 보호 정책이 필요하기 때문이다.

하지만 HMM, SM 등과 같이 Extra Voyage까지 투입하며 한국 물량 전용 선복을 운용하는 현상은 타국 선사에는 찾아보기 힘들다. 가끔 해외 해운 뉴스에 등장을 하곤 한다.

한편 물류대란을 겪기 전 평소에 국내 대기업 화주 중 수출의존도가 높은 Global(국내) 화주들은, HMM이나 SM, KMTC 같은 선사들에 대한 선적 의존도가 아주 낮았다. 특히 전자 업체들의 국적선사 선적 비중은 10% 내외인 것으로 알려져 있다. 이들 제조 기반의 글로벌 대기업에게 있어서 필요한 것은 다양한 수출국에 대한 다양한 서비스 제공이 가능한 선사, 즉, 전 세계 구석구석 기항 및 내륙 물류 서비스가 가능하고, 글로벌 네트웍과 충분한 선복과 장비와 서비스 구축하고 있는 선사가 우선적인 선택의 대상이지, 단지 자국적 선사가 우선적인 대상을 아닌 것이다. 이를 단순한 애국심에 호소하여 국가 주도로 국적 선사 이용을 장려한다면 이들 글로벌 선사의 경쟁력도 낮아질 수 밖에 없어, 타 산업에 경쟁력에도 부정적인 영향을 미치는 것이다.

일본계 화주의 예를 들자면, 요즈음에는 ONE라는 과거 일본 3사가 통합된 글로벌 선사가 탄생하여 우리나라 국적 선사의 몇 배가되는 선복량과 전 세계를 Cover하는 Network을 구축하였기 때문에 일본 화주들의 이용율이 높아진 것이지 막연한 애국심으로 일본 선사를 이용한 것은 아니다.

일본 정부의 한진해운 사태를 타산지석으로 삼아 내린 탁월한 결정인 것이다.

과거에는 오히려 일본발 시장 점유율은 일본선사에만 국한하지 않고 Maersk, Hapag Lloyd, NYK, EMC, MOL, 한진해운, Senator 등 Global Network을 갖춘 선사에 집중이 되었다. 특히 일본은 33개의 종합상사 위주로 구성된 화주 연합(TOC 화주)을 중심으로 선사와의 가격 경쟁력을 배가시켜 나갔고, 유럽 선사 협의체 FEFC 산하에 JEFC라는 일본발, 유럽향 화물에 대한 소 동맹 협의체를 따로 운영을 하였다. JEFC의 대부분의 Member 들이 유럽 선사였고 실지로 이들의 일본발 물량의 점유가 우위를 차지하고 있었다.

한국이 전 세계 무역에서 차지하는 비중이 2%~3% 내외이니 오히려 한국의 전 세계 무역 규모에 비해 한국선사들은 많은 물량을 한국에 배분을 하고 있었다. 해운시장이 전 세계에 완전히 열려 있다고 해도 아직 자국 물량에 대한 로열티가 남아 있기 때문이다. 세계 1~2위 선사인 Maersk, MSC 등 유럽 선사들의 자국 물량 비중은 5%가 되지 않는다. 이는 이들 국가의 물량이 적기 때문이라기 보다는 더 물량 부가가치가 높고 물량의 Share가 높은 나라로 선복 할당을 더 주는 것이 훨씬 유리하기 때문이다.

중국은 세계 최대 항로인 태평양 항로 물동량의 52%, 세계 2위 의 물동량을 가진 항로인 Asia~유럽 항로의 56%를 차지한다. Cosco, China Shipping뿐만 아니라 모든 글로벌 선사들의 동서항 로에서의 중국발 / 향의 비중이 50%가 넘는다. (트럼프 정부 이전에는 태평양 동향(아시아~북미)의 중국발 물량 비중이 68%까지 차지한 적이 있 다) 수요가 많은 곳에 공급이 몰리는 것은 선박의 소석율 최적화를 위해 선사들이 해야할 당연한 이치인 것이다.

마치 고속버스 노선이 인구가 많은 서울 향발로 몰리는 것과 같 은 이치이다.

지금에서야 고운임, 선복 / 장비 부족으로 인한 수출 경쟁력 약화 때문에 정부 주도로 억지로 수요공급의 시장논리를 무시하고 선사 에게 족쇄를 차게 해서는 형평성 문제가 제기가 되며, 외국선사의 선복할당 축소를 유도하여, 결국 한국발 선복 부족현상을 더 야기 시키는 결과를 낳게 된다.

지금도 국적 선사들은 그들의 자정 능력을 통해 선복의 한국 배 분 증대, 타 지역 대비 한국 운임 상승 억제, 한국 화주 전용 Extra 선박 투입 및 대기업 중소기업의 공정한 선복 배분을 실시하여 오 히려 운임이 상대적으로 높은 타 지역 물량 유치 기회를 상실하고 있다.

HMM이 이익율이 높은 것은 타 선사 대비 운임 수준이 높아서 가 아니라 현재 시장 이익율이 제일 높은 동서항로(아시아−유럽, 태 평양 항로)의 비중이 86%로 글로벌 선사 중 가장 높기 때문이다. (글로벌 선사 평균 동 2개 노선 48% 점유. 현재 대서양 노선이나 유럽 역 내, 아프리카 노선 등 동서항로나 Niche Market은 한진해운 외에는 다른 국적 선사들이 진출하지 않았기 때문이다.)

또한 정부 주도로 국적 선사를 중심으로 현재의 높은 운임을 억지로 낮출 경우, 한국발 전체 시장 운임은 하락이 되고, 외국적 선사들이 한국발 선복 할당을 줄이고 운임이 상대적으로 높은 중국이나, 동남아로 선복을 할당하게 된다.

선사들은 노선 내의 국가별(항구별) 선복 Allocation을 국가 / 항구별 수익력과 국가의 물량 규모에 따라 최적의 Yield에 따라 탄력적으로 조정이 가능하기 때문이다.

작금의 지극히 예외적이고 유래없는 전 세계적인 물류대란 상황에서, 선복과 장비 부족으로 외국적 선사들이 충분한 선복을 제공하지 못한다고 해서, 또 다시 국적선사 선적율을 높이자 외치는 것은, 외국 글로벌 선사의 진입을 더욱 막아 한국발 선복량 경색을 유도하는 결과를 낳게 된다.

선복이라는 것이 우리가 필요하다고 해서 글로벌 선사들이 한국의 편의를 위해 우선권을 주지 않기 때문이다.

또한 높은 운임 문제를 해결하기 위해, 한국발 운임을 억지로 국가주도로 인하할 경우. 외국적 선사들은 수익력이 높은 타 지역으로 선복량을 추가 할당하여 한국발 선복은 더 축소가 되어, 현재의 물류 대란 상황에서 한국발 선복을 치명적인 부족현상을 야기시키는 결과가 될 것이다.

국적 선사의 적취율을 일정 부분 까지 강제로 올려 우리나라 화물은 우리나라 국적 선사 위주로만 싣게 한다면 대한민국의 글로벌 해운 강국의 꿈은 무너지는 것이다.

한국발 Allocation 과다 할당으로 Walmart, HP, Target, Goodyear 등 외국계 글로벌 화주의 국적선사 선적은 사라지게 될 것이다.

또한 외국선사들의 부산, 인천, 광양등 한국 항의 취항이 대폭 줄고 그 자리를 국적 선사들로 메꾸게 될 것이다.

우리나라의 글로벌 화주인 삼성전자, LG, 한국타이어 등의 물량은 MSC, Maersk, CMA-SGM, Hapag Lloyd 등의 외국적 선사의 선복이 줄어 곤란을 겪을 것이고, Major 선사들에 비해 Global 서비스 Network이 부족한 국적 선사들이 수용할 수도 없는 양을 수용하는 부담을 안게 된다.

세계 어느 나라에서 찾아 볼 수 없는 80만 Teu의 선복을 보유한 글로벌 선사의 Domestic화 형태가 되는 것이다.

"우리나라의 물량은 국적 선사로 실어내자"라는 신토불이의 정신은 해운의 글로벌화를 깨고 영원한 Domestic 선사를 구축 시키는 역 세계화의 결과를 낳게 되며, 세계 10대 내의 선복량을 가진 선사로는 전 세계 유래없는 해운 보호정책을 전 세계에 보여주는 결과를 낳게 될 것이다.

다시 한번 강조하지만 해운 시장은 항공 시장과 달리 전 세계 시장이 열려져 있다. 우리나라 제조업 물량을 국적 선사로 유치하려는 시도는 1980년대 독재정부 시절에나 가능한 이야기였다.

HMM, SM, KMTC등 향후 글로벌 해운 선사 부흥을 꿈꾸는 이들에게 Domestics선복 제공을 족쇄로, 대한민국 해운의 글로벌화의 꿈을 접지 말게 하기를 간절히 바랄 뿐이다. 이로 인한 한국발 선복 축소 현상이 배가 될 것이 분명하기 때문이다.

전 세계의 글로벌 선사들이 탈 자국을 하였듯이 기성 해운인들이 해운을 보는 패러다임이 변화되었으면 하는 바람이다.

물류 산업 발전을 위한 제언

한국의 조선산업은 세계 최고의 반열에 올라 선지 오래이다. 중국이라는 새로운 경쟁자가 나타났음에도 불구, 우리나라만의 고유한 기술력으로 극복을 하였고, LNG선 수요 증가 및 컨테이너선 수요의 증가로 조선업 1위의 국가로 다시 올라섰다.

또한 선박 연료유에 있어서도 화석연료에서 탈피, 수소나 암모니아 같은 미래의 친환경 연료에 대한 연구도 활발하게 진행하고 있어 향후 파리 기후협정이나 IMO 규정에 적극 준수할 수 있는 첨단 친환경 선박 제작에 박차를 가하고 있다.

이 점 모든 조선 관련 관계자들에게 깊은 감사와 경의를 표시하고 싶다.

해운업 또한 선진국의 반열에 오를 수 있는 기회가 있었으나, 한순간의 실수로 희망이 좌절되었다. 필자는 30년 가까이 해운업에 몸담아 온 사람으로서 부끄럽고 반성할 점이 많다. 그나마 HMM를 비롯해 SM Line, KMTC, 장금해운, 팬오션, 대한해운 등 전 세계를 무대로 경쟁하고 있는 원양 선사들과 규모 경쟁에 밀려도 묵묵하게 경쟁력 확보를 위해 노력하는 중소형 근해 선사들 모두의 노고에 박수를 보내며, 특히 현재 어느 나라에서도 실지 부과를 하지 않고 있는 경쟁법 위반 부과금 같은 외압과 간섭에도 이만큼이라도 명맥을 유지하는 근해 해운회사에 큰 박수를 보낸다.

조선업이나 해운업에 비해 우리나라 포워더(물류회사)는 세계 10위권, 아니 20위권에 속하는 기업도 없다. 그나마 가능성이 있는 업체들은 대기업 주도로 운영되고 있는 2자 물류사 정도이다.

DSV(Agility 물량 포함)가 세계 포워딩계의 물량 기준 신흥 3위 업체로 부상한 것이 덴마크라는 나라의 수출입 물량이 풍부해서 이룬 성과는 아니듯이, 스위스계, 덴마크계, 독일계, 중국계의 유수한 포워더들이 단순히 그 나라의 물량이 많아서 오늘의 세계적인 업체로 성장을 시킨 것은 아니다. 물류업에 대한 정부의 지원, 규제완화, 산업 환경 조성 등 정부의 지원과 세계 물류업체로 성장하겠다는 기업의 의지가 융화되어 만든 결과이다.

특히 우리나라 같이 수출입의 비중이 큰 나라에서 정부의 물류

산업의 투자는 국가 경쟁력을 배양시키는 원동력이 될 것이다.

정부에서 물류산업(포워딩 산업)에 대한 지원을 강화하려면 가능성이 있는 강소 물류 회사의 지원과 함께 국가 경쟁력 차원에서 규모의 경제를 추구하기 위한 대기업의 물류 회사 또한 동시에 지원을 해야 할 것이다.

이는 우리 나라 물류 산업의 저변 확대와 함께 우리나라도 DHL, K&N, DB Schenker, DSV 같은 세계적인 물류회사를 탄생시켜 물류강국으로의 기반과 위상을 확보하자는 취지이기도 하다.

2020년 이후 물류 환경과 물류산업의 패러다임이 급속히 변하고 있다. 유럽 해운, 물류기업들은 Digitalization의 기치하에 Platform, AI, IoT, Block chain 및 Cloud를 이용한 다양한 물류 Solution을 제공하고 있고, 거대 선사들의 Total Logistics Solution 제공 및 Platform Sales 강화로 물류 업계의 판도 변화가 확실시 된다.

이에 비해 우리나라의 해운 산업, 물류산업의 Digital화는 인식이 낮아 아직 걸음마 단계라고 할수 있다.

해운 환경의 변화와 글로벌화를 적극 수용하고 이러한 추이에 대한 분석과 과감한 투자만이 대한민국이 해운강국, 물류 강국으로 발전하는 지름길이라 생각한다.

북극항로

최수범(국립인천대학교 초빙연구위원)

1. 들어가며

우리 인류에게 지구 온난화는 연일 중요한 뉴스이며 모두의 관심사가 아닐 수 없다. 좀 더 나아가서 북극 물밑에 살아가는 수중 생명체에 대한 논의조차도 환경을 지키려는 단체들에게는 논쟁이 격렬하다. 그런데도 북극의 해빙(海氷)은 점점 더 녹고 있으며, 북극권 지역의 자연 화재도 빈번하게 발생한다. 최근 뉴스에 따르면 북극해에 인접한 그린란드에서 하루 녹은 얼음의 양이 무려 85억 톤이라고 한다. 이 거대한 얼음의 규모는 서울시 전체의 면적을 15m 두께로 덮을 수 있다고 하니, 그 규모가 가히 상상을 초월한다. 필자는 북극해와 러시아 내륙 깊숙이 이어지는 복합 운송을 세계 최초로 성공시킴으로써 북극해를 바라보는 시각이 조금은 남다르다. 유럽 국가들이 환경의 중요성을 국제사회에서 목소리를 높이는 것이 환경만의 문제가 아니라 자원 소비 성향이 높은 중공업 중심의 극동아시아 국가들을 견제하려는 방안 중에 하나라는 주장이 낯설지만은 않다고 생각한다.

북극의 자원은 우리 인류가 지켜야 할 소중한 자원이지만, 전 지구적 관점에서 보면 극동아시아에서 유럽 간의 해상운송 거리와 선박의 연료 소비량이 30% 이상 줄어드는 정량적인 자료가 나타내듯이 진짜 지구를 보호하는 방안이 북극항로를 활성화하는 것이다.

2. 세계 최초로, 북극항로와 시베리아 내륙수로가 만나다.

북극해 도전

북극해가 처음 나에게 다가온 그 날은 2015년 늦은 봄 어느 날이었다. 소공동 해운센터빌딩 주변에는 여느 때와 마찬가지로 중국의 관광객들이 타고 온 버스들로 도로가 혼잡하였고, 그날도 중국 여행객들을 피해 가면서 명동 입구에 단골 일식집에서 늦은 저녁을 하였다. 직장인의 식사 자리는 누구나 비슷하겠지만 우리라고 다를 수는 없었다. 해외 사업을 총괄하였던 나는 항상 새로운 먹거리 소식을 들으면 한걸음에 사무실로 달려가서 사소한 단서라도 더 확보하여 영업에 이용하곤 하였다. 그날 밤은 북극 프로젝트를 연구하느라 새벽에 사무실을 나설 수 있었다. 나는 그렇게 11년을 명동에서 나의 소중하고 중요한 시기를 보냈다.

600t 초중량 화물 2기를 카자흐스탄 내륙으로 운송할 수 있는 방법을 찾아 달라는 의뢰를 받았다. 두 가지 조건은 있었다. 북극해를 이용해야 하고, 시베리아 내륙수로를 통과해야 한다는 것이었다. 난생처음 북극해에 관심을 가지기 시작하였다. 내가 가진 정보가 매우 제한적이었고 그 가치는 유의미하다고 할 수 없었다.

시베리아 내륙수로

북극해와 연결되는 러시아의 주요 내륙수로는 오비강, 예니세이강, 레나강이 있다.

필자가 요청받은 화물은 카자흐스탄 내륙 파블로다르시에 있는 석유생산공장까지 운송하는 것이었다. 북극해에서 카자흐스탄 내륙까지 이르는 내륙수로의 거리는 무려 4,000km가 넘는다. 하류에서 상류로 거슬러 올라가야 하는 길고 위험한 항해가 아닐 수 없다. 더군다나 카자흐스탄 구간은 강이 준설되지 않아 강의 굴곡이 매우

심하고 예측할 수 없을 정도로 매우 수심이 낮아 선박이 항해하기
에 무척이나 두려운 곳이기도 하다.

[그림 1] 북극항로와 러시아 · 카자흐스탄 내륙수로를 경유하는 복합운송 개념도

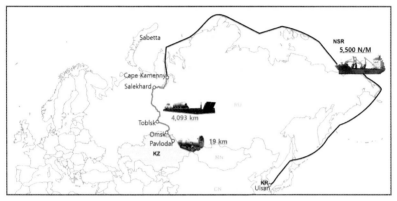

자료: ㈜에스엘케이국보.

상류에서부터 시작하자

처음 경험하는 구간이고, 더군다나 초중량 화물을 실은 선박이
수심이 깊지 않고 굴곡이 매우 심한 강을 거슬러 올라가며 항해를
해야 한다. 이런 구간은 전체 구간을 확인해야 안전을 확보할 수
있다. 하지만 나에게 주어진 시간은 매우 제한적이고 4,000km 강
전체를 탐사할 수는 없는 노릇이었다. 카자흐스탄과 러시아의 주요
도시를 수십 번 방문하였던 것 같다. 러시아 국내선 항공기는 버스
를 타듯이 타고 다닌 것 같다.

임시 하역시설을 건설하다

카자흐스탄 파블로다르시는 북극해로부터 4,000km 거리에 있고,
모스크바까지는 무려 3,300km 육로의 거리이다. 그 도시의 인구는
40만 명이 되지 않는다. 이런 도시에는 단중 600t 초중량화물을 하
역할 수 있는 장비는 있을 수 없다. 시간과 비용을 고려하지 않는

다면 얼마든지 좋은 장비를 임대해서 운송 프로젝트를 쉽게 할 수 있다. 하지만 해외 프로젝트에서 시간과 비용은 항상 부족하기 마련이다. 이런 문제를 해결할 방안은 현지에서 고가의 장비를 동원하지 않고 하역할 방안을 찾는 것이다. 여러 가지 안건 중에서 내가 가장 선호한 방법은 강변에 임시 도크를 건설하여 임시 하역시설을 건설하는 것이었다. 기술적인 문제보다는 환경보호와 인허가 등에 관한 문제를 해결하는 것이 가장 어려운 것이었다. 전체 일정보다 상당히 늦게 시작하여 시간과 비용에 많은 부담을 안고 시작였으나, 다행히 순차적으로 해결할 수 있었다.

[그림 2]는 카자흐스탄 파블르다르시 당국의 허가를 받은 후에 이리티쉬강 옆에 임시 도크를 건설하는 모습이다. 유라시아 지역에서 한번도 시도한 적이 없었던 방법이라 임시 도크 건설 과정에 시공사와 소통에 어려움이 있었지만, 시간이 지나면서 점차적으로 기술적인 부분이라 시공사의 이해력이 빨라져서 도크건설 공사의 어려움을 조금씩 해결할 수 있었다.

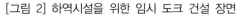

[그림 2] 하역시설을 위한 임시 도크 건설 장면

자료: 저자 촬영.

북극해에서 4,000km 거슬러 오르다

북극해서 출발한 내륙수로용 바지선과 예인선은 4,000km의 강을 거슬러 힘겹게 항해를 하였다. 시베리아 내륙수로는 굴곡이 심하고 강의 수심이 일정하지 않아 주야간을 불문하고 안전 항해에 상당한 어려움이 있었다. 운항하는 선박의 안전을 확인하기 위하여 매일 정오에 선박의 위치를 파악하는 선박의 Noon Position Report를 예인선 선장에게 지시하였으나, 30일 항해 중에 보고를 받은 날자는 불과 10일에 불과하다. 내륙수로를 운항하는 선박의 선원들에게는 낯선 요구이기도 하였고, 시베리아 한복판을 통과하는 외지라서 통신이 안 되는 곳이 대부분이였다. 대부분의 선원들은 특별한 문제없이 안전항해에 협조를 하려고 노력하였다.

[그림 3]은 러시아 옴스크에서 통관문제로 인하여 선박이 운항을 중단하고 3일 동안 러시아 세관의 지시를 기다리고 있는 중에 촬영한 사진이다. 러시아의 수로는 길고 조용하다. 나라의 크기와 인구에 비해 경제규모가 크지 않기 때문에 수로의 물동량은 많지 않다. 하지만 블라디미르 푸틴 러시아 대통령의 내륙수로 개발 정책으로 인하여 미래에는 물동량이 지금보다 월등히 많을 것으로 예상이 된다.

[그림 3] 러시아 오브강을 따라 초중량화물을 운송하는 바지선과 예인선

자료: 저자 촬영.

러시아와 카자흐스탄의 세관

카자흐스탄은 러시아와 관세동맹을 맺고 있어 수출입 통관에 관하여 서로에게 많은 협조를 받을 수 있다. 하지만, 이 운송프로젝트는 러시아와 카자흐스탄의 시각이 좀더 복잡하게 얽혀 있었다. 문제가 발생했다. 도착지인 카자흐스탄 파블로다르를 불과 400km를 앞두고 러시아 국경에서 선박들이 억류를 당했다. 카자흐스탄 측의 준비 부족이었고, 당시 업무를 담당하였던 관계자들의 무책임함의 결과였다. 시간은 우리편이 아니었다. 러시아와 카자흐스탄 국경에서 무려 일주일 가량을 허비하고 나서야 카자흐스탄 내륙수로를 이용할 수 있었다.

북극해는 나에게 친숙한 바다가 아니었다.

오대호를 제외하고 일본 홋카이도지역으로 보냈던 벌크선이 내가 해운과 물류업에 종사하면서 가장 높은 북위선이다. 더군다나 베링해의 거친 바다는 생각만 해도 몸이 움츠러들 정도로 위험하다는 선입견이 많았다. 그러나 해외 사업에서는 어느 것 하나 쉬운 것이 없었고, 접안(接岸)시설을 만들어 화물을 배에 싣고 내리고, 길을 만들어 육로로 내륙 깊숙이 프로젝트 화물을 운송하였다. 어느 날 문득 북극해를 만나게 하기 위해 신은 내게 그 많은 어려운 해외 프로젝트에서 나를 트레이닝 시켰을까 하는 생각이 들기도 하였다.

운명처럼 북극은 나에게 더 가까이 다가왔다.

내가 북극을 만나기 전에 우리나라에서는 2번의 북극 항해가 있었다. 그들의 항해기록을 살펴보았으나, 어느 누구도 나에게 도움을 주려고 하지 않았고, 도움을 줄 수 있는 처지가 아니었다. 우리나라 최초의 북극항로 항해 기록은 [그림 4]의 현대글로비가 스테나해운

의 유조선을 용선하여 러시아 우스트루가항에서 나프타 44,000톤을
선적하여 북극항로를 항해하여 여수항에 도착하는 시범항해였다.
당시에는 정부와 기업의 협력으로 북극항로를 개척한다는 큰 의미
가 부여되어 언론에 많이 조명이 되었다. 그 이후에 CJ대한통운이
러시아 야말반도에서 건설되는 LNG플랜트를 중동에서 수에즈운하
를 경유하여 북극해까지 운송하였다. 이 회사의 북극항로 항해는
카라해의 일부를 항해 하였기 때문에 베링해를 통과하는 북극항로
와 비교해서 매우 짧은 구간이라고 할수 있다. 그 뒤를 이어 필자
가 근무하였던 ㈜SLK국보와 국내의 대표 벌크선사 팬오션이 각각
북극항로를 운항하였다. 팬오션은 자사선박을 이용하였다.

[그림 4] 북극항로 시범운항

자료: 해양수산부.

이러한 환경에서 필자는 프로젝트를 수행하기 위해 해외의 선사들과 접촉을 하기 시작하였다. 그들에게는 이미 북극해가 블루오션이었고, 여러 차례 북극해를 항해하면서 항해 정보와 관련 인적네트워크도 탄탄하게 구축하고 있었다. 그야말로 돈을 쓸어 담고 있었다.

우리 해운 기업들이 두려워 하는 북극의 얼음 바다를 그들은 종횡무진하고 있었다. 북극해 운항횟수는 유럽선사들이 절대적으로 많을 수 밖에 없다. 최근 중국 COSCO해운의 의도적인 북극항로 항해 횟수가 증가하고 있으며, 그들의 시장 장악력이 확대되고 있다.

3. 북극해로 향하다

북극을 향한다

2016년 7월 울산 미포 부두에서는 아침부터 폭우가 심하게 내렸다. 현대중공업이 제작한 2기의 600톤짜리 화물은 네덜란드 국적의 초중량화물 전용선으로 선적되었다.

[그림 5] 울산 미포부두에서 초중량화물을 선적하는 장면

자료: 저자 촬영.

이 거대한 화물은 무려 3개월 동안 긴 항해를 할 것이다. 베링해와 북극해를 지나고, 시베리아 내륙 깊숙이 이어지는 러시아 내륙수로를 지나갈 것이다.

네덜란드 국적의 벌크선은 항해사를 제외하고는 모두 필린핀 선원들이 승선하고 있었다. 선원들의 숙련도는 매우 뛰어났다. 이 회사는 1970년대에 창립되어 초중량화물 운송분야에서 세계적인 명성을 누리고 있으며, 중량화물의 해상운송 분야에서 시장 장악력도 매우 높다. 소나기가 내리는 궂은 날씨에도 예정대로 2기의 초중량화물을 무사히 선적하여 고박작업이 성공적으로 이루고 북극해를 향하여 출항하였다.

북극해 케이프카메니 해상

필자는 모스크바에서 북극해를 들어가기 위하여 살레하르드시에 도착하여 살레하르드에서 헬리콥터를 타고 4시간 만에 북극해 사베타항에 도착하였다. 북극 연안의 바다는 내륙으로부터 흘러들어오는 담수의 탓인지 무척이나 혼탁하게 보였다. 바람이 거칠지는 않았지만 처음 접하는 북극의 바다는 무거운 분위기가 느껴졌다. 울산에서 선적한 화물을 내륙수로용 바지선으로 옮겨 싣는 작업은 무난하게 진행이 되었다. 오랜 시간 동안 준비가 잘 되었다는 의미이기도 하였다. 선원들의 움직임은 빠르고 정확하였다. 오히려 수개월 동안 교육을 해서 준비해온 러시아 육상 작업자들은 마침내 거대한 화물이 바지선으로 넘어 올 때 당황하기까지 했다. 선원들의 작업은 늦은 밤까지 계속되었고, 밤을 꼬박 새워가면서 작업은 진행이 되었다. 이틀 동안 쉬지 않고 작업을 한 탓에 무난하게 마무리하였다.

내륙수로운송

러시아에서도 북극바다를 항해할수 있는 내륙수로 선박의 숫자는 매우 제한적이다. 4,000km의 항해가 시작이 되었다. 내륙수로의 항해는 순조로웠으나 러시아와 카자흐스탄 국경을 통과하는 부분에서는 어려움이 있었다. 카자흐스탄의 세관의 경험 부족이라고 할수 있다. 그들의 입장에서는 북극해로부터 운송되어 국경을 통과하겠다고 한 내륙수로 화물운송역사가 없었다. 최초로 이루어지는 과정은 불편하고 시간과 비용이 소비되었지만 결국 성공하였다.

[그림 6] 내륙수로 바지선 2척이 목적지에 도착하는 순간

자료: 저자 촬영.

2016년 10월 2일 오전 10시, 2척의 바지선과 예인선이 거대한 화물을 북극해에서 인계받아 30일동안 내륙수로를 항해한 끝에 무사히 도착하는 역사적인 순간이었다. 카자흐스탄과 러시아 언론들은 이런 역사적인 뉴스를 경쟁적으로 보도하기도 하였다.

4. 북동항로와 북서항로

북동항로

북극해에서 현재까지 가장 활성화 되어 있는 북동항로(Northeast Passage)는 유럽과 아시아를 잇는 북극해 바다이며, 러시아 북극연안을 따라서 바렌츠해, 카라해, 랍테브해, 시베리아해와 추크치해를

통과한다. 러시아 북극연안 항로를 상징하는 북극해항로(Northern Sea Route)와 겹쳐진다.

이 지역에서 러시아의 북극자원개발이 활발하게 추진이 되고 있다. 야말LNG는 2017년부터 연간 1,750만 톤의 LNG를 생산하여 유럽과 아시아 국가들에게 수출하고 있다. 대우조선해양에서 건조한 15척의 쇄빙LNG선박이 야말지역에서 생산된 LNG를 연중 북극항로를 운항하면서 해상운송을 하고 있다. 러시아의 발표에 따르면 2020년 북극항로의 물동량은 3,200만 톤을 넘었으며, 2024년까지 연간 물동량을 8,000만 톤과 2030년까지 연간 물동량을 1억3천만 톤까지 확대할 예정이다.

[그림 7] 북동항로

자료: 저자 작성.

북동항로의 활성화에 가장 크게 기여를 하는 것은 러시아의 자원개발과 유럽과 아시아 국가들에게 수출하는 것이다. 2023년부터 기단반도에 위치한 Arctic LNG-2에서 연간 1,980만 톤의 LNG을 중국과 일본 등으로 수출예정이며, 타이미르반도에서는 고품질 석탄을 연간 3,000만 톤 이상을 생산하여 인도로 수출할 예정이다.

이러한 해상물동량의 증가는 러시아 정부의 2024년과 2030년 북동항로 활성화 계획에 크게 기여를 할 것으로 예상이 된다.

북서항로

북서항로(Northwest Passage)는 대서양과 태평양이 연결되는 항로라고 표현이 된다. 그러나 실제로는 대부분 지역이 캐나다 북극열도 사이의 내해를 잇는 구간과 미국 알래스카 연안을 통과하는 연속항로이다. 연중에 장기간 항해가 가능하다면 상업항로로 말할 수 있으나 북극열도지역의 해협을 통과하는 일종의 해상통로이다.

[그림 8] 북서항로

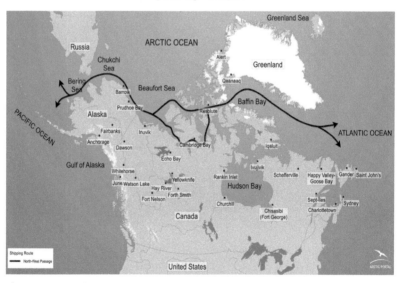

자료: Arctic Portal.

주요 통과지역은 캐나다와 그린란드 사이에 위치한 데이비스 해협과, 보퍼트해, 추크치해와 베링해이다.

5. 미래의 북극항로

북극해 컨테이너 전용선박

올해 3월24일 초대형 컨테이너 전용선의 수에즈운하에서 길막힘 사고로 인하여 러시아의 북극항로 개발은 더욱 가속화 될 조짐을 보이고 있다. 일본과 중국의 관심이 더욱 뜨거워 지고 있다. 일본선박의 수에즈운하의 길막힘 사고가 단순한 헤프닝으로 끝날 것이라는 예측과 미래에 대한 염려가 현실로 나타 났다. 세계 최대의 컨테이너 선사 머크해운사의 13,000TEU급 선박이 2021년 5월 28일 수에즈운하를 통항하던 중에 기관고장으로 일시적으로 운하에서 좌초되었다. 선박은 불과 몇시간 만에 운항이 정상화되어 수에즈 운하를 통과하였지만, 이 사고의 여파는 상당히 높다. 러시아는 수에즈운하를 통과하는 남방항로의 대안으로 북극항로의 개발과 활성화를 더욱 강조하였다.

필란드의 Aker Arctic사는 연중 북극해를 운항이 가능한 8,000 TEU급 컨테이너 전용선박을 발표하였다. 이 선박의 특징은 2.3미터 (A타입)와 1.9미터(B타입)의 얼음을 쇄빙하면서 3노트의 속도로 항해가 가능하다.

[그림 9] 쇄빙컨테이너선 조감도

자료: Aker Arctic Technoligies.

2018년 10월 머스크해운은 내빙기능이 있는 자사선박 Venta Mearsk호를 시범운항하였다. 이 선박은 3,600teu급 선박이였으며 북극항로를 운항할 수 있는 컨에티너 선박의 크기를 3,600teu급 으로 한정하여 남방항로는 2만teu급에 비해 경쟁력이 없다는 판단을 하기도 하였다. 하지만 Aker Arctic사가 8,000teu급 선박을 제시함으로써 북극항로가 컨테이너 항로로서 가치가 더욱 높아지는 계기가 되고 있다.

또한 러시아 로사톰사는 DP World의 투자를 받아 북극 인프라 개발과 북극항로를 운항하는 선박을 8척을 건조하여 2025년부터 북극해 운송회랑(NSTC)을 구축하려한다.

북극해에는 자율주행 선박의 경쟁

북극해는 선박과 선원에게 모두 어려운 환경이다. 환경적인 문제만 아니라 비용절감과 안전운항 등의 이유로 전 세계적으로 자율운항 선박 개발경쟁이 뜨겁다. 특히 북극에서 러시아의 자율운항 선박은 대단히 구체적이다. 러시아 로사톰사는 북극항로를 쇄빙선과 자율주행선박이 군집운항이 가능하도록 북극항로 디지털 서비스를 위한 통합 플랫폼 개념을 이미 발표하였다. 유럽 일부지역에서 성공적으로 운항한 자율주행 선박이 가까운 미래에 북극해에서도 적용이 될것으로 예상한다.

[그림 10] 세계최초의 자율주행과 무공해 선박

자료: Kongsberg Gruppen.

꿈의 항로, 북극항로로 가자

최근 우리 주변국들은 북극항로의 개발 및 북극산업에 적극적으로 참여하고 있으나, 우리나라 기업이나 국가의 참여는 매우 소극적이다. 대우조선해양과 삼성중공업의 쇄빙LNG선박 건조와 관련된 사업을 제외하고는 북극과 관련된 사업은 거의 찾아볼 수 없다. 북극은 기회의 바다이며 도전의 바다이다. 강력한 기술력을 확보한 조선기업들을 앞세우고 미래산업의 경쟁마당이 될 북극 대항해 시대를 대비해야 한다. 러시아는 이미 북극항로에서 운항할 무인선박들의 플랫폼 개념을 확보하였다. 4차산업기술과 제조업기술이 우수한 우리기업들이 힘을 모아 북극으로 나아가자.

북극해에서 태극기가 휘날리는 대한민국의 선박들과 우리의 우수한 인재들이 넘쳐나는 미래의 북극을 기대해 본다.

알기 쉬운 항만경제

양창호(前 KMI 원장, 인천대학교 교수)

1. 서 언

2019년 10월 한국해양수산개발원장 직을 마치고 8개월에 걸친 작업으로 「항만경제」를 출간하게 되었다. 지난 15년 이상 서강대와 인천대 대학원에서 항만물류론을 강의하며 검토했던 해외논문들과 자료를 기초로 하여 집필하였다.

항만은 화주와 해운선사, 물류서비스 제공자, 그리고 항만당국 등 여러 이해관계자들의 경제적 의사결정이 이루어지는 곳이다. 그리고 항만은 수요와 공급, 가격결정, 경쟁, 가치창출, 기술영향 등 경제적 효율성을 추구하고 경제적 정책을 수립해야 하는 경제주체(economic units)이다. 항만을 항만실무나 항만물류보다 항만경제로 이해할 필요가 있는 이유이다. 국내에서는 최초로 항만경제 책이 출간된 것이지만, 해외에서는 항만경제에 관한 학문적 연구가 많이 진행되고 있어, 다소 늦은 감이 없지 않다.

'항만경제' 책을 통해 화주들이 항만을 경쟁력 강화의 발판으로 활용하는 데, 그리고 항만당국과 터미널운영자는 화주의 가치창출을 위한 항만정책과 투자방향을 세우는 데 활용되었으면 한다. 해운사와 물류회사들도 항만의 가치를 이해하고 화주의 항만니즈에 부응하는 전략을 세우는 데 도움이 되기를 바란다.

이 책에서는 컨테이너 항만의 수요와 공급, 가격결정에 대해 주로 설명했으며, 항만의 기능이 화주에 대한 가치 창출이라는 점, 그리고 항만의 건설은 항만도시의 고용창출에 기여해야 하기 때문에 항만건설 및 운영과 지방자치단체인 항만도시의 항만배후지 개발 및 운영정책과 연계되어야 한다는 점을 특히 강조했다.

화주입장에서는 항만은 무역거래 공급사슬의 중심축이며, 혁신활동이 필요한 공급사슬의 한 노드이다. 터미널이나 항만입장에서 보면 항만을 이용하는 선사와 화주를 위해 항만이 가치를 전달할 수 있는 혁신 방안을 찾아야 경쟁력을 가질 수 있다.

국제무역을 하는 화주의 입장에서 항만은 부산항, 인천항, 광양항뿐 아니라 수입부품을 조달하는 중국이나 동남아 국가의 항만, 그리고 북유럽이나 북미 수출대상국의 항만을 공급사슬의 하나로 이해할 수 있어야 한다. 중국 우한에서 만든 자전거를 프랑스 파리로 수출할 때 상하이항과 로테르담항을 이용하여 수출, 수입한다면 이 항만은 무역거래에 관련된 공급사슬에서 경쟁력을 갖고 있기 때문이다.

항만과 컨테이너터미널의 물동량이 증가하고 있고 신규항만이 계속 건설되고 있다. 그러나 항만과 터미널은 항만도시와 단절되어 있고, 부산항이나 인천항의 항만예산은 전체예산의 1%에도 미치지 못하고 있다. 외국의 경우 지방정부들이 나서서 항만정책을 세우고 있는 것과 비교하면 우리 항만도 항만도시의 시민들에게 고용기회를 확대 하는 등의 기여할 수 있는 정책을 찾을 때가 된 것이다.

항만경제에서 다룬 여러 주제 중에서 향후 항만산업의 나가야 할 중요한 두 가지 점에서 말씀을 나누고자 한다. 해운산업에 의한 영향, 화주에 의한 영향에 대해 살펴보려 한다.

2. 선사와 항만운영자 간 협상 비대칭성

초대형선 추이 및 장점

2020년 기준으로 파나마 운하를 통과할 수 없는 초대형 컨테이너선인 15,200~24,000TEU 선박은 총 166척이 운항 중에 있고, 33척이 발주되어 있다. 새로 확장된 파나마운하를 통과할 수 있는 신 파나막스 즉 네오 파나막스급인 12,500~15,199TEU 선박은 총 258척이 운항 중이고 45척이 발주 중에 있다. 10,000~12,499TEU 선박은 총 167척이 운항 중에 있고, 27척이 발주되어 있다. 2020년 기준으로 1만 TEU급 이상 선박은 선박량 기준으로 컨테이너 전체 선박량의 36.5%를 차지하고 있다.

초대형선 운항 현황(2020년 기준)

구분(TEU)	10,000 미만	10,000- 12,499	12,500- 15,199	15,200- 17,999	18,000- 24,000	합계
척수	4,745	167	258	42	124	5,336
선박량 (만TEU)	1,491	199.6	355.8	70.4	252.7	2,349.5
구성비(%)	63.5	7.6	15.1	3.0	10.8	-

자료: Alphaliner.

정기선사는 TEU 당 해상 운송비를 줄이기 위해 컨테이너선 대형화를 추구하고 있다. Drewry사의 분석에 따르면 8,000 TEU급 선박의 단위당 운송비용을 1,000달러로 가정할 때, 10,000TEU급은 930달러, 14,000TEU급은 500달러, 16,000TEU급은 370달러, 18,000TEU급은 259달러로 선박의 규모가 커질수록 단위당 운송비용이 낮아진다. OECD의 연구에 의하면 15,000TEU에 비해 19,000TEU 선박을 운항[1]하면 TEU 당 자본비, 선비, 운항비를 합쳐서 총 55~63%까지 절감할 수 있다.

초대형선의 리스크

① 합성의 오류(fallacy of composition)　초대형선 건조는 개별 정기선사에게는 운항 선박의 운송 단위 당 비용 절감을 추구하고자 한 것이지만, 모든 정기선사가 초대형선을 취항시킨다면 원가경쟁력은 다시 같아지고 이를 타개하기 위해 시장 선도업체들은 다시 더 큰 초대형선을 건조할 수밖에 없다.

초대형 컨테이너선 신조선 투자는 원가경쟁력을 확보하기 위한 기업차원에서는 전략적 행동이지만 이런 행동들이 군집적으로 나타나면 정기선 산업 전체로 공급과잉을 초래하는 '합성의 오류(fallacy of composition)'에 빠지는 리스크를 안고 있다.

② 화주서비스 리스크　화주들은 자신의 공급사슬관리(SCM)를 위해 대형 허브항만에 피더운송하면서 수출입을 하는 것보다, 인근 중소항만에 직접 기항한 선박을 통해 수출입하는 것이 이익이다. 그러나 정기선사의 초대형선 정책에 의해 화주들은 기항 항만이 줄어들거나, 기항 항만도 서비스 빈도가 낮아지게 되어 화주의 다양한 서비스 요구에 부응하지 못하는 리스크를 안고 있다.

초대형선의 기항이 늘어나고 얼라이언스(alliance) 세력이 확대되면서 얼라이언스는 운송의 통일성을 증가시키면서 정기선사의 차별화 가능성을 제한시키게 된다. 최근 얼라이언스에서 초대형 선박 투입을 늘리면서 주요항로에서 서비스 빈도가 줄고, 직기항 연결 항만이 감소되고 있으며, 운항스케줄의 정시성(스케줄 신뢰성)도 하

---

1) 85% 선박이용률을 가정

락하고 있다.

　③ **파멸적 경쟁 리스크**　　정기선사들의 초대형 컨테이너선 발주 전략이 시장점유율 경쟁을 위해 어쩔 수 없이 취한 전략이기 때문에 자체가 큰 리스크가 될 수 있다. 정기선 산업의 초대형선 경쟁은 곧 가격경쟁밖에 할 수 없는 상태를 의미하는 '파멸적 경쟁' (destructive competition) 상태에 놓여 있기 때문이다. 정기선사가 시장점유율을 유지하거나 확보하기 위해 사용할 수 있는 수단이 운임 경쟁뿐이라는 상태이다.

　초대형선화가 가져오는 구조적인 공급과잉을 해결할 마땅한 방법이 없이 계선을 통한 선대감축 등 일시적인 선박조정에만 그치고 있는 실정이다.

얼라이언스 추이

　정기선 업체들 간의 얼라이언스는 참여 정기선사들이 복수의 여러 항로에서 서로 협력하는 것이다. 얼라이언스는 선사들 간의 운항을 협력한다는 면에서 선박공유협정(vessel sharing agreements, VSA)나 선복구매협정(space charter arrangements)과 비슷하지만 한 개의 항로 이상 복수의 항로에서 협력하기로 협정을 맺는다는 점에서 차이점이 있다.

　선박공유협정(VSA)이나 선복구매협정도 많이 이루어지는데 2017년 기준 미국 FMC 보고서에 기록된 것은 각각 39개와 233개에 달한다.[2] 이중에는 얼라이언스 회원선사가 다른 얼라이언스 선사와 맺은 것도 많이 있다. 예를 들어 2M 회원사인 Maersk가 CMA CGM사와 미국-중남미 노선에서 VSA를 체결한 경우도 있다.

　얼라이언스의 목적은 규모의 경제(economies of scale) 효과로 운

---

　2) US FMC 2017 Report(n 13), p. 12-13.

임경쟁력을 확보하는 것과 범위의 경제(economies of scope) 효과로 서비스 범위를 확대하는 두 가지로 요약될 수 있다. 얼라이언스를 결성한 정기선사들이 공동으로 선박과 노선을 공유하면서 서비스 항로를 다변화해 안정적인 선대 운영을 하고자 하는 것이다. 그러나 공동으로 마케팅을 하거나, 운임을 공동으로 결정하는 등의 독과점 행위는 금지된다.

세계 컨테이너 해운시장은 수요 둔화 및 지속된 공급과잉 속에서 2017년 4월에 2M, Ocean, THE alliance 등 3개의 초대형 얼라이언스로 재편되었다. 2020년을 기준으로 할 때 3대 얼라이언스는 선박량 기준으로 총 1,892만 TEU로 정기선 전체 선박량 2,303만 TEU의 82%를 점유하고 있다.

화주에 미치는 영향

컨테이너선의 초대형선화가 진전되면서 동서 기간항로인 극동-유럽항로와 극동-북미항로에 투입되는 평균 선형도 대형화하고 있다. 2010년 아시아-유럽항로에 취항하는 선박의 평균선형은 7,700TEU이었으나, 2019년에는 14,500TEU로 선형이 거의 두 배나 커졌다. 북미항로의 경우도 평균선형이 2010년 5,450TEU, 2019년 8,800TEU로 커졌다.

항로에 투입되는 선박이 대형화되면서 주간(weekly)으로 서비스하는 정기선 서비스의 수가 줄어들게 된다. 실제로 유럽항로의 경우 주간 운항서비스 수가 2010년에 45개에서 2019년 29개로 줄어들었다. 북미항로의 경우도 주간 운항서비스가 2010년 64개에서 2019년 57개로 줄어들었다.

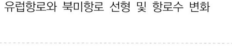

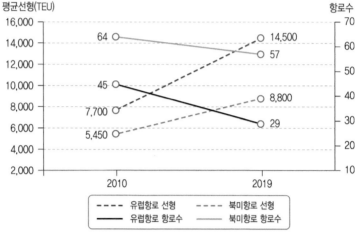

자료: Drewry(2020).

얼라이언스를 통해 정기선사들 간에 중복 운항 중인 서비스를 줄이는 네트워크의 '합리화'를 통해 항만 간 직접 연결 노선이 감소했다. 4대 얼라이언스 체제였던 2017년 4월 이전에 비해 3개 얼라이언스 체제로 바뀐 후 아시아-지중해 노선에서 8%, 아시아-미 동안 노선에서 항만 간 직접 연결 노선 수가 13% 감소했다.

또한 2017년 새로운 얼라이언스가 생긴 이후 선박 지연이 증가했다. 2017년 하반기 전체 선박의 평균 지연일은 1.02일로 2016년 하반기 0.60일에 비해 늘어났다. 선박의 지연은 해상운송 정시성(스케줄 신뢰성)에 영향을 미치고, 화주들의 재고 보유 및 재고 관리 비용이 증가한다. 일정하지 않은 리드 타임으로 안전재고 추가 확보 등 재고수준을 높여야 하기 때문이다.

항만에 미치는 영향: 홀드 업(Hold-up) 문제

얼라이언스, 선사통합, 초대형선박의 결합 효과로 항만은 선사에 대해 협상력 비대칭성이 증가되고 있다. 대부분의 항만은 하나 또는 두 개의 얼라이언스 기항에 의존하고 있으며, 초대형선과 얼라이언스 기항을 유지시키기 위해 항만은 요금을 낮추고 시설과 장비에 대한 많은 추가 투자를 해야 한다. 초대형 컨테이너선이 입항하면서 터미널은 신규 크레인 등 장비와 야드 공간을 추가해야 하고, 준설, 부두안벽 강화 등에 투자해야 한다. 이 때문에 항만당국의 공공투자 수익률, 터미널 운영사와 예선업체 등 항만서비스 제공업체의 민간투자 수익률이 하락한다.

더욱이 선사와 컨테이너 항만과의 관계는 '홀드 업'(hold-up) 문제[3]의 대상이 되어 선사의 교섭력이 커질 수 있다. 항만에서의 '홀드 업' 문제는 항만이 선사의 초대형 선박 기항을 유도하기 위해 초대형선 전용선석을 건설했는데, 이 투자를 하자마자 해운 회사에게 유리한 쪽으로 협상력 균형이 이동하는 문제를 말한다. 선박은 이동 가능한 자산인 반면 항만은 이동할 수 없고 투자 상환 기간이 길기 때문이다.

특히 이 홀드 업 문제는 얼라이언스의 효과에 의해 증폭이 될 수 있다. 얼라이언스는 매우 정기적으로 서비스 일정을 업데이트하고 종종 항만기항을 변경한다. 얼라이언스의 항만 네트워크 결정은 항만 기항이 중단될 위험이 될 수 있어 큰 영향력을 가지고 있다.

항만의 대응방안

정기선 선사들은 얼라이언스를 통해 항만에 대한 협상을 집단적으로 행사하여 요금을 낮추거나 무료로 제공되는 기반시설에 투자하도록 하는데, 이런 것이 투자 수익률 하락의 원인이 되고 있다. 항만이 선사나 얼라이언스와의 협상에서 관계를 다시 균형 있게 조

---

3) 기업 B가 이익을 얻는 시설에 기업 A가 투자했을 때, 이는 매몰투자가 되어 추후 기업 B가 협력 규칙을 암묵적으로 또는 명시적으로 변경할 위험이 있다. 이를 홀드 업 문제(hold-up problem)라 한다.

정하는 방법은 항만 간 협력과 항만 내 터미널 간 협력을 늘리는 일이다.

운영 협력에서 처리능력과 가격의 조정까지 협력이 가능하다. 특히 항만 처리능력 상호사용은 인접 항만 간 가능한 대안, 인근 항만과 경쟁보다 협력을 추구할 수 있다. 미국 시애틀 항만과 타코마 항만이 2015년에 항만 처리능력 투자, 운영과 계획, 마케팅을 협력하는 전략적 제휴를 체결하여 단일 터미널운영사 형태로 항만운영을 하고 있다. 또한 로테르담항과 암스테르담항의 항만 운영과 관리를 담당하는 항만정보시스템을 하나로 통합하였고, 함부르크항도 인근의 Cuxhaven, Brunsbüttel, Glückstadt항, 그리고 발틱해 항만인 Lübeck and Kiel 항과도 협력 관계를 체결했다.

또한 터미널 간의 협력도 필요하다. 초대형선 기항 요일에 많은 양적하물동량 처리를 위해 장비와 인력이 투입되고, 야드 공간에 작업피크가 발생 되지만, 다른 요일에는 이러한 자원들이 필요하지 않다. 터미널이 피크 부하에 직면했을 때 인접 터미널의 장비, 노동력 및 공간을 사용할 수 있으면 효율적이 될 수 있다. 2016년부터 홍콩항의 허치슨(Hutchison)과 COSCO가 선석을 통합운영, 2019년에는 23개의 터미널이 통합운영하고 있다.

항만 당국은 터미널을 통합하거나 항만 내 터미널 간의 협력을 모색할 수 있는 권한을 가져야 할 것이다. 항만 당국의 주도하에 터미널 간 협력이 강화될 수 있는 방안을 강구할 필요가 있다.

항만 간 협력, 혹은 터미널 간 협력은 선사와의 협상이나, 터미널운영에서 여러 이점을 가져다 줄 수 있다. 처리능력이 확대된 대규모의 항만운영을 통해 얼라이언스의 기항을 유도할 수 있고, 인근 항만과의 경쟁을 통한 요율 인하경쟁 대신 협력을 하면 항만운영 비용의 절감과 운영효율성을 높일 수 있다. 초대형선에 필요한 항만 인프라 시설의 효율적 활용이 가능하다.

3. 화주 위주 항만정책

화주의 항만선택

항만은 국제물류 네트워크 상 중요한 가치사슬의 역할을 하고 있다. 화물이 항만을 통과하면서 육상 및 해상 연계수송에 의해, 그리고 항만배후단지에서 부가가치활동을 통해, 상품과 제품가치가 창출되는 곳이다. 이러한 이유로 다국적 기업들의 공급사슬관리가 항만을 중심으로 이루어지고 있다.

많은 화주들은 화물을 문전수송으로 선사에게 수송을 위탁하고 있다. 이 경우 선사는 항만을 수송 노드의 하나라고 생각한다. 그러나 화주를 대리한 물류서비스 제공자들은 공급사슬에 대한 통제를 통해 항만의 이러한 가치창출 기회를 찾으려 한다.

전자는 선사가 내륙운송과 해상운송을 결합한 복합일관운송으로 문전운송을 책임지는 방식이다. 따라서 항만선택이나 배후지 수송수단 경로를 선사가 결정한다. 내륙운송도 복합일관운송의 일환으로 선사가 지정한 운송인에 의해 이루어진다. 이를 '선사 내륙운송'(carrier haulage, line haulage)이라 한다. 문전수송의 편리성과 가격의 이점 때문에 많이 이용되고 있는 수송방식이다.

후자는 컨테이너 화물의 흐름을 화주가 결정하며 화주가 지정한 운송인에 의해 내륙운송이 이루어지며, '화주 내륙운송'(merchant haulage)이라고 한다. 화주는 실화주, 무역업체, 화물수취인 또는 화주의 물류서비스를 대행하는 계약인이 될 수 있다. 선하증권 상 선사의 책임에 내륙운송이 포함되지 않는 조건으로 이루어진다. 이 경우 내륙운송방법과 경로를 화주가 결정하면서 내륙운송 시간과 비용에 유리한 항만을 선사에게 요구할 수 있다.

북유럽의 경우 내륙운송을 화주가 지정하는 '화주 내륙운송'이 대부분을 차지하고 있다. 미국 수입업체들도 아마존(Amazon)의 빠른 배송에 맞추어 비용만큼 중요한 요인이 시간인 만큼 기존 선사를 통한 문전수송 서비스인 '선사 내륙운송' 방식을 줄이고, 화주가 직접 내륙수송을 지정하는 '화주 내륙운송' 방안을 늘려가고 있다. 우리나라와 북중국 선사와 화주, 포워더를 대상으로 분석한 결과에서 한국의 경우 화주 내륙운송 결정이 67%로 나타났고, 북중국의 경우 화주 내륙운송 결정이 56%로 나타났다. 화주 내륙운송이 높게 나타난 것은 내륙운송비 절감이 주요 원인으로 분석되었다.

화주의 항만선택에 대한 영향이 커지면서 항만정책에도 많은 변화를 가져와야 한다. 항만이 화주의 요구에 부응하기 위한 정책은 주로 내륙연계운송 항만의 육측(land-side) 정책이 되어야 한다. 해측(sea-side) 선사를 바라보던 시각이 육측 화주를 바라봐야 한다는 점이다. 또한 보다 적극적으로 화주에게 항만에서 가치를 창출해줄 수 있는 정책까지 펴야 한다.

항만의 육측 정책

항만의 서비스 수준을 평가할 때 과거에는 주로 해측에 중점을 두었다. 선박의 기항빈도, 선박의 대기시간, 접안시간 등이 서비스 수준을 결정하는 주된 요인이었다.

그러나 화물운송의 수요자인 화주의 요구가 점차 중요시되면서 항만의 서비스도 화주에게 중점을 두게 된다. 항만의 육측 서비스 소요시간, 육측 서비스 비용, 그리고 신뢰성 등이 항만당국이나 터미널 운영자들의 관심사가 되어야 한다.

또한 항만이나 터미널은 시장에서의 위치를 유지하고, 추가적인 물동량을 확보하기 위한 배후지 전략을 수립해야 한다. 배후지 전략은 항만 및 터미널과 배후지와의 연계 네트워크를 구축하는 것으로, 항만은 화주와의 직접적인 관계를 개발하는 배후지 전략을 발전시켜 나갈 수 있는 것이다. 항만이 해상터미널의 활동을 배후지까지 확장하여 공급사슬에서의 물류네트워크를 구축해가는 것이다.

네트워크를 통해 화주나 화주를 대리하는 운송주선인 등 최종고객에게 항만, 터미널이 가까이 다가갈 수 있도록 할 수 있으며, 나아가 항만이 정기선사에게 의존하는 비중을 줄이고 지속가능한 물동량을 확보할 수 있는 전략이다. 항만이 자신의 고객을 스스로 확보하면서 정기선사에게도 부가가치를 제공하는 네트워크 전략이다.

이와 같은 네트워크를 통해 궁극적으로 항만은 다른 항만에 대해서도 지속가능한 경쟁우위를 만들어 나갈 수 있다. 물론 항만이 항만배후부지의 화주, 복합운송업체들과 네트워크를 구축하는 것은 시간이 많이 필요할 뿐만 아니라 튼튼한 재무적 기반도 필요하다. 협력을 하려는 사람들은 상업적으로나 재무적으로 안정된 파트너를 원하기 때문이다.

항만이 배후지 네트워크를 구축하려면 항만과 배후지 간 연계운송에 직접 참여할 수 있어야 한다. 또한 항만은 연계운송사업의 홍보에 참여하며, 전문업체와의 합작을 통해 재무적 투자자로도 참여해야 진정한 연계 네트워크를 구축할 수 있다. 그리고 기존의 피더 연계항로 이외에 새로운 피더 연계운송에도 직접 투자할 수 있다.

항만의 가치창출

수출입 화주들이 해외 항만에서 이러한 부가가치활동을 하고 있지만, 그것을 현지 항만과 현지 지방정부의 정책으로 이루어진 항만서비스로 이해하지 못하고 있는 경우가 있다. 의류나 부품을 수입할 때, 중국 항만 배후지 창고를 어떻게 활용하면 납기를 줄일 수 있고, 국내 대신 현지 항만배후지에서 어떤 가공활동을 할 수 있는가에 따라 수입제품 경쟁력이 달라질 수 있다. 로테르담항을 경유해서 독일로 수출하는 화물이 로테르담 항만배후물류단지에서 어떤 부가가치활동을 할 수 있는지를 이해해야 상품의 경쟁력을 높일 수 있는 방안을 찾을 수 있다. 수출입 화주는 항만의 선택이 수출입상품의 가치를 증대시킬 수 있는 방안임을 이해해야 하고, 항만도 이러한 화주의 가치창출 요구에 부응할 수 있을 때 경쟁력을 가질 수 있다.

항만에서의 부가가치서비스는 상품의 수령, 검사, 재고관리, 라벨링, 포장, 바코드, 배송 준비, 유통과 주문에 대한 피킹 작업, 상품의 목적지별 분류, 여분 부품 등의 추가 작업, 그리고 상품반환과 보관 같은 역물류가 포함되고, 품질 관리, 제품 테스트, 그리고 설치 교육이나, 고객에 대한 제품사용 교육도 포함된다.

세계 최대 물류회사 중 하나인 Kuehne Nagel사의 창고에는 항상 화물이 움직인다. 보관보다 가벼운 조립작업 등이 더 많이 진행된다. 창고는 보관공간이 아니다. 대신 창고는 다음과 같은 활동을 하는 통합 물류 서비스 공간이다. 피킹 및 포장, 반품 처리, 수출 포장, 바코드 처리, 라벨링, 티켓팅, 크로스 도킹, 키트 조립, 주문작업, 리콜 서비스, 신용 처리, 재고 관리 및 운송 관리. 또한 공간과 상관없는 네트워크 설계 및 물류 요구분석과 같은 지식과 경험을 포함하는 부가가치 서비스가 제공된다.

컨테이너 터미널의 미래는 부가가치 서비스의 시대로 묘사될 수 있다. 항만에서의 부가가치 서비스는 항만 간 경쟁에서 우위를 차지할 수 있는 경쟁요인이며, 동시에 항만의 미래 수익을 창출하는 일이다.

항만 간 경쟁이 치열해지면서 항만업계 이해관계자들은 항만 경쟁력을 높이기 위해 항만에서 수행하는 전통적인 핵심 서비스를 넘어 혁신적인 서비스 제공을 요구받고 있다.

부가가치 서비스는 항만입장에서는 항만이용자를 유지시키고 유치하는 경쟁력인 동시에, 항만의 새로운 수익원이다. 항만을 포함한 공급사슬은 점점 더 고객 중심적으로 형성되며 고객에 대한 부가가치 서비스는 항만의 경쟁력 있는 차별화 전략이 될 수 있다.

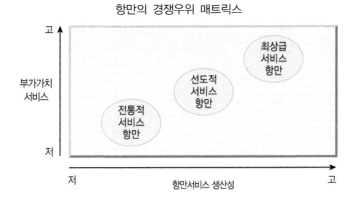

항만의 경쟁우위 매트릭스

우리나라 항만의 부가가치 활동

항만의 지속적인 발전과 기능 확대를 위해 항만 인근 배후지에 종합적인 물류단지를 개발하는 항만배후단지 개발 제도를 2006년에 도입하고 이를 적극 지원하고 있다.

2008년~2014년 기간 동안 부산항 수출입화물의 항만배후단지 경유비율은 2.8%에서 28.4%로 안정적으로 증가하고 있다. 그러나 이 물동량의 대부분이 항만 배후단지를 수출입화물의 일시적인 보관장소로 활용되고 있어 실질적인 부가가치 창출 효과는 크지 않다.

항만배후단지에 입주한 기업의 사업활동에 있어서는 입주기업의 70% 이상이 수출입화물의 단순보관·재고관리의 물류활동에 집중되어 있다. 또한 향후 사업확대 계획에 있어서도 신규 물동량 창출이나 부가가치활동 확대보다는 창고기능의 물류활동에 주안점을 두고 있다. 또한 항만배후단지를 경유하는 환적화물은 약 5% 수준에 불과하고, 부가가치 활동도 일부 기업에 의해 매우 제한적으로 이루어지고 있다.

반면, 싱가포르항, 로테르담항, 상하이항 등 세계 주요 항만은 해운 및 지원서비스, 항만관련 산업에서 항만하역 및 지원서비스보다 더욱 많은 부가가치를 창출하고 있다. 네덜란드의 로테르담항과 싱가포르항의 경우 1만 톤당 직접 고용 인력은 각각 3.0명과 2.7명인데 비해 부산항의 1만 톤당 직접 고용 인력은 0.6명에 그쳐 약 5배의 차이를 보이고 있다.

특히 환적화물의 부가가치활동 제고는 향후 부산항 배후단지 일자리 창출의 핵심 과제가 될 수 있다. 환적화물의 부가가치활동(Value Added Activities: VAA)은 항만배후단지에서 라벨링, 포장, 분류 등의 과정을 거치므로 항만에서 이루어지는 단순 환적보다 TEU당 약 11배의 경제적 효과가 발생된다.

국내에서 취급되고 있는 환적화물에는 가공, 조립, 검사 등 부가가치활동을 필요로 하는 원자재·중간재 성격의 제품들이 금액기준으로 전체 환적물량의 약 3.3% 수준에 이르는 연간 약 78억 달러 규모가 있는 것으로 분석되었으며 최대 1만 명의 일자리 창출을 기대할 수 있을 것으로 추정되었다.

항만터미널을 운영하는 항만공사는 항만구역 밖에 있는 배후물류단지의 고용창출에 관심을 두어야 한다. 배후물류단지를 활성화를 위해 정책적 참여는 물론, 직접 투자까지 해야 하는 환경적 변화에 직면해 있다.

4. 결 어

미래 컨테이너항만의 경쟁력을 항만배후지까지의 복합운송 경쟁력으로 재 정의하고 있다. 항만이 공급사슬 자체라는 기능을 해야 한다. 선박, 터미널, 배후지 운송, 보관, 유통의 공급사슬관리를 원활하게 해야 한다.

항만이 공급사슬의 기능을 수행하려면 항만공사의 역할이 중요하다. 항만공사는 항만 '게이트'를 가능한 한 멀리 떨어진 배후지로 확장하여 그들의 업무영역을 넓히는 역할을 해야 한다. 항만과 배후지 간 공급사슬 관리를 통해 항만배후지 시장을 개발하는 기능을 갖고 있기 때문이다. 최근 연구를 살펴보면 관리자 기능만 수행하던 항만공사가 촉진자(facilitator)로 기능이 확대되고, 일부는 기업가 기능까지 갖고 직접 투자에 참여해야 하는 것을 제안하고 있다.

세계 각국의 항만 인센티브제도 및 우리나라 항만 인센티브제도 개선방안

윤경준(배재대학교 무역물류학과 교수)

1. 들어가며

2016년도 기준 우리나라는 GDP의 60% 이상을 무역을 통해 창출하는 무역의존도가 매우 높은 나라로 수출·입 화물의 99.7%가 해상을 통해 운송되고 있으며 2015년 수출입 규모는 1조 529억 달러로서 해운·항만물류산업이 국가 기간산업으로서의 일익을 담당하고 있어 항만의 경쟁력이 곧 기업 물류비의 최소화를 위한 가장 중요한 요건으로 인식되고 있다. 이에 대형 선사들이 기항하는 항만으로 성장하기 위해 세계 각국은 항만의 발전과 활성화에 많은 투자를 하고 있다. 우리나라 역시 컨테이너를 처리하는 항만은 활성화와 물동량 유치를 위하여 경쟁이 점점 더 치열해지고 있다. 특히 항만 인센티브제도의 시행과 더불어 항만경쟁력 제고를 위한 각종 정책 등을 펼치면서 각 항만은 컨테이너 화물 유치 경쟁에 집중하고 있는 실정이다. 현재 국내 항만은 31개의 무역항과 29개의 연안항으로 이루어져 있으며 컨테이너를 취급하는 11개의 항만은 물동량 유치 경쟁에 놓여있는 상황에서 항만의 경쟁력을 제고하기 위한 정책 등에 더 집중해야 할 때다.

2. 인센티브의 정의와 항만 인센티브에 대한 개념

인센티브의 정의에 대해 살펴보면 공급자가 정한 일정한 목표에 달성하도록 소비자에게 어떤 행동을 취하는 것으로 일정한 성과 달성에 따라 일정한 부가적 혜택을 공급자가 소비자에게 지급하는 정책이다. 판매자의 판매증진, 소비자의 구매의욕 및 직원의 근로의욕 고취 등이 다양한 이유로 인센티브 정책을 시행하고 있다. 기업을 경영함에 있어 인센티브 제고를 이용하여 경영목표를 달성할 수 있도록 정책적으로 시행하고 있으며 이는 소비자 행동에도 변화를 일으킨다. 항만에서의 인센티브 정책은 화폐적 보상에 의한 동기부여를 기반으로 초과성과에 대한 보상을 제공하는 정책을 운영하고 있으며 이를 통해서 선사 및 항만 이용자의 동기부여에 따른 생산성과 이익의 증대 효과를 누릴 수 있으며, 항만의 성과에 따른 물동량 증가라는 효과를 볼 수 있다. 항만 인센티브는 항만의 갖춰진 시설과 형성된 자원을 효율적으로 이용하기 위하여 항만을 이용하는 선사들을 대상으로 시설의 효율성 및 경쟁력 향상을 시키기 위한 일환으로 인센티브 정책을 시행하고 있다. 즉, 항만 인센티브는 항만시설 자원의 효율적인 이용, 기술적인 향상, 생산성 증대 및 항만관련 산업 등의 발전을 촉진시키기 위해 계획하고 실시한다. 특히, 항만을 사용함에 따라 항만이용자들에게 지급하는 항만요율을 이용하여 인센티브 정책을 시행한다. 항만요율 인센티브(rate incentives)는 항만을 이용하는 중요 고객들에게 혜택을 제공하고, 항만 이용에 대한 변화를 계획하고 시행하는 정책이다. 항만요율을 이용하여 시행하는 대표적인 인센티브 정책은 처리물동량 등을 기준으로 지급하는 볼륨 인센티브(volume incentives)이다. 그 외에 항만시설에 대한 효율성을 제고를 위한 서비스 인센티브(service incentives), 장치장이용 인센티브(utilization incentives), 이익 공유 인센티브(gain-sharing incentives) 등이 있다.

3. 국내 항만 운영현황

항만기본계획은 항만법에 따라 해양수산부 장관이 수립하는 항만 관련 최상위 국가계획으로서 전국 31개 무역항 및 29개 연안항 등 총 60개 항만의 중장기 육성 방향 및 항만별 개발계획 등을 포함한

[그림 1] 전국 항만 위치도

자료: 해양수산부(2020).

우리나라 항만 개발과 운영 기준이다. 해양수산부는 제1차 항만기본계획(1992~2001), 제2차 항만기본계획(2002~2011)에 이어 2011년에 제3차 전국항만기본계획(2011~2020)을, 2016년 9월에는 제3차 전국항만기본계획 수정계획(2016~2020)을 고시하였다. 또한 2020년 12월 제4차 전국항만기본계획(2021~2030)을 확정·고시하였다.

〈표 1〉 전국 항만 접안시설 확충계획

(단위: 선석, 만 톤/년, '20년 12월 기준)

구 분	현대 시설		'21~'30 확충계획		'30년 목표		공사 중	
	선석	하역능력	선석	하역능력	선석	하역능력	선석	하역능력
총 합	972	127,278	152	39,503	1,059	160,530	25	11,825
무역항	859	126,616	140	39,380	938	159,639	23	11,825
부산항	137	40,089	26	28,359	156	65,038	8	10,270
광양항	104	21,028	17	1,767	118	21,792	2	98
울산항	116	7,811	18	1,320	133	8,974	−	−
인천항	112	13,308	6	2,251	115	14,894	−	−
평택·당진항	64	9,977	11	468	73	10,445	4	−
포항항	51	9,557	8	709	54	10,173	−	−
군산항	39	3,007	−	−	33	2,701	−	−
목포항	28	2,055	4	589	27	2,441	1	76
동해·묵호항	23	3,327	8	1,846	27	4,665	−	−
마산항	29	2,074	1	103	29	2,178	−	−
제주항	20	266	13	193	17	266		
그외 무역항	136	14,207	28	1,775	156	16,072	8	1,381
연안항	113	662	12	123	121	891	2	−

자료: 해양수산부(2020).

4. 국내 항만 인센티브제도 현황

우리나라 전국 60개(무역항 31개, 연안항 29개)의 항만 중 16개 항만에서 컨테이너를 취급하고 있으며, 이 가운데 인센티브제도를 운영하고 있는 항만은 총 11개로 주로 실적 인센티브 위주로 정책을 추진하고 있다. 지방정부나 항만공사에서는 선사, 화주, 포워더 등에게 지급하고 있으며 신규항로를 개설한 선사, 환적화물이 증가한 선사, 북극항로를 기항하거나 국가 필수 국제선박에 지급하기도 하는 추세이다. 특히 최근 저속운항선박에 지급되는 인센티브가 각 항만별로 확대되어가는 추세이다. 11개 항만의 인센티브제도 운영주체와 예산현황을 살펴보면 다음과 같다.

〈표 2〉 전국 주요 항만 인센티브제도 예산현황

항 만	2019년도 예산현황
부산항	135억 원(시: 10억 / 항만공사 125억)
인천항	28.5억 원(시: 10억 / 항만공사 18.5억)
광양항	132억 원(시: 6.5억 / 도 6.5억 / 공사 119억)
평택항	9.9억 원(시: 4.45억 / 도 4.45억)
서산 대산항	11.75억 원(시: 8.22억 / 도: 3.53억)
군산항	31.6억 원(시: 15.8억 / 도: 15.8억)
마산항	5억 원(전액 시비)
포항 영일만항	31억 원(시: 15.5억 / 도: 15.5억)
울산항	4.2억 원(전액 항만공사)
목포항	3억 원(시: 1.5억 / 도: 1.5억)
동해항	3.7억 원(전액 시비)
총 예산 합계	395.65억 원

5. 해외 주요항만의 인센티브제도 동향

해외 항만의 인센티브제도는 우리나라 항만과의 경쟁에서 상대적으로 중요한 중국과 일본의 주요항만 그리고 동남아의 싱가포르항과 카오슝항에 대하여 알아보았다. 또한 북미 대륙의 서부, 남부, 중부 등 우리나라와 직간접적으로 중요한 역할을 차지하고 있는 항만에서 시행되고 있는 인센티브제도에 대하여 조사하여 기술하였다. 주요 내용을 살펴보면 중국은 하역료를 감면하는 제도를 시행한다. 싱가포르의 경우 컨테이너 박스 장치료를 7일간 감면하고, 대만 및 일본도 입항료 면제하고 피더선에 인센티브를 제공한다. 이처럼 아시아권은 물동량유치를 실적 인센티브가 주목적이다. 이에 반해 미국은 그린 인센티브 개념을 도입하고 있다. 청정연료 사용 및 기술을 가진 선박에 대하여 항만세를 감면한다. 저속운항을 하면 탄소배출이 감소되므로 미국은 이에 대하여 활발한 정책을 추진하고 있다. 또한, 몇몇 지역항만에서는 관광과 관련한 인센티브도 제공하는 등 인센티브의 범위가 실적에 국한되지 않고 다양한 정책을 추진하는 편이다. 중국, 일본 등 아시아권과 북미 등지의 인센티브제도는 아래와 같다.

중 국

〈표 3〉 중국 주요 항만의 인센티브제도

항 만	주요내용
상하이항	· 환적화물양적하 중 1회만 하역비용 받음 · 환적화물전년비 20%이하 증가 시 20% 할인 　20%이상 증가 시 30% 할인 · 공컨테이너 유입(하역료 면제, 4일간 장치료 면제)
닝보항	· 양적하 중 1회에 해당하는 하역비용만 받음 · 상위 15개 선사에 요율의 5% 할인 · 전년대비 1~19% 증가 시 추가 5%, 20% 이상 증가 시 추가

	1%, 30% 이상 증가 시 추가 2% 할인
청도항	· 환적화물: 기본요율의 70% 할인, 양적하중 1회만 받음 - 수출입 화물: 전년대비 처리량 10% 이상 증가한 선사, 하역료 1~17% 할인(처리물동량별 차등적용) · 신규항로 개설: 하역료 20% 할인
천진항	· 환적화물양적하중 1회만 받음 · 전년대비 물동량 증가에 따라 하역료 감면: 5만TEU 이상 5% 할인 · 신규항로 하역료 15% 할인
광저우항	· 신규(선사, 항로) 서비스: 4천5백만 달러 현금지원, 조세감면 (2017~2018)

자료: 박병인(2016).

일 본

〈표 4〉 일본 주요 항만의 인센티브제도

항 만	주요내용
도쿄항	· 선박의 양적하량이 기준물량 초과 시 계류시설 사용료 30% 감면 · 대형선(50,000GRT 이상) 입항시: 50,000GRT 상당액을 초과하는 입항료 감면 · 신규항로개설시 당해 신규항로에 투입된 선박의 최초 입항료는 100% 감면 · 피더수송: 등록된 연안컨테이너선 입항료 100% 감면
고베항	· 내항피더 강화정책: 피더기능을 강화를 위한 사업자의 제안의 경우 필요경비 보조 · 신규 기간 컨테이너 기간 항로는 1기항당 200만엔 / 화물취급량이 1기항당 500TEU 이상 또는 연간 15,000TEU 이상 취급 실적이 전망되는 신규항로의 경우 1기항 당 100만엔 · 외항 환적 컨테이너를 유치하는 경우, 2,00TEU 미만은 1TEU당 5,000엔 / 2,000TEU 이상은 1TEU당 7,500엔
요코하마항	· 대형컨테이너선(50,000GRT 이상) 입항 시: 50,000GRT 상당액을 초과하는 입항료는 감면 · 신규항로개설시: 입항료 및 안벽사용료 전액 감면 · 1회 입항 시 컨테이너 1천~1.5천개 처리 입항료 30% 감면, 1.5천개 이상 입항료 50%감면

- 하역개시일 전일 선박 접안 시 하역개시일 오전 8:30 이전의 안벽사용료면제
- 컨테이너화물 취급 효율화를 촉진키 위해, 시장이 정한 일정 규모 이상의 시설을 컨테이너 터미널로 일체 사용했을 시, 부두용지 사용료 50% 감면

자료: 박병인(2016).

동남아

〈표 5〉 동남아 주요 항만의 인센티브제도

항 만	주요내용
싱가포르항	• 선대교체 인센티브: 컨테이너UINT당 공시요율보다 48~66% 할인적용 • 환적화물: 7일간 장치료 면제 • 하역료 할인: PSA와의 사전 계약
카오슝항	• 환적화물: 전년대비 1만TEU이상 증가시 전대료 9만 달러 감면 - 환적비율(50~80% 이상)에 따라 $15,000~$24,000 감면 • (선사 전용터미널) 연간 33만TEU 이상 처리시 전대료 9만 달러 감면 - 추가 목표달성(45~200만TEU 처리)시 구간별 5~11% 전대료 감면 - 총물동량기준 1위: 9만 달러, 2위: 6만 달러, 3위: 4만5천 달러, 4위: 3만 달러 인센티브

자료: 박병인(2016).

북 미

〈표 6〉 북미 서부 주요 항만의 인센티브제도

항 만	주요내용
로스 엔젤레스항	• 세계 최고 수준의 인프라를 갖춘 로스엔젤레스 항은 터미널과 운송의 발전에 집중하고 있음 • 데이터 쉐어링 인센티브 제도 태평양 횡단 무역에서 전체시장 성장을 초과하는 각 유닛에 대해 1TEU당 10달러 감면, 항구를 통한 추가 컨테이너는

	1TEU당 5달러씩 감면 · 선박 친환경 지수 프로그램 (ESI 프로그램) 40~49점: 입항 시 750달러 감면 50점이상: 입항 시 2,500달러 감면
롱비치 항	· 물품 운송의 생산성과 효율성을 향상시키는 최첨단 인프라를 개발하고 유지하는데 중점을 두고 있음 · 2017 청정 대기 실행 계획 업데이트를 완전히 구현함으로써 배출 제로 항만 운영으로의 전환을 촉진하는 것을 목표로 함 · 녹색 깃발 프로그램 인센티브 선박 운항시 12노트 이하, 포인트 퍼민의 40해리 이내면 도크 사용 비율 할인을 받음 롱비치 항에 최신의 청정 선박이 입항하면 선사는 이 프로그램에 참여하는 선박 한 척당 6,000달러의 할인을 받음
밴쿠버 항	· 밴쿠버 항은 '3등급 1철도'를 가로지르는 북미의 모든 주요 시장에 연결되어 있음 · 아시아, 라틴 아메리카, 오세아니아와 활발하게 사업을 진행 중임 최근에는 중국 상하이에 새로운 아시아 본부를 설립하였음 · 컨테이너 선박 On time 인센티브(제 시간에 오면 주는 인센티브) 정박지에 예정시간으로부터 8시간 이내에 오는 선박에게는 이 인센티브를 아래의 표와 같이 적용함 · 그린인센티브 더 깨끗한 연료와 기술을 사용하는 선박에게는 항구는 항만 당국의 기본비율의 47프로를 절감해줌 · 에코 프로그램 새로운 엔진 소음 기준에 부합하는 선박은 정박료의 47프로를 절감해줌

% On Time	인센티브 비율
≥ 90%	15%
75~89%	5%
≤ 74%	0%

자료: Port of Los Angeles · Long Beach · Vancouver(2018).

〈표 7〉 북미 동부 주요 항만의 인센티브제도

항 만	주요내용
뉴욕 뉴저지 항	· 선박 수입/수출 인센티브 제도 수입/수출하는 데 있어 적정 선박을 만든 제조자들에게는 50프로를 감면 · 청정선박 인센티브 제도 해안선 밖에서 10노트 또는 20해리 이하의 선박 속도 절감에 노력하는 선박에게는 포인트 보상 추가적인 포인트들은 현재의 국제 친환경 선박 배출 기준을 넘는 선박에게 부여
사바나 항	· 2018년 조지아 주에서 29개의 항만 관련 프로젝트를 가동했고 백만 달러 이상의 투자를 가져옴 · 메이슨 메가 철도 프로젝트는 사바나 항의 철도 수용능력을 두배로 늘렸으며 1년에 백만 컨테이너 정도의 수용능력임 · 조지아주는 목표를 두고 매우 경쟁적인 세금 인센티브를 제공함

자료: Port of New York · New Jersey(2018).

〈표 8〉 북미 중부 주요 항만의 인센티브제도

항 만	주요내용
콜론 항	· 주로 극동 지역에서 발송되는 화물로 카리브해, 북미, 남미 및 중미의 지역 시장에 서비스를 제공함 · 콜론 프리 포트 콜론 프리 포트 체제로 외국인은 무제한 면세 구매가 가능함

자료: Port of Colon(2018).

6. 국내 항만 인센티브제도 분석결과 및 차이점

중요도 - 성취도 분석(IPA) 결과

우리나라 항만 이용자 40명을 대상으로 인센티브제도의 속성을 중요도와 성취도 간에 차이가 있을 것이라는 문제를 검증하기 위해 중요도-성취도 분석(IPA)을 실시하였다. 먼저 인센티브 정책의 9개의 속성요인에 대한 중요도와 성취도(만족도)간의 차이는 <표 9>

와 같이 나타났으며 요인 전체 평균값을 중앙값으로 결정하는 방법
을 사용하였다.

〈표 9〉 인센티브제도 속성요인의 중요도-성취도 결과

Factor Items		Importance		Performance		I-P
		Mean	SD	Mean	SD	
factor1	인센티브 청구절차의 간소화	3.80	0.56	3.35	0.74	0.45
factor2	인센티브 청구절차의 전산화	3.88	0.76	3.38	0.74	0.50
factor3	신규기항 선사에 대한 인센티브 제공	4.25	0.74	3.53	0.93	0.73
factor4	기존기항 선사에 대한 인센티브 제공	4.10	0.71	3.40	0.90	0.70
factor5	수출화주에 대한 인센티브 제공	4.05	0.78	3.53	0.88	0.53
factor6	수입화주에 대한 인센티브 제공	3.98	0.89	3.43	0.96	0.55
factor7	터미널 운영사에 대한 인센티브 제공	3.50	0.91	3.23	0.83	0.28
factor8	합리적 인센티브 부여 기준 마련	4.40	0.63	3.75	0.93	0.65
factor9	기존 인센티브 외 부가적인 인센티브 부여	3.88	0.88	3.15	1.05	0.73

그 결과로 [그림 2]와 같이 네 분면의 전략 영역을 도출하였다.
유지관리영역(Keep up the Good Work)은 중요도와 성취도가 모
두 높은 분야로 차별적 우위요소로 작용하여 상대적 우위를 계속
유지관리를 필요하다. 신규기항 선사와 수출화주 및 수입화주에 대
한 인센티브제공, 그리고 합리적 인센티브 부여 기준 마련 총 4개
의 요인이 이 영역에 배치되었다. 과잉투자영역(Possible Overkill)은
성취도는 높으나 중요도가 낮은 경우로 속성을 위해 투입된 노력이
다른 분야에 투입되었다면 보다 좋은 효과를 가져 올 수 있으며 상
대적으로 과잉투자가 이루어진 경우라 할 수 있다. 중점개선영역

(Concentrate Here)은 소비자가 매우 중요하게 생각하는 속성임에도 불구하고 성취도가 낮은 경우를 의미하며 성취도 수준을 높이기 위해 가장 집중적인 개선이 필요한 분야이다. 여기에서는 기존기항 선사에 대한 인센티브 제공이 배치되었다. 개선대상영역(Low Priority)은 중요도와 성취도가 둘다 낮은 경우로 추가적인 자원을 배분할 필요성은 상대적으로 매우 낮은 편으로 재원의 가용여부에 따라 투자여부가 결정될 수 있다. 인센티브 청구절차의 간소화와 전산화, 터미널 운영사에 대한 인센티브 제공 및 기존 인센티브외 부가적 인센티브 부여가 배치되었다.

[그림 2] IPA분석격자

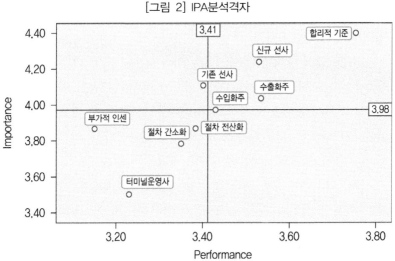

북미 항만과의 차이점

오늘 살펴본 우리나라, 중국, 일본 등 동남아 항만과 북미의 주요항만들을 비교해본 결과 우리나라를 비롯한 아시아권 항만은 주로 실적 위주의 인센티브에 치중되어 있지만 북미의 항만 그린 인센티브 제도를 도입하고 있다는 것을 볼 수 있다. 청정 연료사용 및 기술을 가진 선박에 대해 항만세를 감면한다. 저속운항을 하면 탄소배출이 감소되므로 이에 대하여 인센티브를 주는 형식 등이다. 장기적으로 우리나라의 모든 항만들도 이런 방식으로 전환을 검토할 필요성을 느낀다.

7. 맺음말

동북아시아의 물류중심기지화를 위하여 동북아의 주요항만뿐만 아니라 우리나라 주요항만들은 인센티브제도 등을 통한 화물유치 의지가 확고함을 알 수 있다. 항만 인센티브제도는 항만공사뿐 아니라 자치단체들에게 있어서 항만 경쟁력 확보를 위한 상당히 중요한 정책으로 판단된다.

하지만 앞서 <표 2>에서 본 바와 같이 연간 11개 항만에서 화물유치를 위하여 투자하는 인센티브가 395억여 원이 지출되고 있다. 국외 주요항만을 차치하고 우리나라 항만 간에 과도한 경쟁이 일어나지 않도록 정부의 개입과 조정이 필요하다는 의견을 개진하며 우리나라 항만의 경쟁력을 위한 제언을 하고자 한다.

첫째, 자치단체에서 시행하고 있는 인센티브제도가 제대로 활용되기 위해서 시기와 상황에 맞게 인센티브를 개정 · 시행해야 한다. 실제 수혜자를 대상으로 맞춤형으로 제도를 운영하고 상황에 맞도록 개정 및 조정해야 본래의 취지대로 실적을 낼 수 있다. 수혜자가 원하는 시간과 방향을 놓치면 화물유치와 같은 본연의 목적을 달성할 수 없다. 이는 결국 자치단체의 해운, 물류 산업의 활성화 침체와 직결된다.

둘째, 우리나라의 지역별 항만 인센티브 정책을 전담할 수 있는 부서나 TF팀이 필요하다. 정부예산으로 집행되는 항만건설 예산대비 항만활성화 예산이 상대적으로 부족하다. 막대한 비용을 들여 항만을 건설하고 있는 정부에서 항만활성화를 위한 예산은 거의 책정하지 못하고 자치단체에 활성화에 대한 전반적인 부분들을 미루고 있는 실정이다. 이제 정부에서 인센티브제도와 항만활성화를 전담할 수 있는 부서를 설치하여 항만 경쟁력을 확보해야 한다.

마지막으로 항만 인센티브제도에 관한 세밀한 연구가 필요하다. 항만경쟁력 확보를 위하여 시작된 항만들의 인센티브제도가 물동량 증가에 비례하는 경우는 제한적이다. 항만 인센티브는 잘못 적용되면 나쁜 관행을 조장할 수 있으므로 우리나라 무역항을 기준으로 각 항만마다 치밀하게 검토된 인센티브제도에 관한 정부차원의 추가적인 연구가 요구된다.

제 2부

조선 · 선박금융

우리나라 조선산업을 뒤돌아보며 _ 유병세

선박금융 현주소와 발전방향 _ 이동해

Decarbonisation & Digital Transformation이 세상을 바꾸다 _ 권오익

해양진흥공사의 다양한 기능 _ 조규열

기국의 기능과 역할 및 라이베리아 기국 _ 김정식

우리나라 조선산업을 뒤돌아보며

유 병 세(전 한국조선해양플랜트협회 전무이사)

1. 2020년 이전 상황

1970년대

시장상황

〈표 1〉 1970년대 시장상황

(수주량 / 건조량, 단위: 백만 GT)

구 분	1970년대 상반기	1970년대 하반기
평균 수주량 / 년	0.9	0.56
전반기 대비 증감률	–	37.8% 감소
평균 건조량 / 년		0.58
전반기 대비 증감률		–

○ 상반기: 1970~1974, 하반기: 1975~1979

○ 초대형 조선소 건설에도 불구하고 2차례의 oil shock로 인한 조선시황 침체로 발주량이 감소함에 따라 수주량은 오히려 상반기보다 37.8% 감소한 연평균 56만 GT에 그쳤다.

○ 하반기 건조량 또한 연평균 58만 GT에 불과했으며, 70년대 불어 닥친 조선시황 침체는 발주자의 인도거부 사태를 야기하기도 했다.

주요 정책 및 ISSUES

○ 70년대는 정부 주도의 제3차 경제계획이 수립되어 1972년부터 1976년까지 시행된 시기이며, 본격적인 중화학공업의 육성은 농업국가에서 공업국가로 탈바꿈할 수 있는 계기가 되었다.

○ 정부의 중화학공업 육성 정책에 힘입어 초대형 조선소 건설이 이루어졌으며, 이는 조선공업진흥법(1967년 제정)에 의한 조선공업진흥계획(1970년 수립)에 따른 결과이다. 1973년 12월에 현대조선중공업이, 1977년 4월에 삼성조선주식회사가, 1978년 9월에 대우조선공업주식회사가 설립되었다.

○ 정부의 정책에 따라 초대형 조선소가 건설되었으나 이 시기에 2차례의 oil shock가 발생되어 세계경제가 불황의 늪으로 빠져들었다. 제4차 중동전쟁으로 인한 1차 oil shock와 이란의 석유수출 정지로 야기된 2차 oil shock는 신생 초대형 조선소에도 직접적인 영향을 주어 수주감소는 물론 건조된 선박의 인도거부 사태로 이어져 현대조선중공업은 미인도 선박 3척(VLCC)을 모태로 해운기업인 아세아 상선을 설립(1976년 3월)하기도 하였다.

시사점

○ 2차례의 oil shock에 의한 세계경제의 침체 속에서도 정부의 강력한 중화학공업 육성 정책은 많은 시행착오를 겪으면서도 꾸준히 추진한 결과 지금의 공업국가로 발돋움할 수 있는 기반을 만들었다. 중화학공업 육성 정책은 부존자원이 절대적으로 부족한 우리나라 입장에서 보면 시급한 빈곤탈출 문제를 농업만으로는 해결할 수 없다고 판단했기에 가능한 선택이었다.

○ 중후 장대한 산업 중심의 경제개발계획에서 조선공업이 주목받은 이유는 자원빈국 후진국을 벗어나는 유일한 길인 수출과

많은 인력의 고용을 한 번에 해결할 수 있는 업종이 조선업이기 때문이다. 결국 우리나라의 숙제인 고용과 수출이라는 2마리 토끼를 조선공업을 통해 잡을 수 있게 되었다.

1980년대

시장상황

〈표 2〉 1980년대 시장상황

(수주량 / 건조량, 단위: 백만 GT)

구 분	1980년대 상반기	1980년대 하반기
평균 수주량 / 년	2.04	2.92
전반기 대비 증감률	264.3% 증가	43.1% 증가
평균 건조량 / 년	1.16	0.58
전반기 대비 증감률	100% 증가	151.7% 증가

○ 상반기: 1980~1984, 하반기: 1985~1989

○ 70년대 2차례의 oil shock로 인한 조선시황 침체는 80년대와서도 지속되지만 가격경쟁력을 무기로 한 적극적인 수주활동에 힘입어 80년대 상반기 연평균 수주량은 70년대 하반기 연평균 수주량 56만 GT보다 264.3% 증가한 204만 GT를 기록하였다.

○ 70년대 건설한 초대형 조선소의 가동이 어느 정도 정상적인 궤도에 진입함에 따라 건조량 또한 폭발적으로 증가하기 시작하였다. 70년대 하반기 연평균 58만 GT에 불과했던 건조량이 80년대 상반기에는 연평균 116만 GT로 100% 증가했으며, 80년대 하반기에도 상반기에 비해 무려 151.7%가 증가했다. 이에 따라 그동안 세계조선을 선도하고 있던 일본을 비롯하여 유럽 조선국들이 한국을 주목하기 시작하였다.

주요 정책 및 ISSUES

○ oil shock에 의한 세계경제의 침체는 80년대 들어서 선박의 공급능력과 수요의 차이인 과잉공급 문제를 야기시키면서 조선 선진국과 조선 후발국 간의 갈등을 빚었다.

○ 일본은 이미 2차 oil shock 직후인 1978년에 첫 번째 합리화 조치를 단행하고, 그 이후 1987년에 두 번째 합리화 조치를 함으로써 결과적으로 건조능력을 51% 이상 축소하였다. 우리나라도 1989년 조선산업 합리화 조치를 단행하면서 1993년까지 건조능력의 확대를 억제하기로 하였다. 그 이후 대우조선공업, 인천조선, 대한조선공사 등이 합리화 조치를 시행했다.

○ 조선산업의 전방 산업인 해운산업도 1978년의 2차 oil shock 여파로 합리화 조치를 단행(1984년)하여 67개 해운사가 17개 그룹으로 통폐합되었다.

시사점

○ 70년대 현대적 초대형 조선소 건설을 시작으로 도약을 꿈꾸던 우리나라 조선산업은 도약도 하기 전에 공급능력 축소라는 세계적 흐름에 직면하여 합리화 조치까지 당하는 어려움을 겪었지만, 수주량과 건조량의 증가가 말해 주듯 포기보다는 가능성을 확인하는 80년대였다.

○ 일본이 2차례에 걸쳐 단행한 50% 이상의 건조능력 축소라는 합리화 조치는 그 이후 조선경기의 호황에도 불구하고 회복에 실패함으로써 조선 선도국 지위를 우리나라에 뺏기는 결과를 낳았다. 지나친 기술인력 및 건조설비의 감축은 후발국과의 경쟁에서 양적으로는 쇠퇴의 길을 걷게 되는 단초가 되었다. 그러나 일본은 공급능력 축소라는 세계적 흐름에 선제적으로 대응함으로써 국제사회로부터 신뢰를 얻었다.

1990년대

시장상황

〈표 3〉 1990년대 시장상황

(수주량 / 건조량, 단위: 백만 GT)

구 분	1990년대 상반기	1990년대 하반기
평균 수주량 / 년	5.4	9.76
전반기 대비 증감률	84.9% 증가	80.7% 증가
평균 건조량 / 년	4.04	7.64
전반기 대비 증감률	38.4% 증가	89.1% 증가

○ 상반기: 1990~1994, 하반기: 1995~1999
○ 조선시황이 점차 회복되는 추세를 보이면서 수주량도 그동안 500만 GT를 밑돌다가 상반기에 연평균 500만 GT를 넘기면서 증가율도 85%에 달했다. 하반기에도 상반기의 증가세를 유지하면서 연평균 수주량이 1,000만 GT를 육박하게 되었다.

주요 정책 및 ISSUES

○ 90년대에 들어서서 조선경기의 회복이 뚜렷하게 나타나자 정부는 1989년에 취했던 조선산업 합리화 조치를 1994년에 해제했다.
○ 정부의 조선산업 합리화 조치 해제 이후 우리나라 조선소들은 건조능력의 확대를 위해 조선설비의 신·증설을 과감히 결정했다. 이는 일본이 50% 이상의 건조능력을 축소했다고 하지만 아직도 우리나라 보유 이상의 건조능력을 가지고 있고, 휴지상태의 건조설비는 조선경기 회복 여부에 따라 얼마든지 재가동이 가능하다고 판단한 결과로 나타난 결정이었다. 이에 따라 삼성중공업, 현대중공업, 삼호조선, 대동조선 등이 조선

설비의 신·증설에 참여하였다.

○ 세계 각국의 조선산업 합리화 조치로 공급능력의 과잉 문제가 해소되어가고 있는 과정에서 보여준 우리나라의 공급능력 확대 결정은 경쟁국의 비난을 받기에 충분했다. 결국 우리의 결정은 2002년 EC의 WTO 제소를 야기시켰다.

○ 이렇듯 1990년대는 건조능력의 확대를 통해 향후 일본을 제치고 세계 조선 선도국으로 도약할 수 있는 기반을 갖춘 연대였지만, OECD 가입(1996년)에 이은 IMF 구제금융의 국가적 위기(1997년)로 최악의 경제상황에 직면한 연대이기도 하다.

시사점

○ 우연이든 필연이든 우리나라 조선소들의 결정은 그 후 나타난 조선경기의 호황과 맞아 떨어지면서 세계 조선 선도국 지위에 오르는 계기가 되었다. 그렇지만 다른 한편으로는 우리는 국제적 신뢰를 회복해야 하는 숙제를 떠안게 되었다.

○ 후발국으로서 선도국을 뛰어 넘으려면 적어도 건조능력은 선도국보다 커야 한다. 이런 차원에서 경쟁국의 비난을 무릅쓰고 조선설비의 신·증설을 결정했다고 볼 수 있다.

○ 그 결과 2000년대에 우리나라는 세계 조선 1등 국가가 되어 세계 조선을 선도하는 지위에 올라섰으나, 추락된 국제적 신뢰를 회복해야하는 과제를 안게 되었다. 반면 일본은 지속적인 조선 선도국 지위는 잃었지만 국제적 신뢰를 얻어 국제사회로부터 인정을 받게 되었으며 이를 바탕으로 조선 관련 또 다른 영역에서는 우리보다 앞서는 성과를 올리고 있다.

2000년대

시장상황

〈표 4〉 2000년대 시장상황

(수주량 / 건조량, 단위: 백만 GT)

구 분	2000년대 상반기	2000년대 하반기
평균 수주량 / 년 전반기 대비 증감률	1,992만 GT (11,520.4)	17,543.6
	104% 증가	52.3% 증가
평균 건조량 / 년 전반기 대비 증감률	1,282만 GT (6,951.8)	12,457
	67.8% 증가	79.2% 증가

○ 상반기: 2000~2004, 하반기: 2005~2009

○ 조선시황의 회복세는 연평균 수주량이 1,000만 GT를 밑돌던 90년대를 지나 2000년대에 접어들면서 가파르게 회복되었다. 90년대 하반기에 비해 2000년대 상반기는 연평균 수주량이 104% 증가한 1,992만 GT를 기록함으로써 2,000만 GT 수주를 앞두게 되었다. 이는 CGT로 환산해도 1,000만 CGT 이상으로 초호황기에 접어든 신호였다. 하반기에도 증가율은 둔화되었지만 수주량은 연평균 1,754만 CGT로 역대 최고를 기록하였다.

○ 건조량도 그 이전까지 500만 CGT를 밑돌았으나 2000년대에 접어들면서 상반기에 연평균 건조량 500만 CGT를 훌쩍 넘기더니 하반기에는 연평균 건조량 1,000만 CGT를 넘기면서 드디어 연간 건조능력 1,200만 CGT 이상 시대를 열었다. 이로써 2000년에 일본을 따돌리고 건조량에서 명실상부한 세계 1위를 차지하게 되었다.

○ 또한 2000년대는 정부의 강력한 지원정책에 힘입은 중국에게
수주량, 건조량, 수주잔량에서 처음으로 1위를 내준 연대였다.
과거 일본이 40년 이상 누린 세계 1위를 양적인 면에서 우리
나라는 10여 년 만에 중국에게 1위를 넘겨주고 말았다.

부문별 세계 1등 첫해(GT 기준)

부문	일본	한국	중국
수주량	–	1993년	2009년
건조량	–	2000년	2010년
수주잔량	–	1995년	2009년

주요 정책 및 ISSUES

○ 이러한 우리나라의 폭발적인 수주증가를 바라보는 경쟁국들의
시각은 곱지는 않았다. 급기야 유럽연합(EC)은 1999년 우리나
라와의 양자협의를 시작으로 끝내는 2002년 우리나라를
WTO에 제소하기 이르렀다. EC와의 법적인 공방은 2005년까
지 벌어졌으며, 결국 우리나라의 승리로 막을 내렸지만 금융
기관을 통한 정부의 지원책도 경우에 따라서는 보조금 시비에
휘말릴 수도 있음을 인식하는 계기가 되었다.

○ EC와의 법적인 공방 속에서도 대량 수주물량을 처리하기 위
한 건조기술의 급격한 발전이 이 시기에 이루어졌다. 도크
(dock) 보다 긴 선박을 건조할 수 있는 댐(dam) 공법 개발,
대형 선박을 건조할 수 있는 다양한 육상건조법 개발, 공기를
단축하고 작업효율을 높일 수 있는 mega 블록 공법 개발, 대
형 floating dock을 이용한 대형선 건조, 초대형 crane 제작
등을 통해 1,200만 CGT 이상의 건조실적을 올렸다.

○ 2000년대 상반기에 EC의 WTO 제소가 있었다면 하반기에는

미국 발 금융위기인 리먼사태가 2008년에 발생했다. 리먼사태
는 2008년 9월 15일 미국의 투자은행 리먼브러더스 파산에서
시작된 global 금융위기로서 초기에는 그 파급력을 크게 우려
하지 않았으나 시간이 흐를수록 위력을 더해 유럽의 재정위기
를 낳으면서 전 세계로 확산되었다. 특히 유럽의 재정위기는
그 동안 선박금융을 주도해오던 유럽국가에 직접적인 영향을
주어 선박금융의 장기침체의 서막을 알렸다. 그 결과 하반기
마지막 연도인 2009년의 수주량은 344만 CGT에 그쳤다. 이
수치는 2000년 이후 지금까지 실적 중에서 두 번째로 낮은
수치다.

시사점

○ 우리나라 조선산업은 10년 단위의 연대별로 보면 안 어려운
때가 없었다. 특히 2000년대의 EC의 WTO 제소와 리먼사태
속에서도 우리나라 조선산업은 일본을 제치고 세계 1등 조선
산업으로 우뚝 선 2000년대이기도 하다. 위기를 맞을 때마다
슬기롭게 위기를 극복하고 기회로 바꾼 지혜가 빛났다.

○ 리먼사태로 인한 유럽국가의 재정위기는 선박금융의 주도권이
어느 정도 유럽에서 아시아로 이동하는 계기가 되었다. 2000
년대를 지나면서 중국, 홍콩, 싱가포르, 일본, 우리나라 등 아
시아 국가들의 선박금융이 유럽국가들에 비해 상대적으로 활
발해졌다.

○ 2000년대의 수주량 급증은 그동안 블록(block) 제작업체들의
신사업 진출을 유혹하기에 충분했다. 그들이 생각하는 신사업
은 다름 아닌 신조선 사업으로 이 시기에 많은 블록 제작업체
가 신조선 업체로 변신하였다. 이윤의 극대화를 위한 결정이
었지만 설익은 준비와 신사업에 대한 지나친 낙관적 판단으로

2010년대에 엄청난 위기에 직면하게 되었다.

2010년대

시장상황

〈표 5〉 2010년대 시장상황

(수주량 / 건조량, 단위: 백만 GT)

구 분	2010년대 상반기	2010년대 하반기
평균 수주량 / 년	11,830.8	0.56
전반기 대비 증감률	32.6% 감소	37.8% 감소
평균 건조량 / 년	13,122.0	9,869.2
전반기 대비 증감률	5.3% 증가	24.8% 감소

○ 상반기: 2010~2014, 하반기: 2015~2019

○ 조선시황은 2008년 리먼사태 이후 침체 기미가 확연히 보이기 시작했으며, 연평균 수주량의 전반기 대비 증감률은 30% 이상 감소로 나타났다. 특히 하반기 연평균 수주량은 765만 CGT지만 2016년도 수주량은 246만 CGT를 기록, 2000년 이후 지금까지 최저치를 기록하고 있다. 2010년대에 접어들면서 선박금융의 위축으로 인한 선박발주는 급감한 반면 대형 해양플랜트(offshore) 시황은 고유가의 지속으로 단기간 초호황을 맞이했다.

○ 대형 해양플랜트는 3사(현대, 대우, 삼성)만이 건조할 수 있기 때문에 3사만이 그 혜택을 누렸다. 건조기술 외 뚜렷한 보유기술 없이 3사가 공격적 수주경쟁을 벌이다 보니 수주가격의 하락과 수주집착을 야기했으며 결과적으로 저가의 과잉수주를 양산했다.

○ 건조량도 연평균 건조량의 전반기 대비 증가율은 대폭 감소되

었으나 상반기에는 연평균 건조량이 1,300만 CGT에 달했다. 이 수치는 역대 최고의 수치로 기록 중에 있다. 그렇지만 하반기에는 연평균 건조량이 1,000만 CGT 이하로 떨어지면서 조선소의 경영위기가 발생했으며, 이에 따른 지속적인 구조조정은 중소조선소의 몰락과 인력의 대량 감축으로 이어졌다.

주요 정책 및 ISSUES

○ 최대의 실적을 올린 2010년대지만 중국에게 세계 정상의 자리를 빼앗긴 연대이기도 하다. 중국은 2009년에 수주량에서, 2010년에 건조량에서 세계 정상을 차지했으며 우리는 10년 만에 정상의 자리를 내주고 말았다. 중국이 세계 정상을 차지한 이면에는 중국정부의 적극적인 정책적 및 금융적 지원이 숨어 있으며, 조선산업의 특성상 어느 나라나 그러한 지원 없이는 생존하기 힘든 산업구조를 가지고 있다.

○ 일본은 우리나라 조선소 구조조정 과정의 정부 지원을 문제 삼아 2018년 11월 WTO에 제소를 했으나 그 후 1년 이상 아무런 조치를 취하지 않아 제소에 대한 일본의 정치적 의도를 의심케 했다.

시사점

○ 2010년 이후 단기간의 해양플랜트 시장의 호황과 상당수의 중소형 조선소의 몰락으로 인해 대형 조선소와 중소형 조선소의 양극화가 더욱 심화되었으며, 산업생태계의 불균형을 초래했다.

○ 2010년 이후 해양플랜트 시장의 호황이 단기로 끝난 결정적인 이유는 OPEC와 국제 석유자본 회사(oil major)가 주도하던 국제 에너지 패권이 shale oil & gas 개발로 에너지 수입국에서 수출국으로 변신한 미국으로 이동되면서 국제원유가가 폭

락했기 때문이다. 유가급락은 oil major의 심해 유전개발 필요성을 감소시키고 급기야 기 발주했던 대형 해양플랜트에 대한 미인도 사태를 유발시켜 3사는 천문학적 손실(10조 원 이상)을 감수해야 했다. 이를 계기로 자국이익 우선주의에 기반한 자원보유국의 local contents 강화, 그동안 관행적으로 인정해오던 change order의 불인정과 계약서 준수를 통한 비정상의 정상화 요구, 독소조항이 포함된 불평등 조약 등을 재인식하게 되었다.

○ 1990년대 초 정부의 국조국수 정책에 의거 추진된 LNG 운반선 기술의 지속적인 개발은 2010년대에 빛을 보게 되었다. 2010년대 중반 이후 급증한 LNG 수요에 따른 LNG 운반선 수요 증가는 확보된 LNG 화물창 기술과 재액화/재기화 기술을 기반으로 전 세계 LNG 운반선 수요의 대부분을 수주하는 쾌거를 달성했다. 반면 해양플랜트의 경우는 핵심기술의 확보 없이 도전한 결과, 막대한 손실을 초래, 산업생태계의 붕괴를 우려하는 수준까지 안겨 주었다. 막대한 손실을 감수하면서 얻은 소중한 경험과 노하우 등도 해양플랜트 시장의 침체로 사장되는 안타까움을 경험했다. 이들 2가지 경험을 통해 핵심기술의 확보 여부가 산업의 생존을 좌우할 수 있음을 인식하게 되었다.

2. 2020년 이후 상황

시장상황

〈표 6〉 2020년대 시장상황

(수주량 / 건조량, 단위: 백만 GT)

구 분	2020년대 상반기	2020년대 하반기
평균 수주량 / 년 전반기 대비 증감률	8,190.0	
	7.05% 증가	
평균 건조량 / 년 전반기 대비 증감률	8,800.0	
	10.8% 감소	

○ 상반기: 2020 ~ 2024, 하반기: 2025 ~ 2029

○ 2000년대를 지나면서 급속히 하락한 수주량은 2020년에는 2010년대 하반기 연평균 수주량보다 소폭의 증가를 가져왔다. 그나마 이는 전 세계 컨테이너 운반선 발주량이 증가하면서 초대형 컨테이너 운반선에 대한 수주 경쟁력을 앞세운 우리나라의 적극적인 수주활동에 기인한다.

○ 건조량은 2010년대 하반기부터 감소하기 시작하여 하반기에는 연평균 건조량이 900만대 CGT를 기록하더니 2020년에는 800만대 CGT로 떨어졌다. 이는 투기발주까지 더해진 2000년대의 초호황 경기가 서서히 진정되면서 나타난 현상이다.

○ IMO의 강력한 환경 관련 규제로 인한 발주량 증가로 2021년의 수주량은 1,000만 CGT 내외로 대폭 증가할 것으로 예상되는 가운데 전 세계적인 친환경 선박 개발 경쟁은 더욱 심화될 것으로 보인다. 이에 반해 과거의 지속적인 수주부족에 따른 일감부족은 건조량 및 인력의 감소로 이어져 800만대 CGT의 건조와 9만명대의 고용이 예상된다.

주요 정책 및 ISSUES

○ 2018년 11월 우리나라 조선산업을 WTO에 제소한 일본은 1
년 넘게 아무런 조치를 취하지 않다가 갑자기 2020년 1월
WTO에 재제소를 하였다. 1차 제소내용에 현대조선해양의 대
우조선해양 인수와 정부의 조선산업 살리기 정책 등을 포함시
켜 재제소를 감행하고 1차 제소 때와는 달리 제소 이후의 단
계를 신중히 밟고 있다.

○ IMO의 규정 강화가 지속되는 가운데 각국의 smart ship과
environment friendly ship 개발 경쟁은 심화되고 있다. 신기
술 선점을 통한 선도국 지위 확보와 지속적인 원가절감을 통
한 비교우위의 가격 경쟁력 확보를 위해 우리나라도 smart
ship과 environment friendly ship 개발 경쟁에 가세하고 있
다.

○ 2020년 코로나19의 발생과 확산은 물류와 人流의 제한 및 통
제를 가져와 new normal을 탄생시키고 있다. 선박영업에서
도 건조를 거쳐 선주에 인도되어 운항되기까지 전 과정을
untact 환경에서도 가능한 과정으로 변환시키기 위한 기술개
발 노력의 산물이 new normal로 자리 잡고 있다. 따라서
ICT 기반의 情報流의 중요성 인식과 情報의 활용도 확대는
business의 성패를 좌우하게 되었다.

시사점

○ 과거의 조선 선도국의 의미는 no emission ship과 unmanned
ship과 같은 미래의 목표를 달성하기 위해 기술 각축전이 벌
어지고 있는 지금과 같은 상황에서는 큰 의미가 없다. 우리나
라가 2010년을 전후로 중국에게 세계 1위를 빼앗겼다고 해서
미래의 목표를 중국이 먼저 달성한다고 생각하는 국가는 없

다. 세계 각국은 미래의 목표를 향해 이제 출발선을 막 출발
했다.

○ 우리나라 조선산업의 미래는 기술인력과 기능인력의 지속가능
성에 달려있다. 2014년 최고 수준의 인력고용은 그 후 계속
감소하기 시작하여 5년이 지난 후에는 50% 이상 감소하였다.
이런 추세라면 조선산업 규모의 축소로 이어져 산업으로서의
존재가 우려되는 상황이다. 인력의 수급상황은 시간이 지나갈
수록 긍정적인 상황보다는 부정적인 상황이 발생되기 쉽다.
따라서 자동화, 무인화, AI 확대 등을 통해 인력을 대신할 길
을 찾아야 한다. 시급한 과제가 우리나라 조선산업 앞길에 놓
여 있다.

3. 향후 전망

한국 조선산업의 경쟁력

○ 1990년대 하반기부터 2010년대 하반기까지 건조량 기준 연평
균 세계시장 점유율은 30% 이상을 기록하고 있다. 그러나
2020년에는 28.2%로 30% 이하로 약간 떨어졌다.

○ 이는 2010년대 하반기의 저조한 수주부진에 기인한 것으로
비교우위의 수주경쟁력을 감안하면 조선시황의 회복에 따라
30% 이상의 점유율 달성은 가능하다.

○ 우리나라의 조선산업 경쟁력은 비가격경쟁력 요소를 고도화시
켜 가격경쟁력의 열위를 어느 정도 극복하느냐에 달려있다.
가격경쟁력으로 승부하기엔 우리나라의 경제수준이 선진국 문
턱에 있다. 끊임없는 원가절감에 의한 가격경쟁력 제고 노력
은 필수이며, 초격차 기술경쟁력 유지 노력은 산업의 생존을
좌우한다.

세계조선전망전문가회의(ISFEM)의 신조선 발주 전망

〈표 7〉 국별 건조 수요 전망치 요약

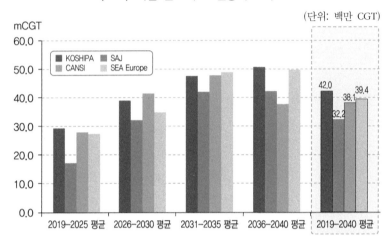

○ 전망기관
  • KOSHIPA: 한국조선해양플랜트협회
  • SAJ: 일본조선공업회
  • CANSI: 중국선박공업행업협회
  • SEA Europe: 유럽 조선 · 기자재협회
○ 장기전망
  • 대체로 세계선박발주량은 향후 20여 년 동안 연평균 3,500만 CGT에서 4,000만 CGT 전후로 각 기관은 예측하고 있다.
  • 그동안 예측치를 보면 일본과 유럽은 보수적으로, 한국과 중국은 낙관적으로 예측하는 경향이 있었다. 이는 각 나라가 처해 있는 조선산업의 상황을 고려하여 예측한 결과로서 최근의 예측치를 보면 중국이 보수적으로, 유럽이 낙관적으로 예측하고 있다.

〈표 8〉 국별 선종별 수요 전망치 요약

(단위: 백만 CGT)

구 분		Ave. 2019-2025	Ave. 2026-2030	Ave. 2031-2035	Ave. 2036-2040	Ave. 2019-2040
전체 수급 전망	KOSHIPA	29.6	39.3	47.9	51.1	42.0
	SAJ	17.5	32.4	42.3	42.6	32.2
	CANSI	28.2	41.8	48.2	38.0	38.1
	SEA Europe	27.8	35.1	49.1	50.1	39.4
선종별 전망	탱커 KOSHIPA	4.4	6.3	5.8	4.4	5.2
	탱커 SAJ	3.6	6.9	8.1	7.1	6.2
	탱커 CANSI	7.6	6.1	5.8	2.4	5.6
	탱커 SEA Europe	6.9	6.0	10.3	9.3	8.0
	벌커 KOSHIPA	7.3	7.1	10.6	13.2	9.3
	벌커 SAJ	3.1	9.0	15.0	13.7	9.6
	벌커 CANSI	5.1	5.9	9.4	15.6	8.6
	벌커 SEA Europe	2.3	6.7	11.7	11.2	7.5
	컨선 KOSHIPA	5.4	10.4	15.6	16.2	11.3
	컨선 SAJ	3.7	7.7	10.3	10.3	7.6
	컨선 SEA Europe	3.8	5.8	8.6	9.6	6.7
	LNG선 KOSHIPA	3.6	3.5	4.0	4.6	3.9
	LNG선 SAJ	2.0	2.8	2.5	4.3	2.8
	LNG선 SEA Europe	2.7	5.5	5.5	5.2	4.5
	기타 KOSHIPA	8.9	12.0	11.9	12.7	11.4
	기타 SAJ	3.3	3.3	3.3	3.3	3.3

○ 전망기관
  • KOSHIPA: 한국조선해양플랜트협회
  • SAJ: 일본조선공업회
  • CANSI: 중국선박공업행업협회
  • SEA Europe: 유럽 조선·기자재협회

한국 조선산업의 수주경쟁력

○ 2000년대 들어와 조선시황이 가장 좋지 않았던 2010년대 하반기 수주량 기준 연평균 세계시장 점유율이 39.69%로 역대 최고 수준을 기록 했으며, 2000년대 상반기부터 지금까지 수주량 기준 연평균 세계시장 점유율은 35%를 상회하고 있다.

○ 어려운 조선시황 속에서 차지한 이러한 점유율이 나타내는 의미는 세계시장에서 우리나라의 몫이 일정부분 있다는 것을 보여주는 것이며, 우리나라 조선산업의 경쟁력을 확인시켜 주는 수치이다.

한국 조선산업의 수주 전망

○ 세계 유수의 예측기관의 대부분은 향후 20년 동안 연평균 세계 선박 발주량을 3,500만 CGT~4,000만 CGT로 예상하고 있다.

○ 2010년대 하반기 이후 친환경 선박과 자율운항 선박의 수요가 지속적으로 창출됨에 따라 이들 선박에 대한 경쟁력을 보유한 우리나라는 연평균 세계시장의 40% 가까이를 수년간 점유하고 있다. 2020년에는 세계시장의 40% 이상을 점유함으로써 수주 상승세를 이어갔으며 2021년 1분기만을 보면 전 세계 발주량의 50% 이상 수주할 정도였다. 특히 고부가가치 선박인 대형 컨테이너 운반선, 최대형 원유운반선(VLCC), LNG

운반선 등의 점유율은 76%이다. 여기에다 친환경 연료 추진
선 점유율은 고부가가치 선박 점유율보다 높은 80% 수준을
보이고 있다. 이는 IMO 규정에 부합하는 신기술을 계속 선제
적으로 개발하고 이를 건조선박에 적용함으로써 선박품질과
선박가치를 높여 선주에게 호응을 얻은 결과이다. 이러한 높
은 수준의 점유율은 해당 선박에 대한 경쟁력을 바탕으로 당
분간 지속될 것이다.

○ 예측기관의 예측치를 토대로 2000년대 이후 우리나라의 세계
시장 점유율 추세(35%~40%)를 감안하여 장기적인 수주량을
전망해보면 35% 점유 시 연평균 1,250만 CGT~1,400만
CGT를, 40% 점유 시 연평균 1,400만 CGT~1,600만 CGT를
수주할 것으로 전망된다. 최악의 경우 30% 점유를 가정해도
연평균 1,050만 CGT~1,200만 CGT 수주가 예상된다.

○ 이는 향후 수년 동안 극동 3국(우리나라, 중국, 일본)을 대신할
수 있는 조선국가의 출현이 불가능할 것이라는 점과 우리나라
가 중국과 일본에 비해 친환경 선박에 대한 비교우위의 기술
경쟁력을 유지하고 있고, ICT 기반의 자율운항 관련 기술이
수주선박에 탑재되고 있는 현실적인 상황을 고려한 결과이다.

선박금융 현주소와 발전방향

이동해(포천파워(주) 재경본부장, 전 산업은행 해양본부장)

선박금융의 특징

선박금융과 관련한 몇 가지 의문점은 다음과 같다. 첫째 장기 저리의 선박금융은 왜 어려운가? 둘째, 그 많던 선박금융 은행들은 어디로 갔는가? 셋째, 한국 선박금융시장은 과연 건강한가? 그래서 앞으로도 이대로 지속 가능한가? 등이다. 이러한 의문에 대해서 답을 하기 위해 오늘 발표를 준비하였다.

먼저 선박금융이 왜 어려운지를 알아보기 위해서는 선박금융만의 고유한 특징을 알아볼 필요가 있다. 해양경제론을 저술한 Martin Stopford는 2009년 그의 저서 Maritime Economics에서 선박금융 (Ship Finance)을 어렵고(difficult) 특이한(exotic) 금융으로 소개하고 있다. 선박이라는 자산은 운송수단만이 아니라 투기적인 자산이며, 선박의 이러한 면이 해운업을 하는 선주에게는 매우 큰 기대와 흥미를 주는 자산이지만 안전자산을 선호하는 은행원에게는 어려움을 주고 있다고 하고 있다. 그리고 선박금융은 특수한 전문비지니스로 분류하고 있다.

선박금융은 소유구조, 규모, 통화, 계약구조, 만기, 상환구조, R／G 등의 측면에서 일반적인 기업금융과 다른 특징을 살펴볼 수 있다.

먼저 선박금융의 가장 큰 특징은 편의치적지에 설립한 SPC가 선박을 소유하고 선박금융을 빌리는 주체가 된다는 점이다. 편의치적의 이점에 대해서 좀 더 자세히 보겠지만 해운업체가 소속된 한국이 아닌 파나마나 마샬 아일랜드 등에 차입주체가 되는 SPC(Special Purpose Company)를 설립하는 것은 일반적인 기업금융은 물론이고 좀 더 특수한 금융으로 분류되는 Project Finance와도 구분되는 특징이다.

선박금융은 규모 역시 다른 일반적인 금융에 비해 금액 자체가 매우 크다. 한국 통계청 자료에 따르면 한국의 중견기업의 평균자산규모가 2천억 원 수준이라고 한다. 선박금융에서는 LNG선박 한 척이나 VLCC 두 척에 대한 금융지원이면 중견기업 평균자산인 2천억 원을 넘거나 거기에 버금가는 정도가 된다. 최근 HMM이 발주한 초대형 컨테이너 선박 20척에 대한 금융의 경우 수조 원의 자금이 한꺼번에 지원되어 선박금융 규모의 특징을 잘 보여준다.

일반적으로 대형선박들에 대한 금융은 미국 달러화를 거래통화로 해서 진행된다. 기축통화국이 아닌 한국으로서는 달러화는 대외지급결제수단으로서 매우 중요한 자산이기 때문에 외화금융은 수입기자재 등에 한해 제한적이다. 따라서 대부분 원화로 이루어지는 국내 기업금융에 비해 미달러화로 지원하는 선박금융은 이러한 점에서 특징을 가지며, 거래통화를 미달러화로 함에 따라 금융실무에 있어 대출금 지급과 원리금 수취 등에서 국내 원화금융과는 다른 특징을 가진다.

다음으로 선박금융은 매우 복잡한 계약구조를 가진다. 일반 기업금융은 대출계약과 권리관계계약을 위주로 금융을 진행하는 반면, 선박금융은 신설법인 SPC와 해운기업 간의 BBCHP계약을 주축으로 대출계약, SPC 설립을 위한 투자계약, 화주와의 운송계약, 신조의 경우 선박건조계약 및 선수금환급보증(R/G) 등의 계약이 추가된다. 뿐만 아니라 선후순위를 달리 해서 다수의 은행이 참가하는 대규모 선박금융의 경우 참여은행간의 공동약정(Inter-creditor Agreement)이 추가되기도 한다.

끝으로 선박금융은 상환기간이 5~10년의 장기인 대출이어서 상환기간이 긴 특징을 가진다. 해운경기 평균 주기가 약 7년인 점을 감안할 때 장기 선박금융의 경우 상환기간 중에 해운 침체기를 맞이할 개연성이 높다. 그러한 이유로 선박금융 상환구조에는 Put Option이나 Balloon Payment와 같이 다른 일반 기업금융에서는 사용하지 않는 상환구조를 가지고 있기도 한다.

특히 이러한 특징 중에서 형식 차주이자 선박 소유자, 그리고 BBCHP 계약의 Lessor로서 해외 편의치적지에 SPC를 설립하는 것은 기업금융의 일반적인 성격과 매우 다른 특징이다. SPC 설립과 1 SPC 1 Ship 구조가 세금 및 선원비 부담을 경감하여 선사 경쟁력을 확보해 줌과 동시에 선박금융을 취급하는 은행에게 Bankruptcy Remoteness를 확보해 줌으로써 금융 당사자 모두에게 유리한 측면이 있다. 하지만 이러한 특성이 선박금융 실무자인 은행원들에게는 상당한 어려움을 초래하고 있는 것 또한 사실이다. 특히 선박금융 전담 데스크를 가진 산업은행과 같은 정책금융기관이 아닌 일반 시중은행에서 이러한 특성을 가진 선박금융을 취급하기에는 어려움이 가중될 수 밖에 없다.

아울러 선박금융은 여러 가지 대출성격을 가진다. 먼저 선박을 담보로 하는 Asset Finance적인 성격을 가지고 있어 선박가치를 강조하는 면이 있다. 그리고 화주와의 장기운송계약과 그와 연계된 BBCHP 계약을 근간으로 미래현금흐름을 강조하는 Project Finance적인 성격도 가지고 있다. 하지만 운송계약이 없거나 해운경기가 나빠져 형식차주인 SPC가 대출계약상의 원리금 상환의무를 충족할 만한 충분한 현금흐름이 없을 경우 결국에는 실질차주인 해운기업이 변제를 보증하고 있기 때문에 실질차주의 신용도를 강조하는 Corporate Finance의 성격도 가지고 있다. 따라서 세 가지 대출성격이 동시에 내재하고 있다고 볼 수 있다. 아울러 아래 [그림 1] 선박금융 구조도를 보면 Lender와의 대출계약, 투자자와의 투자계약, 조선소와의 건조계약, 선박건조선수금과 관련한 R / G, 해운기업과의 BBCHP계약, 화주와의 운송계약, 필요한 경우 선박관리계약, 보험약정 등 많은 계약이 복합적으로 연결되어 있다. 뿐만 아니라 편의치적지의 SPC, 해외 선박금융은행, 보험, 조선, 해운기업과 화주 등 국적을 달리하는 참가자를 대변하는 Legal Counsel도 각자 다를 수 밖에 없으며, 이들 다수 법정지에 따르는 여러 가지 법률의견서 또한 주의 깊게 살펴봐야 한다.

[그림 1] 선박금융 구조도

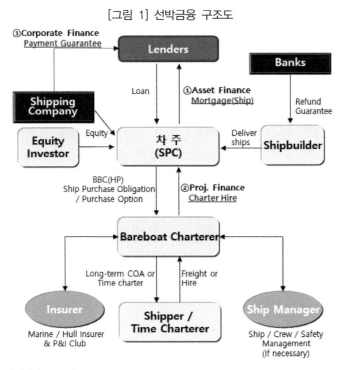

자료: 머린머니 보고서.

선박금융에 대한 은행원의 경험

이러한 선박금융에 내재된 특징으로 인해 선박금융에 대한 공급자인 은행원의 경험과 기억은 상당히 곤혹스럽다고 할 수 있다. 먼저 편의치적지에 설립한 비거주자인 SPC 앞 금융은 국가 간 국경을 넘는 국제금융의 성격을 가진다. 최근 각 은행은 국제금융부서가 약화되거나 없어지고 있는 추세이고, 은행의 잦은 인사이동으로 인해 선박금융에 전문성을 지닌 은행원이 줄어들고 있다. 선박금융의 경우 금융규모가 커서 대부분 은행의 최고위 심사위원회 승인을 받아야 하는데 이 과정 역시 쉽지 않다. 과거 10년간 장기 해운침체로 인해 많은 해운기업들이 채무이행에 문제를 일으키고 그러한 사태에 기억을 가진 고위 은행임직원들은 새로운 선박금융 승인에 소극적인 태도를 취한다. IMF사태와 글로벌 금융위기로 2차례 달러유동성 위기를 겪은 은행들은 은행의 전반적인 리스크관리 차원에서 달러화 금융인 선박금융에 주의를 기울인다. 또한 선박금융의 복잡한 계약구조는 전문성이 없는 은행원에게는 업무이해에 매우 큰 진입장벽이 되고 업무를 진행하더라도 상당한 업무를 외부 법무법인에 의존하게 되는 경향이 높다. 특히 장기대출의 선박금융과 관련해서는 은행의 달러화 조달과 운용사이 기간 미스매치가 발생하기 때문에 유사시 선박금융으로 인해 은행 자체가 달러화 유동성 위험에 노출될 가능성이 있다. 해운경기의 불확실성 또한 은행원들의 선박금융에 대한 적극적인 참여를 막는 원인이 되고 있다. 특히 한진해운, 대한해운 등 대형 해운기업의 채무불이행 사태와 맞물려 선박금융 담당자들이 은행에 손실을 야기함에 따라 은행 내부에서 인사나 승진 면에서 더 이상 각광을 받지 못하고 있다.

긴 해운침체와 그 기간 중 많은 해운사들의 채무불이행 사태는 한 국가의 선박금융 위축을 가져오고 결과적으로 해운산업의 위축까지 초래할 수 있다. 역사적으로 보면 1904년에서 1911년 사이 유럽에서의 장기 해운침체 기간 중 많은 채무불이행 사태가 일어났다. 이에 따라 이후 오랜 기간 영국에서의 선박금융 위축을 불러왔고 그러한 영국의 선박금융 위축은 추후 영국 해운산업 경쟁력에 부정적인 영향을 미친 적이 있다. 이와 같이 해운과 금융이 동반해서 부정적 결과로 이어지는 사태가 지난 10년간 장기 해운침체기 이후 한국에서 반복되지 않기를 바라는 점에서 선박금융시장 현 주소를 점검하는 것은 중요한 의의를 가진다.

선박금융 역사

1950년대 이후 세계경제가 급속도로 발전하면서 해상 물동량이 급증하고 특히 유럽, 일본에서 철강 및 원유를 수입하는 대형 산업화주(Industrial Shipper)들이 대거 등장하고, 자신들의 물류안정을 위한 장기운송계약을 체결함으로써 이들 선박을 위한 장기운송계약 담보부 선박금융(Charter-back Ship Finance)이 활발하게 일어났다. 이러한 선박금융은 해운경기에 대한 위험 노출이 낮은 관계로 선박금융 은행으로부터 큰 환영을 받았다. 따라서 안전한 운임흐름을 가진 선박금융에 대해서는 높은 레버리지금융이 가능하여 선주는 레버리지효과에 따른 높은 ROE(Return on Equity)를 기대할 수 있었다. 그리고 이때부터 선박 담보권과 운송수입을 다른 선박과 구분하는 One-ship Company가 관행화되고 편의치적(Flag of Convenience)도 관행으로 정착되었다.

1970년대에는 선박담보부 선박금융(Asset-back Ship Finance)이 활발하게 일어났다. 장기운송계약이 없더라도 선박이 가진 실질적인 자산가치가 유효담보로 널리 인정됨으로써 은행은 60% 내지 70% 일정 비율의 선박금융을 제공하였다. 아울러 노르웨이 KS펀드에 의한 중고선 선박투자가 활발하게 일어나기도 하였다. 이 시기 KS펀드에 활발한 선박금융을 제공한 노르웨이 은행들은 향후에도 선박금융시장에서 핵심 플레이어로 성장하게 되는 등 선박투자와 함께 선박금융은행도 동반해서 발전하는 모습을 보였다.

1990년대 이후 해운기업들이 글로벌기업으로 성장하면서 IPO (Initial Public Offering)나 High-yield 회사채 발행 등 자본시장을 통한 자금조달을 함으로써 해운기업도 선박과 무관하게 종합적인 신용만으로 금융을 조달하는 Corporate Finance가 가능하게 되었다. 이 시기에 독일에서는 KG펀드 결성을 통한 컨테이너선박 투자가 활발하게 일어났다. 또한 선박을 수출하는 국가의 수출금융기관은 자국 조선산업의 수출지원을 위해 선박을 발주하는 선주를 위한 ECA(Export Credit Agency) 금융을 활발히 제공하였다.

2008년 글로벌 금융위기 및 유럽재정위기를 거치면서 유럽계 은행들은 De-globalization 및 De-leverage를 위해 해외에서의 선박금융 활동을 줄이고 선박금융 익스포저 역시 급속하게 감축하였다. 이러한 전통적인 유럽계 선박금융은행의 익스포저 감축은 중국을 비롯한 아시아계 선박금융시장의 확대를 불러왔다. 대표적으로 중국의 국영은행, 리스금융 및 CEXIM의 선박금융 익스포저가 빠르게 증가하였다.

한국의 선박금융 역사

1970년대 오일쇼크로 인해 침체된 조선산업 지원을 위해 국내 조선소에서 선박을 신조하는 국내 해운기업에게 산업은행이 계획조선자금으로 선박금융을 지원하였다. 이와 함께 일본으로부터 중고선 도입을 위한 일본 상사금융과 선박수출지원을 위한 수출입은행 연불수출금융도 있었다.

1990년대 부터는 국내 산업생산이 본격화되면서 가스, 전력, 제철용 외항선 BBCHP 금융이 본격화되었다. 한국에서도 공기업 및 수출 대기업에 의한 Industrial Shipper들이 대거 등장하고 외국계 및 국내 시중은행들이 유로달러를 조달하여 선박금융시장에 뛰어들면서 선박금융이 경쟁적으로 활발하게 일어났다.

1997년 IMF사태 이후 선박금융이 침체에 빠지고 이를 해소하기 위해 정부는 2002년 선박투자회사법을 제정하여 개인투자자가 선박투자에 참가할 수 있도록 제도화하고 수출입은행도 국내 해운기업에 대해 선박금융을 지원할 수 있도록 하였다. 이후 2008년 리먼사태가 일어나기 직전까지는 중국경제의 급속한 성장과 세계물동량의 증가로 선박 발주량이 증가함에 따라 해운운임 및 선가 상승과 함께 선박금융이 최대 활황을 보였다.

2008년 미국발 금융위기로 세계경기가 저성장 침체기로 접어들자 해운경기 역시 극심한 장기 침체기에 빠져 들었다. 정부는 해운, 조선의 동반 침체를 타개하기 위해 다양한 정책을 수립하였다. 우선 금융공기업인 산업은행과 캠코가 선박펀드를 각각 출시하여 해운기업이 발주한 선박의 헐값 유출을 막았다. 그리고 2014년 해양보증보험, 2017년 한국선박해양, 2018년 해양진흥공사 등을 설립하여 선박금융 공급 능력을 대폭 확충하였다. 동시에 부산에 해양금융종합센터를 설치하고 국내에서 발주하는 신조선박 지원을 위한 24억 불 신조지원프로그램을 출범하였다. 이러한 정부차원의 노력을 통해 2019년에서 2020년 사이 HMM이 국내 건조한 초대형 컨테이너선 20척에 대한 금융지원이 가능하게 되었다.

[그림 2] 한국 선박금융 역사

1990년 이전	– 수은 연불수출, 산은 계획조선, 일본 상사금융
1990년대	– 가스, 전력, 제철용 외항선 BBCHP 선박금융 본격화 – 외국계 선반금융은행 및 시중은행 경쟁적으로 참여
1997-2004년	– IMF 등으로 선박금융 전체 침체 – 수은 선박 Structured Finance 진출, KOMARF, KSF 선박펀드 태동(2002년)
2004-2007년	– China Effect, 세계물동량 증가 등으로 운임 최고치 기록 및 선박 발주량 급증 – 해운 운임, 선가 상승 선박금융시장 최대 활황
2008년 리먼사태	– 미국발 금융위기, 세계경기 동반 침체 등으로 극심한 해운 경기 침체 – KAMCO, KDB 선박펀드 출범(2009년)
2010년 이후	– 해양보증보험 설립 및 부산 해양금융종합센터 개설(2014) – 한국선박해양 설립, 초대형컨테이너 도입 등을 위한 24억 불 신조프로그램 설치 (2017) – 해양진흥공사 설립(2018년), 초대형 컨테이너선 20척 신조 지원(2019-2020년)

2. 선박금융시장 현주소

선박금융시장 현주소를 파악하기 위해서 선박금융시장의 직접 당사자인 공급자인 은행과 수요자인 해운기업을 살펴본다. 아래 [그림 3] 2008년 기준 Marine Money 30대 선박금융은행 리그테이블에 따르면 선박금융은행은 주로 유럽, 특히 독일, 노르웨이, 프랑스, 네덜란드 등 전통적인 유럽계 은행들이 주류를 이루고 있었다. 아시아계인 중국은 1개, 일본은 2개 은행이 포함되어 있고 30대 은행 전체 익스포저는 USD 382.3bn이다. 이 중 특히 1위인 HSH Nord는 USD 58bn이라는 엄청난 선박익스포저를 가지고 있다가 글로벌 금융위기 이후 해운침체기 위기를 극복하지 못하고 2018년 Hamburg Commercial Bank에 합병되었다. 다른 상위권 유럽은행들도 해운침체기와 유럽재정위기를 거치면서 선박금융 익스포저를 대폭 축소하였다. 2019년 Marine Money 선박금융은행 리그테이블을 보면 전통적인 유럽계 선박금융은행들의 순위가 떨어지고 익스포저 감소세도 뚜렷하게 드러난다. 반면에 중국계 국영은행과 이들 국영은행이 설립한 리스금융사의 선박금융 익스포저가 급격하게 증가하고 있음을 알 수 있다. 아울러 각국의 ECA기관들의 선박금융 익스포저가 증가하였으며 한국의 KDB, KEXIM, KOBC, KAMCO, KSURE 등 비은행 정책금융기관들도 리그테이블에 모습을 나타내고 있다.

[그림 3] 2008년 선박금융은행 리그테이블

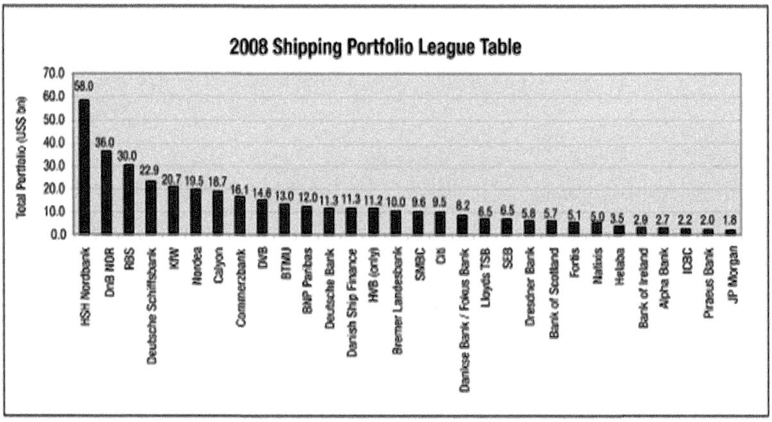

자료: 머린머니 보고서.

이들 선박금융 공급자들의 활동성을 살펴보기 위해 [그림 4]에서처럼 2018년과 2019년 사이 익스포저 변화를 보면 역시 BOCOMMFL, CCBFL, CDBFL 등 중국계 국영은행이 설립한 Financial Lease사들의 선박금융 증가가 확연하다. 반면에 DVB, DnB, Nord LB 등 유럽계 전통 선박금융은행의 익스포저 감소가 뚜렷하다. 아울러 비은행인 CEXIM, KfW IPEX, KEXIM 등 ECA 활동이 증가하였다.

[그림 4] 2018년~2019년 1년간 선박금융 익스포저 변화

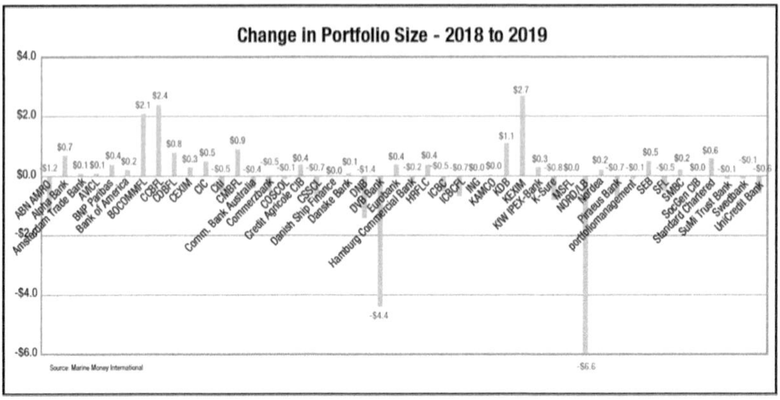

자료: 머린머니 보고서.

Petrofin Research에서 발표한 선박금융 데이터를 보더라도 선박금융 익스포저는 글로벌 금융위기와 유럽재정위기 등을 거치면서 대폭 감소되었다. 2009년도 USD 436bn 수준에서 2019년 USD 294bn 10년 기간 중 총 USD 142bn 감소하였다. 아울러 유럽계 감소, 아시아계 증가 현상과 중국의 리스금융, 각국의 ECA금융 증가 현상이 뚜렷하다.

국내 선박금융시장

국내에서의 선박금융 공급상황은 <표 1>에서 볼 수 있다. 2012년말 기준 시중은행과 정책금융 기관 전체가 가진 선박금융대출금 잔액은 총 14.9조 원이고 5년 후 2017년 6월 기준 21조 원으로 증가 하였다. 하지만 4대 시중은행의 선박금융대출은 2.7조 원에서 1.8조 원으로 0.9조 원이 감소하였음을 볼 수 있다. 따라서 동기간 중 대출증가 및 시중은행 감소분을 대체한 것은 산업은행과 수출입은행으로서 두 기관이 합친 대출잔액은 11.4조 원에서 18.7조 원으로 총 7.3조 원이 증가하였다. 한마디로 한국 선박금융시장

에서의 자금공급은 급속하게 정책금융기관 중심으로 기울어졌다. 이 기간 중 선박금융의 정책금융 비중은 80%에서 90%로 급증하였다. 이러한 현상은 2018년 해양진흥공사 설립이나 해당 표에 나타나지 않는 무역보험공사, 캠코 등의 익스포저를 합친다면 더욱 뚜렷할 것으로 보인다.

〈표 1〉 2012년~2017년 6월, 시중은행별 선박금융대출 현황

(단위: 백만 원)

연도	2012년 말	2013년	2014년	2015년	2016년	2017년 6월 말
총계	14,910,550	14,877,256	19,025,969	21,961,887	21,601,106	21,070,033
국민은행	703,945	644,323	641,911	566,654	386,106	331,635
우리은행	877,426	716,943	611,038	855,200	647,849	489,499
신한은행	514,790	465,611	440,791	384,765	257,160	215,818
하나은행	619,779	606,315	1,023,630	1,120,803	889,357	740,351
SC제일은행			8,460	1,120,803	889,357	–
한국씨티은행	33,475	73,006	53,193	112,832	66,265	58,102
대구은행	81,154	85,843	68,252	63,725	70,592	82,515
부산은행		6,651	11,820	48,829	53,601	91,829
광주은행	11,698	7,927	20,762	23,702	29,363	25,081
제주은행	7,500	6,312	6,296	4,731	3,009	2,148
산업은행	3,809,021	4,113,105	5,133,655	5,406,467	5,498,751	5,520,409
기업은행	193,892	170,060	157,800	143,128	119,356	92,129
수출입은행	7,554,330	7,546,352	10,413,611	12,832,842	13,214,255	13,170,158
수협은행	503,540	434,808	434,730	359,441	310,595	250,359

※ 시중은행 중 경남은행, 전북은행은 선박금융대출 취급하지 않음.
자료: 머린머니 보고서.

국내 선박금융시장 수요자 변화

  <표 2>는 과거 10년간 국내 상위 10위권의 대형 국적외항선

사의 보유선박 변화를 나타낸 것이다. 2008년부터 2018년까지 10
년간 국내 외항선사의 보유선박은 257척 16.4백만 톤(GT)에서 375
척 27.9백만 톤(GT)으로 연간 척수는 4.6% 톤수는 7% 증가하였다.
특히 이 기간이 해운 장기침체기인 점을 감안하면 이러한 상위 대
형선사의 보유선대 증가는 이른바 역경기투자로 보인다. 하지만 동
시에 2008년 기준 상위 6개사는 이 기간 중 법정관리, 구조조정,
지배구조변경 등의 경영 어려움을 겪었다. 상위 대형 선사의 채무
불이행 사태는 이를 공급한 은행들에게 심각한 사후관리 어려움을
주었을 것이고 시중은행은 선박금융시장에서 점차 이탈한 것으로
보인다. 결국 기간산업지원 및 조선상생지원이라는 정책적 목표 하
에서 정책금융기관들만이 선대 확장을 위한 선박금융에 앞장설 수
밖에 없었던 것으로 보인다.

〈표 2〉 상위 10위 국적외항선사 보유선박 변화

순위	2008년 말			2018년 말		
	기업명	척수	톤수(GT)	기업명	척수	톤수(GT)
1	한진해운	63	3,954	폴라리스쉬핑	36	4,584
2	현대상선	42	3,409	SK해운	40	4,528
3	STX팬오션	61	2,106	팬오션	71	3,457
4	대한해운	24	1,693	현대글로비스	48	3,248
5	SK해운	24	1,534	에이치라인해운	37	3,215
6	창명해운	19	1,353	대한해운	30	2,156
7	장금상선	6	679	장금상선	35	1,760
8	유코카캐리어스	10	637	시노코페트로케미컬	33	1,747
9	폴라리스쉬핑	4	595	현대상선	20	1,719
10	코리아엘엔지트레이딩	4	397	유코카캐리어스	25	1,502
	계	257	16,357		375	27,916

선박금융 사례

선박금융 경험 중에서 가장 기억에 남는 사례는 2009년 가스공사 LNG 선박 7척 재금융과 부산 해양본부장 시절 취급한 현대상선에 대한 VLCC 5척 신조금융이다. 먼저 2009년 가스공사 LNG선 7척 재금융은 글로벌 금융위기 이후 급속하게 냉각된 실물 경제 위축으로 해운경기가 급락했을 뿐만 아니라 금융시장 역시 심한 경색현상을 보였다. 일례로 2009년 1월 정부는 산업은행의 20억 불 외채발행을 통해 미달러를 조달했는데 조달금리는 Libor에 6.15% 스프레드를 가산하였다. 이는 평상시 산업은행의 조달금리 수준을 6% 가까이 상회하는 것으로 당시 국제금융시장의 신용경색의 정도가 얼마나 극심했는지를 보여준다.

당시 LNG선 7척 재금융은 7월 기일도래 3척과 2010년 1월 기일도래 4척으로 나뉘어졌는데 금액으로는 총 11.5억 달러, 한화로 1조 2천억 원을 넘는 초대형 신디케이션이 필요하였다. 통상 선박금융에서 재금융 기일이 돌아오면 기존 Lender들이 다시 규합해서 새로운 대출조건을 통해 협조융자를 하는 것이 일반적인 관행이었다. 하지만 기존 대주단의 대다수를 차지한 국내 시중은행들은 달러 유동성 위기에 놀라 모두 다 재금융에서 빠지겠다고 하였고 불가피하게 국내 은행이 빠지는 자리를 외국계 은행을 불러서 메꿀수밖에 없는 상황이 되었다. 산업은행은 금융자문계약을 체결하고 본건 딜의 장점인 가스공사 LOU(Letter of Undertaking)의 보증효과를 홍콩, 싱가포르 등지에서 적극 홍보하였다. 그리고 실행 가능한 대출금리가 불확실한 상황에서 각 은행들의 처한 입장이 국가별로 다를 것을 감안하고 최대한 신디케이션 결성을 확실히 하기 위해서 선박금융에서는 처음으로 Book Building 방식으로 외국계 은행들의 참가의사를 받았다. 결과적으로 해당 딜은 Industrial Shipper인 한국가스공사가 실질적으로 보증하는 Charter-back 딜로 알려지면

서 외국계 은행의 환영을 받으며 Libor＋4% 정도의 조달금리로 성
공리에 마무리되었다. 또한 나머지 4척의 재금융도 같은 금융자문,
홍보, 신디케이션 전략을 사용하여 성공적으로 협조융자단 교섭을
완료하였다. 총 14개 외국계 전통 선박금융은행이 신디케이션에 참
가하였고 같은 수만큼의 외국계 은행들은 신청은 하였으나 높은 금
리를 제시하는 바람에 신디케이션에 참가하지 못하게 되었다.

　2018년 현대상선(현 HMM)에 대한 VLCC 5척 신조 지원은 정부
와 정책금융기관이 공동으로 설립한 신조지원 24억 달러 프로그램
하에서 미리 정해진 정책금융기관간의 역할 분담에 따라 진행되었
다. 쟁점은 선순위 60%를 보증하는 무역보험공사가 BBC 금융을
주장하면서 시작되었다. 무역보험공사는 BBCHP 계약에 따른 선박
금융을 할 경우 현 기촉법상으로 금융회사가 의무적으로 구조조정
에 참가해야 하는 불리함이 있기 때문에 BBC 계약에 의한 선박금
융을 주장하였다. 하지만 산업은행과 수출입은행은 유조선의 경우
해상오염 사고위험이 있고 BBC 금융을 할 경우 선박에 대한 실질
적 소유권을 가진 정책금융기관들이 막대한 배상위험에 처할 수 있
다는 우려 때문에 BBC 금융을 반대하였다. 상당한 기간 협상이 길
어지면서 의견을 좁히지 못한 가운데 당시 현대상선 지원을 위해
설립된 한국선박해양이 선박금융 Fronting 기관으로 나서면서 선박
금융 구조적인 문제를 해결할 수 있었다. 즉 대주단은 선박해양을
차주로 대출을 하고 선박해양은 해당 대출금을 SPC 앞 BBCHP 금
융을 하는 구조가 되었다. VLCC 5척은 모두 국내 조선소에서 건조
가 되었고 무역보험공사가 보증하는 선순위에는 3개 외국계 금융기
관이 참가하였다. 이들 외국계 은행은 해당 딜의 경우 전통적인 선
박금융 참가의 성격보다는 무역보험공사 보증의 ECA금융에 참가한
다는 성격이 더 부합한다고 할 수 있다. 이 딜을 Fronting한 선박
해양은 같은 해 해양진흥공사로 합병되었다.

선박금융시장 진단

전 세계 선박금융시장은 공급자 측면에서 첫째, 전통적인 유럽계 선박금융은행들의 비중과 활동이 감소하였다. 둘째, 아시아계, 특히 중국의 선박금융비중 및 활동이 크게 증가하였다. 셋째, 은행이 아닌 비은행 금융기관, 즉 리스금융, 수출입금융기관, 기타 국가별 정책금융기관에 의한 선박금융 비중이 높아졌다.

한국 선박금융시장의 경우 첫째, 선박금융 공급이 산업은행, 수출입은행, 해양진흥공사, 무역보험공사, 캠코 등 정책금융기관 중심으로 이루어지고 있다. 둘째로 국내 시중은행들의 선박금융시장 이탈현상이 심화되어 4대 시중은행의 선박금융 익스포저는 감소 추세에 있다. 셋째, 한국 선박금융 딜에 참여하고자 하는 외국계 선박금융은행의 숫자가 감소하고 여신가능 해운기업에 대한 선택 폭도 축소되었다. 마지막으로 해운기업의 경우 장기 침체기를 지나면서 많은 채무불이행 사태를 야기하였고, 이로 인해 선박금융의 대출리스크가 매우 높다는 시장 인식을 깊이 심어 주었다.

한국 선박금융시장은 정책금융비중이 심화되고 시장생태계가 약화됨에 따라 리스크 대비 수익성 저하, 활동성 감소, 확장성 및 지속성 의문의 상태로 진단된다.

3. 선박금융시장 발전방향

국내 선박금융시장를 진단해본 결과 시중은행 즉 상업적인 금융회사는 선박금융시장을 이탈하고 정책금융기관에 의해 자금공급이 이루어지는 전형적인 시장실패에 의한 정책금융의 모습을 보이고 있다. 이러한 정책금융 형태의 선박금융이 국내 선박금융시장의 주요 성격을 나타내고 있기 때문에 정책금융의 지속 가능성을 살펴볼 필요가 있다.

　정책금융은 시장기능만으로는 정부가 목표하는 수준의 자금배분이 어려운 특정부분에 대해 금융조건이나 가용성을 우대하여 공급하는 금융시스템을 말한다. 2008년 미국발 금융위기 이후 시장기능에 의한 자금배분에 문제점이 있다는 반성 하에 정책금융 기능의 필요성이 재조명되고는 있지만, 정책금융은 OECD 국가간 상호견제의 대상으로 상당한 제약을 가지고 있다. 미국, 영국과 같이 일찍부터 자본시장이 발달한 국가는 시장마찰을 이유로 정책금융을 최소화하고 있고, WTO 보조금 이슈 등으로 과도한 정책금융은 경쟁국 간 상호견제 대상이 되고 있다. EU와 독일 정부 간 2001년과 2002년 두 차례 합의에 따라 독일 공적금융 시스템에 대한 구조조정에 합의한 것은 좋은 사례가 될 수 있다. 동 합의에 따라 독일은 2005년 7월 주립은행과 저축은행에 대한 정부 보증을 폐지하고 대외사업지원을 위해 KfW에서 KfW-IPEX를 분리하는 등의 정책금융시스템의 구조조정을 단행하였다. OECD 소속 국가인 한국 역시 이러한 국가 간 정책금융 상호 견제에서 무관할 수 없다. 특히 한국은 다른 OECD국가에 비해 GDP 대비 정책금융 비중이 상대적으로 높을 뿐만 아니라 정책금융기관 간 중복지원 문제까지 있어 향후 정책금융과 관련한 변화가능성이 매우 높다. 결론적으로 정책금융은 정부예산 긴축, 국제규제, 시장마찰 등의 문제로 인해 향후 통합 또는 축소 가능성이 높기 때문에 오직 정책금융에만 의존하는 선박금융시장의 공급 능력은 확장 또는 성장 가능성이 매우 의심스러울 수 밖에 없다. 일본, 독일, 중국 등 해운산업이 발달한 다른 어떤 국가도 한국과 같은 정도의 정책금융 비중을 보이고 있지 않다.

　앞서 전 세계적인 선박금융시장의 흐름을 살펴보았고 국내 선박금융시장의 현 상황 진단 결과를 바탕으로 선박금융시장의 발전 방향을 다음과 같이 제시하고자 한다.

1) 시중은행 및 자본시장 참여 활성화 방안 모색, 기존 정책금융 효율성 제고
2) 해운경영 안정성 및 신뢰 회복
3) 정책금융기관 시장과의 협업을 위한 마중물 역할 확대
4) Tonnage Bank 도입
5) 원화선박금융
6) 국적선 적취율 제고, 선하주 상생 강화
7) 기업구조조정촉진법 개정

시중은행과 자본시장 투자자들의 선박금융시장 참여를 활성화하기 위해서는 무엇보다 그간 많은 채무불이행 사태로 높아진 해운산업 리스크에 대한 시장 인식을 불식시키는 것이다. 은행은 전통적으로 리스크가 높은 산업에 대해서는 수요가 많아져서 가격(금리)이 올라도 오히려 공급을 축소하는 경향을 가지고 있다. 따라서 시중은행을 선박금융시장으로 돌아오게 하기 위해서는 해운기업의 경영 안정과 신뢰 회복을 통해 해운산업 리스크를 우선적으로 줄여야 한다. 해운산업은 어려운 시기에 국가 경제를 위한 기간산업임을 강조하면서 특별한 정부지원을 요청하여 어려운 위기를 극복하였다. 그러나 정작 해운산업에 종사하는 개별 기업은 기간산업다운 안정 경영의 모습을 보여주지 않고 있으며, 이는 해운산업에 대한 국민적인 지원과 성원에 부합하지 않는 것이다. 해운업의 산업리스크를 줄이는 구체적 방안으로는 장기용선계약 확대, 종합해운서비스 구축, 종합물류서비스 확대 등으로 이들 방안은 해운경기에 대한 산업 리스크 노출을 경감시키는 방안이다.

해운기업의 경영안정과 신뢰회복은 시장 참여자들이 인정하기까지 상당한 시간이 걸릴 수밖에 없다. 따라서 우선 당장은 정책금융기관들이 적극적으로 시중은행, 외국계 은행 및 자본시장 투자자 참여를 적극 유도하는 Market 조성자 역할 또는 마중물 역할에 충

실해야 한다. 앞서 언급한 독일 KfW의 경우 시장과의 협업을 위해 신디케이션 참여비중을 25% 내지 50%까지로 제한하는 규정을 가지고 있다는 점을 우리 정책금융기관들도 적극 참고할 필요가 있다.

오래전부터 주장해 온 Tonnage Bank 도입은 해운산업에 매우 중요한 역할을 할 수 있다. 국내 해운산업은 선대확충을 위한 용선수요가 풍부하지만 주로 외국계 선주로부터 선박을 빌려오고 있어 막대한 국부가 외부로 유출되고 있는 상황이다. Tonnage Bank는 이러한 부가가치의 해외 유출을 막으면서 그간 금융에만 의지했던 선박 확충 방안의 대안으로서 역할을 할 수 있기 때문이다. 선박을 빌려주는 선주업은 금전을 빌려주는 금융업과 달리 해운기업이 어려움에 처하더라도 부실여신이 발생하지 않는다. Tonnage Provider로서는 국내에서 활동 중인 선박투자회사법에 의한 운용사, 해양상생펀드, 각 정책금융기관들이 가진 펀드프로그램을 활용할 수 있다. Tonnage Bank 업무의 관건은 펀드나 운용사가 그간의 소유권이전부 BBCHP 금융이 아닌 BBC 금융을 과감하게 시작하는 것이라고 할 수 있다. 이러한 면에서 최근 급속하게 증가하고 있는 중국계 리스금융이 국내에서도 활용 가능한지 여부를 적극 연구해 볼 필요가 있다.

원화선박금융은 여러 가지 면에서 국내 도입이 필요시 된다. 우선 조선소 입장에서 달러화 100% 계약시 남는 외화 포지션 관리를 위해 선물환 매도를 해야 하는 부담을 해소할 수 있고, 운임을 주는 화주(가스공사, 한전 등)에게도 운임지급을 위한 외화조달의 부담을 덜 수 있다. 특히 한국경제의 규모에 비해 저조한 원화의 국제화를 위해서도 좋은 거래원이 될 수 있다. 이웃한 일본의 경우 선박금융의 상당부분을 자국통화인 엔화로 하고 있다. 아울러 장기 달러화 조달에 부담을 가지고 있는 시중은행들에게는 선박금융 참가를 막는 장애물을 제거하는 역할을 할 것이고, 국내 자본시장 역

시 상대적으로 풍부한 원화로 선박금융에 참가를 할 수 있다면 자본
시장 투자자의 참여 폭이 더욱 넓어질 것으로 기대되기 때문이다.

국적선 적취율 제고 및 선하주 상생은 유럽이나 다른 국가에서
가질 수 없는 전략적인 경쟁력이 될 수 있다. 유럽계 선박금융은행
은 대형화주(Industrial Shipper)가 많은 한국의 선박금융 환경을 매우
부러워한다는 것은 잘 알려진 사실이고 실제로 한국은 GDP 대비
물동량이 전 세계에서 가장 높은 국가이다(<표 3> 참조). 앞서 가
스공사 LNG 선박이 그 위기 속에서도 재금융에 성공한 비결도 해
당 건에서 가스공사 장기계약을 통해 해운경기 위험을 대폭 경감하
였기 때문이다. 정부의 해운재건 5개년 계획의 중점사업으로 국적
선 적취율 제고 및 선하주 상생이 적극 추진되고 있지만 이 부분이
더욱 심화된다면 해운산업의 높은 리스크가 싫어서 떠난 시중은행
들도 오히려 적극적으로 참여가 가능할 것이라고 보기 때문이다.

〈표 3〉 선복량 상위국가별 물동량 및 GDP 현황

선복순위	국 가	선복량 (백만DWT) [A]	물동량 (백만 톤) [B]	GDP (U$bn) [C]	A/B×100	A/C×100	B/C×100
1	그리스	342	167	192	204.8	178.1	87.0
2	일 본	242	1,056	4,919	22.9	4.9	21.5
3	중 국	215	7,845	11,382	2.7	1.9	68.9
4	독 일	114	296	3,431	38.5	3.3	8.6
5	한 국	86	1,216	1,392	7.1	6.2	87.4
7	미 국	58	2,605	18,661	2.2	0.3	14.0
12	덴마크	37	85	306	43.5	12.1	27.8
전 세계		1,764	20,080	75,555	8.8	2.3	26.6

자료: 선복량은 2017 해사통계집(ISL통계, '17년. 1월 기준). 기준값, 물동량은 각 국가별
　　　통계·항만당국 데이터 활용, 유럽물동량 및 GDP는 UNCTAD 기준.

이러한 점에서 한국은 해운업하기 좋은 나라임이 분명하고 해운업의 발전 가능성은 매우 긍정적이다.

끝으로 BBCHP 금융기관은 부실발생 시 구조조정에 의무적으로 참여하게끔 해석이 되는 현재의 기업구조조정촉진법은 해외 SPC와 국내 해운사 간의 BBCHP 계약을 금융계약이 아닌 미이행 쌍무계약으로 보는 법원의 기존 의견과 일치시킬 필요가 있다. 국내 선박금융시장 활성화를 위해서는 무엇보다 법규에 대한 시장 참가자의 불필요한 혼선이나 장애를 줄일 필요가 있다.

Decarbonisation & Digital Transformation이 세상을 바꾸다

권오익(한국카본㈜ 수석부사장 및 한국글로벌솔루션 대표이사)

1. 조선·해운 환경규제 현황

대기오염을 줄이고자 UN 및 IMO에서는 많은 노력을 기울여왔다. 선박에서 발생하는 대표적인 대기오염 물질은 NOx, SOx, CO_2, PM(Particulate Matter) 등이 있으며, 이 물질들은 연료가 기관에서 연소하는 과정에서 발생하여 대기중으로 배출된 후 산성비, 미세먼지 등의 원인이 된다. 이러한 배기가스로부터의 오염물질을 줄이기 위해서, IMO에서는 단계적인 규제를 만들어 왔다.

미세먼지의 주범인 질소산화물(NOx)은 2016년 1월 1일부터, 질소산화물 배출통제해역(NECA, NOx Emission Control Area)을 통과하는 선박은 Tier 3(80%), 그 이외의 지역은 Tier 2(15~20%) 저감을 해야 하며, 산성비의 주요 원인인 황산화물(SOx)은 2020년 1월 1일부로 'IMO 2020 Sulphur Cap' 적용으로 전 지구적으로 0.5% 황함유량 기준을 적용하고, 황산화물 배출통제해역(SECA, Sulphur Emission Control Area)를 통과하는 선박은 0.1% 황함유량 기준을 적용하게 되었다.

또한 GHG(Green House Gas)의 영향으로 지구 온난화가 문제가 되고 있고, 이들 온실가스 중에서도 이산화탄소(CO_2)가 88.6%를 차지하고, 이어서 메탄(CH_4), 아산화질소(N_2O) 등이 있다.

파리협정(Paris Agreement)은 기후변화의 주범인 온실가스 배출을 줄이기 위한 기존 기후변화협약인 교토의정서의 효력이 2020년 만료됨에 따라 이를 대체하는 신기후체제로, 2015년 12월 12일 유엔 기후변화협약(UNFCCC) 당사국 총회에서 채택됐다. 산업화 이전 수준 대비 지구 평균 온도가 2도 이상 상승하지 않도록 온실가스 배출량을 단계적으로 감축하는 내용이 골자다. 미국 트럼프 정부의 탈퇴 소동 이후 조 바이든 정부에서 미국이 재가입을 하면서 탄력을 받게 되었다. 해운분야에서는 이미 IMO EEDI(Energy Efficiency Design Index)를 통하여 신조 시에 매 5년마다 CO_2를 10%씩 감축하는 규정을 적용하고 있다.

2020년 1월 1일부로 CO_2를 2008년 대비 20% 감축해야 하며, 2025년 1월 1일부로 30%의 CO_2를 감축해야 한다(Containership, LPG, LNG선은 2022.4.1.부로 적용).

또한, 현존선도 EEXI(Energy Efficiency eXisting ship Index)에 따라 탄소집약도를 낮추는 노력을 해야 하며, 2023년 1월 1일부로 시행이 확정되었다(IMO MEPC 76차 승인).

우리나라 선사가 보유한 선박 중 71%가 Pre-EEDI 단계(2012년 이전 진수)에 건조된 선박이어서, CO_2 저감을 위한 여러 가지 조치인 ESD(Energy Saving Devices), 엔진 출력 제한(Engine Power Limitation), 대체연료 사용 등의 조치를 취해야 하며, 그렇지 않으면, 운항 금지 조치가 내려질 수 있다.

2. 환경규제에 따른 영향

현존선의 탄소 배출량을 낮추기 위한 운항적 조치 요구에 따라, 2023년까지 CII(Carbon Intensity Indicator, 탄소집약도)뿐 아니라

SEEMP(Ship Energy Efficiency Management Plan, 선박 에너지 효율 관리 계획)의 인증을 완료해야 한다.

현존선의 탄소집약도를 낮추기 위한 운항적 조치(operational measure)가 필요하며, 시행 이후 매년 획득한 CII 값 보고 및 등급 평가를 거쳐서, E 등급 혹은 3년 연속 D 등급을 받은 경우, 시정조치에 대한 승인이 필요하다(SEEMP 재승인).

컨테이너 선사들은 탈탄소 중 단기 대책 관련 각각 다른 전략을 구사하고 있음을 보여준다.

2030년 이후의 탈탄소 연료(Zero Carbon Fuel)에 대해서는 여러 가지 다양한 주장들이 많고, 현실화해 나가는 데는 어려움들이 많지만, 어차피 가야할 길이고, 누군가는 준비해 가야 한다.

3. 신조 시장 전망

현재 전 세계 선복량의 3.5%(GT1) 기준), 0.8%(척수 기준) 선박이 대체연료추진 운항, 전 세계 조선소 Orderbook의 27%가 대체연료추진 선박으로 발주되어 건조 중이며, 다양한 대체연료 후보 중, 현재까지 LNG와 LPG로 추진되는 친환경 대체연료 엔진을 장착한 선박의 Orderbook 비중이 95%에 달한다. 대형 상선 이외 다수 선박에도 LNG 추진 방식 적용이 일반화되고 있다.

지속적인 IMO 환경규제 강화 기조, 코로나 팬데믹으로 가속화된 친환경 트렌드, 그리고 원유 및 선박연료유 가격 상승까지 공조되어 신조시장에서 친환경 선박 수요 촉진 분위기가 고조되고 있지만, 현 시점에서 LNG만 경제성과 공급역량이 확보된 유일한 대형 상선의 대체연료로서 자리매김 중이다(*탄소연료시대와 탄소제로시대를 잇는 Bridge Energy로 시장 검증). Infrastructure가 갖춰지고, 공급량이 확보되어야만 친환경 대체연료(alternative fuels)인 Ammonia(암모니아), H_2(수소), 그린메탄올, Biofuel 등이 활발해질 수 있다. 물론, 안정성이 확보되었다면 CAPEX & OPEX가 선주들의 최대 관심거리일 것이다.

다양한 대체연료 후보 중 현재까지 LNG와 LPG로 추진되는 친환경 대체연료 엔진을 장착한 선박의 Orderbook 비중이 95%에 달한다. 대형 상선 이외 다수 선박에도 LNG 추진 방식의 적용이 일반화되고 있다.

IMO EEDI / EEXI, EC ETS(Emissions Trading System(유럽연합 배출거래시스템)) 도입 등의 해사환경규제 강화로 인한 친환경 선박 교체 수요의 주된 수혜자는 한국조선소가 될 것이라는 것이 시장의 중론이다.

최근 한국조선소 LNG / LPG Capable 친환경 엔진 장착 선박 수주 비중의 가시적인 증가세가 확인되고 있으며(2015년 10.3%, 2018년 28.6%, 2020년 52.3%), 특히, 2020년 말~2021년 1분기까지 EEDI Phase III 조기 적용이 결정된 DF(Duel Fuel(이중연료)) 컨테이너선 집중 발주 움직임이 관측되고 있다.

일부 조선시장 전문가는 향후 10년간 LNG 추진선박으로의 교체 수요를 최대 17,000여 척까지 전망하기도 한다(단, 2012년까지 인도된 기계식 엔진 장착 선대 전체 교체 가정).

Clarksons "Eco-ship" 구분 기준인 2015년 이후 건조 선박 정의를 도입한다면, 2000년부터 2014년까지 인도된 "Non Eco-ship" 선박을 잠재적 Replacement 대상으로 분류 가능하다(순차적 선대 교체 수요).

"Eco-friendly" 방향은 명확해졌으나, 친환경 선박 신조 수요량 전망에 변수가 많고, 신조 환경(기술, 금융, 해운 등)도 불확실성이 여전히 높은바 면밀한 모니터링과 신속한 시장 대응이 필요하다.

경쟁국 대비 고부가가치 선박, 특히 LNGC에 강점을 가지고 있는 산업 환경의 장점을 활용하고, 친환경 연료 전환 및 과도기에서의 LNG선 및 주력 고부가가치 선박에서의 점유율을 극대화하는 아래와 같은 전략이 필요하다.

- 자체 설계 기술력 및 Gas 실증설비 완비
- 경쟁력이 뛰어난 대형 고부가가치 선박 Portfolio 구성
- 기계 장비의 국산화 선도로 가격경쟁력 제고
- 설계의 유연함, 선주의 다양한 요구 충족
- 중국, 일본, 동종사 대비 특화 선종 위주
- 세계 최초, 최고의 기술력 다수 보유
- Gas 관련 첨단 기술 선도
- Arctic 쇄빙선 관련 원천 자체기술 보유

단기적으로는 주력 선종별 De-carbonization Ready 선박 디자인 개발에 집중하고, 장기적으로는 수소, 암모니아, 메탄올 적용을 위한 요소 기술 개발 로드맵 수립을 추진하며, LNG / LPG는 2030~2040년까지 환경규제 만족을 위한 Mid-term 솔루션을 개발해야 한다.

- 주력제품 연료 소모량(Fuel Oil Consumption) 개선을 위해 다양한 종류의 에너지 저감장치 개발 및 실선 적용

또, 장기적으로는 탄소중립연료 적용이 필요하다. 이는 수중함 AIP 기술 적용 경험을 확대하여 친환경 연료 기술 개발을 선도한다.

연료의 운반, 보관, 공급 측면에서는 암모니아(NH_3, Ammonia)가 Zero Carbon 연료에 가장 적합하다고 할 수 있다.

따라서, 중국, 일본보다 이 분야의 선도적 기술개발 및 적용이 시급하며, 시장을 리드해야 한다. 이미 선급 및 Flag(Marshall Islands)의 승인을 완료하였다.

친환경 연료 비교

구분		MGO	화석연료		탄소중립연료	
			LNG	암모니아	메탄올	수소
친환경 미래 선박 연료	저장조건	상온 / 상압	−162℃	−34℃ 10bar	상온 / 상압	−253℃
	연료탱크 크기	1	2.3	4.1	2.3	7.6
	CAPEX 비교	1	~1.3	~1.2	~1.15	매우 비쌈
	fuel Cost / Availability	낮은 비용 / 매장량 풍부		저렴	CO_2 포집 비용 높음	운송 / 저장 비용 높음

• 친환경 미래 선박연료 중 암모니아가 생산, 운송 저장 측면에서 가격경쟁력 우위임. (단, 유독성 물질이며, 부식성이 강한 성질은 위험요소로 작용)
• 수소는 매우 친환경적인 연료이나, 저장 조건이 까다롭고 생산비용이 매우 높아 단점 극복을 위한 방안 필요

    Multi-Fuels을 사용할 수 있는 연료 Tank로는 POSCO-대우조선해양-전 선급에서 공동 참여하여 개발한 고망간강(Hi-Mn Steel)이 LNG, Ethylene, Ethane, Propane, Ammonia, H_2, CO_2 까지 모두 cover 하는 명실상부한 multi-purpose material이 되리라 믿고 있고, 현재 기 승인 및 일부 종류에 대해서 승인을 위한 테스트 중이다.

4. Arctic 전망과 희망, 지속 가능한 북극개발, 기술이 전부다

    1892년 북극해 탐험을 위해 건조되어 난센의 북극탐험과 아문센의 남극탐험에 투입된 프람(Fram)호는 인류 극지개척 역사의 생생한 증거이다. 초기 극지 탐험가들은 엄청난 빙압을 견디고 해빙에 의해 들어올려져도 부서지지 않는 배를 꿈꾸었는데, 당대 조선기술자들이 그 상상을 기술로 실현하여 극지 탐험이라는 그들의 꿈을

이루어냈다.

그로부터 130여 년이 흐른 2021년 1월 16일. '북극항로 연중 운항'이라는 도전에 한 걸음 더 다가간 역사적인 날이자 우리의 우수한 조선기술력을 다시 한 번 입증한 날이었다. 대우조선해양 옥포조선소에서 건조한 쇄빙 LNG 운반선이 북극해 서쪽 야말가스전에서 생산된 LNG를 가득 채운 채, 바다도 굳게 얼어붙은 북극의 겨울을 뚫고 동쪽으로 북극항로 4,600km 거리를 단 11일 만에 횡단했기 때문이다. 배 앞뒤의 강력한 쇄빙 추진장치로 수십 미터의 얼음산맥을 관통하여 겨울에도 북극항로를 항해할 수 있다는 상상을 현실로 구현한 사건이었다.

북극권 국가들은 기후변화를 위기보다는 성장의 기회로 전환하고자 북극권 자원과 북극항로 개발을 향한 본격 채비에 들어가고 있어 '콜드러쉬'라는 말까지 생겨났다. 러시아 천연가스의 80%가 매장되었다는 야말로네네츠 자치구, 미국 해양 석유 매장량의 30%를 차지하는 알래스카 등 북극권역에 매장된 방대한 에너지 자원, 니켈과 구리 등의 금속 자원까지 북극권의 자원개발 잠재력은 무궁무진하다.

북극 지역에서의 지속가능한 자원 개발을 위해서는 반드시 '친(親)환경' 수준을 넘어서는 '필(必)환경'의 안목과 기준으로 접근해야만 한다. 북극 자원의 안정적 개발과 운송이 보장되어야만 지속가능하다는 참 명제 아래에서 한국조선소의 독보적인 조선 기술과 극지기술은 콜드러쉬를 성공으로 이끌 수 있는 필수 요소라고 하겠다.

이러한 맥락에서 필환경의 핵심축인 '탈탄소화'를 지향하며 글로벌 에너지전환 추세에 발맞추고자 북극권 천연가스를 생산현장에서 암모니아 또는 수소로 변환하려는 움직임도 감지되고 있다. 이에 이산화탄소 포집과 분리 그리고 저장기술 연구에 매진하고 있는 한국조선소의 존재감이 저탄소화를 넘어 탈탄소화 시대로 가는 흐름에서 더욱 드러날 것이다.

정보통신과 인공지능 기술 혁신을 기반으로 '디지털화' 움직임도 가속화되고 있다. 실시간 얼음길을 안내하는 해빙 모니터링, 빅데이터 기반의 북극 기후환경 정보망, 사물인터넷을 접목한 북극해 운항데이터베이스, 극지 해상구조물의 디지털트윈 등 북극권 4차산업혁명 시대를 한국형 스마트십 플랫폼에 융합하는 날이 머지않았다고 믿는다.

북극권 개발을 위해서 아직 기술적 역량이 부족하고 태생적 위험이 수반되는 것이 사실이지만, 우리가 한계를 극복할 수 있다고 믿는다면 현재의 장애들을 넘어서고 북극권의 미래를 개척해 나갈 수 있을 것이다.

5. 에너지 절감 장치 & Smartship Solution

LNG 연료를 사용하고 지속적인 선형 및 추진기 효율 향상 그리고 스마트십의 경제운항솔루션과 접목하면, CO_2 배출량을 30%~40% 까지도 줄일 수 있을 것으로 생각된다. 하지만, 기존 화석연료인만큼 최종 Zero 배출의 목표를 위해서는 탄소중립연료에 대한 변경이 반드시 필요하다.

마지막으로, 새로운 제품과 시장을 만들어 가야 한다.

해상에서 바로 Gas로 기화하여 육상으로 공급하고, 또한 발전까지 할 수 있는 FSPP(Floating Storage Power Plant), 해양 풍력 설치선, 부유식 해상 수소 & 암모니아 생산 설비(FNH_3, Floating Hydrogen(H_2) & Ammonia(NH_3) Production Plant) 등의 새로운 시장이 기다리고 있다.

또한, 이러한 제품을 Smart yard에서 만들어야 한다.

6. Digital Transformation

DSME DX(Digital Transformation) 기반의 첨단 조선소 운영에 필요한 엔지니어링 데이터 서비스 체계를 구축하며, 업무 디지털화(Digitalisation), 업무 자동화(Connectivity), 업무 지능화(Intelligence)를 통한 디지털 엔지니어링과, 이를 바탕으로 정보의 끊김이 없는 Digital Thread를 활용하여 Live Digital Twin 및 실행과 계획의 실시간 검증과 리스크 감지 그리고 데이터에 기반한 의사결정과 지능화된 실행을 이루고자 함이다.

그래서, 생산되는 제품도 선주의 운용비용을 절감할 수 있도록 최신의 ICT 기술을 활용하여 경제적이고(Efficient), 안전하며(Safe), 편리하고(Convenient), 투명하며(Transparent), 연결된(Connected) 선박을 구현하도록 한다.

바다가 있는 한 해운과 조선은 영원하며, 우리가 끝까지 바다를 제패할 것이다.

7. 발표 후기

이제는 해운과 항공을 포함한 모든 이동장치, 그리고 산업체 및 국가까지 GHG를 줄이면서, 최종 목표는 2050년도에 Zero Carbon으로 가야 한다.

특히 올해는 미국의 조 바이든 대통령이 기후 변화에 관한 유엔 기본 협약(기후변화협약)에 복귀를 하면서, 2021년 11월 초에 영국의 글래스고에서 열리는 COP26에서 보다 강화된 규제의 제정이 예상된다.

따라서, 무탄소 연료로 가기 위한 선박의 연료류 로드맵(Roadmap)과 관련해서는 대우조선해양 이성근 CEO가 P4G에서 발표한 바와 같이 다음과 같이 정리할 수 있다.

- 현재는 LNG, LPG와 같은 탄소 저감형 연료의 선박 적용이 본격화되고 있다. 통계에 따르면 올해 발주된 선박의 약 20%가 LNG 추진을 채택하여, 그 비율이 빠른 속도로 증가하고 있다.
- 메탄올의 경우 이미 메탄올운반선에 ME-LGIM이 설치된 적용 실적이 있다. 메탄올은 상온/상압에서 저장 가능한 장점이 있다. 에너지 밀도도 타 친환경 연료대비 비교적 높아, MGO 대비 탱크 크기가 2.3배 정도로 LNG 연료탱크와 유사하다고 한다. 다만, 메탄올의 탄소배출저감률은 LPG연료와 유사한 수준으로, 탄소중립연료로 인정받기 위해서는 신재생에너지를 이용한 수소를 합성해서 만들거나 바이오메탄올이 되어야 하는데 가격 상승이 불가피할 것이다.
- 탄소중립연료인 바이오가스, 바이오디젤은 기존 가스, 디젤 연료와 동일한 방식으로 선박 적용이 가능하여 기술적으로 어려움은 없다. 하지만, 현재로서는 대량 수급이나 가격을 맞추기가 쉽지 않을 것으로 보인다.
- 이에, 현재 조선업계는 암모니아와 수소에 관한 연구를 활발히 진행하고 있다. 암모니아의 경우 탈탄소 연료로 해운-조선 업계에서 관심이 많은 연료이다. 수소 보다는 생산, 운송, 저장 측면에서 경쟁력 우위라고 볼 수 있다. 엔진 업체에서도 대형 상용화 엔진을 준비 중에 있다. 다만, 에너지 밀도가 낮아 MGO 대비 탱크 크기가 4배가 넘어야 하고, 질소산화물 후처리 장비, 유독성, 부식성에 대한 대응이 필요하다. 최근에는 암모니아 ready 옵션을 요구하는 선주사들이 늘고 있다.
- 본격적인 수소 경제가 도래하면 선박의 연료로 쓰일 수 있다.

하지만 액화수소를 저장하기 위해서는 단열성이 우수한 극저온 탱크가 개발되어야 하는데, MGO의 약 8배가 되는 탱크 크기가 되어야 해서, 경제성을 확보하는 것이 쉽지 않다. 이에 에너지밀도가 상대적으로 높은 암모니아나 액화유기수소이송체(LOHC) 형태로 저장하고 이를 개질해서 연료전지를 활용하는 방법도 논의되고 있다.

· 결론적으로, 조선소는 엔진 등 기자재 업체, 선급 등과 메탄올, 암모니아, 수소 등 미래 친환경 연료의 선박 적용에 대한 연구를 활발히 하고 있으며, 해운 업계에서 필요한 시점에 적용할 수 있도록 준비를 해 나가고 있다.

해양진흥공사의 다양한 기능

조 규 열 (전 한국해양진흥공사 해운금융 1본부장)

2018년 7월에 해양수산부 산하기관으로 설립된 한국해양진흥공사는 설립 당시 50명으로 출발하였으나 2020년 말 기준 직원 수 150명, 3개 본부로 운영되고 있다. 공사의 자본금도 설립 당시 3조 원에 불과하였으나 HMM 보유지분 평가 이익 등에 힘입어 2020년 말 기준 약 4.9조 원으로 확대되었다. 공사의 주요 주주는 정부(53.1%), 산은(22.3%), 수은(18.8%)이며, 국내 신용등급은 AAA(한신평, 2020.8.)로서 그간 수 차례에 걸쳐 양호한 조건으로 공사채 발행을 통해 원화자금을 조달한 바 있다. 2021년 상반기에는 해외신용등급도 확보할 예정으로 이렇게 되면 외화자금 조달은 물론 외국금융기관의 공사 보증부 선박금융 취급도 확대될 것으로 전망된다. 이하에서는 해양진흥공사의 개요, 해양진흥공사의 주요 지원사업, 해양진흥공사의 향후 추진과제에 대하여 간략히 살펴보기로 한다.

1. 해양진흥공사의 개요

상업금융기관 vs 정책금융기관

상업금융기관과 정책금융기관은 여러 가지 면에서 차이가 있지만 가장 핵심적인 차이는 여신 취급 시 어떤 가치를 기준으로 의사결정을 하는가에 있다고 하겠다. 우선 상업금융기관은 채권회수 가

- 184 -

능성과 수익을 무엇보다 중시하여 금융원리에 기반한 상업적 의사 결정을 한다고 할 수 있다. 반면, 정책금융기관은 산업적 가치와 금 융원리를 동시에 고려하나 최근에는 부실 발생 시 감사원 지적 등 으로 정부의 개입이 없는 경우에는 금융원리를 중요시하는 경향을 보이고 있다. 해양진흥공사는 정책금융기관이란 점에서는 산은, 수 은과 동일하나 해운업을 전담 지원하는 정책금융기관이란 특성을 가지고 있다. 따라서 공사는 산은, 수은과는 달리 해운업 지원 측면 에서는 산업적 가치를 보다 중시하여 해운산업의 안전판 역할을 강 화하기 위한 정책적 의사결정을 한다는 점에서 큰 차이가 있다고 하겠다. HMM 발주 초대형 컨테이너선 20척 금융주선 및 지원, K2 통합 주관·실행, 컨테이너 박스 리스사업 지원 및 코로나19 유동 성 지원 등이 그 대표적인 사례라 할 수 있다.

해양진흥공사의 특수성

해양진흥공사는 공사법상 일반 금융기관과는 차별화된 특성이 있다. 첫째, 공사는 법상 선박 담보물건 등 해운항만 관련자산을 매 입할 수 있는 기능이 부여되어 있다. 한진해운 파산 사태에서 알 수 있듯이 해운사 구조조정 과정에서 채권금융기관은 고통분담 차 원에서 유동성 확보를 위해 구조조정 선사에 선박 등 자산매각을 요구한다. 일반 채권금융기관은 금융감독원 지침에 의거하여 담보 물건을 유입할 수 없다. 그런데, 대형 선사의 구조조정 과정에서 선 박 등 자산 매각은 통상 단기적으로 선박 공급량이 수요량을 초과 하게 되는 상황에서 이루어지는 것이 일반적이다. 이에 선박 가격 은 하락하고 구조조정 선사는 불가피하게 저가로 선박을 매각하게 된다. 해양진흥공사는 법상 허용된 S&LB 기능을 활용하여 구조조 정 선사의 선박을 매입할 수 있다. 따라서, 향후 해운사의 구조조정 과정에서 선박 매각이 불가피한 경우, 공사는 해당 선박에 대한

S&LB 기능을 통해 국내 선복량을 유지하면서도 나중에 선가가 회복되면 선박을 정상가격으로 매각하여 구조조정 과정에서의 매각손실을 최소화할 수 있다.

둘째, 공사는 공사 법상 해운항만 관련 자산에 대한 투자 및 후순위 대출 보증이 허용되어 있다. 후순위 대출은 금융기관 입장에서 채권확보가 곤란하여 선박펀드, PEF, 증권사 등만이 제한적으로 취급하고 있는 실정이다. 그런데, 공사가 후순위 보증을 제공한다는 의미는 사실상 선순위 대출에 대한 신용보강(credit enhancement) 장치를 마련하는 것이다. 왜냐하면, 공사의 후순위 보증은 해당 프로젝트가 부실화될 경우 공사로 하여금 무담보 성격의 후순위 채권보전을 위해 선순위 채권을 매입토록 유인하게 되기 때문이다. 따라서, 공사가 후순위 보증을 제공한 프로젝트에 참여한 선순위 채권자는 프로젝트가 부실화 될 경우 선순위 담보권 외에도 사실상 공사의 해당 자산 매입 가능성이라는 추가적인 채권보전장치를 확보하고 있다고 추론할 수 있다. 이는 공사의 후순위 보증이 계약으로 구체화되어 있지는 않지만 사실상 선순위 대출에 대한 credit enhancer 역할을 한다고 할 수 있는 것이다.

셋째, 공사의 후순위 보증은 선박금융시장의 마중물 역할을 하게 된다. 선박금융시장에서 선순위 대주단은 모집이 비교적 용이한 반면, 후순위 대주단은 고율의 수익률을 제공하지 않는 한 모집이 수월하지 않다. 따라서, 공사가 적정한 수익률로 후순위 보증을 제공함으로써 선박금융 대주단 모집을 손쉽게 성사시킴으로써 국내 선박금융이 활성화될 수 있도록 선박금융의 마중물 역할을 하게 된다.

해양진흥공사의 기능 및 성과

해양진흥공사의 설립 초기 주요 업무는 정부의 해운재건 5개년 (2018~22) 계획을 금융적 측면에서 성공적으로 이행하는 것이라 할 수 있다. 구체적으로는 ① 선박금융시장의 마중물 역할 확대, ② 해운산업의 안전판 기능 강화, ③ 해운산업 정보플랫폼 구축으로 요약된다. 첫째, 선박금융시장의 마중물 역할은 공사의 본원적 기능인 투자와 보증 제공을 통해 국적선사의 필수영업자산 확보를 지원하고 금융위기 시 유동성을 공급하는 것이다. 둘째, 해운산업 안전판 마련은 HMM의 경영정상화 지원, 연근해선사의 경쟁력 강화 지원, K2통합과 같은 산업구조조정 지원, 코로나19 등 해운산업 위기 극복 지원, 폐선보조금 등 정부 해운정책의 대행 등을 둘 수 있다. 셋째, 해운산업 정보 플랫폼 구축은 해운정보 DB 등 인프라 구축, 선박가치평가 및 해운 운임지수 개발, 해운 전문인력 양성사업 등으로 공사의 미래 발전방향의 큰 축이 된다. 공사의 주요 기능과 성과에 대하여는 다음 장에서 자세히 설명하기로 한다.

2. 해양진흥공사의 주요 지원 사업

HMM 경영정상화 지원

공사의 설립 목적 중 하나는 국내 최대 원양 국적선사인 HMM을 조기에 경영정상화하는 일이다. 이에 산은과 공사는 MOU를 체결하고 2019년부터 공동 경영관리 형태로 산은은 재무와 자금을, 공사는 영업과 투자를 각각 담당하면서 HMM의 경영정상화를 추진하고 있다. 해운업 전문 지원금융기관인 공사가 설립됨에 따라 해운업 구조조정은 일대 변혁기를 맞이하게 된다. 지난 구조조정 과정에서 채권단은 부족자금 지원을 최소화하여 부실에 따른 손실 축소 등에 주력하였다. 그러나 공사는 산업 측면에서 경영정상화가 불가피한 선사에 대해서는 구조조정 선사의 자체적인 고통분담을 요구함과 동시에 더불어 충분한 유동성을 지원하고 영업경쟁력을 제고할 수 있도록 필수영업자산 확보도 최대한 지원하였다. 즉, 구조조정 선사에 대하여 관리보다는 지원에 방점을 둔 것이다. 공사는 HMM의 영업활동과 관련하여 The Alliance 가입 지원, 미주지역 화주에 대한 support letter 발급, 4.6K 컨테이너선 6척 BBC 재리스,[1] 글로비스 등과의 장기운송계약 주선, 화물적취율 제고방안 마련 및 실행 등을 적극 지원하였다. 또한 공사는 초대형 컨테이너선 20척 선박금융 주선 및 지원, 컨테이너박스 금융／운용리스 지원, 국내외 터미널 확보 지원 및 스크러버 등 친환경설비 특별 보증 프로그램 지원 등을 통해 HMM이 필수영업자산을 확보할 수 있도록 모든 지원을 아끼지 않았다. 해운시황이 급격히 호전되기 전인 2020년 3／4분기 말까지만 하여도 HMM이 자체적으로 시장에서 좋은 조건으로 금융을 조달하기가 여의치 않은 상황이었다. 이러한 여건 하에서 공사는 신용보강을 통해 HMM이 필요한 금융을 주선하고 지원함으로써 HMM이 필수영업자산을 적기에 확보하여 영업경쟁력을 제고할 수 있도록 선제적으로 지원하였다.

　이러한 공사와 산은의 과감한 지원, 컨테이너선 시황회복, HMM 임직원의 고통분담과 회생노력 등에 힘입어 HMM은 2020년 10년 만에 영업이익 흑자를 달성하였으며 연간 흑자 규모도 약 1조 원에 이르렀다. 또한 2020년 12월에는 2,400억 원의 전환사채도 발행하여 재무구조 개선 및 자체 시장차입에 성공함으로써 경영정상화를 이룰 수 있는 기반을 마련하였다.

HMM 초대형 컨테이너선 20척 선박금융 주선 및 지원

　2018년 7월 공사가 설립되기 전 HMM은 정부 및 업계 전문가들과 오랜 논의 끝에 한진해운 파산 이후 급격하게 축소된 국내 원양

---

[1] 본건 컨테이너선 재리스는 2020년 말부터 컨선 운임이 폭등한 이후 HMM의 막대한 영업이익 창출은 물론 국내 중소 수출화주를 위한 임시 항로 특별배정을 통해 중소 수출기업의 수출 애로 해소에도 크게 기여하였다.

컨테이너선 선복량2)을 늘리는 등 해운재건을 위해 초대형 컨테이너
선 20척(24K 12척, 16K 8척)을 발주하게 된다. 2018년 전후 컨테이
너선 업계에서는 24K는 범용선이 아니고 향후 시황 회복 가능성도
불투명하며 HMM의 경영정상화도 불확실하고 금융기관의 HMM에
대한 지원 의지도 없다는 점 등을 들어 약 3조 원 규모에 달하는
초대형선 20척에 대한 선박금융 조달에 매우 부정적이었다. 그나마
일부 다행스러운 것은 정부 주도의 선박 신조프로그램이 마련되어
정책금융기관들이 24K의 중순위 대출(US$2.8억), 16K의 선순위 대
출(US$5.8억)에 참여키로 합의하였다는 점이다. 그러나, 여전히 약
20억 달러 규모의 나머지 선박금융을 시장에서 조달하여야 하고 해
당 선박금융 주선을 공사가 담당키로 되어 있어서 신설 초기의 공
사로서는 큰 부담이 아닐 수 없었다.

24K 12척 선박금융　　　2018년 당시 국내 선박금융시장은 ①
HMM에 대한 선박금융 지원의사가 사실상 없었고, ② 해운업에 대
한 익스포져를 축소하는 분위기였으며, ③ 24K 선박금융 지원규모
가 약 US$18.6억에 달하는 메가 Deal이어서 신디케이션3) 성사가
불확실하였으며 ④ 컨테이너선 시황 전망도 매우 부정적이었다. 공
사는 CA-CIB 등 다수의 외국금융기관과 국내 금융기관을 접촉하
였지만 대부분의 금융기관은 별도의 신용보강이 없는 한 본건 신디
케이션 참여에 부정적이었다. 시장 tapping 과정에서 선박담보부
대출(선가의 40%)에 참여하고자 하는 금융기관을 찾을 수 없었다.
또한 공사가 직접 투자하기로 한 후순위금융도 외화신용등급이 없
는 공사로서는 단기간 내에 우량한 조건의 외화조달이 여의치 않았
다. 결국 공사는 직접 투자 대신에 공사의 보증 하에 시장의 유동

---

2) 한진해운 파산 전(105만TEU, 2016. 8.) → 한진해운 파산 후(46만TEU, 2016.
　12.)
3) 선순위(40%, 선박담보부), 중순위(15%, 선박 신조프로그램), 후순위(35%, 공
　사 직접투자), 자담(10%)

성을 활용하는 방안을 강구하되 리스크관리가 엄격한 제1금융권보다는 대형증권사 등 자본시장을 활용하는 방안을 검토하게 되었다. 이에 공사는 ① 후순위 금융을 공사의 직접투자 대신에 공사 100% 단독보증으로 금융구조를 변경하고, ② 선·후순위 금융을 연계한 package deal[4]로 추진하며, ③ 선순위 대주단 확보를 위해 자산유동화 등 국내 원화 자본시장을 적극 활용키로 방침을 변경하였다. 공사는 이러한 본건 신디케이션 방침을 확정한 후 다수의 국내 대형증권사 CEO를 직접 면담·설득한 끝에 결국 공개경쟁 입찰을 통해 2019. 9.20. 선후순위 일괄 신디케이션 모집에 성공하게 된다. 이는 신설 조직이면서 대출 기능이 없는 공사가 대규모 선박금융 딜을 주선한 첫 사례가 된다. 또한, HMM으로서는 공사가 금융을 주선함으로써 금융주선수수료(통상 주선금액의 0.5~1%, U$1백만~U$2백만)를 대폭 절감할 수 있게 되었다.

16K 8척 선박금융　16K 8척 선박금융[5]은 24K 12척 선박금융에 대한 신디케이션이 성공적으로 성사되고 난 후 2020년에 진행되었다. 16K 선박 자체가 범용선이어서 24K에 비해서 신디케이션은 비교적 순조롭게 추진될 수 있었다. 다만, 선순위 금융과 관련, 선가의 40%에 대해 95% 보증을 제공키로 한 무역보험공사에서 HMM의 법정관리 리스크를 부담할 수 없다는 강경한 입장[6]을 고수함에 따라 본건 신디케이션 절차가 계속 지연되고 있었다. 또한, 본건 16K 선박금융은 24K 선박금융 주선을 성사시키고 난 후이기 때문에 조달 그 자체보다는 조달비용을 어떻게 낮출 것인가에 초점을

---

4) 일부 참여의사가 확인된 후순위 금융(공사보증부 대출)의 참여 자격을 선순위 금융 참여 금융기관에 한하여 부여
5) 선순위(선가의 60%, 무보보증 40% / 공사보증 20%), 후순위(선가의 40%, 선박 신조 지원 프로그램)
6) HMM의 법정관리 절차 진행 시 무보는 공사가 무보의 보증채권 전액을 장부가로 인수 요구

맞추고 있는 상황이었다.

이에 공사는 24K와 마찬가지로 본건 금융주선 방침을 다시 변경하게 된다. 우선 무보와의 공동보증에 따른 문제는 무보의 입장이 확고부동하여 공사의 단독 100% 보증으로 변경키로 하였다. 이는 공사가 무보의 입장을 수용할 경우 사실상 공사가 본질적인 리스크를 전부 부담하면서도 무보에 대해 불필요한 보증료를 지급하는 것이 되기 때문에 공사의 단독보증과 차이가 없기 때문이었다. 따라서, 공사가 선순위금융에 대한 100% 보증을 제공함으로써 무보와의 불필요한 협상에 따른 금융주선 절차를 생략하고자 하였다. 또한 상업금융기관의 공사보증부 대출 참여를 적극 유인하여 금융조달 비용을 절감시키는 것이 바람직하다고 판단하였다. 이후 공사는 약 30개 외국계은행의 지점장 설명회를 개최하여 본건 선순위 금융 참여를 독려하였다. 이후 참여의사가 확인된 몇 개 외국계은행을 면담한 결과 공사는 SC은행으로부터 U$5.8억 선순위 금융의 총액인수를 제의받게 된다. 인수조건도 양호하여 공사 보증부대출의 covered margin이 L+1% 초반 이라는 공사 역대 최저 수준의 보증부대출 금리조건을 확보하게 되었다. 이렇게 하여 당시 금융주선이 힘들 것이라는 우려와는 달리 대출기능도 없는 공사[7]가 약 3조원 규모의 초대형 메가 선박금융 신디케이션을 성사시키는 성과를 내게 되었다. 공사는 본건 신디케이션을 통해 SC은행이라는 선박금융의 전략적 해외 파트너를 확보하게 되었고 이후 SC은행과는 신규 선박금융 딜에서도 우호적인 협력관계를 지속하고 있다.

---

7) 선박금융은 대출 기능이 있는 상업금융기관이 총액 인수 조건으로 주선하는 것이 일반적이며, 보증기관은 신디케이션 모집이 실패할 경우 부족분을 인수할 기능이 없어 금융주선 업무를 수행하지 않는다.

컨테이너박스 리스플랫폼 구축 및 지원

컨테이너박스(이하 '컨박스'라 함) 리스사업은 공사가 설립된 이후 출시한 최초의 신규 상품이다. 컨박스는 중국이 전 세계 공급량의 약 95%를 생산하고 있으며 국내에는 컨박스의 금융시장이 부재하여 국내 선사들은 컨박스의 대부분을 Triton 등 외국 리스사들로부터 임차하거나 중국 제조사들로부터 직접 구매하고 있는 실정이다. HMM이 신규 발주한 초대형 컨테이너선 20척(40만TEU)이 2020년부터 점진적으로 인도됨에 따라 이에 필요한 컨박스만 해도 약 60만 TEU가 필요한 실정이다. 이에 따라 공사는 HMM을 비롯한 국적 컨테이너 선사들의 안정적인 컨박스 확보와 외화 리스료의 국부 유출 방지를 위해 2019년에 국내 최초로 컨박스 리스플랫폼을 구축하였고 2020년 말까지 3차례(운용리스 2회, 금융리스 1회: 28만TEU, U$4.8억)에 걸쳐 컨박스 리스사업을 실행하였다.

공사는 초기 컨박스 리스플랫폼 추진 과정에서 컨박스 담보부 선순위 대출에 참여하고자 하는 금융기관[8]을 찾기 어려웠다. 다행히 ING은행이 제한적 조건(박스 가격의 30% 내외) 하에 선순위 대출에 참여 의사를 타진하였고, 나머지는 후순위 대출(박스 가격의 약 30% 내외)과 공사의 보증부 중순위 대출(박스 가격의 40% 내외)로 충당하였다. 공사의 컨박스 리스사업은 공사가 직접 사업의 주체가 됨으로써 사업의 신뢰도를 제고하고 규모의 경제를 통한 컨박스 구매 협상력을 제고할 수 있었다. 또한 공사는 자금 조달비용과 리스 사업 마진을 최소화하여 선사의 리스료율을 인하하여 선사의 안정적인 컨박스 조달과 영업경쟁력 제고에도 크게 기여하였다.

---

8) 글로벌 관점에서도 컨박스 금융을 취급하는 금융기관은 ING, West LB, DVB 등 소수에 불과하다.

공사의 컨박스 리스사업 추진 내용

구분	1차 사업	2차 사업	3차 사업
지원수량	99,910TEU	96,260TEU	86,000TEU
지원금액[1]	USD 156백만	USD 145백만	USD 181백만
발주단가[2]	USD 1,750	USD 1,770	USD 2,470
리스방식	운용리스	운용리스	금융리스
리스기간	5년＋3년(option)	7년	7년

주: 1. 총 발주금액 기준 / 2. 20ft 기준 단가.

한편, 컨박스 국제 시세가 중국 컨박스 제조업체의 담합과 철강 가격 인상 등으로 2020년 말 기준 U$3,200(20ft Box 기준)까지 급등함에 따라 공사의 컨박스 리스플랫폼에 의한 HMM의 선제적 컨박스 조달(구입단가: U$1,750~U$2,470)은 최근의 글로벌 컨박스 부족 사태 등을 감안할 때 큰 의미가 있다고 하겠다.

터미널 / 물류 사업 투자 및 보증 지원

국적 컨테이너 선사는 원가경쟁력 제고, 안정적 서비스망 구축 등을 위해 국내 터미널(모항 기능) 및 글로벌 주요 거점 터미널[9]의 지분을 확보할 필요가 있다. 따라서 공사는 단독 또는 선사와의 합작 투자 등을 통해 선사의 터미널과 물류단지 지분 확보를 지원할 필요가 있으며, 동 분야에 대한 투자는 향후 공사가 중점 지원해야 할 blue ocean 영역이 될 것이다. 이를 국내와 국외 부문으로 나누어 살펴 본다.

국내 터미널 / 물류 시설　　공사는 해운재건 5개년 계획에 따른 국적선사 경쟁력 강화를 위하여 부산신항 터미널(HPNT)의 운영권

---

9) 2020년 말 기준 HMM은 글로벌 259개 터미널 기항 계약을 체결하고 있으나 그 중 지분을 보유한 터미널은 8개에 불과하다.

확보(우선주 500억 원 인수, 2018년 12월)를 지원하였다. 이를 통해 HMM 은 HPNT 터미널의 지분을 50% 확보하였으며, 기존 터미널 계약의 독소조항도 일부 제거하는 한편 연 200억 원 규모의 금융 및 물류 비용도 절감할 수 있게 되었다. 한편, 정부는 효율적 물류체계 구축 을 위해 인천 및 부산항에 IoT 등 디지털 기술이 적용된 스마트 공 동물류센터 건립을 추진하고 있다. 공사는 향후 국적선사 등의 물류 센터 투자에도 필요시 투자나 보증을 적극 제공할 예정이다.

국외 터미널 / 물류 시설　　공사는 HMM이 기발주한 초대형선 20척이 2020년 4월부터 순차적으로 인도됨에 따라 싱가포르 등 동 남아 허브 항만 선석의 안정적 확보가 필요하게 되었다. 이에 공사 는 HMM과 공동으로 펀드에 출자하여 HMM이 PSA JV 지분을 42% 인수할 수 있도록 지원하였다(2020년 4월). 이에 HMM은 싱가 포르 허브항만 선석을 안정적으로 확보하게 되었고, 연평균 약 U$5.5백만의 물류비용도 절감하게 되었다. 본건은 공사 최초의 해 외 프로젝트 사업 지원 건으로서 향후 HMM 등 국적선사의 미주터 미널 등 글로벌 거점 터미널 지분 확보에도 많은 도움이 될 것으로 기대된다.

K2 통합 지원

정부와 공사는 규모의 경제를 통한 글로벌 경쟁력 강화를 위해 연근해선사 간 자율적 통합을 전제로, 흥아해운 컨테이너 분할법인 (이하 '흥아컨테이너')과 장금상선의 동남아항로 컨테이너사업 부문을 통합하는 자율적 구조조정을 추진하였다. 양 선사는 자율적 통합을 위해 2020년 4월 11일에 기본합의서를 체결하고, 4월 15일부터 통 합 전 운영협력을 시작하였으며, 통합 예정 선사의 재무상태 등에 대한 회계법인의 실사를 통해 통합 준비작업을 해왔다. 흥아해운은 컨테이너사업 부문 분할을 위해 영업 외 자산 매각, 주식 감자, 대주주 유상증자 등 자체 재무구조 개선 노력을 해왔고, 동년 11월 13일에는 채권단의 동의를 얻어 컨테이너사업 부문 물적 분할을 위한 법원 등기 등 절차를 완료하였다.

12월 2일에는 장금상선의 흥아컨테이너(주) 지분 매입을 통한 선사 간 통합에 대해 공정거래위원회로부터 사전 기업결합 승인을 얻은 후, 12월 6일에는 장금상선이 흥아컨테이너(주) 지분의 90%를 인수하였다. 특히, 장금상선은 흥아컨테이너(주)에 동남아항로 컨테이너사업 부문의 선박을 현물출자하기 위해 12월 4일 법원에 등기신청을 하였다. 이후, 12월 6일에는 공정거래위원회의 현물출자 승인을 얻음으로써 1년 이상이 걸린 대단원의 통합절차가 완료되었다. 한편, 공사는 통합법인의 조기 경영정상화를 위해 단기 채무상환, 연료비·인건비 등 자금소요에 대한 회계법인의 실사결과를 반영하여 당초 계획대로 2,000억 원의 통합 소요자금을 지원하였다.

공사는 K2 통합과 관련, 두 선사가 모두 정상기업으로 분류됨에 따라 통합 절차 상 주관기관의 역할을 담당할 수 있었다. K2 통합은 통합 과정에서 ① 흥아해운의 유동성 위기가 초래되었고, ② 흥아해운, 채권단, 대주주 및 장금상선 등 통합 관계자들의 이해관계가 복잡하였으며, ③ 워크아웃 등과 같이 법적인 처리 기준도 부재하였고, ④ 흥아해운 채권단은 대부분 법정관리를 선호하는 입장이어서 이슈가 발생할 때마다 해결책을 찾기가 매우 어려웠다. 통합 과정에서 난데없이 가짜 인수자가 등장한다든지 특정 이해당사자가 자신의 이익을 위해 공사에게 무리한 요구를 한다든지 하는 수많은 허들이 발생하였다. 이러한 허들이 발생할 때마다 공사는 한진해운 파산에 따른 물류대란에 이어 또 다른 제2의 물류대란을 초래할 수는 없다고 판단하였다. 이에 공사는 해수부의 적극적인 협조 하에 수많은 허들들을 하나씩 하나씩 시간을 갖고 해결방안을 모색하였다. 이 과정에서 밤낮으로 수많은 난제들의 해법 찾기에 심혈을 기울여 준 공사와 산은 직원들에게 아낌없는 박수를 보내고 싶다. 한편, K2 통합 이후 컨테이너선 시황이 호전되어 K2 통합법인의 출범년도인 2020년부터 통합법인의 영업실적이 흑자를 기록하였다는 점은 무척 다행스럽고 앞으로도 통합법인이 순조롭게 순항하기를 기원한다.

코로나19 대응 긴급 유동성 지원

정부와 공사는 코로나19 사태의 장기화로 애로를 겪게 된 해운사의 피해를 최소화하기 위해 대출이자 지원, S&LB 상환유예, S&LB 지원 확대, 회사채 인수 및 P-CBO 지원 등 공사 지원제도의 요건을 완화하는 한편 공사의 리스크 수용 범위를 확대하여 해운업계의 유동성 부족을 해소하는 조치를 2020년부터 시행하였다. 그 결과 2020년 중 공사의 코로나 대응과 관련한 총 긴급 유동성 지원 규모는 약 5,900억 원에 달하였다.

3. 해양진흥공사의 향후 추진과제

공사는 2018년 7월 설립 이후 내부 신설 조직의 시스템 구축과 더불어 HMM의 조기 경영정상화 추진, K2 통합 등 연근해 국적선사의 구조조정, 컨테이너박스의 리스플랫폼 구축, 터미널 / 물류시설 확보 지원, 정부의 해운정책사업 대행, 코로나19사태 대응을 위한 긴급 유동성 지원, 중소선사에 대한 투자 / 보증 지원 확대 등 국내 해운금융시장의 실패를 보완하고 해운금융의 마중물 역할을 담당하기 위하여 많은 노력을 하여 왔다. 2020년 말 이후 해운시황이 호조를 보이면서 HMM을 비롯한 대부분 해운사의 영업실적이 개선되고 있지만, 국내 금융기관들의 해운업에 대한 금융 지원태도는 여전히 제한적이다. 또한 코로나 사태의 장기화와 국제금리의 점진적

상승이 예상되는 등 해운금융시장의 대내외 여건은 여전히 불투명한 상태가 지속되고 있다. 이하에서는 이러한 대내외 여건 하에서 향후 공사가 고민해야 할 추진과제에 대하여 간단히 살펴보기로 한다.

선박 조세 리스제도 도입

선박 조세 리스제도는 리스기간 초기에 SPC로 하여금 가속감가상각을 허용하여 대규모 영업손실을 발생시키고 이 영업손실을 모기업(투자자)으로 이전시켜 법인세를 절감시키는 등의 세제혜택을 제공하는 선박의 리스금융 기법이다. 영국, 프랑스, 일본 등 주요국들은 항공기, 선박 등 대규모 투자가 필요한 자산의 구입 촉진 및 대체투자 기회 제공 등을 위한 정책적 목적으로 오래 전부터 도입하고 있다.

■ **조세 리스제도의 세제혜택 생성 프로세스**
① 선박자산에 대한 정률법의 가속상각 적용
② 리스기간 초기 대규모 회계상 비용 발생 및 영업손실 시현
③ 동 영업손실은 세제혜택 투자자(매년 상당 규모의 이익창출 가능 기업 / 기관 : Tax Capacity Provider)의 영업비용으로 계상
④ 투자자의 과세대상 소득 감소 및 소득 감소에 따른 과세표준금액 축소에 따른 낮은 법인세율 적용 등에 의한 세제혜택 향유

각 국가별 선박 조세 리스제도의 세제혜택 규모는 리스거래 발생국가의 선박에 대한 감가상각률, 법인세율, 선박 또는 SPC 소유권 이전에 따른 매각차익에 대한 과세제도, 투자자의 영업비용 활용 여건 등에 따라 차이가 있다. 먼저, 프랑스는 자국 산업의 경쟁력 강화를 목적으로 1998년에 조세 리스제도를 최초 도입하여 그동안 선박, 항공기, 철도 등의 자산구매에 이용하여 왔다. 특히 프랑

스는 자국 해운산업이 유럽의 주요 경쟁국에 비해 낙후됨에 따라 CMA - CGM 등 자국 국적선사의 영업경쟁력 제고 등을 위해 선박 조세 리스제도를 많이 활용하였다. 반면, 일본의 조세 리스금융은 처음에는 조세 리스의 목적이 아닌, 출자자의 투자지분 및 대출금을 이용하여 항공기 또는 선박의 도입비용을 최소화하기 위하여 레버리지 리스(Japan Leveraged Lease: JLL) 형태로 1978년에 최초 도입되었다. 그러나, JLL은 해당 자산의 감가상각 방법을 정액상각만 인정하여 세제혜택이 적고 자국에만 선박을 등록해야 하며 역외대출만 허용되는 등 선사의 리스크 부담이 과중하다는 불만이 제기되었다. 이에 일본 조세당국(National Tax Agency: NTA)은 1999년에 세법을 개정하여 현재 전 세계적으로 많이 활용되고 있는 조세 리스제도인 JOL(Japanese Operating Lease)과 JOLCO(Japanese Operating Lease with Call Option) 제도를 시행하게 되었다.

한국형 선박 조세 리스제도는 우리나라의 고속 감가상각제도 현황, 투자자 현황, 세제혜택의 규모, 톤세제도와의 연계 및 리스제도의 활용 가능성 등을 종합적으로 고려해 볼 때 프랑스와 일본의 선박 조세 리스제도를 벤치마킹하여 설계하는 것이 가장 바람직한 것으로 보여 진다. 공사는 현재 프랑스, 일본 등 해외 선박 조세 리스제도를 벤치마킹하여 한국형 선박 조세리스 모델 제안을 위한 정책연구용역을 조세재정연구원을 통해 수행 중이다. 동 용역 작업에서는 세제혜택 생성, 이전, 분배를 위한 비과세 특수목적 법인의 도입문제, 리스계약 종료 시 매각차익에 대한 공제 확대 방안, 투자자우대조치 등이 심층 검토될 예정이다. 아울러, 선박 조세 리스제도의 국내 도입을 위한 조특법, 법인세법, 선투법 등 현행 대비 법 개정이 필요한 사항도 별도 검토하여 법제화를 위한 준비도 필요할 것으로 보인다. 다만, 정부는 최근 재정지출 억제를 위한 조세감면조치를 축소하는 분위기여서 선박 조세 리스제도의 국내 도입을 위해서는 해운, 조선, 금융, 법률, 회계 등 각 분야의 전문가들이 제도 도입에 따른 문제점을 보완하고 공청회 등을 통하여 제도 도입의 필요성에 대한 여론을 조성하는 등의 공동대응이 필요한 것으로 보인다.

K-Alliance(가칭) 결성 및 지원

최근 코로나19 팬데믹으로 인해 2021년 세계 물동량은 전년과 유사하거나 다소 감소할 것으로 예상되나, 장기 성장 추세는 계속 이어갈 것으로 전망된다. 다만, 동남아항로 시장은 생산기지 다변화(中 → 동남아) 등 성장 가능성에 따른 글로벌 선사들의 투자 확대로 시장 내 경쟁이 심화되고 있다. 정부는 「해운재건 5개년 계획」('18.4.)을 통해 해운산업 재도약 기반을 마련하고, 한국해운연합(KSP)은 3차례 항로구조조정 등 경쟁력을 제고하기 위한 노력을 계속하여 왔다.

국내 중견·중소선사 중심의 연근해 국적선사는 한·중, 한·일 항로에서는 비교적 안정적 경영을 이어가고 있으나, 동남아항로에서는 경쟁력이 약화되는 추세이다. 성장가능성이 높은 동남아항로에서 국적선사의 지속 가능성을 확보하고, 시장을 선점하기 위해서는 선제적인 체질 개선 노력이 필요하다. 선사들은 경쟁력 제고를 위한 자율적 협력방안을 도출하고, 정부는 이를 정책적으로 뒷받침하는 지원방안 마련이 필요하다.

글로벌 해운시장 또한 공급 과잉에 따른 과당경쟁으로 인해 선사 간 인수·합병 및 강력한 협력체 구축 등으로 Player 수가 감소 추세에 있다. 글로벌 주요 선사 수는 '08년 16개에서 '20년 9개로 크게 감소[10]하였으며, 실질 Player 수도 '08년 7개에서 '20년 3개로

---

10) 글로벌 주요 선사 수: ('08년) 16개 ⇒ ('11년) 14개 ⇒ ('16년) 12개 ⇒ ('20년) 9개

절반 이상 축소[11]되었다. 2008년 금융위기 때에는 글로벌 선사 간 과당경쟁으로 해운시장이 위기에 직면하였으나, 최근 선사간 자율적 선박 공급량 축소 등의 협력을 바탕으로 시장위기 대응이 가능하게 되었다. '08년 글로벌 경제위기 시에는 물동량이 감소함에 따라 운임이 급락하였으나, '20년 코로나19 사태 시에는 오히려 운임이 상승하였다. 이는 선사 간 협력을 바탕으로 선제적 항로 조정 및 선복량 축소를 통해 안정적인 시장운임 유지가 가능했기 때문이다.

'08년 글로벌 경제위기 ('08년~'09년)	'20년 코로나19 사태 ('19년~'20년)
• 물동량 : 131백만TEU ⇒ 118백만TEU (△9.9%)	• 물동량 : 196백만TEU ⇒ 180백만TEU (△8.2%)
• 운임 : 1,367$/TEU ⇒ 1,007$/TEU (△26.3%)	• 운임 : 811$/TEU ⇒ 923$/TEU (13.8%)
• 실질 Player 수(원양) : 7개 (3 Alliance + 대형 4개사)	• 실질 Player 수(원양) : 3개 (3 대형 Alliance)

전체 동남아 노선 중 한국을 기항하는 선박은 282척(약 48만 TEU)으로 국적선사들이 절반 이하인 '40%(약 20만 TEU)'를 점유[12]하고 있다. 그러나, Sealand(머스크), Wanhai, SITC, Evergreen, ONE 등 해외 경쟁선사의 공격적인 신조선박 발주로 향후 국적선사의 시장 점유율은 하락할 것으로 전망된다. 또한, 국내 근해 선사들은 해외 경쟁선사 대비 선대규모, 재무 및 원가구조 등이 대부분 열위에 있는 것으로 분석된다. 따라서 선사 간 협력을 바탕으로 선제적인 항로 조정과 선복량 축소를 통해 안정적 시장운임을 유지할 수 있는 체계를 마련하여야 향후 시장위기 대응이 가능하다. 이와 더불어 국적선사의 경쟁력 제고를 위해서는 저비용·고효율 선대 확충

---

11) 글로벌 Alliance 수: ('08년) 3개 Alliance + 대형 4개사 ⇒ ('20년) 3개 대형 Mega Alliance

12) 삼국 간 포함 전체 동남아 노선의 한국선사 점유율은 '17%'로 낮은 수준(총 1,206,587 TEU 중 207,590 TEU)

을 통한 원가 경쟁력을 강화하고 국적선사 간 전략적 협력도 확대하는 노력을 병행하여야 한다.

근해 국적선사 간 협력방안은 다음의 4가지 안으로 분류할 수 있는데, 협력 강도가 높아질수록 비용절감 및 항로 합리화에 대한 효과는 높은 반면, 비용배분의 공정성, 선사별 자율성 제한에 따른 불협화음이 발생할 가능성이 있다.

■ **근해선사 간 협력방안 개요**
· (1안: K-Alliance) 구속력 있는 국적선사 Alliance 협력 체제 구성·운영
· (2안: Tonnage Bank) 선사들의 선박출자를 기반으로 공동운항 법인을 설립하고, 선사별 독립적 영업 후 지분율에 따른 수익배분
· (3안: K-Pooling) 선사들의 선박출자를 기반으로 신설된 전문법인 또는 대표선사가 통합 영업 후 지분율에 따라 수익배분
· (4안: 자율적 M&A) 선사간 인수 및 합병을 통한 규모의 경제 실현

공사는 2020년 하반기 중 국적 근해선사 간 자율적 협의를 통해 참여 가능한 실행 방안에 대한 의견을 수렴한 결과, K-Alliance 협력 방안이 선정되었고, 2020년 12월 23일 참여선사 간 기본합의서가 체결되었다. 이에 따라 정부(해수부)와 공사는 K-Alliance의 구체적인 세부 실행계획('근해 국적선사 동남아항로 경쟁력 강화 방안')을 마련 중이다. 동 방안에는 참여선사들의 협의체를 통하여 항로·선복 운영의 최적화를 구현하고, 운용선박 사이즈 증대 및 터미널·연료유 구매 공동계약 등 규모의 경제를 통한 원가경쟁력 확보를 통해 참여 선사들의 시장경쟁력을 제고시키는 방안 등이 마련될 예

정이다.

한편, K-Alliance가 성공적으로 실행될 경우 ① 항로 합리화를 통한 기존 중복 서비스 재편 등 근해선사 간 과잉경쟁 요소가 제거되고, ② 복수 선사의 동일 서비스 사용으로 선박 대형화가 가능하여 TEU 단위당 자본비 절감 등 원가경쟁력이 제고되며, ③ K-Alliance 단위에서 연료유 구매, 터미널 계약 공동 추진이 가능하여 협상력 증대 및 운용비용 인하 효과가 예상되고, ④ 선사별 분할된 서비스의 공동 운용으로 개별선사의 서비스 항차 수 및 기항지 증가 등 운항 서비스도 제고될 것으로 기대된다.

다만, 이번 K-Alliance 결성과 관련, 기본적으로는 동남아항로의 선복량 비중이 높은 국적 주요 3사(HMM, K2, KMTC) 모두의 참여가 가장 이상적이나 개별 선사의 사정상 일부 선사가 참여하지 않기로 하였다. 따라서 비참여선사의 얼라이언스 대응을 위한 외국적 선사와 협력 증대가 역으로 과잉경쟁을 초래할 수도 있다는 우려도 한편에서 제기되고 있어 참여 선사의 확대를 위한 노력을 계속 병행할 필요가 있다. 아울러, 얼라이언스를 통한 원양선사의 역내 영업 과잉, 또는 특정 근해선사의 과도한 영업 확대가 없도록 관리하고, 국적선사 간의 얼라이언스 구성으로 인해 해외선사와의 협력 네트워크가 상실되지 않도록 대외협력도 계속 강화하는 것이 필요하다. K-Alliance의 구체적인 세부 운영 및 협력방안은 현재 참여 선사 간 논의 중이므로 설명을 생략하기로 한다.

기국(Flag State)의 기능과 역할 및 라이베리아 기국

김정식(라이베리아 기국 한국등록처 법인 대표)

1. 서언(소개 및 기국의 역사 등)

울산 미포만에 조선소 설립 기공식과 동시에 선박 건조를 시작하여, 1974년에 첫 번째 선박(선종: 초대형원유운반선(VLCC), 선명: 아틀란틱 배런(Atlantic Baron))을 선주사인 그리스 리바노스사에 인도한 현대중공업의 일화는 조선 / 해운 업계에 널리 알려져 있다. 동 선박의 선미에 명기되어 있는 선적항(Home Port)은 몬로비아(Monrovia)이며, 선적국은 라이베리아(Liberia)이다.

그리고, 최근에 국적선사인 HMM사에서 현대중공업으로부터 인수한 16,000TEU급 초대형 컨테이너선인 '에이치엠엠 누리'호(1호선; 2021년 3월 인도) 및 시리즈 호선 총 8척의 선적항 역시 몬로비아이며, 선적국은 라이베리아이다. 또, 스위스에 본사를 두고 있는 MSC사에서 대우조선해양으로부터 인수(2021년 4월)한 23,000TEU급 초대형 컨테이너선인 'MSC Apolline'호도 마찬가지로 선적국을 라이베리아로 하여 등록하였다. 이처럼 전 세계의 많은 유명 선주사들이 선적국을 라이베리아로 하여 선박을 등록하고 있다.

M / V HMM NURI (16,000TEU)　　　M / V MSC APOLLINE (23,000TEU)

한편, 신문에서 보도된 바와 같이, 라이베리아 기국(Flag State)은 선급(Classifications Society)인 DNV와 함께 고망간강(Hi-Mn Steel)을 소재로 한 LNG 연료탱크를 적용한 최신 선박 디자인들에 대해 조선소측(현대중공업 및 대우조선해양)에 AiP(Approval in Principle; 기본인증서)를 교부하였다.

참고로, 선박의 LNG 연료탱크에 고망간강 소재를 적용하는 기술은 한국의 철강회사인 포스코가 개발한 것으로, 2019년 IMO(국제해사기구)에서 발표한 Interim 가이드라인(MSC.1 / Circ.1599)에 따르면, 동 소재 적용에 대해 Administration(기국)의 승인을 받게 되어 있다. 과거에는 일본 기술인 9% 니켈강 소재를 주로 LNG 탱크에 적용해왔으나, 포스코에서 개발한 고망간강 소재가 가격경쟁력이 뛰어나다고 시장에 알려져 있으며, 현재 한국 조선소들이 LNG 이중연료(Dual Fuel) 탱크 제작시 활용 중에 있다.

또, 라이베리아 기국은 한국선급과 함께 선박페인트 도포 작업자의 인체에 무해하고, 증발가스로 인한 폭발위험이 없어 안전한 친환경(Solvent free) 도료 기술에 대해서 현대중공업그룹측에 기본인증서(AiP)를 교부하였고, 국적 선사인 현대글로비스와 선박관리사인 지마린서비스를 포함하여 한국조선해양과 현대미포조선의 수소운반선 개발에도 참여하였으며, 로이드선급과는 IMO Type B LNG 탱크 관리 관련 Digital Health Management(Digital Twin Ready) 시스템 개발에도 참여, 그리고 한국선급과 함께 인공지능(AI) 기술을 이용한 선박 화재 감지 시스템 개발에도 참여 하는 등 계속적으로 여러 조선소 및 선급들과 함께 선박의 신기술에 개발에 동참하여 Administration(기국) 입장에서 국제해사 기준을 잘 따르고 있는지 검토한 후 인증서를 교부하고 있다.

이와 같이 전 세계 선주사들이 원양을 항해하는 상선의 선박등록시에 자국에 선박을 등록하는 대신 기국(Flag State)을 이용하여 선박을 등록하고 있고, 또 기국에서는 선박의 신기술 개발에도 참여하는 등 여러 가지 활동을 하고 있는데, 금번 바다 전문가 발표를 통해 기국의 역사와 배경은 어떠한지, 기국에서 무슨일을 하고 있으며, 그 기능과 역할은 무엇인지, 선박등록 및 저당등기 업무들은 어떻게 진행되는지, 그리고 라이베리아 기국의 특징은 무엇인지 등에 대하여 살펴보고 조선 / 해운인들의 이해를 돕고자 한다.

기국관련 용어(Terminology) 정리

우선 기국의 역사적 배경에 대해 살펴보기 전에 관련 용어들을 먼저 살펴보고자 한다.

보통 기국을 다른 말로 플래그(Flag)라고 하는데, 이는 'Flag State'의 줄임말로 한국에서는 이를 번역하여 '기국'이라고 부르고 있다. IMO의 공식 문서에서는 'Administration'이라는 표현을 사용하고 있는데, 이는 어느 한 국가의 행정부 즉, 국가기관 또는 국가를 뜻한다.

기국의 역사가 과거 서양으로부터 유래되었고, 서양에서는 다른 표현으로 FOC(Flag of Convenience)라는 말을 즐겨쓰고 있는데, 이를 한국말로 번역하면 '편의기'가 되지만 한국의 대부분의 해운관련 교과서와 법률서적에서는 '편의치적'이라고 표현하고 있다.(한국해양수산개발원(KMI) 자료 인용) 또, 기국의 다른 영어 표현으로는 'Open

Registry'가 있는데, 한국말로 번역하면 '개방형 선박등록'이라 할 수 있겠다.

한편, 선박의 국적이란 당해 선박이 등록된 항구가 속하여져 있는 국가를 말하는데(해상법 제6판, 김인현 저 인용), 보통 조선소의 표준 계약서 제1장인 선박명세와 선급(Description and Class)의 마지막 절에 선박의 국적(Nationality of the Vessel)을 아래와 같이 명기하고 있다.(라이베리아 국적선으로 건조될 경우 예시)

"The VESSEL shall be registered by the BUYER at its own cost and expense under the laws of LIBERIA with its home port of MONROVIA at the time of its delivery and acceptance hereunder."

참고로, 라이베리아(Liberia)라는 국가명은 영어로 자유를 뜻하는 'Liberty'에서 유래되었으며, 수도인 몬로비아(Monrovia)는 미국에서 노예 해방된 흑인들을 이주시키기 위한 목적으로 아프리카에 서북부에 라이베리아를 건립할 당시 미국의 먼로 대통령(President James Monroe) 이름에서 유래하였다.

기국(편의치적)의 역사

역사적으로 'Flag of Convenience(FOC; 편의치적)' 제도가 이용되기 시작한 연대는 고대 로마제국까지 거슬러 올라 간다. 당시 로마의 선주들이 소유한 선박들을 그리스에 등록하였다는 기록이 있다. 근세에 들어와서는 16~17세기경 영국의 선주들이 어로 및 무역제한이라는 장벽을 피하기 위해 스페인이나 프랑스에 등록한 예가 있으며, 나폴레옹 전쟁 중에는 영국 선주들이 프랑스의 해상봉쇄장벽을 벗어나기 위하여 독일에 등록한 예가 있다. 또한, 미국에서도 1812년 전쟁 중에서 영국의 나포를 피하기 위하여 포르투갈에 등록한 예가 있다.

실질적인 FOC(편의치적)의 시작은 미국 선대들이 파나마 국기를 게양하기 시작한 것으로, 제2차 세계대전이 발발하자 미국 선주들은 자국 대외중립법(U.S. Neutrality Law)의 저촉을 회피하기 위하여 소유선박을 파나마로 이적하였다. 이 당시 독일 선박들도 나포를 우려하여 파나마로 이적하였다. 특히 미국과 파나마에 체결된 조약에 따라 해운소득에 대한 세금이 상호 면제되자 Standard Oil of New Jersy를 포함한 몇몇 선주들은 선박등록지 이적에 따른 재정상 이익에 많은 흥미를 갖고 이를 추진했다. 그 후 1946년 발표된 미국선박매각조례(U.S. Ship Sales Act)는 Open Registry(=FOC) 이용의 주요 촉진제가 되었다.(KMI 자료 인용)

이처럼 Open Registry의 역사는 고대시대부터 시작되었으며, 해운업의 본질이 해상운송을 통한 국가간의 무역을 통해 이윤을 창출하기 위한 것으로 선주들은 Open Registry를 통해 제3의 국가에 선박을 등록하여 중립성을 확보하고 전쟁위험(나포) 회피, 자유로운 무역활동, 경제적 이득(세제혜택) 등을 꾀하였다.

라이베리아 기국의 역사

라이베리아 기국(Liberian Registry)은 미국 국무장관을 역임한 에

미국 백악관

에드워드 스테티너스

드워드 스테티너스(Mr. Edward Stettinius)를 주축으로 하여 1948년에 미국에서 설립되었다. 과거 말라리아로 인한 프랑스의 파나마 운하 공사 실패 및 포기 이후, 미국이 바통을 이어받아 파나마 운하를 완공하였고, 이후 파나마 운하 개통, 통행권 관리 그리고 파나마 국가 독립의 역사적 배경에 미국이 존재하고 있었다.

앞서 Open Registry(편의치적)의 역사에서 설명한 바와 같이 제2차 세계대전의 전쟁경험, 중립국법(Neutrality Act) 등의 영향으로 제3의 국가에 선박을 등록하여 중립성을 확보하여 전쟁위험에 따른 나포 회피, 자유로운 무역활동, 세제혜택 등 경제적 이득을 꾀하기 위해 이를 경험한 미국 내부에서 파나마 이외의 Open Registry의 필요성이 제기되었고, 에드워드(Edward)를 주축으로 하여 이미 미국이 아프리카에 건립한 '라이베리아'라는 국가(Administration)와 라이베리아 해사법(Liberian Maritime Law)을 근간으로 하여, 미국의 민간단체가 라이베리아 국가를 대신해서 위탁 운영하는 라이베리아 기국(Liberian Registry; Flag State) 본부를 미국 버지니아주에 설립하였고, 라이베리아 해사청(Liberia Maritime Authority)의 관료들이 미국 본부에 파견나와 있다.

참고로, '라이베리아'라고 하는 국가는 1820년경에 설립되었으며, 1847년에 미국으로부터 독립하여 아프리카 최초의 자유민주주의 국가가 되었다. 1945년에는 유엔(U.N.)의 창립멤버가 되었으며, 2006년에는 엘렌 존슨 설리프(Ms. Ellen Johnson-Sirleaf)라는 여성 대통령이 선출되었으며, 10년의 재임 기간 중, 2011년에 대통령 설리프(President Sirleaf)는 노벨 평화상을 받기도 하였다. 그리고, 2018년에는 축구선수로 유명한 조지 웨아(Mr. George Weah)가 대통령으로 선출되어 현재까지 집권 중에 있다.

라이베리아 국가는 설립 당시 미국의 법과 행정시스템을 차용하였고, 당시 미국의 법은 오늘날까지도 전 세계 자본시장의 중심인 뉴욕(New York)의 법을 근간으로 하고 있었다. 따라서, 라이베리아 법은 뉴욕법을 차용하여 선진적이고 유연한 구조로 이루어져 있어, 라이베리아 해사법에 대출기관들이 받아들일 수 있는 저당권 등기 제도를 명문화할 수 있었다.

1948년 라이베리아 기국 설립 이후, 이듬해인 1949년에 그리스 선주사로부터 월드 피스(World Peace)라는 탱커선이 라이베리아 기국에 첫 번째 선박으로 등록이 되었고, 또, 같은 해에 국제해사기구(International Maritime Organization; IMO)가 설립이 되었으며 라이베리아는 IMO의 창립멤버로 참여하여 현재까지 IMO의 국제해사규정 제정 및 개정 등 각종 활동들에 계속 참여하며 명맥을 이어오고 있다.

전 세계 등록선대 점유율 및 세계 3대 기국 비교

그럼 기국의 기능과 역할에 대해 살펴보기 전에 최근의 전 세계 등록선대 (국가별) 점유율과 상위 점유 기국들에 대해 살펴보고자 한다.

총톤수(GT)기준 전 세계 등록선대(클락슨 2022년)

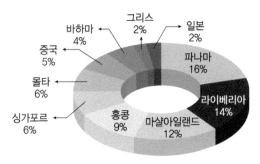

그리스 상선 국적등록 현황

FLAGS		Vsls	Dwt	Av. YOB
LIBERIA		1286	113,136,427	2009
MARSHALL ISL.		1193	90,605,455	2010
MALTA		810	68,874,760	2010
GREECE		680	67,399,649	2006
PANAMA		533	31,897,317	2006
CYPRUS		322	21,882,837	2008
BAHAMAS		298	21,785,127	2009
SINGAPORE		75	3,701,660	2012
CAYMAN ISL.		32	2,825,464	2010
BERMUDA		30	2,539,924	2013
HONG KONG		30	4,012,879	2005
ISLE OF MAN		27	3,155,564	2008
PALAU		27	423,730	2003
BARBADOS		23	1,106,084	2010
P. MADEIRA		21	678,594	2005
BELGIUM		20	3,699,535	2010
GIBRALTAR		13	231,433	2005

August 2020: Ships over 1000 grt

2022년 2월 기준 클락슨 세계 선대 모니터(Clarkson's World Fleet Monitor) 데이터에 따르면, 총톤수(Gross Tonnage) 기준 파나마(16%), 라이베리아(14%), 마샬아일랜드(12%), 홍콩(7%), 싱가포르(7%), 몰타(6%) 순으로 전 세계 등록선대 분포를 보이고 있다. 파나마의 경우 대략 5~6년 전에 약 20% 이상의 점유율을 나타낸 바 있으나 현재 감소하였고, 라이베리아의 경우 2021년 등록선대 집계 2억 2천만 톤(GT 기준) 돌파를 기록하며 여타 기국들 대비 빠른 성장세를 보이고 있다.

그리고, 세계에서 가장 많은 선박들을 보유하고 있는 그리스 해운 회사들의 상선 국적등록 현황을 살펴보면, 2020년 8월 기준(Shipping & Finance; 그리스 해사신문)으로 라이베리아 국적을 가장 많이 취득하고 있고, 이후로 마샬아일랜드, 몰타, 그리스, 파나마 순으로 분포를 보이고 있다. 그리스의 경우, 현재까지 한국과 일본에서는 파나마 비중이 높았던 것과는 대조적인 모습을 보이고 있다. 과거 일본의 영향으로 한국에서도 파나마 기국을 선호해 왔으나, 근래에 일

본에서는 파나마의 성장율이 둔화되는 모습을 보이고 있으며, 라이
베리아가 여타 기국들 대비 빠른 성장세를 보이고 있다.

주요 3대 기국 비교

(가나다 순)

구 분	라이베리아	마샬아일랜드	파나마
설립	1948	1993	1920
기국본부	미국 (Dulles, Virginia)	미국 (Reston, Virginia)	파나마
중국 입항세 감면 (28% 할인혜택)	○	×	○
자금세탁방지기구 (FATF)	–	–	주의국가로 지정 ('19. 6월)
EU Tax Haven List	White Listed	–	Non-cooperative Country
IMO 창립멤버	○	×	○
전자 증서	14년전 최초도입 (전체 Cert.)	근래 도입	근래 도입

　세계 3대 기국인 라이베리아, 마샬아일랜드 및 파나마에 대해 간
단히 살펴보고자 한다.

　설립연도를 기준으로 파나마는 100년이 조금 넘는 역사를 가지
고 있으며, 라이베리아는 75년 그리고 마샬아일랜드는 29년의 기국
역사를 가지고 있다. 참고로, 마샬아일랜드의 경우, 앞서 설명한 라
이베리아 기국의 미국 소재 민간운영사에서 제2의 기국으로 준비하
여 탄생하였고, 한 동안 라이베리아와 마샬아일랜드가 같은 미국의
운영사에서 운영되다가 이후에 서로 분리되었으며, 따라서 현재 양
기국의 미국 본부가 같은 버지니아주 내에 서로 다른 지역에 소재해
있다.(기본적으로 마샬아일랜드 기국은 라이베리아 기국과 동일한 업무 표
준서에서 출발하였기 때문에 상호 간에 업무 처리방식이 비슷하며, 분리 이

후 시간이 흐름에 따라 문서들의 명칭과 항목들이 조금씩 달라지게 되었다)

따라서, 라이베리아와 마샬아일랜드 기국의 탄생배경 및 파나마 독립의 역사적 배경을 감안해 보면, 세계 3대 기국의 설립 배경에는 미국이 있었음을 짐작해 볼 수 있다.

라이베리아와 마샬아일랜드의 경우, 선박등록, 회사(SPC)설립, 저당등기 등의 기국 업무를 전 세계 각국의 지사에서 처리하고 있으며, 미국 본부와 지사 간에 업무처리를 위한 전산시스템이 잘 연결되어 있다. 반면 파나마의 경우, 기국 업무를 각국의 대사관 또는 영사관에서 취급하고 있으며, 마찬가지로 본국과 연결된 전산시스템을 활용한다.

기국별 특이점들에 대해 살펴보면, 라이베리아와 파나마는 중국과의 해사협약에 따라 중국입항세(China Port Due)를 약28.4% 감면받을 수 있어, 해운사들에 큰 이점으로 작용하고 있다.

한편, 파나마의 경우, 2019년 6월 FATF(국제자금세탁방지기구)로부터 AML(Anti Money Laundring; 자금세탁방지) 주의국가(Deficency Jurisdiction)로 지정된 후 아직까지 관찰(Monitoring) 대상으로 남아있으며, EU Council(유럽연합기구)에서도 2021년 2월까지 비협조 국가(Non-cooperative Jurisdiction for Tax Purposes for Exchange of Information)으로 남아있다. 반면, 라이베리아의 경우, 자금세탁방지(AML), 테러리스트 자금지원(Terrorist Financing) 및 WMD 확산금융(Proliferation Financing) 문제 등으로부터 화이트리스트(White Listed)를 꾸준히 유지하고 있다.

또, 앞서 설명한 바와 같이 라이베리아는 IMO(국제해사기구)의 창립멤버이며, 기국 중에서 최초로 2007년에 IMO의 승인을 받아 선박에 필요한 모든 서류(Cert.)들에 대해 전자증서를 도입하여 선사 및 선박관리사들에게 편리한 서비스들을 제공해 오고 있다.

2. 기국의 기능과 역할

기국의 기능과 역할을 알아보기 위해, 먼저 기국본부의 조직편제를 살펴봄으로써 기국에서 어떤 일들을 하고 있는지 이해하고, FOC(편의치적)의 효용과 장점 그리고 기국의 IMO 활동들에 대해 살펴보고자 한다.

라이베리아 기국 본부 조직편제

근래의 라이베리아 기국 본부의 조직개편으로 인해 부서별 명칭이나 이메일 주소는 조금 변경되었지만, 기본적으로 담당하고 있는 업무들은 앞의 표와 같다.

1) Technical Dept.(기술 담당 부서)

선박의 감항성(Seaworthiness)을 검사하는 전문기관인 선급(Class. Society)과 긴밀히 협력하며, 선급 발행 문서들을 검토하고, SOLAS 등 국제해사규정에 따라 선박이 건조 또는 수리되었는지 판단(Evaluation)하며 선박의 기술적인 사항들에 관여하는 부서이다.

2) Safety Dept.(안전 담당 부서)

ISM Code(Internatioanl Safety Management Code: 선박안전규정) 준수 여부를 관할하는 부서로, 대부분의 PSC Detention(항만국 선박억류; Port State Control Detention) 사유가 선박의 안전에 관한 것이기 때문에 이를 방지하기 위해서도 선박 및 선박관리사와 연락하며 노력한다.

3) Security Dept.(보안 담당 부서)

ISPS Code(International Ship and Port facility Security Code: 선박 및 항만시설에 관한 국제보안규정) 준수 여부를 관할하는 부서이다. ISPS Code는 9.11 테러를 계기로 IMO에서 제정하였다.

4) Audit Dept.(선박 검사 담당 부서)

ASI(Annual Safety Inspection), ISM, ISPS, MLC(Maritime Labour Convention) 등 기국 자체 실시 검사 또는 국제협약에 따른 검사들이 제대로 수행되고 있는지 관리 / 감독하며 지원하는 부서이다.

5) LRIT Dept.(선박 장거리 위치추적 시스템 담당 부서)

LRIT는 Long Range Indentification Tracking의 약자로 선박 장거리 위치추적 시스템을 말하며, ISPS와 마찬가지로 9.11 테러를 계기로 선박의 안전과 해양오염방지를 목적으로 IMO에서 도입되었으며, 이를 관할하는 부서이다.

6) INMARSAT Dept.(항해통신장비 담당 부서)

라이베리아 기국은 여타 기국과는 달리 항해통신장비의 Activation 및 De-activation 부여를 기국 본부 담당부서에서 직접 수행한다. 여타 기국들의 경우, 동 업무에 대해 외주를 주고 있다.

7) Vessel Certificates Dept.(선박증서 담당 부서)

국제해사규정에 따라 선박에 필요한 여러가지 증서들을 발급하는 부서이다(MSMC, CSR, Radio License, CLC, BCLC, WRC 등).

8) Seafarers Dept.(해기사 담당 부서)

해기사들의 면허 및 각종 자격들을 심사 / 관리하며, 관련 증서들을 발급하는 부서이다.

9) Corporate Registry Dept.(회사등록 담당 부서)

SPV(Special Purpose Vehicle; Non-resident Liberian Corporation) 또는 SPC 설립을 담당하며, COI(Certification of Incorporation), AOI(Articles of Incorporation), CGS(Certificate of Goodstanding), Share Ceritficate 등 회사 관련 서류 발행과 개정을 담당한다.

10) Registration Dept.(선박등록 담당 부서)

선박이나 해양구조물의 기국 등록(Registration) 또는 말소(Delet-ion)를 담당하며, 미국 뉴욕에 소재하고 있다.

11) Mortgage Dept.(저당등기 담당 부서)

저당등기(Mortgate Recordation)를 담당하며, 미국 뉴욕에 소재하고 있다.

기국 서비스의 효용과 장점(Advantages of FOC Usage)

앞서 살펴본 바와 같이, 기국 내 여러 담당부서에서 여러 기능들을 담당하고 있으며, 관련 서비스들을 제공하고 있다. 여기서는 오늘날 많은 해운해사들이 선박을 등록함에 있어서 기국 서비스를 이용하고 있는 그 이유와 기국 서비스의 효용 및 장점들에 대해 살펴본다.

1) One-stop 서비스 제공

전 세계에 분포된 많은 라이베리아 기국의 지사들 중에 어느 곳이라도 접촉하면, SPV 설립과 저당등기를 포함하여 선박등록 및 선박운영(증서 발급 / 갱신 등)에 관한 안내와 함께 일괄 서비스를 받을 수 있으며, 그 절차가 쉽고 빠르다.(한국의 경우, E-mail 주소: info@liscr.kr 로 연락하면, 내부 업무분장에 따라 서울 및 부산사무소에서 대응한다.)

2) 선박금융(Ship Finance) 관련

선박사이즈가 대형화되어 왔고, 선박의 가치가 높은 점을 감안, 금융주선이 어느 한 단일 국가 내에서 이루어지기보다는 주로 전 세계 금융선들이 신디케이트론(Syndicate Loan)을 통해 선박구입 자금을 조달하고 있는데 이러한 금융기관들이 라이베리아 기국의 SPV 또는 저당등기에 공신력을 부여하고 선호하고 있다. (앞서 설명한 바와 같이, 라이베리아 법은 뉴욕법을 차용하여 선진적이고 유연한 구조로 이루어져 있으며, 라이베리아 해사법에 대출기관들이 받아들일 수 있는 저당권 등기제도를 명문화하고 있다.) 그리고, 선박등록 당일에 저당등기 설정과 함께 관련증서(COE: Certificate of Ownership and Encumbrance) 발급이 가능한 점이 대출기관들에 큰 매력으로 작용하고 있다.

3) 선박건조 및 선박운영 지원

오랜 역사와 함께 기국의 노우하우(Know-how)를 가지고, 선박건조시 적용되는 국제해사규정들(Rules & Regulations)에 대한 해석(Interpretation)에 대해서 선급과 함께 협력하며 선박건조가 원활히 진행될 수 있도록 지원하고 있으며, Exemption 사항들이 발생하면 기국본부에서 아이템 별로 IMO에 직접 등록하는 작업을 수행하고 있다. 아울러, 운항 중인 선박에 대해서도 여러 가지 긴급 사안들에 대해 불철주야 최선의 지원을 하기 위해 노력을 경주하고 있다.

4) 선원운영(Crew Management) 관련

선원에 대한 국적제한이 없으며, 기국에서 운영하고 있는 편리한 전산시스템을 통해 신속한 선원면허 및 증서들을 발급 받을 수 있으며, 코로나 시대를 감안하여 온라인을 통해 교육 및 자격시험의 서비스도 제공하고 있다.

5) 경쟁적이고 단순한 세금부과(Tax simplication)

선박의 순톤수(Net Tonnage)를 기준으로, 정해진 산출식을 통해 선박등록세(Registration Fee)와 연간유지비(Annual Tonnage Tax 등)만을 부과하고 있으며, 해운운임 소득에 대한 세금을 따로 부과하지 않고 있다.

6) 기타

Administration 입장에서 국제해사규정들의 해석에 대한 기국의 노우하우(know-how)를 가지고 선박 및 선박관련 신기술들(신선형개발, 친환경 연료 및 AI 적용 등) 개발 프로젝트들에 참여하고 있으며, 동시에 각종 IMO 회의에 참여하여 동 신기술 관련 규정들이 제정 및 개정될 수 있도록 힘쓰고 있다.

IMO 활동

라이베리아는 1949년 IMO(국제해사기구) 창립 멤버로 참여하였고, 라이베리아 기국은 계속적인 참여를 통해 아래와 같은 주요 국제해사규정(International Maritime Law)들의 제정 및 개정에 관여해 왔다.

- SOLAS(International Convention for the Safety of Life at Sea)
- STCW(International Convention on Standards of Training, Certification and Watchkeeping for Seafarers)
- MARPOL(International Convention for the Prevention of Pollution from Ships)
- MLC(Maritime Labour Convention)

관련, MEPC(Marine Environmental Protection Committee) 및 MSC (Maritime Safety Committee) 등과 같은 위원회 활동에 참여하여, 아래와 같은 IMO Key Developments에 대해 과거로부터 논의해 왔고, 또 현재 논의를 진행 중에 있다.

- Goal-Based Standards
- Initial GHG Strategy
- Maritime Autonomous Surface Ships(MASS)
- Polar Code

- Sulphur Cap 2020
- NOx Technical Code(2008)

아울러, 각종 위원회 참여 후에는 Meeting Summary를 작성하여 배포하고 있다.

3. 선박등록(Vessel Registration)

선박등록의 종류 / 형태

선박등록의 형태는 다음과 같이 6가지로 구분할 수 있다.

1) 건조 중 등록(Vessels Under Construction)

주로 오프쇼어 구조물에서 활용 중으로 등록에 따른 'Ceritficate of Intended Registry'(사전등록증) 취득으로 인도 전 금융을 용이하게 하고, 'Export License' 취득에도 도움을 준다.

2) 신조 등록(Newbuilding)

신조선에 대한 일반적인 형태로 조선소로부터 선박인도 당일에 등록이 이루어진다.

3) 기국 변경 등록(Flag Transfer from Another Flag)

선박의 소유권(Ownership) 변경이나 선주(Shipowner)측의 여러 목적 및 의도에 따라 기국을 이전하여 등록하는 경우이다.

4) 재등록(Re-Registration of LIBERIAN Vessel)

선박의 소유권 변경이나, 재금융에 따라 기국은 유지하고 재등록하는 경우이다.

5) 나용선 등록(Bareboat Charter-In & Out)

기등록된 기국(Underlying Flag)을 유지한 상태로, 나용선 기간 동안만 타기국에 선박을 등록하는 경우로, 용선주의 편의(세제혜택 등)

에 따라 이루어진다.

6) Laid-Up 등록(Registration in Laid-Up Status)
선박의 계선(Lay-Up) 상태에서 이루어지는 등록의 형태이다.

선박등록 요건
선박등록시 기본적인 필요조건은 다음과 같다.

(1) 기국 내에서 동일한 선명은 중복하여 사용할 수 없다.

(2) 기국에 설립된 회사(Non-resident Liberian Corporation)가 선박의 소유권을 가지고 있어야 한다.(또는 여타국가에 설립된 회사 (Foreign Maritime Entity)라고 하더라도 기국에 등록절차를 거치면 선박등록 가능)

(3) 순톤수 500톤 이상의 바다를 항해할 수 있는 선박이어야 한다.

(4) 선령 20년 이내여야 한다.

(5) 국제선급연합회(International Association of Classification Societies; IACS)에 가입된 선급에 입급된 선박이어야 한다.(IACS Member: LR, BV, CRS, RINA, ABS, DNV, NKK, RS, PRS, CCS, KR, IR)

선박등록 절차 및 관련 서류
선박등록의 절차와 관련 서류들에 대해 간단히 살펴보면 다음과 같다

- 실질적인 선박등록 업무의 시작은 RLM-101A(라이베리아 기국 양식)라는 신청서를 작성하여 가까운 기국 사무소에 이메일을 통해 제출하는 것으로 시작된다.(한국등록처 이메일: info@liscr.kr)
- 앞서 설명한 선박등록 요건을 감안하여, 선박의 소유권을 가진 자(또는 가질 예정인 자) 또는 대리인이 상기 신청서에서 요구하

고 있는 선박등록의 형태, 등록 예상날짜, 해당 선박의 선명
및 명세, 소유(예정)자 정보 등을 기입하여 제출하면 된다.

- 등록업무 초기에는 기국 사무소의 안내에 따라 몇 가지 주요
정보만 기입하여 제출하면 임시 선박등록증과 무선국증서
(Draft Provisional Certificate of Registry, Draft Ship Radio
Certificate)를 발급 받을 수 있고, 선박식별번호 및 각종 무선부
호 등 라이베리아 공식 번호들을 부여 받을 수 있다. 상기 임
시증서들과 부호 또는 번호들은 선박의 보험 가입 및 신조선
의 경우 시운전시 통신에 활용하게 된다.

- 선박소유권자 또는 대리인의 서명(위임장 필요)과 함께 모든 정
보가 기입된 최종 완성된 신청서는 선박등록 전일까지 기국사
무소에 제출하면 된다.

- 한편, 선박소유권에 대한 증빙으로 신조선의 경우 조선소에서
작성한 인증절차를 거친 Builder's Certificate(신조증서)와 Bill
of Sale(매매서류)을 제출하여야 하며, 기존선의 경우 매매서류
와 함께 여타 구비 서류들(선박등록의 형태에 따라 달라짐)을 제
출하여야 하는데, 자세한 설명은 생략한다.

- 또, 국제해사규정에 따라 다음과 같은 서류들이 신청, 구비 또
는 제출되어야 한다.

1) 국제협약준수(Conventions Compliance)
- STCW: Minimum Safe Manning Cert.(최소승무정원증서 신청)
- ISM: ISM Declaration of Company and Person(안전관련,
  선박관리사 및 담당자 지정)
- ISPS: CSO Declaration and Ship Security Plan(보안관련 담
  당자 지정 및 계획 준비)
- CSR: Continuous Synopsis Record Declaration(선박이력서

신청)

2) 배상책임보험 증서 제출

해상오염방지(BCLC and / or CLC), 잔파선제거(Wreck Removal)

- 보통, 선박의 매매서류(Bill of Sale)는 선박등록일 사전에 준비가 되는 반면, 최종 선박의 인도인수 확인서(Protocol of Delivery and Acceptance; PODA)는 선박등록 당일에 당사자 간에 서명을 마친 후, 선박인수자가 동 확인서를 기국사무소에 제출하여 기국사무소 직원들이 선박등록 작업에 돌입하게 된다.

선박등록 당일 발행되는(전자)서류

라이베리아 기국은 2007년 IMO 승인을 통해 기국 중 최초로 전자증서를 도입하였으며, 앞서 설명한 절차 및 작업들을 거쳐 선박등록 당일 이메일을 통해 아래와 같은 선박에 필요한 증서들을 교부하고 있다.(아래는 신조 컨테이너선의 경우)

- Provisional Certificate of Registry(선박등록증)
- Ship Radio Station License Temporary Authority(선박무선국증서)
- Minimum Safe Manning Certificate(최소승무정원증서)
- Port Authority Letter(항만국에 대한 선박등록 확인서)
- Certificate of Civil Liability for Bunker(연료유해상오염 책임보험 부보 확인증)
- Wreck Removal Certificate(잔파선제거 책임보험 부보 확인증)
- Tonnage Tax Receipt(선박 톤세납입 확인증)
- Letter to Master(라이베리아 법령집 및 국제해사규정에 따른 양식 보유 확인증)
- Continuous Synopsis Record(선박이력서)

4. 선박 저당 등기(Mortgage Recordation)

선박의 매수자는 보통 선박금융을 통해 선박구입 자금을 마련하는데, 이때 자금을 융통해주는 대출기관측에서 관련 자금에 대한 담보를 확보하기 위해 선박등록과 동시에 선박에 대한 저당권 등기 설정을 선박 매수자에게 요청하게 되며, 라이베리아 기국은 국가 기록보존소 역할로 관련 등기 설정 서비스를 제공하고 있다.

용어(Terminology) 정리

저당권 등기에 관한 주요 용어는 다음과 같다.

- Mortgage: 저당(권), 담보(권)
- Mortgagee: 저당 채권자(저당권자: 금융기관)
- Mortgagor: 저당 채무자(저당권 설정자: 선박소유자)
- Recordation(or Recording): 등기(기국)
- Mortgage Instrument: 저당 계약서

저당등기 절차 및 관련 서류

저당권 등기 설정 절차 및 관련 서류들에 대해 간단히 살펴보면 다음과 같다.

- 저당권 등기 설정을 위해서는 저당계약서(Mortgage Instrument) 3부와 MOP(Memorandum of Particulars: 주요요목서) 1부를 기국 사무소에 제출해야 하는데, 보통 선주측(대출기관측) 담당 금융 변호사가 저당권 등기일 사전에 관련 서류들에 대한 초안들 (Drafts)을 기국 사무소에 제출하여 기국본부의 검토를 받아 관련 서류들의 내용을 확정하고 저당권 등기일 당일까지 대기하게 된다. 아울러, 저당권등기 설정 요청에 대한 권한과 관련 증빙서류(Board Resolutions 또는 POA)를 제출하여야 한다.

- 보통 선박등록일 당일 선박등록과 동시(선박등록 직후)에 저당권 등기(Mortgage Recording) 작업이 이루어 지며, 선박금융 구조에 따라 선순위 및 후순위 등기 작업이 이루어지기도 하며, 등기 후에는 관련 증서(Certificate of Ownership and Encumbrance; COE)가 발급된다.
- 또, 기국변경의 경우에는 전 기국으로부터 저당권 해지 절차가 필요하며, 관련 확인 서류들을 제출하여야 한다.
- 선박금융 구조(해외자금 차입)에 따라, 저당 채권자가 해외에 있는 경우 사전에 상기와 같은 저당등기 설정일과 시간 (Closing Date & Time)을 약속하고 해외의 기국사무소들과 협업 하여 등기 업무를 처리 및 신속한 서비스를 제공하고 있다.

5. 라이베리아 기국의 특징

사용자 친화적이고 시장을 선도하는 빠른 서비스 제공

라이베리아 기국은 미국 버지니아주 소재 기국 본부를 중심으로 전 세계에 수 많은 지사들을 보유 중으로, 특히 한국, 중국, 일본, 홍콩, 싱가포르, 대만, 마닐라 등 동아시아 지역에만 13개의 지사를 보유하고 있으며, '24/7 Global Support' 모토를 가지고 선박 등록 및 운영에 관한 발빠른 서비스를 제공 중에 있다. 아울러, 전 세계 주요항구에 여타 기국 대비 많은 선박검사관을 보유 중이며, 선박 억류(Detention) 방지에도 힘쓰고 있다.

그리고, 라이베리아는 기국 업무와 관련하여 사용자 친화적이며 근래의 주변 상황을 반영한 최신 법률을 유지하기 위해 지속적인 노력을 기울여 왔으며, 전 세계 유행병(Covid-19) 시국에 회사제도에 관한 법('회사법': Business Corporation Act)과 유한책임회사법(Limited Liability Company Act)을 개정하여 기국의 행정 업무들을 더욱 간소화하고 쉽게 만들었다. 관련, 점점 더 필수적으로 활용되고 있는 일부 전자 절차들(Electronic Procedures)을 포함하여 현대적인 절차들을 법에 반영하여 성문화하였다. 또한, 이러한 개정 작업들은 문서들을 기록 및 등록(Filing)할때 반복적이고 중복되는 서명 절차들을 간소화하였고, 공증 및 아포스티유 절차 없이 라이베리아 외부의 문서들을 기록 및 등록시에 인증(Acknowledgement)할 수 있게 되었다.

기국 최초로 전자증서, 선원관리 등 선진적인 IT 시스템 도입

라이베리아 기국은 IMO 승인을 통해 2007년에 기국들 중에서 최초로 선박운영에 필요한 전자증서들을 도입하였고, 이후, 또 기국들 중에서 최초로 해상 인력 에이전시들(Crewing and Manning Agencies)이 선원 서류들을 온라인을 통해 신청할 수 있도록 최첨단의 'SEA 시스템'(Seafarer Electronic Application System)을 구현하여 사용해 왔다.

아울러, Covid-19 시국에 선원관련서류(Seafarers Documents) 및 자격증명(Credentials) 신청 그리고, 라이베리아 면허(Liberian license) 및 자격상향(Upgrade) 시험을 사용자 친화적으로 쉽게 이용할 수 있는 두 가지 새로운 온라인 플랫폼을 발표하였으며, 이 새로운 플랫폼들은 기국본부의 최근 투자에 따른 결과로 라이베리아 기국은 그 동안 해운산업의 서비스 리더로서 선진적인 기술들을 채택해 왔고, 실용적이고 비용효과적인 전자 솔루션들(Electronic Solutions)을 개발해 왔다.

첫 번째 플랫폼(https://seafarers.liscr.com/)은 라이베리아 등록선 승선에 필요한 선원 서류들을 선원들이 온라인을 통해 직접 신청할 수 있게 설계되었다. 또한, 라이베리아 기국은 자격을 갖춘 선원들이 온라인으로 면허 시험을 볼 수 있도록 새로운 학습관리 시스템(New Learning Management System)을 만들고 면허 및 자격상향 시험

프로세스들을 완전히 개편하고 현대화했다. 이 플랫폼은 자격을 갖춘 선원들이 승인된 트레이닝 센터(https://seafarerexam. liscr.com/)를 통해 전 세계적으로 연중무휴(24 / 7)로 관련 시험들을 볼 수 있게 했다.

선박운영 비용절감 효과(중국입항세 감면)

라이베리아는 2016년 중국과 수교를 맺고 등록된 선박이 중국에 입항할때 납부하는 입항세를 28.4% 감면하는 내용의 해운협정을 체결하여, 전 세계 라이베리아 기국에 등록 선사들이 동 세제 혜택을 누리고 있다. 참고로, 연간 중국 상시 입항 기준으로, VLCC의 경우 연간 약 16만 불, 그리고 초대형 컨테이너선의 경우 연간 약 10만 불 이상의 감세 효과를 누릴 수 있기 때문에 선사들에게 큰 혜택으로 작용하고 있다.

가장 빠르게 성장하고 있는 기국(Fastest Growing Flag)

라이베리아 기국은 2019년부터 매년 세계에서 가장 빠르게 성장하는 기국(Fastest Growing Flag)을 유지해 왔으며, 현재는 전 세계 기국들 중에서 확고한 2위를 점하고 있다.(2021년 12월 기준, 등록선 대규모 총 2억2천만 톤(220Million GT)의 기록 달성)

이러한 지속적인 성장은 새로운 시장으로의 영역 확장과 직원 및 서비스 증대에서 비롯됐다. 라이베리아 기국은 여전히 그리스 및 독일 선주들의 선택 1순위 기국이며, 한국, 일본 및 중국 선주들 사이에서도 가장 선호되며 급성장하고 있는 선박등록처이다.

지난 2년 동안 라이베리아 기국이 보여준 이러한 역사적인 결과와 급속한 성장은 라이베리아 기국이 제공하고 있는 높은 수준의 서비스와 빠른 대응뿐만 아니라 전 세계 주요 선사들과 선박관리사들이 라이베리아 기국에 부여한 신뢰에 대한 증거이며, 선박의 안전, 비용 절감, 그리고 여전히 최고의 서비스를 제공하기 위해 노력하고 있기 때문이다.

또, 이러한 성장은 라이베리아 선대에 합류하는 선박들에 대해 기술적인 진보, 효율성, 안전성에 중점을 두어 이루어졌다. 라이베리아 등록선대가 이처럼 빠른 속도로 성장함에 따라, 라이베리아 선대의 항만국통제(Port State Control)의 모든 요구 준수 사항들에 대한 이행결과(Performance Record)와 안전기록(Safety Record)들이 현저하게 개선되었다. 그리고, 주요 항만국통제(PSC) MOU에 대해서 화이트리스트(White List)를 유지함과 동시에 전 세계적으로 두 자리 숫자의 선박억류(Detention) 감소를 유지하고 있다. 이는 선박과 선원의 안전 그리고 해양환경 보호에 대해 모든 점에서 이점으로 작용하고 있고, 라이베리아 기국은 서비스 및 품질 부분에서 선두주자이다.

라이베리아 기국은 2020년에 524척, 2021년은 11월 말까지 698척의 선박등록 실적을 보유하고 있으며, 이 중 28%가 신조선들(Newbuilding vessels)이다. 현재 라이베리아 선대는 약 5,000척이며, 약 9.8년으로 기국들 중에서 가장 낮은 평균선령을 보이고 있고, 신조선 등록 비율의 증가에 따라 평균선령이 계속 감소 추세에 있다.

라이베리아 기국은 오랜 역사와 함께 고객사들에게 선박과 선원 안전에 대해 혁신적이며 가장 높은 수준의 서비스를 제공하고 있으며, 국제 해운산업에 대한 안전과 유지 및 해양환경 보호에 앞장서고 있는 것으로 잘 알려져 있다(홈페이지: www.liscr.com).

제**3**부

법 률

해상법 개론 _ 김인현
알기 쉬운 해상법 이론과 판례 _ 김현
알기 쉬운 해사도산법 _ 정병석
선박금융과 SPC _ 정우영
알기 쉬운 해상보험 –해상보험의 정의, 역사 및 종류– _ 권오정
내가 경험한 선박회사의 각종 사고와 분쟁 _ 이석행

해상법 개론

김인현(고려대학교 법학전문대학원 교수, 선장)

1. 해상법의 정의와 필요성

해상법의 정의는 두 가지로 나누어 볼 수 있다. 하나는 형식상 정의이고 다른 하나는 실질상 정의이다. 형식상 정의의 해상법은 상법 제5편을 말한다. 해상법은 선박을 가지고 상거래를 하는 상인들의 법률관계를 다룬다. 여기에는 해상기업의 조직, 용선계약, 운송계약, 해상위험, 저당권 및 선박우선특권과 같은 선박물권 등이 포함된다. 실질상 정의의 해상법은 상법 제5편을 기본으로 하고 여타 민사상의 법률을 포함하는 개념이다. 해운법, 선박소유자책임제한절차법, 선원법, 도선법, 유류오염손해배상법 등이 포함되어 형식상의 해상법보다 범위가 넓어진다.

해상법은 왜 필요한가 의문이 든다. 민법으로 충분하지 않은가? 민법은 사인(私人)과 사인 사이의 관계를 다루지만, 상법은 상인(商人)과 상인, 상인-비상인 사이의 법률관계를 다룬다. 상거래는 민사거래와 다른 특이한 점이 있다. 반복성, 대량거래, 회계장부 및 점포와 같은 설비 등 준비가 상거래에는 추가적으로 필요하다. 또한 상인들의 거래를 더 활성화시키면 이윤이 더 창출될 것이다. 그래서 상거래를 활성화시켜주는 소멸시효의 단축, 선하증권의 사용 등의 제도를 만들었다.

상인 중에서도 선박을 가지고 상거래를 하는 해상기업관계는 더 복잡하고, 바다의 특유한 점이 반영된다. 그래서 이들 거래를 보호하고 관리할 필요가 있다. 운송인 및 선주를 보호하는 책임제한제도가 대표적이다. 그들의 상대방인 화주도 보호해주어야 한다. 선하증권은 운송인이 일방적으로 발행하므로 화주에게 불리한 결과를 낳는 부합계약(附合契約, adhesion contract)이므로 이들을 보호하기 위한 강행규정이 필요하다. 쉽게 선박자체를 임의경매할 수 있도록 하는 선박우선특권제도를 운영하여 선박채권자를 해상법은 보호하기도 한다.

2. 해상법의 기능

해상법은 다양한 기능을 가진다. 분쟁해결기능, 해운산업을 조장하는 기능, 예측가능성을 부여하는 3가지 기능이다. 분쟁해결의 기능은 해상법의 고유의 기능이다. 관련 당사자들의 분쟁을 해결해준다. 예를 들면, 선장이 급하게 구조계약을 체결했다. 그럼에도 불구하고, 선박이 구조된 다음에 선주는 구조계약의 효력을 부인한다. 상법에 의하면 선장은 광범위한 대리권을 가진다. 선장이 체결한 구조계약은 유효한 계약이 되어 선주를 계약 당사자로 만들므로 선주는 책임을 져야 한다.

산업을 조장하는 기능을 본다. 해상법은 해운산업을 조장하는 제도를 만들어 해운산업이 발전하게 된다. 선박의 등기제도가 대표적이다. 선박은 질권 설정을 못하게 하고 저당권의 대상으로 하게 했다. 만약, 질권의 대상으로 하면 선박은 질권자의 점유 하에 있게 되므로 해상기업이 선박사용을 더 이상 하지 못한다. 선하증권(B / L)제도도 해운산업을 조장하는 기능을 한다. 선하증권은 대표적인 보통거래약관이다. 선하증권이라는 편리한 서면을 통하여 한꺼번에 수백 건의 계약이 성립하게 된다.

예측 가능성을 부여하는 기능을 본다. 이는 인류의 궁극의 목표이기도 하다. 해상법의 법률의 규정은 해상기업으로 하여금 결과를 쉽게 알게 하고 어떤 경우에 손해배상책임을 부담하는지 알게 한다. 운송인의 포장당책임제한제도, 해상기업의 선박소유자책임제한제도는 이들이 책임을 제한하게 하여 영업 중 부담하는 리스크를 한정하게 한다. 손해배상책임의 범위를 사전에 알게 되므로 보험제도를 통하여 자신의 리스크를 분산시키게 된다.

3. 약관, 임의규정, 강행규정

상법에는 3대 이념이라는 것이 있다. 기업의 생성 및 유지, 상거래의 원활화, 상대방 보호가 그것들이다. 기업의 생성유지란, 기업이 만들어지는 것을 쉽게 하고 도산하지 않도록 하는 것이다. 상거래의 원활화란, 상거래가 한번 일어날 것을 10번, 100번 일어나게 한다. 상대방보호는, 해상기업만 보호할 것이 아니라 거래의 상대방도 보호하는 것이다. 이념이라는 것은 어떤 조직이나 단체가 달성할 궁극의 목표가 되는 것이다. 상법은 이런 이념을 달성하기 위한 법제도를 많이 가지고 있게 된다.

이보다 앞서는 근대민법의 3원칙이라는 것도 있다. 계약자유의 원칙, 소유권절대의 원칙 그리고 과실책임의 원칙이다. 시민들이 계약을 체결한 것은 국가가 자유롭게 모두 인정한다는 것이 계약자유의 원칙이다. 국민의 물건에 대한 소유권은 국가가 개입하지 않고 인정한다는 것이 소유권 절대의 원칙이다. 또한 과실이 있는 경우에만 책임을 부과하고 과실이 개입되지 않는 경우는 책임을 묻지 못한다는 것이 과실책임의 원칙이다. 물론 더 큰 개념인 법의 3원칙도 있다. 정의, 합목적성 그리고 법적 안정성이다.

다음으로 약관을 본다. 이는 보통거래약관의 줄임말이다. 사업주가 일방적으로 미리 작성하여 사용하는 것인데, 계약이 먼저 체결되고 뒤이어서 약관이 나온다. 상대방이 그 내용을 모른 채로 계약의 내용을 이루게 되기 때문에 상대방 보호가 문제된다. 약관의 내용은 일단 유효하고, 중요한 사항을 설명을 하지 않았으면 무효가 된다. 보험약관, 선하증권이 약관의 대표적인 예이다.

임의규정은 당사자들이 마음대로 약정으로 변경할 수 있는 법규정을 말한다. 강행규정은 당사자들이 약정으로 변경할 수 없는 법규정이다. 민법에 의하면 "다른 약정이 없으면 손해배상은 금전으로 한다."고 정한다. 달리 말하면 다른 약정이 있으면 그 약정에 의하게 된다. 계약을 체결하면서 손해가 발생하면 쌀로 배상한다고 정할 수 있다. 그러면, 민법의 규정에도 불구하고 쌀로 배상을 하게 된다. 민법의 위 규정은 임의규정이다. 상법에 의하면 운송인의 손해배상 책임은 포장당 666.67SDR(약 100만 원)으로 제한할 수 있다. 그런데, 50만 원으로 약정하면 효력이 없다. 상법 제799조가 이를 불허하는 강행규정이기 때문이다.

4. 해상기업

해상기업이란 인적설비와 물적설비를 가지고 용선 / 운송이라는 영리활동을 하는 상인을 말한다. HMM, 대한해운, 장금상선, 고려해운, KSS해운 등이 대표적인 해상기업이다. 강학상 선박소유자, 선체용선자, 정기용선자로 인식하게 된다. 이렇게 하는 것이 법률관계 처리에 간명하기 때문이다.

해상기업의 물적 설비로는 선박만 기술되어 있다. 상호, 영업소 등은 총칙편에 당연히 인정된다. 컨테이너 박스도 추가되어야 한다. 최근 컨테이너 박스가 중요하게 인식되고 있다. 관행상 이는 운송인이 제공한다. 수하인은 공컨테이너 반납의무를 부담하고는 있지만, 이런 것들이 상법에 규정되어 있지 않다. 인적설비로는 선장만 기술되어 있다. 도선사, 하역회사, 창고업자 등은 해상기업의 이행보조자이다. 지점장 등 지배인은 상업사용인인데 상법총칙편에 나와 있다.

이러한 해상기업의 운항과 관련된 채권에 대하여는 선박소유자 책임제한제도를 통하여 책임제한을 허용하고 있다. 해상기업을 어디까지 인정할 수 있는지 문제된다. 조선소도 선박을 시운전할 경우에는 제한적으로 주체가 된다. 전혀 물적 설비와 인적 설비를 가지지 않는 운송주선인(포워드)은 해상기업이 아니라서 선박소유자책임제한제도의 이익을 누릴 수 없다.

선박소유자와 운송인은 구별되어야 할 개념이다. 선박소유자가 반드시 운송인이 되는 것은 아니다. 반대로 운송인이 모두 선박소유자인 것도 아니다. 정기용선자, 선체용선자등 선박소유자로부터 용선을 한 자들이 화주와 운송계약을 체결해서 운송인이 된다. 이 경우 선박소유자는 화주와 운송계약을 체결하지 않는다.

5. 용선계약

용선계약에서 대표적인 것이 선체용선(구 나용선)계약과 정기용선계약이다.

선체용선은 선박에 대한 임대차(즉, 리스)계약이다. 선체용선계약에서는 선박을 용선자가 빌려서 일정기간 사용 뒤 다시 선박소유자에게 돌려준다. 사용 대가로 용선료가 지급된다. 선체용선자는 선박소유자와 동일시된다(상법 제750조). 용선자의 선원이 승선하고 용선자가 선박을 운항하게 된다. 사용자책임은 선원의 사용자인 선체용선자가 부담한다. 이점이 정기용선과 크게 다른 점이다.

선체용선계약중에서 국취부 선체용선계약(BBCHP)이라는 특유한
제도가 있다. 선체용선계약보다 소유권이 용선자에게 강화되어 있
다. 선박을 일정기간 용선하여 사용하지만, 용선자가 기간만료시 그
선박에 대한 소유권을 취득한다. 용선기간이 지날수록 점차 소유자
로 되어가므로 용선자가 물권적 기대권을 가진다. 단행법상 용선자
의 소유로 간주되는 경우도 있다. 도선법과 선박안전법이 대표적이
다. 국취부 선체용선계약의 법적 성질이 문제된다. 상법상 민법의
임대차규정을 준용한다고 되어 있어서 임대차의 성격을 가지는 것
은 틀림없다. 그런데, 선박금융법이나 도산법에서는 그 법적 성질을
달리 본다. 이에 의하면 금융 리스의 성격을 가지는 것으로 본다.
용선자가 선박을 소유하게 되는데 건조대금을 빌리는 것과 같다는
것이다. 금융리스론에서는 용선자가 선박소유권을 가지는 것으로
간주한다.

정기용선계약은 용선자가 선박과 선원을 같이 빌려오는 계약이
다. 여행을 가기위해 관광버스를 대절하는데 기사가 딸려서 오는
것과 같다. 타다를 이용해서 포항에서 차를 하나 빌렸다. 이는 내가
차만 빌리고 내가 운전하므로 선체용선(나용선)계약이다. 만약 운전
기사가 딸린 관광차를 빌려서 회원을 태우게 되는 관계라면 정기용
선계약에 해당하는 것이다.

정기용선계약에서 대내관계는 NYPE 용선계약서로 처리된다.
NYPE 계약서 제8조에 의하면 정기용선계약의 사항은 상사사항(정
기용선자)과 해기사항(선박소유자)으로 나누어진다. 그래서 도선사의
승선, 선박연료유공급, 화물 및 항구의 선정은 영업과 관련되므로
정기용선자의 몫이 된다. 선원의 고용, 선박의 안전관리는 해기사항
이므로 선박소유자의 몫이 된다. 정기용선계약의 대외관계는 법률
로 정함이 없어서 문제가 된다. 법적성질을 활용하여 해결한다. 법
규정이 있는 선박임대차(나용선, 선체용선)계약을 활용한다. 대법원과

다수학설은 정기용선의 법적 성질은 임대차(선체용선)계약과 유사하다고 본다. 따라서 상법 제850조를 유추적용해서 정기용선자가 각종 책임의 주체가 된다고 한다. 현재는 임대차계약설에서 조금 더 발전하여 해기상사구별설이 대법원이 취하고 있는 입장이다. 선박 충돌에서 상대방 선주나 화주에 대한 불법행위책임은 선박소유자가 부담하고, 정기용선자가 발생시킨 예선료에도 선박우선특권이 인정된다는 것이 대법원의 판례의 입장이다.

6. 운송계약

해상기업의 영업의 원천이고 궁극이 되는 것은 바로 운송계약이다. 이에는 개품운송계약, 복합운송계약 그리고 종합물류계약이 있다.

개품운송계약은 개개의 물건에 대한 운송계약이 체결되는 것인데, 컨테이너 운송이 대표적이다. 영미에서는 common carriage(공중운송계약)이라고 한다. 이들은 무과실책임을 부담하고, 공표된 시간에 따라 운송을 해야 한다. 운송인의 책임이 무겁다.

복합운송계약은 한사람의 운송인이 다수의 운송수단을 가지는 운송을 인수하는 것을 말한다. door to door운송이다. 구간에 따라 책임제도가 달라진다. 해상구간에 법을 적용하는 것이 제일 유리하다. 기존의 법제도를 활용하는 이종책임제도(network liability system)을 채택하고 있다. 해상구간에서 사고가 발생했으면 해상법을 적용하는 식이다. 우리 상법이 택하고 있다. 우리 상법은 모든 복합운송에 적용하는 법규정을 둔 것이 아니라 해상구간이 포함된 복합운송만을 처리하게 되었다(상법 제816조).

최근 등장한 종합물류계약이 있다. 수출자의 공장에서 수입자의 수중까지, 물류의 흐름을 한 사람의 상인이 인수하는 것이다. 해상운송이 그 중의 일부인데, 60% 이상의 비중을 차지한다는 통계자료

가 있다. 조립, 포장, 라벨링, 통관, 하역, 육상운송, 해상운송, 창고
보관이 개별내용을 이룬다. 개별 독립된 상행위로 처리가 필요하다.
현재는 개별법을 빌려서 적용한다. 창고에서는 창고업법, 해상운송
에서는 해상운송법을 적용한다.

　다음으로 운송인의 의무를 알아본다. 이는 용선자의 의무와는 다
른 것이다. 용선자는 용선계약상 선박소유자에게 일정한 의무를 부
담한다. 안전한 항구를 제공할 의무를 부담한다. 상법상 정기용선계
약에서 선박소유자는 정기용선자에게 선원이 딸린 선박을 제공할
의무를 부담한다.

　운송인의 의무에는 두가지가 있다. 감항능력주의의무(상법 제794
조)와 운송물에 대한 주의의무(상법 제795조)이다. 전자는 선박이 항
해를 안전하게 할 정도로 출항시 준비상태를 마칠 것이 요구되는
의무이다. 선체능력, 운항능력, 감하능력이 감항능력의 요소이다. 후
자는 운송인이 운송물의 수령, 선적, 적부, 운송, 보관, 양륙 및 인
도라는 개별사항에 대하여 부담하는 주의의무이다. 양자 모두 과실
책임주의를 취하고 있다.

　위험한 바다를 이용하여 영업을 하는 운송인에게는 면책과 책임
제한을 허용하여 보호하는 제도를 가진다. 항해과실면책과 화재면
책이 대표적이다. 선장의 항해상의 과실로 발생한 화물의 손해에
대하여 운송인은 책임을 부담하지 않는다. 화재가 발생하여 화물에
손해가 발생한 경우에도 운송인은 면책된다. 다만, 화재의 경우 운
송인의 과실이 없어야한다. 그리고 입증책임이 전환된 경우도 있다.
해적을 만나서 선박의 행방이 묘연해져서 화물에 손해가 발생한 경
우 과실이 있음을 화주가 스스로 입증해야 운송인은 책임을 부담하
는 구조이다. 상법 제795조의 운송인의 주의의무는 운송인이 스스
로 과실이 없음을 입증하지 않는한 책임을 부담한다. 이에 비하면
입증책임이 전환된 사항들은 운송인에게 아주 유리한 것이 된다.

운송인은 또한 포장당 책임제한(package limitatin)이 가능하다. 컨테이너 박스 하나가 1억 혹은 10억의 가치가 있고 그 만큼의 손해가 발생했어도 운송인은 포장당 666.67SDR 혹은 kg당 2SDR중 큰 금액으로 책임을 제한할 수 있다(상법 제797조). 운송인의 이행보조자들은 히말라야 조항을 이용해 포장당 책임제한이 가능하다.

7. 유류오염, 해난구조, 선박충돌

유류오염(oil pollution)은 선박에서 유출된 기름이 손해를 야기하는 것인데, 불법행위(tort)의 일종이다. 가해자는 불법행위에 기한 손해배상책임을 부담해야 한다. 유조선에 의한 유류오염과 일반선박의 선박연료유에 의한 오염의 경우로 법제도가 2분된다. 어느 경우에나 국제조약을 통하여 국제적으로 규율된다. CLC협약과 벙커협약이 있다. 우리나라도 이 조약에 모두 가입했고 이를 집행하기 위한 유류오염손해배상보장법이라는 국내법을 마련했다. 영세한 어민들과 같은 피해자를 보호하는 제도로서 국제기금(IOPC 펀드)의 설치, 강제책임보험에 가입, 독자적 책임제도가 마련되어있다. 그리고 직접청구권이 피해자들에게 주어진다. 이들 제도를 통하여 일반 채권자보다 유류오염에 의한 채권자를 더 보호한다.

해난구조(salvage)란 조난에 처한 선박을 구조해주는 행위이다. 해난 구조에는 계약구조와 임의구조가 있다. 상법은 의무없이 행하는 임의구조를 전제로 하지만 실무에서는 계약구조가 주를 이룬다. 의무없는 구조란, 항해중 조난을 당한 선박을 선박이 구해주는 경우가 대표적이다. 해난구조는 사무관리와 유사하여 구조료를 청구할 수 없는 것이 원칙이지만, 상법은 해난구조자에게 구조료 청구권을 인정한다.

선박충돌은 또한 불법행위의 일종인데, 민법에서 말하는 공동불법행위가 된다. 민법상 공동불법행위는 연대책임이다. 그런데 상법상 충돌이 되면 물적 손해는 분할책임으로 변경된다. 소멸시효도 2년으로 단축된다. 선박소유자의 책임의 기초가 되는 선장의 과실은 해상교통법상 주의의무의 위반으로 결정된다. 바다를 항해하는 항해사, 선장이 반드시 알아야할 내용으로 COLREG라는 국제해상충돌예방규칙이 있다. 해사안전법에도 동일한 내용이 규정되어 있다. 실무상 해양안전심판원이 민사의 과실비율에 해당하는 원인제공 비율을 정하는 중요한 기능을 한다.

8. 선박에 대한 물권

다음으로 선박에 대한 물권을 본다. 물권이란 어떤 물건에 대한 사람의 권리를 말하는데, 소유권, 점유권, 용익물권(지상권, 지역권, 전세권), 담보물권(유치권, 질권, 저당권) 등이 있다. 법률에 의하여 창설된 것이다.

선박과 관련하여 질권을 가장 먼저 생각할 수 있다. 이는 동산에 대하여 채권자가 채무자로부터 담보를 받는 제도이다. 소형요트 소유자가 차금을 하고 담보로 요트를 대주에게 넘긴다. 20톤 이상의 선박은 등기부에 등록하고 질권의 목적으로는 할 수 없게 되어 있다.

유치권은 채권자가 동산을 유치하여 채권변제를 강요하는 제도이다. 수리비 채권을 가지는 조선소가 수리선박을 유치할 권리를 가진다. 운송인도 적재되어 운송되는 화물에 대하여는 운임을 가지므로 화물을 유치할 수 있다.

저당권은 채권자가 부동산(선박)을 점유하지 않고서 담보로 가지는 제도이다. 소유자가 건조대금에 대한 담보로서 등기된 선박을 대출은행에 제공한다. 금융을 제공한 대출은행은 채권자로서 저당권자가 된다. 컨테이너 박스는 동산이므로 질권의 대상으로 할 수 있다. 점유의 이전이 질권자인 은행에게 있어야하므로 운송인은 운송에 박스를 사용하지 못하게 된다. 그래서 점유가 이전되지 않는 양도담보를 활용한다. 등록제도를 마련하여 컨테이너 박스는 저당권의 대상으로 하는 것도 좋은 방법이다.

다음으로 선박우선특권(maritime lien)이라는 아주 특별한 물권이 있다. 이는 선박이 피고라는 관념에서 출발한다. 채무자가 누구인가와 무관하게 가능해야 한다. 대물소송의 일종이다. 그런데, 우리 법은 채무자와 관련을 맺게 한다. 현재는 선박소유자, 선체용선자 및 정기용선자가 발생시킨 채권은 모두 선박우선특권이 창설된다. 선박우선특권자는 저당권자보다 우선하는 효력을 가진다. 소유자가 변경되어도 존속된다. 1년의 시효를 가진다. 선체용선자가 채무자가 되면(도선사의 경우), 도선사는 도선료채권으로 당해 선박에 대한 가압류가 불가하다. 그런데, 선박우선특권제도를 이용하면 당해 선박에 대한 임의경매신청이 가능하다.

9. 해상보험

다음으로 해상보험을 본다. 출항한 선박이 돌아오는 숫자가 적었기 때문에 해상기업들이 이 리스크를 분산시키는 가운데에 발견한 것이 해상보험제도이다. 해상보험은 실무상 해상법의 일부로 인정된다. 일본과 중국에서는 해상법의 일부로서 해상보험법이 존재한다. 그러나 우리나라는 상법 보험편안에 해상보험이 있다. 해상보험 규정을 상법 제5편(해상)의 일부로 가져와야 한다.

선박보험은 선박의 멸실에 대하여 피보험이익을 가지는 자가 가입하는 보험이다. 선박소유자 혹은 선체용선자가 피보험자가 된다. 정기용선자가 피보험자가 될 수 있을까? 선박에 대한 소유권 혹은 수리의무와 무관하므로 정기용선자는 피보험이익이 없어서 피보험자로 될 수 없다. 독자적인 우리나라 보험약관을 사용하지 못하고 영국의 ITC(Hull)을 사용한다. 물론 영국법이 준거법이다. 이 경우 1906년 MIA가 사용된다.

적하보험은 화물의 소유자가 해상운송중 발생하는 손해에 대하여 담보받기 위하여 가입하는 보험이다. 참으로 편리한 기능을 한다. 해상운송 중 발생한 화물사고에 대하여 운송인이 순순히 손해를 배상해주지 않는다. 소송을 하면 몇 달이 걸린다. 화주는 빨리 현금을 마련하여 다시 제품을 사야 하는데 적하보험에 가입한 경우 사고를 피보험자가 중과실 혹은 고의로 발생시킨 것이 아니라면 보험자는 바로 보험금을 지급한다. 보험자가 과실이 있는 운송인에게 구상청구를 하는 관계가 된다. 화물의 소유자가 피보험자가 된다. 역시 영국의 서식인 ICC(A)(B)(C)를 사용하게 된다. 준거법은 영국법이 된다.

선박건조보험이 있다. 건조중인 선박의 화재, 침몰 등에 대비한다. 건조 중인 선박은 소유권이 조선소에 있다. 그래서 피보험이익은 조선소가 가진다. 한국 조선소에서 건조되는 선박은 모두 한국 보험자에게 가입해야 한다. 시운전 중 충돌사고로 인한 조선소의 책임, 건조 중인 선박의 화재시 조선소의 책임은 선박건조보험에 의하여 담보된다.

선주들이 책임을 부담하는 경우 손해를 배상하기 위하여 선주상호보험조합을 영국에서 만들었다. 한국에도 Korea P&I가 2000년부터 영업을 시작했다. 상호보험(mutual insurance)이다. 보험자가 곧 피보험자가 된다. 이윤을 추구하지 않는다. 그래서 선급보험료(advance call)를 먼저 낸 다음, 결산뒤 결손이 나면 추가보험료(supplementary call)을 낸다. P&I보험에서 부보하는 손해는 운송물손해, 유류오염손해, 선박충돌손해의 1/4, 난파물제거손해가 있다. 운송인은 화주에 대하여 손해배상책임을 부담한다. 운송인은 이를 P&I 보험에 가입한다. 운송인은 화주에게 손해를 배상하면 입은 손해를 보험자에게 청구하는 구조이다. 그런데, 직접청구권을 피해자인 화주가 상법 제724조 제2항에 의하여 가지므로 직접 P&I보험자에게 청구하여 보호받는다. 2007년 태안유류오염사고시 가해자인 허베이 스피리트호의 선주는 이 보험을 이용하여 피해자들에게 배상을 해주었다.

우리나라 해상보험법 규정은 사실상 사문화되어 있다. 실무에서는 대부분 영국법을 준거법으로 약정하기 때문이다. 그래도 한국해운조합의 선박보험과 선주책임보험 그리고 Korea P&I의 선주책임보험의 경우 한국법을 준거법으로 한다. 임의규정이라서 당사자가 약정하면 약정의 내용이 먼저 적용되는 구조이다. 영국법에 있는 담보특약(warranty)규정이 없고, 직접청구권(direct action)이 있어서 한국법을 준거법으로 하면 영국법보다 피보험자는 오히려 유리하다.

10. 기타 관련 법률

상법 해상편인 해상법을 제외하고 해사분쟁에서 가장 많이 활용되는 관련 법률은 국제사법이다. 외국적 요소가 있을 시 준거법과 국제재판관할을 정해주는 것이 국제사법이다. 판사님들에게 필독서가 된다. 당사자자치(當事者自治)의 원칙(계약자유의 원칙)이 적용되므로 당사자가 정한 약정이 당해 사건의 법률관계에 적용된다. 해상을 위하여는 제60조 이하에 특별한 규정을 두고 있는데, 선박의 국적에 따라 법률이 적용된다. 외국적 선박이 선박소유자책임제한 절차를 대한민국에서 개시해도 책임제한액수가 얼마인지는 선적국법에 의하여 정해진다.

국제거래법은 상품의 국제간 매매에서의 법률관계를 다룬다. 상품의 대금의 결제를 위하여 신용장이 등장한다. 수입자의 은행이 수출자에게 상품의 대금의 지급을 약속하는 일종의 보증의 형식이다. 신용장상 조건을 충족하기 위하여 선하증권이 필요하다.

경쟁법은 자유로운 경쟁이 있어야 최적인 상태가 된다고 보는 것이다. 소비자를 보호하는 것이 법의 이념이다. 규제하는 제도로는 기업결합, 시장지배자적 지위의 남용, 부당한 공동행위, 불공정 거래행위가 있다. 해운법 제29조에서 공정거래법 예외가 인정되는 것은 공동행위만이다. 이외에 기업결합, 시장지배적 지위는 공정거래법의 직접적인 적용을 받는다. 불공정거래행위는 해운법에서도 규율하지만 공정거래법의 적용대상이다. 해운법 제29조는 일정한 절차를 지킬 것을 조건으로 운임에 대한 공동행위도 허용된다. 즉 엄격한 공정거래법의 적용을 받지 않는다.

도산법은 채무자로 하여금 회생절차를 개시해서 채무를 탕감해 주어서 회생하도록 도와주는 법률이다. 회생절차에 들어가면 채권은 3가지로 변경된다. 회생채권, 회생담보권, 그리고 공익채권이다. 공익채권은 회생절차 밖에 있는 것과 같이 자유로운 채권이다. 이 제도를 이용하여 2008년 이후 해운불경기시 대우로지스틱스. 대한해운, STX 팬오션, 동아탱커 등이 회생되었다. 안타깝게도 한진해운은 파산되었다.

해양진흥공사법은 해운에 특유한 금융기관을 만드는 목적에서 시작되었다. 대출은 하지 못하고 보증과 투자를 통하여 해운산업을 발전시키고 안정시키는 기능을 한다. HMM의 재건에 큰 기여를 했다.

해운법은 해운업을 할 사업자를 규율하고 해운업을 조장하는 기능을 한다. 외항운송사업자 면허요건, 사업자들의 경쟁법 위반을 규율한다. 여객사업자들이 책임보험에 강제로 가입해야 면허가 나오도록 하는 것이 대표적이다.

11. 요약 및 결론

해상법은 선박을 이용한 상인들과 관련된 법률관계를 잘 다루고 있다. 부족한 부분은 보통거래약관, 표준서식 등을 통하여 보충되어 왔다.

1962년 상법이 제정되면서 해상법이 시작되었고 1991년 상법개정을 거쳐서 2007년 상법개정이 또 있었다. 일본은 2017년 해상법 개정을 했다. 그래서 우리의 것이 오히려 일본 해상법보다 시대에 뒤떨어진 것이 되었다.

컨테이너 박스를 상법상 물적 설비로 인정하고 등록제도를 마련하여 활용도를 높여야 한다. 종합물류업을 독자적인 상행위로 상법에 넣어야 한다. 상관습으로 인정되어온 운송물인도지시서(D/O), 공동해손에서 YAR을 적용한다는 내용 등을 상법에 넣으면 좋다. 블록체인을 이용한 전자선하증권의 발행, 자율운항 선박의 출연 등 스마트화와 관련된 내용도 상법에 넣도록 해야 한다.

상법의 이념 및 해상법의 이념이 법적 안정성, 상거래의 원활화, 예측가능성의 부여에 있다는 점을 잊지 말자. 해상법의 가장 큰 목표는 예측가능성을 부여하는 것이라고 할 수 있다. 분쟁해결의 기능을 넘어서 산업을 조장하는 기능도 함께 가져갈 때 해상법은 산업과 함께 살아있는 법이 될 것이다.

참고서적으로 김인현이 집필한 「해상법」(법문사, 2020), 「해상보험법」(법문사, 2021), 「해운산업 깊이읽기 I, II」를 참고하기 바란다.

알기 쉬운 해상법 이론과 판례

김현(법무법인 세창 대표변호사, 전 대한변협 회장)

1. 해상법 이론

운송인은 감항능력 주의의무를 진다. 운송인은 선박이 출항할 때 ① 선박이 안전하게 항해할 수 있게 해야 하고, ② 선박에 필요한 선원, 장비, 비품을 완비 해야 하며, ③ 선박의 선창과 냉장실을 운송에 적합한 상태로 두어야 한다(상법 제794조). 운송인은 운송물에 관한 주의의무를 부담한다. 운송인은 자기나 선원이 운송물 수령, 선적, 운송, 보관, 양륙, 인도에 대한 주의를 게을리 하지 않았음을 증명하지 않으면 운송물의 멸실이나 훼손에 대해 손해배상 책임을 부담한다(상법 제795조).

항해과실 면책

운송인은 선장, 해원, 도선사의 항해 또는 선박관리에 관한 행위로 인하여 생긴 운송물에 관한 손해에 대해 면책된다(상법 제795조 2항). 이를 항해과실 면책 원칙이라 한다. 반면에 상사과실(화물 관리에 대한 과실)에 대하여는 운송인이 손해배상책임을 진다.

화재 면책

운송인은 화재로 인해 생긴 운송물의 손해에 대해 면책된다. 단

운송인의 고의 또는 과실로 인한 화재에 대하여는 책임을 진다(상법 제795조 2항)

운송인의 면책사유

운송인은 ① 해상에서의 위험이나 사고 ② 불가항력 ③ 전쟁 폭동 내란 ④ 해적의 행위 ⑤ 재판상 압류, 검역상 제한 ⑥ 포장 불충분 ⑦ 운송물의 특수 성질이나 숨은 하자로 인한 운송물의 손해에 대해 면책된다(상법 제796조).

포장당 책임제한

운송인의 손해배상책임은 운송물의 1포장당 약 100만 원(666.67SDR) (1SDR 특별인출권＝약 1,500원) 또는 운송물의 중량 1킬로그램당 약 3000원(2SDR)으로 계산한 금액 중 큰 금액을 한도로 제한된다. 예컨대 운송물이 10개 포장이고 중량이 5천 킬로그램이라면, 운송인의 손해배상책임은 포장수로 계산한 100만*10포장＝1000만 원과 중량으로 계산한 3000원*5천 킬로그램＝1500만 원 중 큰 금액인 1500만 원으로 제한된다. 단 운송물에 관한 손해가 운송인 자신의 고의 또는 손해발생의 염려가 있음을 인식하면서 무모하게 한 작위 또는 부작위로 인하여 생긴 것인 때에는 포장당 책임제한을 주장할 수 없다.

우리 상법은 1968년에 제정되어 세계 해상법의 주류인 헤이그-비스비규칙에 입각해 있다. 개발도상국들이 중심이 되어 화주국에 유리한 함부르크규칙을 1978년에 제정하여 1992년에 발효하였으나 아직 세계 해상법의 주류가 되지 못하고 있다.

선박소유자 책임제한

대형 사고가 발생하더라도 선박소유자는 선박소유자 책임제한을 할 수 있다. 위험이 높은 해운업을 특별히 보호하기 위한 제도적 장치이다. 1976년 런던조약과 이를 개정한 1996년 개정의정서가 세계적 대세가 되고 있다. 우리 상법에 의하면 (1) 여객의 사망과 상해에 대하여는 여객의 정원에 175,000 SDR(2.6억 원)을 곱한 금액을 책임제한액으로 한다. 예컨대 여객선의 정원이 100인이라면 여객 운송인의 책임은 260억 원으로 제한된다. 그리고 (2) 화물 등 물적 손해에 대하여는 ① 500톤 이하 선박은 167,000SDR(2.5억 원), ② 3만 톤 선박은 82억 원, ③ 7만 톤 선박은 164억 원, ④ 10만 톤 선박은 204억 원으로 책임이 제한된다. 선박의 톤수가 증가한다고 해서 책임제한액이 비례하여 증가하는 것은 아니고 증가하되 증가 비율은 체감된다.

공익적 견지에서 책임제한의 예외가 있다. ① 선원 임금, ② 해난 구조료, 공동해손 분담금, ③ 유류오염 채권에 대하여는 책임제한을 할 수 없다.

운송인의 책임경감금지

감항능력주의의무, 운송물 주의의무, 포장당 책임제한에 관한 상법 규정은 매우 중요한 규정이며 피해자의 이익을 보호하기 위하여 이 같은 규정보다 운송인의 책임을 경감하는 당사자 간 특약은 무효이다 (상법 제799조). 예컨대 포장당 책임제한 금액을 포장당 666.67SDR보다 낮게 하는 선하증권 규정은 무효이다.

운송물의 공탁

① 수하인이 수령을 게을리한 때, ② 수하인을 확실히 알 수 없을 때, ③ 수하인이 운송물 수령을 거부할 때, 선장은 운송물을 공탁하거나 세관이나 관청의 허가를 받은 곳에 인도할 수 있다(상법 제803조). 운송인이 잘못 없이 운송물을 수하인에게 제대로 인도할

수 없을 때 운송인의 책임을 덜어주려는 취지이다.

선박우선특권

선주에게 선박소유자 책임제한이란 무기가 있다면 상대방인 청구권자에게는 선박우선특권이라는 강력한 무기가 있다. 다음 채권을 가진 자는 선박에 대하여 우선특권을 가진다(상법 제777조).

① 채권자 공동이익을 위한 소송비용, 도선료, 예선료

② 선원의 임금채권

③ 해난구조 구조료 채권, 공동해손 분담금 채권

④ 선박충돌로 인한 채권, 항해시설에 대한 손해채권, 선원이나 여객의 사망 상해로 인한 채권

⑤ 효력: 추급권(선박소유권이 제3자에게 이전하더라도 일단 발생한 선박우선특권은 여전히 존재한다), 선박우선특권자는 선박을 경매할 권리를 가지며 이는 금융기관의 저당권에 우선하는 강력한 권리이다.

⑥ 시효: 선박우선특권은 생긴 날부터 1년 내 실행해야 한다.

제척기간(time bar)

운송인의 채권이나 채무를 행사하기 위하여는 운송물을 인도한 날 또는 인도할 날부터 1년 내 제소해야 한다. 단 이 기간은 합의로 연장할 수 있다.

항해용선(voyage charter)

항해용선은 철광석, 석탄, 곡물 벌크화물을 운송하는데 많이 사용된다. 특정한 항해를 할 목적으로 선박소유자가 용선자에게 선원이 승무하고 항해장비를 갖춘 선박의 전부 또는 일부를 물건운송에 제공하기로 약정하고 용선자가 용선료를 지급하기로 약정하는 용선계약이다(상법 제827조).

① 선박소유자는 선적이 준비되면 지체 없이 용선자에게 선적준비 완료했음을 통지해야 한다(Notice of readiness)(상법 제829조).

② 선박소유자의 용선자 또는 수하인에 대한 채권 채무는 선박소유자가 운송물을 인도한 날 또는 인도할 날부터 2년 내에 재판상 청구가 없으면 소멸한다(상법 제840조). 이는 제척기간이다.

정기용선

정기용선(time charter)은 개품운송에 많이 사용된다. 선박소유자가 용선자에게 선원이 승무하고 항해장비를 갖춘 선박을 일정 기간 동안 항해에 사용하게 할 것을 약정하고 용선자가 기간으로 정한 용선료를 지급하기로 약정하는 용선계약이다(상법 제842조).

① 정기용선자는 선박의 사용을 위하여 선장을 지휘할 권리가 있다(상법 제843조 제1항).

② 정기용선자가 선박을 항해에 사용하는 경우, 그 이용에 관한 사항에는 제3자에 대하여 선박소유자와 동일한 권리의무가 있다(상법 제850조).

③ 선박소유자와 용선자 사이의 채권은 선박이 선박소유자에 반환된 날부터 2년 내에 행사하여야 하며 이는 제척기간이다.

선체용선(나용선): bareboat charter

용선자의 관리 지배하에 선박을 운항할 목적으로 선박소유자가 용선자에게 선박을 제공할 것을 약정하고 용선자가 이에 따른 용선료를 지급하기로 약정하는 용선계약이다(상법 제847조). 선체용선에 대하여는 민법의 임대차규정을 준용한다(상법 제848조). 선박소유자와 선체용선자 사이의 채권은 선박이 선박소유자에게 반환된 날부터 2년의 제척기간 내에 행사하여야 한다(상법 제851조).

선하증권 기재 효력

선하증권에 기재된 대로 운송물이 수령 또는 선적된 것으로 추정된다(상법 제854조). 그러므로 선하증권은 중대한 효력을 가진다.

선박충돌

선박충돌이 불가항력으로 인해 발생하거나 충돌원인이 명백하지 아니한 때에는 피해자는 손해배상을 청구하지 못한다(상법 제877조).

선박충돌이 일방의 과실로 인해 발생한 때에는 일방의 선박소유자는 피해자에게 손해를 배상할 책임이 있다(상법 제878조).

선박충돌이 쌍방과실로 발생한 때에는 쌍방의 과실의 경중에 따라 각 선박소유자가 책임을 분담한다. 과실경중을 판정할 수 없는 때에는 절반씩 책임을 부담한다.

선박충돌로 인한 손해배상청구권은 충돌로부터 2년 이내에 재판상 청구를 하지 않으면 소멸한다.

2. 수에즈운하 에버기븐호 좌초

2021년 3월 23일 파나마 선적이고 일본 쇼에이기센이 실제 선주이며 정기용선자는 에버그린인 에버기븐호가 수에즈운하에서 좌초해 300여 척의 선박들이 운하에 진입하지 못해 지연되었고, 57척은 희망봉을 돌아 항로를 변경해야 했다. 에버기븐호는 대만 에버그린, 중국 COSCO, 프랑스 CMA-CGM이 얼라이언스 관계로 공동운항하였다. 에버기븐호에는 에버그린 뿐 아니라 COSCO, CMA-CGM이 운송인인 화물도 실려 있었다.

선주의 책임

화물손해　　에버기븐호와 다른 선박에 실려 있던 화물의 손해가 문제된다. 항해가 지연되어 부패한 화물이 있을 수 있다. 화주는 물적 손해와 지연손해를 주장할 수 있다. 물적 손해는 청구 가능하나 지연손해는 선하증권에 도착일을 명기하지 않은 이상 청구하기 힘들다. 선하증권 소지인은 운송인에게 손해배상 청구할 수 있다. 3명의 운송인이 있다면 예컨대 COSCO 발행 선하증권을 가진 화주도 에버그린에게 실제운송인의 책임을 물을 수 있을 것이다. 계약관계 없는 에버그린에게도 불법행위책임을 물을 수 있을 것이다.

항해과실 면책이 적용될까? 상법 795조(운송물에 관한 주의의무) 제2항 "운송인은 선장 해원 도선사 그밖의 선박사용인의 항해 또는 선박의 관리에 관한 행위로 인하여 생긴 운송물에 관한 손해를 배상할 책임을 면한다." 상법 제796조(운송인의 면책사유) 운송인은 다음 사실이 있었다는 것과 운송물에 관한 손해가 그 사실로 인하여 보통 생길 수 있는 것임을 증명한 때에는 이를 배상할 책임을 면한다. 1. 해상이나 그 밖에 항행할 수 있는 수면에서의 위험 또는 사고: 폭풍, 파도, 좌초는 바다에 고유한 위험이다.

다만, 상법 제794조(감항능력 주의의무) 및 제795조 제1항(운송인은 자기 또는 선원이나 그 밖의 선박사용인이 운송물의 수령 선적 적부 운송 보관 양륙과 인도에 관하여 주의를 해태하지 아니하였음을 증명하지 아니하면 운송물의 멸실 훼손 또는 연착으로 인한 손해를 배상할 책임이 있다)에 따른 주의를 다하였더라면 그 손해를 피할 수 있었음에도 불구하고 주의를 다하지 아니하였음을 증명한 때에는 그러하지 아니하다. 기관 고장이 원인이라면 선박의 감항성이 없다고 볼 것이다.

파나마운하 관리청의 손해 1주 동안 운하가 운항하지 못한 손해는 일당 1500만 불(170억 원) 정도이며 선장의 사용자인 쇼에이기센에 대해 청구할 수 있다. 좌초가 도선사의 과실에 의했더라도 도선사는 도선 중 선박의 일시적 피용자로 간주된다. 그리고 관리청이 지출한 구조비도 선박 소유자인 쇼에이기센에 청구할 수 있다.

대기선박들 손해   용선자는 선박이 좌초된 기간인 7일간의 용선료를 추가로 지급해야 한다. 하루 용선료가 1억 원이면 7억 원의 손해배상을 에버기븐호 선주에게 청구할 수 있다. 운하 진입 전에 좌초 소식을 듣고 희망봉 돌아 운항한 선박도 추가 용선료와 연료비가 발생했으면 이를 선주에게 청구할 수 있다.

선박소유자 책임제한   선박소유자 책임제한 금액은 1976년 런던조약과 1996년 개정의정서에 따라 다르다. 이집트가 가입한 1976년 조약에 의하면 선주는 330억 원으로 책임을 제한할 수 있다. 반면 일본이 가입한 1996년 개정의정서에 따른 책임제한금액은 1323억 원이다.

구조비용   1976년 조약은 구조비를 책임제한 가능한 채권으로 보지만 한국, 일본, 이집트법은 비제한채권으로 본다. 관리청이 지출한 준설비용을 구조비로 보면 책임제한을 할 수 없는 반면, 운하 재개를 위한 비용으로 보면 책임제한의 대상이 된다.

선박소유자 자신의 고의 또는 손해발생의 염려가 있음을 인식하면서 무모하게 한 작위 또는 부작위로 인한 경우는 책임제한을 하지 못한다(상법 제769조). 한편 선장 / 선원 / 도선사의 고의 또는 무모한 행위는 책임제한 여부에 영향이 없다. 이 사건에서 선주의 책임제한이 부인될 가능성은 낮다.

수에즈운하 관리청(Suez Canal Authority)의 책임

수에즈운하 관리청은 이집트가 설립해 수에즈운하를 소유하며 관리 운영하는 독립적인 국유 기관이다. 만약 관리청에 귀책사유가 있다면 에버기븐호의 선주 / 용선자 / 화주, 피해를 입은 다른 선박들이 관리청의 책임을 물을 수 있다. 이집트법은 관리청이 수에즈운하를 운영하고 관리하며 시설을 최적화해야 한다고 규정한다. 관리청은 선박이 수에즈운하에 진입하고 항행하는 것을 감독할 의무가 있다.

운하의 준설상태가 부실하거나 운하를 부적절하게 관리했거나(충분한 수심 확보 실패) 사고에 부적절하게 대처했다면 관리청이 책임져야 한다. 400여 척 선박이 추가 진입하는 것을 관리청이 신속히 막지 않은 것이 사고를 악화시켰을 가능성이 있다. 당시 모래폭풍이 예상된 상태에서 관리청이 에버기븐호로 하여금 운하에서 더 이상 나아가지 못하도록 했어야 한다는 지적도 있다. 운하 내 항구가 초대형 컨테이너선의 긴급 진입에 대해 준비되어 있는지도 확인할 필요가 있다.

이집트 정부는 수에즈운하를 통과하는 모든 선박이 수에즈항만청 소속 도선사를 1인 이상 승선시켜야 한다고 규정한다. 도선사가 선박을 안내하면서 운항하지만 선장의 운항 상 권리의무가 없어지는 것은 아니다. 도선사는 선장에게 자문하는 사람이며, 도선사의 실수나 부작위가 선장의 과실로 간주될 수 있다. 운하에서는 개방된 바다보다 저속으로, 그러나 항내보다는 고속으로 항행한다. 갑판 위에 컨테이너가 많이 실려 있으므로 선박 옆에서 바람이 불면 풍압면적이 넓어 선박이 반대방향으로 밀리게 된다. 도선사는 운하의 지형을 잘 알므로 도선사의 조언은 사실상 지시와 같다. 도선사는 운하의 바다, 바닥, 조류의 영향, 썰물과 밀물의 영향 등을 정확히 알고 있어야 한다.

보 험

선박보험 선박소유자나 관리인은 선박에 대해 피보험이익을 가지므로 선박보험 가입 주체가 된다. 구조비는 선박보험에서 지급한다.

선주책임보험: UK P&I Club 화주나 관리청, 다른 선박이 청구한 손해에 대해 선주는 선주책임보험에서 보상받는다. IG그룹 재

보험제도(1.100억 원 이상 최대 3조 3천억 원까지 보상) 통해 IG클럽 소속 13개 보험사와 공유를 할 것이다.

적하보험 화주는 적하보험자로부터 적하보험금을 받고 적하보험자가 운송인(쇼에이기센 / 에버그린)에게 구상을 청구할 것이다.

공동해손(general average)

선주 쇼에이기센이 공동해손을 선포했다. 참고로 상법 제865조 (공동해손의 요건)에 의하면 선박과 적하의 공동위험을 면하기 위한 선장의 선박 또는 적하에 대한 처분으로 인하여 생긴 손해 또는 비용은 공동해손으로 한다. 선주가 지출한 구조비는 선박소유자 뿐 아니라 위험공동체인 화주에게도 유익하였다. 일단 구조료는 선박소유자가 구조자 SMIT에게 지급했지만, 화주에게 공동해손분담금을 청구할 수 있다.

공동해손이 선포되어 선박소유자나 화주가 공동해손 분담금을 부담하면 선박보험과 적하보험이 커버한다. 상법 제866조(공동해손의 분담)에 의하면 공동해손은 선박 또는 적하의 가액과 운임의 반액과 공동해손액과의 비율에 따라 이해관계인이 분담한다. 선주는 화주에 대해 Average Bond 라는 공동해손분담금 지급서약서나 지급보증서를 받고 화물을 인도하게 된다. 적하보험자는 통상 금액이 무제한인 지급보증서를 발급하고, 적하보험자가 없는 화물의 공탁금액은 정산인이 통지하는 비율을 화물가액에 곱하여 산정한다. 2018년에 화재로 1만5천 TEU급 컨테이너선 공동해손 시 10만 불 가액 화물 대해 54,000불의 공탁금이 요구된 사례가 있다. 컨테이너선이 만선인 경우 80%가 40피트이고 20%가 20피트형인 것이 보통이다. 에버그린호 같이 2만 TEU급이면 컨테이너 적재개수는 1만 2000개 정도이고, 평균 1화주가 10TEU라고 가정하면 화주는 2,000 개사 정도로 추정되고 혼재화물 화주를 합하면 방대한 숫자여서 정산절차가 복잡할 것이다. 2007년 이즈제도 앞바다 컨테이너선과 벌크선 충돌사고에서 컨테이너선이 공동해손을 선포했는데 화물 인도가 2개월에 완료되고 정산서 발행까지 7년이 소요된 사례도 있다.

한편 선박과 적하의 공동위험이 선박의 하자나 과실 있는 행위로 인하여 생긴 경우에는 공동해손 분담자는 책임 있는 자(쇼에이기센／도선사)에 대하여 구상권을 행사할 수 있다. 공동해손으로 인해 생긴 채권과 구상권은 계산 종료 후 1년 이내에 재판상 청구가 없으면 소멸한다. 다만 당사자가 합의로 연장할 수 있다(상법 제875조).

3. 부산에서 컨테이너 봉인 탈락됐으면 한국법이 적용된다

사 건

2심: 서울중앙지방법원 2015. 8. 19. 선고 2014나41390 구상금

3심: 대법원 2019. 4. 23. 선고 2015다60689

(원고／상고인 ○보험회사, 피고／피상고인 B 중국 해운회사): 2심 파기하고 서울중앙지법에 환송함.

사건의 내용

보험회사 원고는 ㈜한진과 '① 피보험자 한진, ② 보험기간 2010. 6. 9.부터 2년간, ③ 담보위험은 화물의 운송, 보관, 하역 등 한진의 고유 업무 수행 중 발생한 화물 손해에 기한 배상책임'을 내용으로 하는 적하보험 계약을 체결했다. 수입자 대한항공은 네덜란드 수출상 E로부터 냉동 돼지고기를 수입하기로 하고 한진과 운송계약을 체결했다. 한진은 화물의 실제 운송을 위해 현지 대리인 G를 통해 피고 중국 선사 B와 해상운송계약을 체결했다.

네덜란드 수출상 E는 중국 선사 B가 제공한 냉동 컨테이너 안에 돼지고기를 9개 팔레트에 적재하고 봉인했다. 컨테이너는 2010. 10.

11. 네덜란드 로테르담 B 중국 선사의 컨테이너 야드에 이동된 후 B가 운행하는 한진 셰젠호에 선적되었다. 중국 선사 B는 '송하인은 한진의 대리인, 수하인은 한진, 선박명 한진 셰젠호, 선적항 로테르담, 양하항 부산. 송하인이 직접 컨테이너에 물품을 적재 후 봉인함'기재한 해상화물운송장을 발행했다. 한진은 현지대리인 G 명의로 '송하인 네덜란드 수출상 E, 수하인 대한항공'인 선하증권을 발행했다. 2010. 11. 13. 선박이 부산항에 도착했는데 하역과정에서 컨테이너의 봉인 탈락이 발견되었다.

한진의 대리인은 부산항 동물검역 사무실에서 검역담당관에게 내용물 확인을 위한 컨테이너의 개봉과 검역 통과를 요청했으나, 검역담당관은 봉인 탈락은 검역통과 불가사유에 해당하고 당시 유행 중인 구제역 때문에 컨테이너를 개봉하는 순간 내용물 승인이 불가능하게 된다는 이유로 한진의 요청을 거부했다. 국립수의과학검역원은 돼지고기가 수입위생조건에 위배되어 검역에 불합격되었음을 알렸고 돼지고기는 소각되었다. 보험자 원고는 한진에게 적하보험금 5,800만 원을 지급하고 실제 운송인인 피고 B 중국 선사에게 구상금 소송을 제기했다.

관할: 한국법원에 관할권 없다는 피고 주장 기각됨

한진과 실제운송인인 중국선사 B(피고)의 법률관계를 규율하는 해상화물운송장에는 "선하증권 관련 분쟁은 중국법에 따라 상해해사법원이나 중국내 다른 해사법원 관할로 한다"고 되어 있었다. 중국 선사인 피고는 한국 법원이 이 사건에 관할권이 없다고 주장했다. 그러나 2심 서울중앙지법은 국제관할 합의가 유효하려면 ① 그 사건이 한국 법원의 전속관할에 속하지 않아야 하고, ② 지정된 외국법원이 외국법상 그 사건에 대해 관할권을 가져야 하며, ③ 외국법원이 그 사건에 대해 합리적 관련성을 가져야 한다고 보았다. 전

속적 관할 합의가 현저하게 불합리하고 불공정한 경우 관할 합의는
공서양속에 반하는 법률행위로서 무효이다. 중국법원과 이 사건의
관련성은 피고의 주소지가 중국이라는 점 정도여서 관련성이 크지
않았다.

2심 법원은 ① 돼지고기 수입자인 대한항공과 운송인 한진이 한
국법인이고, ② 한국이 의무이행지 또는 불법행위지로서 한진과 피
고 간의 화물운송 분쟁에 대해 법정관할을 가지며, ③ 사건 심리에
필요한 중요 증거방법이 대부분 한국에 있고, ④ 피고는 세계적인
해상운송업체로서 한국에서 소송을 수행해도 부담이 크지 않음을
중시했다. 상해 해사법원 전속 관할 합의는 한국 법정관할에 덧붙
여 당사자가 합의한 관할권을 창설하는 부가적 합의에 불과하다.
따라서 한국법원이 재판관할권을 가진다고 보았다. 대법원도 마찬
가지였다.

준거법: 2심 법원이 중국법을 적용한 반면, 대법원은 한국법을 적용

2심 법원: 피고 B 중국 선사 승소   해상화물운송장에 "화물이
화주에게 인도된 날 또는 인도될 날로부터 1년 이내 제소하지 않은
경우 운송인은 면책된다"고 규정하고 있었다. 해상화물운송장에 의
하면 모든 분쟁은 중국법에 따른다. 재운송계약이 체결된 경우 운
송인이 화주에게 화물 손해를 배상하고 재운송인에 대해 구상 청구
를 하는 경우, 중국법에 의하면 운송인이 화주와 합의한 날 또는
소장을 수령한 날부터 90일 제척기간이 적용된다.

보험자가 피보험자의 권리를 대위해 재운송인(중국 선사)에게 구
상 청구를 하는 경우도 마찬가지다. 2011. 3. 17. 원고가 한진에게
보험금을 지급했으므로, 그 무렵 운송인 한진과 화주 대한항공이
손해배상 합의를 했을 것이다. 이 소송은 그로부터 90일이 지난
2012. 3. 13. 제기되었다. 제척기간이 지난 후 제기된 이 소송은 부

적법하므로 각하한다.

대법원: 원고 승소   외국적 요소가 있는 경우 국제사법에 따라 준거법을 정해야 한다. 국제사법에 의하면 불법행위는 그 행위가 행해진 곳의 법에 의한다. 불법행위가 행해진 곳에는 손해의 결과 발생지도 포함한다. 컨테이너 봉인 번호의 탈락이 최종 확인된 장소가 한국이고, 이로 인해 침해된 화주의 법익 소재지도 한국이다. 따라서 원고 보험사가 대위하는 한진의 피고 B 중국 선사에 대한 손해배상청구의 준거법은 한국법이다. 상법 제814조 제1항은 "운송인의 채무는 수하인에게 운송물을 인도한 날부터 1년 내에 제소하지 않으면 소멸한다. 단 당사자의 합의로 연장할 수 있다"고 하므로, 당사자들이 합의로 제척기간을 연장했는지를 심리해야 한다. 2심 법원은 이를 하지 않았으므로 2심 판결을 파기한다.

평 가

선하증권에 외국법을 적용한다고 기재되어 있는 경우, 특히 당사자가 대부분 한국인이고 우리 법을 적용하는 것이 실체적 정의에 부합하는 경우 법원은 고민하게 된다. 컨테이너 봉인번호의 탈락이 부산에서 발견되었으므로 불법행위 발생지인 우리법을 적용할 수 있었다. 낯선 중국 해상법 적용은 우리 해운회사와 무역업체에게 예측하기 힘든 일이다. 그러나 중국과의 교역이 증가하고 있고, 우리 화주 및 선주가 중국 선사와 운송계약을 체결하는 경우가 많기 때문에 분쟁이 발생한 경우 중국 해사법원 관할과 중국 해상법 적용 여부는 계속 문제될 것이다.

4. 과다한 컨테이너 지체료 감액 가능

사 건

대법원 2016. 5. 27. 선고 2016다208129 지체료
원고 / 상고인 겸 피상고인 골드 스타 라인 리미티드(20% 승소)
피고 / 상고인 겸 피상고인 세진중공업

사건의 내용

원고 '골드'는 홍콩 해운회사이고 피고 '세진'은 한국 제조회사이다. 우성해운은 골드를 대리해 선하증권을 발행했다. 선하증권에 의하면 송하인 세진, 수하인 바라티 조선소, 운송인 골드이고, 조선 기자재를 부산항에서 인도 나바섀바항까지 운송하게 되어 있었다. 골드는 2013년 3월 28일 화물을 짐 달리안호에 선적했다. 송하인 세진은 운송주선업자 글로벌 익스프레스를 통해 선하증권을 교부받아 수하인 바라티 조선소에 전달했다. 골드는 화물을 나바섀바항까지 운송했고, 4월 30일 양륙 완료했다. 소 제기일인 2014년 4월 30일까지 수하인이 화물을 수령하지 않아 화물을 골드의 컨테이너에 보관해야 했다.

원고 운송인 주장

수하인이 화물 수령을 지체해 컨테이너 지체료(container demurrage 또는 container charges)가 발생했다. 컨테이너 47개를 2013년 5월 1일부터 2014년 4월 30일까지 이 사건 화물을 보관하는 용도로만 사용해야 했다. 선하증권에 "송하인과 수하인이 운송인에게 연대책임을 진다"고 되어 있으므로 송하인인 세진이 수하인 대신 컨테이너 지체료를 골드에게 지급해야 한다. 컨테이너 지체료는 골드 홈페이지에 공시하는데, 컨테이너 1대당 양륙 후 5일까지 무료, 6일

부터 12일까지 1일당 26달러, 13일부터 19일까지 36달러, 20일부터 26일까지 45달러, 27일 이후 97달러이다. 2014년 4월 30일까지 발생한 지체료는 160만 달러(19억 원)이다.

제1심 판결: 울산지법 2015. 5. 13. 선고 2014가합16650, 원고 골드 30% 승소

골드가 공시한 지체율은 손해배상액의 예정이다. 운송인과 화주가 손해배상 예정액을 정한 경우에도, 운송인과 화주의 경제적 지위, 계약의 목적과 내용, 손해배상액 예정 동기, 채무액에 대한 배상예정액의 비율, 예상 손해의 크기, 거래관행과 경제상태, 채무자가 계약을 위반한 경위를 참작하여야 한다. 손해배상 예정액 지급이 채권자와 채무자 사이에 공정을 잃는 결과를 초래한다면 손해배상 예정액을 적당히 감액할 수 있다.

제2심 판결: 부산고법 2016. 1. 13. 선고 2015나52893, 원고 20% 승소

원고 골드와 피고 세진이 모두 항소했다. 2심 법원은 1심 판결을 전반적으로 지지하면서 송하인 피고 세진의 책임을 더 줄여 20%인 30만 달러(3.6억)만 골드에게 지급하라고 했다.

① 운송인 골드는 세진에게 화물 보관비용을 책임져야 한다고 말한 이후 1년 정도 경과하는 동안 화물의 보관에 따른 손해 증가를 방지하기 위해 아무런 조치도 취하지 않았다. 운송인의 손해 발생 및 확대방지 의무를 외면한 것이다.

② 운송인 골드는 수하인이 화물 수령을 지체하는 경우 화물을 공탁하거나 관청의 허가를 받은 곳에 인도할 수 있다. 명백히 수령을 거부할 때에는 이 같은 조치를 취할 의무가 있다. 화물이 양륙된 후 상당한 기간이 지났다면 수하인의 수령거절로 보아 골드가

화물을 공탁할 의무를 부담하는데도 하지 않았다.

③ 골드는 선하증권 약관에 따라 화물 연체료, 컨테이너 지체료에 관해 법원을 거치지 않고 화물을 사적매매나 공매로 매각할 수 있는 권리가 있었는데도 아무런 노력을 하지 않았다.

④ 골드의 컨테이너 지체율은 기간이 길어질수록, 특히 27일째부터는 급격히 증가된다. 보관이 길어질수록 골드는 컨테이너 차임 상실을 배상받는 것을 넘어 오히려 예상치 않은 이익을 창출할 수 있다.

⑤ 골드는 화주가 화물 수령을 지체하여 실제로 어떤 손해가 발생했는지 구체적인 자료를 제시하지 못했다.

평 가

대법원은 2심판결을 받아들여 심리불속행 상고기각을 했다. 이는 1심과 2심의 결론이 유사하고 사건의 내용에 관해 더 이상 다툴 실익이 많지 않을 때 대법원이 취하는 방법이다. 수하인이 화물을 수령하지 않아 화물을 담은 컨테이너가 도착항에 묶여 있을 때가 있다. 컨테이너 소유자인 운송인은 컨테이너를 활용하지 못한 손해를 입었으므로 수하인(수하인이 지급하지 않으면 송하인)에게 손해배상을 청구할 수 있다.

다만 예정된 손해배상의 금액이 지나치게 많아 운송인이 이익을 보는 것까지는 허용되지 않는다. 정의의 관념에 맞지 않기 때문이다. 화주의 화물 수령거절로 인해 손해를 입은 홍콩 운송인이 한국 화주에게 컨테이너 지체료를 청구하는 것은 인정하되, 일방적으로 운송인의 홈페이지에 공시한 컨테이너 지체료율에 따라 계산한 160만 달러의 지체료가 과다하다고 보아 20%만 화주가 지급하라고 판단했다. 운송인과 화주의 이익을 적절하게 조화시켰다.

알기 쉬운 해사도산법

정병석(Kim & Chang 소속 변호사)

지난 2008년 후반기 이래 2016년 9월 한진해운 도산까지 한국 해운업에 몰아친 해운기업의 도산에 대하여 실무적인 관점에서 몇 가지 주제를 가지고 살펴보도록 하겠습니다.

아시는 바와 같이 저는 도산법의 전문가는 아니지만 40여 년간 해사문제 및 국제분쟁을 처리하여 온 해상 및 국제분쟁 문제에 대한 전문가입니다. 해운기업의 도산 문제를 지난 10여 년간 집중하여 처리하다 보니 나름대로 해운기업의 도산 문제들을 접하게 되었고, 이러한 저의 실무상 경험을 여러분들과 나누고자 합니다.

해사분쟁이 본원적으로 국제분쟁일 수밖에 없는 것과 같이, 해운기업의 도산은 국제도산의 문제를 반드시 수반하게 됩니다. 따라서 도산 국제사법에 대하여 살펴본 후, 해운기업의 도산 시 발생되는 여러 가지 문제점(보호되는 자산, 보호되는 계약, 권리행사의 제한, 선박소유자의 책임제한 등)에 대하여 살펴보도록 하겠습니다.

1. 해사분쟁의 트렌드

지난 40년간의 해사 분쟁 실무를 처리하여 본 경험을 돌아볼 때 그때그때마다 당대의 상황을 반영하여 한국에서 문제된 분쟁의 양

---

* 강연내용을 글로 옮긴 것이라 경어체로 되어 있다는 점을 밝혀둔다.

상에 경향성(trend)이 있지 않았었나 싶습니다.

Casualty의 시대(1980년대 ~ 1995년)

1980년대는 한국해운이 싹을 틔우고, 성장의 기반을 마련한 시기라고 할 수 있을 것입니다. 이 무렵 해운 변호사는 casualty를 다루는 것을 주로 하고 있었습니다. 이때까지만 하여도, 한국의 해운사들에 충분한 선박이 없어 한국의 유능한 많은 해기사·선원들이 외국 선사에 취업하여 외국 선박에 승선근무를 하였고, 그 당시만 하여도 선박의 근무여건이나 선박의 안전에 대한 기준은 그리 높지 아니하였습니다. 그리고 그 당시에는 한국에 해상 전문 변호사도 많지 않은 실정이었습니다.

해외에 취업한 한국 선원들의 상병 재해 문제가 해사 분쟁의 상당한 부분을 차지하고 있었습니다. 한편, 해상사고도 많이 발생하여 태풍이 지나가면 7~8건의 사고가 발생하곤 하였고 연안에서 어선과의 충돌사고도 상당수 발생하였었습니다.

그 당시 선박사고가 발생하는 경우 해사전문 변호사 또는 전문 조사요원이 사고 난 선박을 방문하여 며칠씩 머물면서 선원들을 면담하고 해도나 course recorder, 항해일지 등 선박의 서류에 대한 검토를 통하여 사고조사를 하였습니다. 충돌의 경우에는 angle of blow and speed 분석을 통한 충돌사고의 재구성을 하기도 하였습니다. 이러한 조사를 하는 데 상당한 시간을 필요로 하는 그러한 시기였습니다. 1995년의 Sea Prince사건 이후 해상사고는 현저하게 줄어들게 됩니다.

어쩌면 이 시기가 해상 변호사로서는 가장 exciting한 시기였을지도 모르겠습니다.

Dark Age(1997년 ~ 2008년)

1997년 이른바 IMF 경제 위기를 겪으면서 한국의 모든 기업들이 어려운 시기를 보냈고, 해운기업도 예외는 아니었습니다. 대외적으로는 선박의 안전에 대한 기준이 강화되고, 선박 건조기술도 발달하면서 선원들의 재해나 선박사고도 대폭 감소하게 됩니다. 이러한 상황에서 해상 클레임의 상당 부분을 담보하고 따라서 해사 분쟁처리를 주도하는 주요 P&I Club들이 비용절감의 차원에서 변호사 보수를 매우 엄격하게 관리를 하면서 해사전문 변호사들은 이중의 어려움에 처하게 됩니다. 대형 law firm에서의 해사전문 변호사의 위상과 입지가 도전을 받는 시기이기도 합니다.

다만, 선박의 사고 건수는 대폭 감소하였지만, 선박의 대형화로 인하여 사고가 발생하면 초대형 사고가 되어 세간의 이목을 끌게 되고(예컨대, 2007.12. 태안 앞바다에서 발생한 Hebei Spirit호 사고 등), 특히 컨테이너선의 경우 다수 당사자 사이의 여러 관할지에서의 분쟁으로 비화하게 되는 경향을 보이게 됩니다.

선박사고 시 사고조사는 선원들의 진술보다는 선박에 설치된 항해기록장치(Voyage Data Recorder: VDR)나 해상교통관제소(Vessel Traffic Service: VTS)의 기록을 기초로 이루어짐에 따라, 사고 조사의 시간이 많이 단축되고 그 결과에 대한 이견도 현저히 줄어들게 됩니다.

단순한 해기 기술을 갖춘 변호사보다는 다수 당사자간의 다수의 관할에서 국제적인 분쟁을 처리할 수 있는 능력을 갖춘 해상 변호사, 해상 lawfirm이 재평가되는 시기로 되었다고도 할 수 있을 것입니다.

도산적 분쟁(2009년 ~ 2018년)

활황을 이루던 해운 경기가 2008년 가을의 subprime mortgage

사건으로 인하여 급락하면서 한국뿐 아니라 세계의 많은 해운회사들이 도산하는 상황이 발생하게 됩니다. 실수요가 있었다기 보다는 speculation을 바탕으로 선박을 건조하거나 용선을 하였던 경우(이때에 투기적인 목적에서 거래가 연속으로 이루어져 있는 경우가 보통이므로)가 많았고, 이러한 선박 건조 또는 용선 chain에서 한 회사의 채무불이행은 그 chain전체의 채무불이행으로 이어져 대 혼란을 가져오게 됩니다.

따라서, 이 시기에는 종전의 분쟁 양상과 다른 도산적인 분쟁양상을 보이게 됩니다. 즉, 과거의 분쟁이 계약의 이행 과정에서의 채무 불이행(예컨대, 선박건조의 경우 건조 상의 하자, 용선분쟁의 경우 계약의 이행 과정에서의 문제들)이었다면 이 시기는 계약 당사자들이 애당초 계약을 이행하지 못하는(이행할 수 없는) 상황이 되거나(건조된 선박을 인수하여 가지 않든지 조선소가 선박을 건조하지 못하는 분쟁, 용선 chain에서 다른 당사자의 불이행을 원인으로 한 이행 불능 내지 이행 거절) 이거나 관련 당사자에 대한 도산절차가 개시되어 발생하는 분쟁 내지 법률적인 문제가 대표적인 경향이 된 것입니다.

각종 규제 및 Compliance시대(2018년 이후)

이러한 시련의 시기를 지나면서, 선박으로부터의 환경오염에 대한 규제는 더욱 엄격하여지고(이미 시행되고 있는 선박 평형수에 대한 규제 및 선박 연료유에 대한 규제, 나아가 탄소 배출에 대한 규제 등), 기업 전반적으로는 ESG경영이 강조되고 있습니다.

해운기업의 경우도 환경보전의 문제, 선박에 대한 안전의 문제(특히, 2022년 1월 시행을 앞두고 있는 중대재해처벌법과 관련하여) 및 공정 거래의 문제(특히, 정기선사들의 경우 공동행위문제), 국제적인 여러 sanction의 문제는 중요한 agenda가 될 것으로 보입니다.

2. 한국의 도산법제

한국의 도산 법제 개관

해운 경기의 급락과 해운 기업의 도산   아시는 바와 같이 2008년까지만 하여도 활황을 이루던 국제경기, 해운경기가 당초의 예상과는 달리 2008 하반기 급격한 하락세를 맞게 됩니다. 아래 표에서 보는 바와 같이 2008.5. 10000을 넘던 BDI지수(1985년 1000기준) 가 같은 해 12월 초 560으로 급락(자유낙하라고 표현합니다)하게 됩니다.

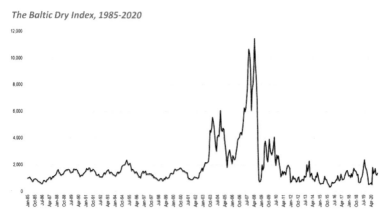

The Baltic Dry Index, 1985-2020

Source: Bloomberg; BDIY:IND. Value as of the last business day of the month.

2008년 초만 하더라도 전문가들은 해운의 호황이 2009년 내지 2010년까지는 지속 될 것으로 대부분 예상하였으나 이러한 예상과는 달리 2008년 후반기의 Lehman Brothers 사태로 인하여 해운경기가 급락하면서 많은 해운 기업들이 도산에 처하게 됩니다.

채무자 회생 및 파산에 관한 법률("통합도산법" or "채무자회생법") 한국은 종래에 회사정리법, 파산법, 화의법 등의 개별 도산 관련 법을 가지고 있었으나 2006년 4월 이들을 통합한 채무자 회생 및 파산에 관한 법률을 제정하게 됩니다. 위 채무자회생법에는 (i) 회생절차(제2편), (ii) 파산절차(제3편), (iii) 개인회생절차(제4편) 등을 통합적으로 규정하고 있습니다.

이러한 절차는 법원의 통제 하에 이루어지는 절차이고, 이러한 점에서 채권자가 주도하는 기업구조조정 촉진법(한시법 2023.10.15.까지 유효)과는 구별이 됩니다.

UNCITRAL Model Law 도입   UNCITRAL에서는 각국의 도산절차를 상호 승인하기 위한 기준을 마련하기 위하여 Model 법(Cross Border Insolvency)을 제정하였고, 한국도 통합도산법 제정 시 이를 도입하여 제5편에 국제도산을 규정하였습니다. 이로써, 한국도 각 개별법 시대의 엄격한 속지주의(Territoriality) 원칙을 버리고 보편주의(Universality) 원칙을 채택하게 된 것입니다. 이러한 변화는, 그 중요한 자산인 선박이 국외에 존재하게 되는 한국 해운기업의 도산절차에 있어 매우 긍정적인 역할을 하게 됩니다. 과거 통합 도산법 이전의 Pan Ocean에 대한 1차 회생절차시에는 속지주의 원칙으로 인하여 한국 밖에 존재하는 Pan Ocean 소유 선박에 대한 권리행사를 막을 수 없었으나, 통합도산법이 Model Law를 수용하고 보편주의를 채택함에 따라 선박에 대한 권리 행사 및 채무자에 대한 법적인 절차를 방지하여 효과적인 회생절차를 진행할 수 있었던 것입니다. 한편 외국 해운회사에 대한 외국에서의 도산절차도 한국에서 그 효력을 인정받을 수 있게 되었고 일본의 해운회사를 포함하여 그러한 예도 상당수 있었습니다.

따라서, 한국의 해운 기업에 대한 도산절차가 한국에서 개시된 경우 한국의 해운기업은 관련 외국에서 한국의 절차에 대한 승인을 받는 절차를 가장 우선적으로 취하게 됩니다. 예컨대, 계약의 분쟁해결지로 정하여진 곳이나 자신들의 선박들이 취항하는 곳에 우선적으로 이러한 절차를 취하게 될 것입니다.

도산의 기본 개념

도산이란 개인이나 기업이 경제활동에 실패하는 바람에 부채가 누적되어 감당할 수 없는 상황에 이른 경우("채무초과" 또는 "지급 불능")를 말합니다. 도산법은 이러한 도산에 처한 개인 또는 기업을 그대로 망하게 하여서는 사회적인 손실이 크므로, 이러한 경제적 실패를 어떻게 사회적으로 흡수·처리할 것인 가 하는 것을 규율하는 법으로서 채무자의 보호와 상대방에 대한 취급의 균형이 필요할 것입니다. 법에서는 계속가치가 청산가치가 큰 경우에만 회생을 허용하고 있습니다.

도산기업의 처리, 도산법의 적용에 있어서는 채무자 회사와 거래 상대방의 균형 있는 취급이 필요할 것입니다. 회생 가능성이 없는 기업을 회생시키기 위하여는 너무나 큰 사회적 비용을 지급하여야 하고(계속가치를 부풀리고 청산가치를 과소평가하는 경우), 거래 상대방의 희생 하에 채무자 회사를 회생시키는 것은 불가피한 것이라 하여도 거래 상대방의 희생은 적정(채무자가 청산하는 경우보다는 좋아야 할 것입니다)하여야 합니다. 그렇지 아니한 경우 거래 상대방의 큰 희생 하에 채무자 회사의 대주주 또는 채무자회사의 경영권을 인수한 자만 이익을 보게 되는 경우도 있을 수 있습니다.

또한, 회생한 기업이 거래 생태계로 진출하여, 회생절차를 통하여 부채를 탕감 받은 이점을 가지고(저가를 무기로) 경쟁에 뛰어 들게 되면, 거래 생태계의 질서를 무너트리고 정상적인 기업마저 부실하게 만드는 결과가 초래될 수 있습니다. 이러한 부작용이 발생하지 않도록 시장 질서를 유지할 필요가 있을 것입니다.

한국의 도산법제

도산절차의 기본원리   동일한 집단에 속한 채권자들은 공평한 취급을 하겠다는 집단적인 법절차입니다. 이러한 기본적인 원리에 따라 아래와 같은 구조를 취하게 됩니다.

도산절차의 구조

(1) 개별적 권리행사금지

도산절차가 개시되면 채권자들의 채무자 또는 채무자 재산에 대한 개별적인 권리행사가 금지됩니다. 한편, 채무자도 함부로 채무를 변제하거나 재산을 처분하지 못하도록 하여 채권자들 사이의 공평한 분배를 도모하고 있습니다. 즉, 동일한 권리자에 대하여는 동일한 취급을 한다는 것을 기본원리로 하고 있고, 이러한 점에서 선박소유자의 책임제한 제도와 유사성이 있습니다.

이러한 개별권리행사의 금지는 기업의 회생에 필수적인 영업조직과 인적 · 물적 자원을 유지하려는 것입니다.

(2) 채무자에 대한 특별한 보호

회생절차가 개시되면 채무자 회사의 관리인에게 부인권, 쌍방미이행쌍무계약의 해지권 이행선택권 등이 부여되고, 채권자의 상계가 제한되는 등 채무자 재산 보전 위한 특별한 권한이 부여됩니다.

개별적인 문제는 뒤에서 보도록 하겠습니다.

3. 도산국제사법

해운기업의 도산은 필연적으로 국제도산의 요소를 가지고 있습니다. 도산국제사법의 문제로, 도산 사건의 관할, 도산의 준거법, 외국도산 절차의 승인 등의 문제가 검토되어야 합니다.

도산사건의 관할

국제사법 제2조는 국제재판 관할에 관한 총론적인 규정을 하고 있고, 한국 법원 관할의 근거로 "당사자 또는 분쟁된 사안이 대한민국과 실질적 관련성"을 요구하고 있습니다. 보다 구체적으로는

"국내법의 관할 규정"을 참조하여 정하게 됩니다.(참고로, 국제재판 관할에 관한 위 총론적인 규정에 더하여 각 사안별 개별 규정이 포함된 국제사법 개정안이 현재 국회에 제출되어 있습니다.)

통합도산법(제3조)상 도산 사건에 관한 국내법의 관할 규정은 다음과 같습니다.

① 채무자의 보통재판적, 주사무소, 주영업소

② 채무자의 재산 소재지(위 ① 이 없는 경우)

③ 관련 회사에 대한 도산절차가 개시된 곳

한국에 본사를 둔 해운기업의 도산과 관련하여 한국 법원의 관할이 문제될 여지는 없으나, 해운기업은 통상 SPC를 통하여 선박을 소유하게 됩니다. 그 해운기업에 대한 회생절차가 효과적으로 진행되려면 해운기업이 지배하는 SPC에 대한 도산절차 역시 한국 법원이 관할을 가지고 진행할 필요성은 인정될 수 있을 것입니다. 이러한 경우 한국에 본사(모회사)를 둔 채무자의 해외 SPC에 대하여 한국 법원에 관할이 인정될 것인 가의 문제가 제기됩니다. 동아탱커의 경우 한국 법원은 동아탱커의 해외 SPC에 대한 관할을 인정한 바 있습니다. 다만, 다른 이유로 회생절차 개시 신청은 받아들이지 아니하였습니다.

도산국제사법: 준거법

도산사건의 경우 도산법정지법이 적용된다고 합니다만, 그 구체적 적용에 있어서는 고려를 요합니다. 절차적인 사항에 대하여는 도산법정지법이 전면적으로 적용됩니다. 반면에, 실체적인 사항에 대하여는 도산 법정지법이 제한적으로 적용되고, 도산전형적법률효과에 대하여만 도산법정지법이 적용된다고 하고 있습니다.

절차적 사항: Lex Fori Concursus(倒産法廷地法)　도산법정지법이 적용되는 절차적 사항은 다음과 같은 것으로 이해되고 있습니다.

- 관할(Jurisdiction)
- 도산절차의 개시
- 관리인·관재인 등의 선임 등
- 채권의 신고, 채권의 확정, 지급
- 회생절차의 종료
- 외국도산절차의 승인

실체적 사항: 倒産法廷地法(Lex Fori Concursus) 原則 및 한계
실체적인 사항에 대하여는, 그러한 사항이 倒産典型的 法律效果 (Matters specific to Insolvency)에 관한 것인지 여부를 판단하여 도산법 정지법을 적용할 것인지 여부를 판단하게 될 것입니다. 예컨대, 다음 과 같은 사항이 도산전형적인 사항으로 인정될 수 있을 것입니다.

- 쌍방미이행 쌍무계약 여부
- 관리인에 의한 쌍방미이행 쌍무계약의 해제해지
- 채권의 성질(회생채권, 공익채권)
- 부인권
- 상계의 제한

4. 보호되는 자산

앞서 본 바와 같이 도산절차가 개시된 경우 채무자의 재산에 대한 권리행사는 제한되게 됩니다.

보호되는 자산

도산절차와 관련하여 금융리스된 선박과 BBCHP된 선박이 채무자의 자산으로서 도산절차상 채무자의 재산으로 보호의 대상이 될 것인가 문제가 되어 왔습니다.

금융리스 선박   한국 대법원 판결이나 법원실무상, 금융리스된 선박은 채무자의 재산으로 보고 있고, 금융리스계약상 lease payment는 용선료라고 볼 수 없고, 채무자(lessee)에게 제공된 금융의 변제(repayment of the loan)이며 채권자(금융리스계약상의 lessor)는 채무자가 금융리스한 선박에 대한 회생담보권자라고 인정하고 있습니다(대법원 1994.11.8. 선고 94다23388 판결, 대법원 1986. 8.19. 선고 84다카503 판결).

BBCHP 선박   BBCHP(Bareboat Charter with Hire Purchase Option: 소유권취득조건부나용선계약) 선박을 도산절차에서 어떻게 취급할 것인지 최근까지도 문제가 되어 왔습니다. 이와 관련하여 다음과 같이 견해의 대립이 있습니다.

 - [1설]: 채무자의 자산 → 회생담보권

   실질적인 소유자는 채무자이고, 채권자는 선박에 대한 담보권자

 - [2설]: 채무자의 자산이 아니고, BBCHP계약은 쌍방미이행 쌍무계약

한국법원의 판결이나 실무는 [2설]의 견해를 취하고 있습니다.

종전의 부정기선사의 도산의 경우 BBCHP 선박은 장기계약이 있거나 그 회사의 회생에 있어 중요한 자산이 되므로 이를 해지한 경우가 거의 없었던 반면에, 정기선사인 한진해운의 경우 BBCHP 계약마저도 해지하면서 이 문제가 불거진 바 있습니다.

형식적으로 보면, 금융리스된 선박이나 BBCHP 선박 모두 채무자의 소유 명의로 되어 있지 아니하므로(금융리스 선박의 경우 lessor인 금융기관, BBCHP의 경우 SPC) 채무자의 자산으로 볼 수 없는 것이라는 견해도 충분히 가능합니다. 이에 대하여 거래의 실질을 볼 때 이러한 금융리스된 선박이나 BBCHP된 선박도 채무자의 자산으로 보아야 한다는 견해가 타당하다는 입장이 제기되고 있고, 법원

도 금융리스의 경우 이를 지지하고 있기는 합니다. 저는 개인적으로 현행법의 해석상 아무리 형식적이라도 소유 명의가 채무자로 되어 있지 아니하므로 금융리스된 선박이나 BBCHP선박 모두 채무자의 자산으로 보기는 어렵지 않을까 생각합니다.

그럼에도 불구하고, 이러한 선박들을 채무자의 자산으로 보아 채권자의 권리행사를 제한하려는 견해는 채무자의 실질적인 지배에 착안하고 또한 이러한 자산이 채무자 회사의 회생에 있어 주요 자산이라는 점에 착안한 것으로 생각이 됩니다. 반면에, 그 반대의 견해는 문제된 선박이 채무자 명의로 등록되어 있지 아니한 데 착안하고 있는 것으로 보입니다. 따라서, 이러한 문제를 도산법의 해석으로 해결되기를 기대하기보다는 도산법을 개정하여 도산법상 보호되는 자산의 범위를 넓히는 것이 타당할 것으로 생각합니다. 참고로, 외국의 stay order들의 범위에 채무자가 용선한 선박도 포함되고 있는 예들도 참고하여 이러한 선박들도 포함될 수 있도록 통합 도산법을 개정하는 방안도 고려할 필요가 있을 것으로 보입니다.

보호되는 자산: Maritime Lien

한편, 선박우선특권의 행사와 관련하여서도 몇가지 문제가 제기됩니다.

선박우선특권의 준거법에 관하여도 여러 견해가 있으나, 한국 국제사법상 선박우선특권의 성립 및 순위는 선적국법에 따르도록 규정하고 있습니다. 그러면, 도산절차에서는 선박우선특권은 어떻게 취급될 것인 지 검토를 요합니다.

선박우선특권의 준거법　　도산절차에서의 선박우선특권의 준거법과 관련하여 다음과 같은 논의들이 있습니다.

- [1설] 도산법정지법(Lex fori Concursus)
- [2설] 재산소재지

- [3설] 도산법정지법 및 선박우선특권 준거법국의 도산법 중첩 적용
- [4설] 도산법정지법, 선박우선특권 준거법국의 도산법 중 유리한 법
- [5설] 도산법정지법 및 Disposal by the Holder의 중첩적 적용

한국에서는 도산절차에서의 선박우선특권의 준거법에 대한 논의가 본격적으로 이루어 지지는 못하고 있는 것 같고, 단순히 국제사법 규정에 따라 선적국법을 적용하여 선박우선특권의 존부를 판단하고 있는 것으로 이해됩니다.

도산 절차에서의 Maritime Lien행사

1) 선박우선특권에 기한 선박의 압류

도산절차에서도 채무자의 소유로 등기된 선박이 아닌 선박(BBCHP선박 포함)에 대한 선박우선특권(피담보채무의 채무자는 도산절차 중인 채무자인 경우)의 실행(압류)은 허용될 것입니다. 반면에, 채무자 소유의 선박에 대한 압류에 의한 선박우선특권의 실행은 허용되지 않을 것입니다.

2) 선박의 압류가 허용되지 아니하는 경우 선박우선특권의 실행

선박우선특권은 그 채권이 생긴 날로부터 1년 이내에 실행하여야 하고, 그렇지 아니한 경우 소멸하게 됩니다(상법 제786조). 선박우선특권이 인정되는 채권의 경우, 해당 선박이 채무자 소유이면 선박의 압류에 의한 실행이 허용되지 아니할 것입니다. 이러한 경우 선박에 대한 압류 없이 회생담보권으로 채권을 신고한 때에 선박우선특권이 실행되었다고 보아야 할 것입니다.

5. 보호되는 계약

쌍방미이행 쌍무계약

채무자가 체결한 계약 중에는 채무자 회사의 회생에 도움이 되는 경우도 있고, 채무자 회사를 도산절차에 이르게 한 계약도 있을 수 있습니다. 채무자 회사의 회생을 돕기 위하여 통합도산법은 쌍방미이행 쌍무계약의 경우 관리인에게 그 이행 여부의 선택권을 주고 있습니다.

쌍방미이행 쌍무계약　채무자와 그 상대방이 모두 회생절차 개시 당시에 아직 그 이행을 완료하지 아니한 때에는 관리인은 계약을 해제 또는 해지하거나 채무자의 채무를 이행하고 상대방의 채무 이행을 청구할 수 있습니다. 이러한 이행의 선택은 명시적인 의사표시에 의한 경우도 있으나, 묵시적 또는 행위에 의하여서도 할 수 있습니다.

BBCHP는 쌍방미이행 쌍무계약인가?　앞서 본 바와 같이 BBCHP된 선박이 사실상 채무자(용선자)의 자산으로 볼 수 있을지, 아니면, BBCHP 계약이 쌍방미이행 쌍무계약인지 여부가 문제가 될 수 있습니다. 현재의 회생법원의 실무나 판례는 BBCHP선박이라도 채무자의 자산이라고 볼 수 없고, 쌍방미이행 쌍무계약으로 취급하고 있습니다. 따라서, 채권자(BBCHP계약상 선주가 아닌 채권자가 될 것임)는 위 선박에 대한 권리행사가 가능하고, 채무자(용선자)는 미이행 쌍무계약인 BBCHP계약의 당사자로서 그 이행 여부를 선택할 수 있습니다.

반면에, 금융리스의 경우 금융리스된 선박은 채무자의 자산으로 보아 명의 상 선주(채권자)의 권리는 실무상 회생담보권으로 취급하고 있습니다.

도산해제·해지조항

계약당사자 일방에게 회생절차 개시나 파산 등 사실이 발생한 경우에 상대방에게 계약의 해제(해지)권을 인정하거나 계약의 당연 해제(해지) 사유로 정하는 특약을 도산해제 해지조항이라고 합니다. 특히, 선박건조계약이나 장기용선계약의 경우가 그렇습니다. 이러한 조항(이를 Ipso Facto Clause라고 합니다)이 유효할 것인지 논의가 됩니다.

이러한 논의가 되는 이유는 쌍방미이행 쌍무계약의 경우 관리인에게 이행 여부의 선택권을 주고 있는데 상대방이 도산절차 신청이나 개시를 이유로 계약을 해제 또는 해지할 수 있다고 하면, 쌍방미이행 쌍무계약의 경우 관리인에게 계약이행 여부의 선택권을 준 통합도산법의 취지에 반하기 때문입니다.

도산해제·해지 조항(Ipso Facto Clause)의 예는 다음과 같습니다만, 개별 계약에 따라 변형이 가능할 것입니다.

[선박건조계약상 도산 해제조항]

The filing of a petition or the making of any order or the passing of any effective resolution for the winding up, insolvency, bankruptcy, liquidation of Builder or the placing of the Builder under court protection or the appointment of a receiver of the undertaking or property of the Builder or the insolvency of or a suspension of payment by the Builder or the cessation of the carrying on of business by the Builder or the making by the Builder or any analogous proceedings and the Builder fails to remedy such breach within twenty one (21) days of receipt of the Builder of written notice from Buyer (other than for the purposes of reconstruction or amalgamation which has been previously approved in writing by Buyer)

장기용선계약의 경우에도 이와 유사한 조항을 도입하는 경우가 있습니다.

도산해제조항(Ipso Facto Clause)의 효력   계약당사자 일방에게 회생절차 개시나 파산 등 사실이 발생한 경우에 상대방에게 계약의 해제(해지)권을 인정하거나 계약의 당연 해제(해지) 사유로 정하는 특약의 효력에 대하여 한국법상 명시적인 규정은 없습니다.

특히, 쌍방미이행 쌍무계약의 경우 도산해제(해지)조항의 효력에 대하여는 쌍방미이행 쌍무계약의 계약 이행선택권을 관리인에게 준 취지에 비추어 법원이 부정적인 입장을 취할 가능성이 크나, 현재 이에 대한 확립된 판례의 입장은 없는 상황입니다.

6. 권리행사의 제한

도산절차가 개시된 경우 권리행사 제한의 예로서 상계의 제한 및 부인권의 행사를 보도록 하겠습니다.

상계의 제한

회생절차가 개시된 경우 채권자는 회생계획에 따라 변제를 받게 되는 데 상계가 허용되는 경우 채권자는 회생계획에 의하지 아니하고 사실상 대등액에서 모두 변제를 받는 결과가 되므로 다른 채권자와의 공평의 견지에서 계약상 또는 준거법상 상계가 허용되더라도 도산법상 상계가 허용되지 않는 경우가 있습니다.

상계의 준거법   한국 국제사법상 상계의 준거법에 관한 명시적인 규정은 없습니다만, 아래와 같은 견해가 있습니다.

[1설] 受動債權의 준거법상 허용되는 경우 상계 허용

[2설] 自動債權 및 受動債權의 준거법 모두 상계허용되는 경우

상계허용

　그러나, 이와 같이 준거법상 상계가 허용되더라도, 도산법 법리 (채권자의 공평한 취급)에 반하는 경우 도산법상 도산절차에서는 허용될 수 없는 것입니다. 따라서, 상계를 하려면, 2단계접근, 즉, 준거법상 상계가 허용되어야 함은 물론 도산법상 상계가 금지되지 않아야 합니다.

관련 계약 및 상계의 준거법상 상계 허용	⇒	통합도산법(제144조/제145조)상 상계가 금지되지 않을 것

　상계의 제한　　통합도산법은 "회생채권자(담보권자)가 회생절차 개시 당시 채무자에 대하여 채무를 부담하는 경우 채권과 채무의 쌍방의 신고기간 만료 전에 상계할 수 있게 된 때에는 회생채권자(담보권자)는 그 기간 안에 한하여 회생절차에 의하지 아니하고 상계할 수 있다."고 규정하여 채권자가 회생절차 개시 이후에 인위적으로 상계가 가능한 상태를 만드는 것을 규제하고 있습니다.

　용선계약 부당 해지와 ROB(잔존 연료유)의 취급 실무　　실무상으로는 용선계약의 부당해지시 ① ROB에 대하여 용선자가 선주에 대하여 별개의 청구권을 갖는가? ② 아니면, 부당해지로 인한 손해배상(즉, 기대 용선료 소득의 감소)액 산정 시 잔존 연료유 값을 감안하면 되는 것인가?(영국법에 따른 일본 법원의 입장)의 문제가 있습니다. 관리인이 쌍방미이행 쌍무계약의 해지를 선택한 경우도 용선계약상으로는 '부당해지'로 볼 수 있습니다.

　영국법상으로는 관리인의 해지(이를 부당해지로 볼 수 있습니다)로 인한 손해배상액 산정 시 감안하여야 할 사항(손익상계와 유사)으로 보는 견해가 타당할 수 있으며, 이러한 경우 상계의 문제가 발생하지 아니할 것입니다(일본 판결 중에는 영국의 위와 같은 입장을 받아들여 판단한 예가 있습니다.).

반면에, 별개의 청구권을 갖는다면, 통합도산법상 상계가 허용될 것인지 문제가 될 것입니다.

> 용선계약 및 그 준거법상 상계가 허용되는가? ⇒ **통합도산법상 위와 같은 상계가 허용되는가?** **(제144조, 제145조)**

용선계약 부당 해지 시 용선자가 선주에 대하여 ROB와 관련한 별개의 청구권을 갖는다면, ROB가 언제 존재하는가(계약체결시부터 인가, 아니면 반환하여야 할 ROB의 양이 정하여지는 계약해지시인가)에 따라 상계의 허용 여부가 정하여질 수 있습니다.

- 수동채권(회생회사의 채권자에 대한 채권)이 회생개시 이전 또는 이후에 발생하였는지 여부

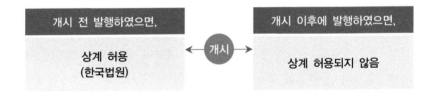

한국 법원은 별개의 채권이 존재한다는 입장을 취하고 있고, 나아가 ROB에 대한 정산채무 자체는 용선계약 체결시에 이미 존재하는 것이고 다만, 그 구체적인 액수(ROB의 양 및 그에 따른 금액)만이 해지 시 발생하는 것이라는 입장을 취하고 있습니다.

부인권

채무자가 채권자를 해하는 행위를 한 경우 관리인은 이러한 행위를 부인할 수 있습니다.

통합 도산법상 부인권　회생절차 개시 전에 채무자가 행한 재산의 은닉 행위나 편파 변제 행위를 관리인이 부인할 수 있음.

① 고의 부인: 회생절차 개시 전에 채무자가 행한 재산의 은닉 행위나 편파 변제 행위를 관리인이 부인할 수 있음.

② 본지행위의 위기부인: 채무자가 지급정지 또는 회생절차 개시 신청이 있고 난 뒤 한 회생채권자(담보권자)를 해하는 행위와 담보의 제공 또는 채무의 소멸에 관한 행위

③ 비본지행위의 위기부인: 채무자가 지급정지나 회생절차 개시 신청이 있고 난 뒤 또는 그 전 60일 이내에 한 담보의 제공 또는 채무의 소멸에 관한 행위로서 채무자의 의무에 속하지 아니하거나 그 방법이나 시기가 채무자의 의무에 속하지 아니하는 행위

④ 무상부인: 채무자가 지급정지나 회생절차 개시 신청이 있고 난 뒤 또는 그 6개월 이내에 한 무상행위와 이와 동일시 할 수 있는 유상행위

⑤ 특수관계인과 부인권의 확대: 위 ③ 및 ④ 의 경우 1년 전의 행위로 까지 부인대상행위가 확대됨.

관리인은 위 부인권 행사의 사유에 해당하는 경우 부인권을 행사할 수 있습니다. 이러한 경우 채무자의 행위는 그 효력을 부인당하게 될 것입니다.

선박소유자의 책임제한절차와 도산절차

선박소유자의 책임제한　전 세계 대부분의 국가에서는 선박소유자의 책임제한(global limitation)을 인정하고 있습니다. 이와 관련된 국제 조약도 1976 LLMC, 1996 Protocol, 1996 Protocol with

Increased Amount 등이 성립되어 다양한 나라들이 가입하고 있습니다. 책임제한 조약에 직접 가입은 하지 아니하더라도 이를 참작하여 국내법을 제정하고 있는 나라들도 많이 있습니다. 선박소유자의 책임제한 제도와 기업에 대한 회생절차는 상당한 유사점이 있습니다.

한국 국제사법상 선박소유자 책임제한의 준거법은 선적국법(국제사법 제60조)으로 규정되어 있고, 예외조항(국제사법 제8조)이 적용되는 경우 가장 관련이 있는 다른 국가의 법 적용하도록 되어 있습니다.

선박회사에 대한 도산절차가 개시된 경우 책임제한 절차와의 관계 회생절차는 채무의 구조조정을 통하여 회사를 회생시키려는 것이고, 선박소유자의 책임제한 절차는 선박소유자의 책임을 일정금액으로 제한을 하고, 이를 초과하는 경우 채권자들에게 분배하는 절차를 규정하고 있는 점에서 유사성이 있고, 굳이 두 절차를 모두 이행하여야 하는지 의문이 제기될 수 있습니다.

그러나 선박소유자의 책임제한 제도는 선박소유자 뿐 아니라 용선자 책임보험자도 수익채무자로서 책임제한의 혜택을 누릴 수 있는 반면에, 회생절차는 채무자 자신의 채무에 대한 것이므로(보증인에 대한 청구에 영향을 주지 아니함), 책임보험자에 대한 직접 청구권을 감안할 때 선박소유자에 대한 도산절차가 개시되었다고 하더라도, 책임보험자나 용선자의 선박소유자 책임제한 절차 개시 신청을 필요할 것으로 생각됩니다.

선박 금융과 SPC

정우영(법무법인 광장 소속 변호사)

1. 국내에서의 시대별 선박금융 계약 구조의 변화

1990년도 이전의 선박금융

1945년 해방이후부터 1961년까지는 선박금융이라고 해봐야 외국으로부터 중고선박을 들여오기 위해 외국의 원조자금과 정부자금에 의존하는 것이 고작이었고, 경제개발 5개년 계획의 추진 이후 일반 상업금융기관의 선박금융이 이용되기 시작하다, 1976년 해운과 조선이 연계된 산업육성의 기치를 걸고 정부가 추진한 계획조선제도에 의한 금융이 그나마 우리나라의 선박 금융이라 할 수 있는 최초의 것이었다. 금융 구조는 해운기업에 대한 직접 대출의 형식을 취했고 특별한 금융구조라 할 것은 없었다. 그 이외에 당시 선박금융을 굳이 찾아보자면 일본계 종합상사에 의한 운영리스를 포함할 수 있는 정도이다. 계획조선 자금의 구조는 아래와 같이 단순하다.

대출 화폐는 원화에 국한 되었고, 당시 원화 기업 우대 금리는 12~13%이었으므로, 실제 대출이자율은 그보다 높았을 것이다. 1990년대 이후에는 계획조선자금 이용을 위한 자기자본 부담이 선가의 20%에 이르고 융자금액 20%의 산업금융 채권매입의 부담이 있었기 때문에 국적 선사의 계획조선자금 이용 기피경향이 나타났고 이후 동 제도의 이용률이 현저히 낮아지게 되었다.

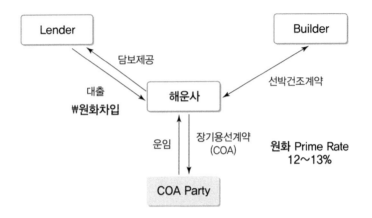

외화 표시 BBCHP 거래 구조의 구축

1990년대 들어와 국적 선사들은 국제 경쟁력 제고를 위하여 저금리의 외화 표시 대출을 요구하는 목소리가 높아져 갔고, 정부 당국도 선박도입을 위한 외화차입을 부분적으로 허용하겠다는 입장을 보였다. 다만, 당시의 국내 외환 관련 법규가 국내 기업의 외화 직차입은 아주 예외적인 경우만 허용되어 있었고, 외화 공여자인 유럽계 은행들도 국내 선사에 직접 대출하는 것보다는 Bankruptcy Remote가 되는 특수목적법인(Special Purpose Company)을 통한 대출을 선호하고 있어 이러한 시장의 수요와 국제 관행에 따라 아래와 같은 새로운 금융 구조가 만들어지게 되었다.

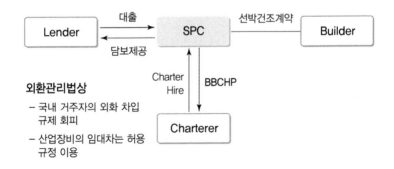

이러한 금융 구조를 기초로 1997년 외환위기 발생 전까지는 외화표시 선박금융이 매우 활발해졌으며, 일반 상업은행, 종금사, 리스회사 뿐만 아니라 종합상사까지 선박금융에 개입하게 되었다. 당시의 각 금융 구조를 살펴보면 아래와 같다.

가. 상업은행 주도형

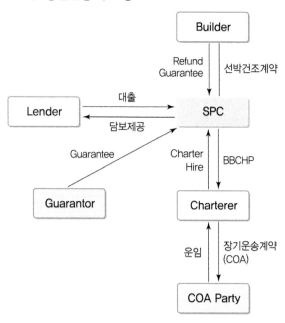

나. 리스회사 주도형

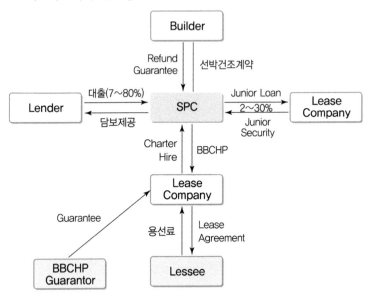

다. 종합상사 주도형

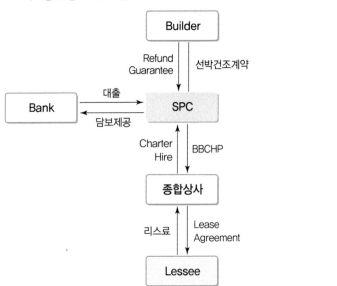

외환위기 ~ 2003년

외환위기 이후 위 기간 동안 국내에 외화 표시 선박 금융은 거의 전무하였다고 평가하여도 무방할 정도였다. 오히려 90년대에 외화로 차입한 선박금융을 상환하기 위해 다수의 보유 선박을 염가로 해외로 매각하는 상황이 빈번하였다. 그 과정에서 금융기관들은 선박의 가치가 부동산에 비해 가치 변동이 크고 글로벌 외환 위기와 같은 경우에는 선박의 가치가 현저히 떨어져 담보로의 기능이 매우 약화된다는 경험을 하게 되었다. 그 결과 외환위기 극복 후 선박의 확보를 위해 선박금융이 절실하였음에도, 금융 기관들은 선가의 100%를 대출해 주던 과거와는 달리 엄격한 LTV 요건을 고집하며 선박금융을 주저하게 되었다. 이미 외환위기로 외화 자산을 모두 처분해 버린 국내 선사들로서는 LTV 요건을 맞추기 위한 자기 부담금액을 마련하기 어려운 상황이어서 선박 금융이 원활치 않았다. 이러한 상황을 타계하고자 만든 것이 선박투자회사법이다. 국내 선사의 자기 부담금액을 자본시장을 통해 조달하자는 것이다. 이를 위해 선박 투자회사법은 투자자에게 세제상의 특혜를 주기도 하였다.

선박투자회사(SIC) 제도를 이용한 선박금융 구조는 다음과 같다.

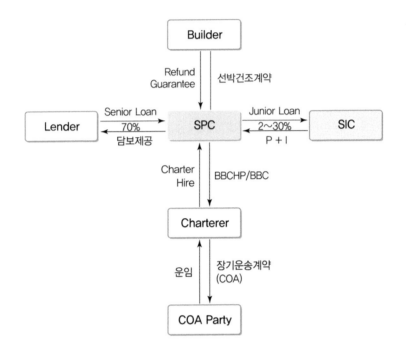

2004 ～ 2008년(리먼사태)

2004년 이후 국제적인 해운운임 및 선가의 급격한 상승으로 선박금융시장이 최고의 활황 국면을 맞이하게 되었고, 이 시기를 '해운의 황금기'라 부르기도 하였다. 이 시기 선박 금융은 Borrower Market이어서 대출 금리가 낮은 상업은행 주도형 선박금융이 크게 증가하던 시기이다. 한편 선가의 급격한 상승은 자본시장 투자가의 투자 의욕을 고취시켜 이 시기에는 앞에서 본 선박 투자회사법상의 선박금융뿐만 아니라 자본시장법상의 선박투자 또한 활발해지기도 하였다. 자본시장법상의 선박투자 금융 구조는 다음에서 보는 바와 같이 선박 투자회사법상의 선박금융 구조와 거의 대동소이하다.

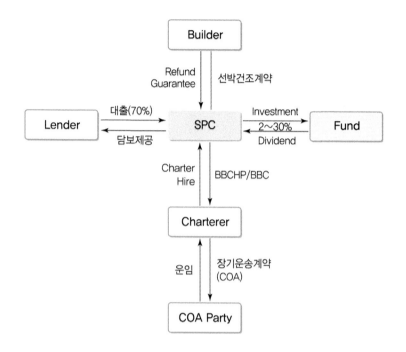

선박투자회사법상 선박투자회사는 대출로 참여한다면, 자본 시장법상 Fund는 투자 형식으로 참여하여 선박 잔가 증대 이익을 나누려 한다는 차이가 있을 뿐이다.

리먼 사태 이후

2008년 9월경 리먼 사태로 촉발된 금융위기로 인한 조선·해운 시장의 위축이 지속되었고, 국내에서는 대한해운, STX Pan Ocean 등이 회생절차에 들어가고, 삼호해운, 한진해운 등이 파산하기에까지 이르렀다. 리먼 사태로 촉발된 글로벌 해운의 암흑기는 2020년까지 지속되었다.

이러한 해운의 위축은 선박금융의 위축을 불러왔고, 정부의 정책적 지원이 없이는 선박금융 자체가 불가능한 상황에까지 이르렀다.

이에 우리 정부는 다른 나라와 마찬가지로 해운 지원 정책을 수립하였으며 그 일환으로 '해양보증보험주식회사'를 설립하여 선박 투자에 대한 보증을 제공함으로써 자본시장으로부터의 투자 및 선박금융 참여를 독려하였다.

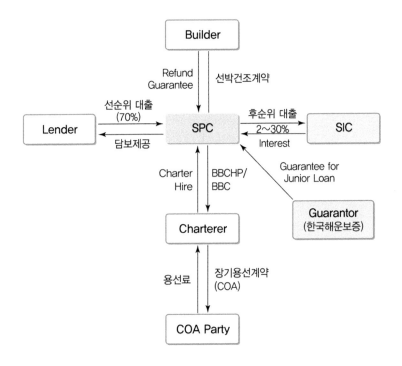

그러나 해운 시장의 위축이 예상 밖으로 오랜 기간 지속되고, 해양보증보험주식회사의 보증으로도 선박금융이 활성화 되지 않자, 정부는 선박금융을 지원하기 위한 보다 강력한 의지의 표현으로 2018년 한국해양진흥공사를 설립하기에 이르렀다.

한국해양진흥공사의 선박금융 지원

한국해양진흥공사는 기왕의 해양보증보험주식회사의 보증보험 업무를 넘어 다음과 같은 폭넓은 선박 금융 지원을 통하여 국내 선박금융의 안정화를 도모하고 있다.

〈한국해양진흥공사의 선박금융 개요〉

업무 종류	업무 개요
선주사업 (S&LB)	해운사가 보유하고 있는 중고선박을 시장가액 대비 적정한 투자비율을 적용한 금액으로 선박을 매입 후 재용선(S&LB)하고 향후 적정한 가격으로 재매각(BBCHP)하는 프로그램
자본확충	위의 선주사업에서 공사에 선박을 매각하면서 처분손실이 발생하면 공사가 보통주 유상증자 참여 또는 영구전환사채 인수를 통해 자본을 확충하는 사업
신조선 투자사업	해운사가 신조선 확보 시 후순위 형태로 선박금융을 공급하여 신조선 확보 지원
채무보증	해운사가 선박을 도입하기 위해 금융기관으로부터 선순위 또는 후순위 대출을 받는 때에 금융기관에 원리금 상환보증을 제공

자료: 해양진흥공사 홈페이지.

2. SPC(Special Purpose Company)

SPC의 설립과 선박의 국적

1) Special Purpose Company의 약어이며 Special Purpose Vehicle(SPV)이라고도 불린다. 금융 대상 사업의 수익(Revenue)을 기초로 하여 금융을 제공하는 이른바 Project Financing의 경우 그 실질 운영자의 다른 수익 및 위험과 혼재되는 것을 피하기 위하여 통상적으로 SPC를 설립하는 것이 일반이다.

2) 선박을 소유할 SPC를 어디에 설립할 것인지 여부는, 선박에 대한 과세 여부(재산세, 양도세 등), 해당 법인(SPC)에 대한 법인세 부과 여부 및 세율, 설립 및 제반 등록절차의 편의성 및 소요 비용, 제3국 입항 관련 제한 및 특혜 여부, 관련 거래 당사자 간의 제반 금전의 수수에 대한 원천징수 여부, 선박우선특권과 저당권간의 권

리의 순위 및 선박의 국적 지를 어디로 할 것인가 등 여러 가지 사항을 고려하여 결정하게 된다.

3) SPC의 설립지와 선박의 국적이 반드시 동일하여야 하는 것은 아니다. 국적에 관한 각국의 제도는 다양하여, ① 선박의 소유권 전부가 자국민의 소유인 경우에만 국적을 부여하는 국가, ② 선박 소유권의 일부가 자국민에 속하는 경우에 국적을 부여하는 국가, ③ 선박 소유권의 전부가 자국민에 속하고 더불어 승무원의 일정수가 자국민이어야 국적을 부여하는 국가, ④ 선박 소유권의 일부가 자국민에 속하고 승무원의 일부가 자국민이어야 국적을 부여하는 국가 ⑤ 일정한 요건 없이 제3국에 등록되어있지 아니하고 소유자가 희망하면 국적을 부여하는 국가 등이 있다. ⑤의 경우를 편의치적 (flag of convenience)이라 하며 대표적인 편의치적국으로는 파나마, 온두라스, 마샬아일랜드, 라이베리아 등이 있다.

선박의 국적은 해상기업의 보호·감독을 위한 행정적 규제 대상을 결정하고 국제법상 선박의 관리와 책임의 소재를 표시하며 국제사법상 선박과 관련된 법률관계의 해결에 적용될 준거법 지정의 요소가 되므로 매우 중요한 요소이다.

4) 위 2)에서 언급된 요소를 고려하여 비용 및 세제가 선박금융에 가장 적합하고 국적의 발급이 쉬운 국가를 물색하여 보면 대체로 편의치적을 인정하는 국가로 국한된다. 이 중 대부분의 선사가 가장 선호되는 곳이 파나마이며, 미국계 선사가 선호하는 곳은 마샬아일랜드이다. 온두라스는 등록절차의 불편함으로 인하여 별로 사용되지 않고 있는 편이다.

선박 금융에 SPC를 사용하는 이유

1) 선박 금융에서 SPC가 많이 사용되는 것은-해운업은 위험기업으로 선박 소유에 따른 위험이 선사의 기타 자산에 까지 확산되

는 것을 방지하기 위하여-소유와 운영을 분리하는 오랜 연혁에 기인한다. 전 세계적으로 1선박 1선주(SPC)를 원칙은 해운업계에 확고하게 자리 잡고 있다.

2) 우리나라의 소유권이전조건부 나용선 계약(BBCHP)은 반드시 SPC 설립을 전제로 이루어지고 있는데, 이러한 형식이 필요한 이유는 우리나라의 외환관리법상의 엄격한 외환 및 금융거래 규제를 가능한 완화·회피하려는 금융기관과 해운회사들의 요구와 이에 대한 정부의 배려에 기인한다.[1]

3) 특정 사업(선박운송업)의 현금흐름이 실질 사업주(운영선사)의 현금흐름과 혼합되지 않고, 한 사업의 현금흐름이 다른 사업의 현금흐름과 혼합되는 것도 막을 수 있어 특정 사업의 현금흐름이 투자자에게 담보로서의 진정한 효과를 가지게 하여 투자의 안정성을 꾀할 수 있다.

4) SPC가 편의치적선제도와 연계될 경우, 아래와 같은 편의치적제도 이용 이점을 얻을 수 있다.

〈편의치적선제도의 이점〉

① 통상의 자유를 구속하는 정치적인 제한에 대한 회피수단(예: 정치적 이유로 특정한 국가에 경제적 제재를 가할 때 경제적 제재에 참가한 국가의 무역업자가 편의치적선을 이용하여 이들 국가와 무역거래를 할 수 있다)

② 선주소속국의 정치적 불안으로부터 회피(예: 그리스의 정치적 불안을 피하기 위하여 그리스 선주가 편의치적 활용, 1997년 홍콩의 중국반환시 불안을 느낀 홍콩 선주가 영국, 홍콩 등록선을 편의치적 국으로 이전)

③ 조세부담의 완화(편의치적국은 전통적으로 등록세와 매년 징수하

---

1) 손일태·김건우, "해운산업의 효율적인 자금조달 방안,"「산업논집」, 제27집 (2002.12.), 경희대학교 산업관계연구소, 226면.

는 소액의 톤세를 제외하고는 선주의 소득에 대하여 어떤 종류의 조세도 징수하고 있지 않다. 그러나 최근 우리나라도 제2선적제도와 톤세제도를 도입함에 따라 해운기업은 조세부담의 완화보다는 금융상의 이유로 편의치적을 활용하고 있다)

④ 보다 저렴한 제3국 선원의 활용

⑤ 금융상의 편의(편의치적선은 금융기관의 선박에 대한 저당권 확보, 저당권 실행 등이 매우 용이하여 국제금융에 대한 담보용으로 금융기관이 매우 선호한다)

⑥ 선박의 안전기준 유지 등에서의 비용 저렴(초기에 편의치적선을 이용하는 이유였으나 그 후로는 점차 감소되괴 있다)

5) 우리나라에 선박저당권을 설정하는 것 보다 금융기관의 선박금융채권의 보호에 유리하다. 강학상 도산절연(Bankruptcy Remote) 효과가 크다는 것이다. 즉, 실질 차주인 해운 선사가 Work-out 또는 회생절차에 처한 경우, 실질차주가 직접 제공한 담보권은 기업구조조정법에 따른 채권금융기관 협의회의 결의에[2] 의하여 또는 도산법[3]에 의하여 그 담보권 행사가 제한되는 반면, SPC가 제공한 담보는 그러한 절차에 거의 영향을 거의 받지 않고 담보권자는 별 제약 없이 담보권을 행사할 수 있다는 것이다.

SPC 소재 국가로의 편의치적에 대한 대법원의 입장

SPC를 통한 선박의 편의치적과 관련하여, 조세회피를 위한 것이라거나 국내법의 적용을 피하기 위한 탈법행위로 보는 시각이 있기

---

2) 2018년 기업구조조정 촉진법의 개정으로 '채권금융기관 협의회'가 '금융채권자 협의회'로 바뀌고 SPC가 금융채권자로 유권 해석됨에 따라, 개정 전과 달리, Work-out절차에서는 SPC를 통한 금융을 하더라도 선박금융 채권자가 도산절연 효과를 누릴 수 없게 되었다.

3) 채무자 회생 및 파산에 관한 법률

도 하나, 이는 오해 기한 것이고, 오히려 우리 대법원 판례는 다음과 같이 일관하여 적법한 관행으로 해석하고 있다.

"선박운항에 관한 중추 기업이 소재하는 국가와는 별도의 국가에 형식적으로 개인명의 또는 법인을 설립하여 그 명의로 선박의 적을 두고 그 나라의 국기를 게양하는 이른바 편의치적제도는 그 자체가 위법한 것이라 할 수는 없더라도, 우리나라에 거주하는 자가 외국에 있던 선박을 사실상 소유권 내지 처분권을 취득하고 나아가 그 선박이 우리나라 국적을 아직 취득하지 아니하였더라도 실질적으로 관세 부과의 대상이 되는 수입에 해당한다고 보는 것이 실질과세의 원칙에 비추어 타당하다."라는 입장을 취하고 있다(대법원 2004.3.25. 선고 2003도8014판결, 2000.5.12. 선고 2000도354판결, 1998. 4.10. 선고 97도58판결 등 다수).

3. 한국 선박금융 성격의 변천

선박 금융의 이해를 위해, 위 각 시대별 선박 금융의 구조·종류·형태를 굳이 그 특성에 따라 분류해 본다면, 전통적인 은행 주도형 선박금융, 외환위기 이후의 자본시장 편입형 선박금융, 리먼 사태 이후의 공공 금융기관 개입형 선박금융으로 분류해 볼 수 있을 것이다. 각 분류별 특성의 대강을 살펴보면 다음과 같다.

1998년도 이전 전통적 의미의 선박금융이 활발하던 시기에는 대부분의 선박 금융이 선가의 전액 또는 그 이상을 대출[4]하여 주었으며. 담보도 선박만을 담보로 하는 거래가 대부분이었다. 종합금융회사 및 리스회사 등도 선박금융에 관여하기는 하였지만, 그 금액은

---

4) 이 시기에는 선가 100%를 대출하여 주었을 뿐만 아니라, 선가 대출 이외에도 선박의 건조 기간 중 발생하는 이자까지도 이자 기일에 (받지 않고) 원본화 (capitalization)함으로써 실제로는 선가 이상의 금액을 대출한 사례도 상당히 많았다.

미미하였고, 선박금융을 주도하는 것은 시중 은행이었다.

선박의 담보가치가 적절한지, 그에 상응하는 보험의 종류와 보험 금액은 적절한지, 왜 파나마 등 편의치적 국가에 SPC를 설립하여 금융 구조를 만들어야 하는지, 각 편의치적 국가별로 Maritime Lien의 순위나 범위가 금융 기관에 어느 정도 영향을 미치는지, SPC 설립에 따라 고려해야 할 Tax는 없는지 등을 중점으로 고려하던 시절이었다.

자본시장 편입형 선박금융이 시작되는 구체적 계기가 된 것은 2002년도에 제정된 선박투자회사법이다. 2004년 3월 첫 선박투자 펀드인 '동북아1호 선박투자회사'가 출범한 이래 2008년 리먼 사태로 자본시장의 투자가들이 선박 금융을 외면하기 전까지 약 200여 개 정도의 선박투자회사가 설립되어 선박 투자를 왕성하게 추진하였다. 이 시기에는 자본시장법에 기초한 펀드 역시 다수 설립되어 선박금융에 활발하게 투자 활동을 수행하였다.

자본시장으로부터의 투자금은 그 회수 기간은 통상 3~5년으로, 선박금융에 있어 선순위 대출은행의 대출 만기보다 먼저 만기가 도래함에 따른 회수금의 충당 순서, 만기에 이르기 전에 차주사인 선사에 부도가 발생한 경우 부도 선언 등의 의사 결정을 선순위 대주 단독으로 할 것인지 여부, 선박의 매각 등의 결정을 누가 할 것인지, 자본 시장으로부터의 투자금 유입은 원화인데 해외 SPC로 원화 투자가 가능한지, 원-$ swap을 위한 거래의 위험은 무엇으로 담보를 제공할 것인지 등의 논의가 주요 topic이 되었다.

2008년도 리먼 사태 이후 해운 운임 및 선박의 가액이 급격히 하락함으로써 금융기관의 대출뿐만 아니라 자본시장으로 부터의 투자마저 급격히 줄어들더니, 급기야 대한해운 및 STX 팬오션의 법정 관리 후 선박금융이 전무하자 정부와 정책금융기관은 선박금융에 개입하지 않을 수 없게 되었다. 개입의 주요 형태는(법령상 국한된

바는 없지만) 후순위 대출이나 투자에 대한 보증의 제공, Sale & Lease Back 거래를 통한 유동성 지원 및 재무 구조 조정 회사의 증자 참여가 주요 영업 형태이었다.

이와 같은 정부 등의 개입은 선박의 가액은 매우 크고 그 공급은 비탄력적인데 비해, 화주들의 수요는 매우 민감하여, 전통적인 시장의 가격 결정 기능만으로는 수요와 공급이 적정 수준으로 유지되기 힘들어 정부가 개입하여야 시장의 안정을 꾀할 수 있다는 것을 논리적 기초로 하였다. 또한 독일, 중국 등의 정부의 적극적 개입의 예가 또 다른 근거를 마련해 주기도 하였다.

그럼에도 WTO 또는 GATS 협약의 위반 여부, 지원 대상의 선정 문제, 선박의 미래가치를 어떻게 평가할 것인지, 보증료의 수준을 어떻게 할 것이지, 위험 산업에 대한 지원이 법률상 적절한 것인지 등이 주로 논의되고 있다.

1990년 이후 한국의 선박 금융의 형태의 변화를 보면, i) 은행 중심의 금융에서 자본 시장 중심으로 선박금융으로 점차 이전되는 모습과 ii) 금융의 제공 여부 및 금리의 결정을 시장 기능인 '보이지 않는 손'에 의존하였던 것을, 반복적 위기를 겪으면서 점차 정부의 보이는 손이 개입하고 있는 모습을 쉽게 찾을 수 있다.

알기 쉬운 해상보험
- 해상보험의 정의, 역사 및 종류 -

권오정(삼성화재해상보험 수석)

1. 해상보험이란?

해상보험계약은 손해보험계약의 일종으로 보험회사가 해상사업 (marine adventure)에 수반되는 해상손해에 대하여 피보험자와 미리 합의한 방법과 범위 내에서 손해보상(indemnity)을 약속하는 계약이다.[1] 현대에 와서 기업경영의 규모와 범위가 넓어지면서 그에 수반되는 리스크 요인도 복잡하고 다양해지고 있다. 따라서 지속적인 경영활동 및 이윤 창출을 위한 위험관리(risk management)는 경영의 필요 불가결한 요소가 된다. 전통적인 리스크(주로 물리적인 화재, 폭발 등)에 기인하여 발생하는 기업의 재무적인 예상손실을 발생빈도 (frequency)와 심도(severity) 측면에서 구분할 수 있다. 손실이 자주 발생하지도 않고 발생하더라도 규모가 적은(저빈도-저심도) 리스크는 기업의 내부적인 잉여금이나 자체충당을 통해 내부적으로 수용 (accept)하는 것이 효과적이다. 반대로 사고가 자주 발생하면서도 발생시 손실의 규모가 클 것으로 예상되는(고빈도-고심도) 리스크 요

---

1) ① 해상보험계약의 보험자는 해상사업에 관한 사고로 인하여 생길 손해를 보상할 책임이 있다(상법 제693조(해상보험자의 책임)).
② 해상보험계약이란 보험자가 그 계약에 의하여 합의한 방법과 범위 내에서 해상손해, 즉 해상사업에 수반되는 손해에 대하여 피보험자에게 손해보상을 약속하는 계약이다(1906년 영국해상보험법(MIA)) 제1조(해상보험의 정의)).

인은 적극적으로 회피(avoid)해야 할 것이다. 보험계약은 자주 발생하지 않지만 사고 발생시 재무적 손실이 클 것으로 예상되는 리스크에 대해(저빈도-고심도)에 적절한 비용(보험료)을 투입하여 미래의 부채요인을 미리 외부(보험사)로 이전(transfer)하는 금융기법이라고 할 수 있다.

세계적 보험사인 Allianz의 조사에 따르면,[2] 2021년 해운산업의 가장 중요한 리스크는 사업장 안전 및 접근제한을 초래하는 감염병 발생이 꼽혔다. 이외에도 공급망 중단에 따른 사업중단(기업휴지), 태풍·홍수 등의 자연재해, 사이버 관련 손실 및 시장경쟁 및 등락에 따른 시장불안요소 등이 주요한 리스크로 보고되었다. 기업활동에 수반되는 전통적 리스크는 예기치 못한 사고에 따른 자산의 물리적 멸실·손상, 임직원의 인명 사상 등이고 이에 따르는 간접손실과 계약 및 법규에 따른 배상책임 리스크도 존재한다. 대부분의 리스크는 기업성 보험상품인 재물보험, 산재보험, 기업휴지보험, 영업배상책임보험 등의 가입을 통해 미리 관리하는 것이 가능하다. 해상보험 분야에서도 이와 유사한 방법으로 재물, 인명 및 각종 비용 손실에 대비한 보험상품들이 판매되고 있다. 그러나 앞서 최근 조사에서 확인된 해운산업의 주요한 리스크들은 대부분 전통적 보험상품에서 수용되지 못하고 있는 리스크라는 점은 현재 해상보험 업계의 노력과 역할 확대가 요구되는 부분이라고 할 수 있다.

해상보험은 대표적인 기업성 보험으로 자동차보험이나 상해보험과 같은 가계성 보험에 비해 계약과 사고의 건수가 적고, 단일 사고에 따른 이례적인 손실의 규모(사고심도)가 크므로 대수의 법칙[3]

2) Allianz, *Allianz Risk Barometer - identifying the major business risks for 2021*, p.30.
3) 대수의 법칙(law of large numbers)이란 개별적 이벤트는 각각의 경우에는 그 발생 확률을 예측하기 어렵지만, 유사한 성격의 (보험)집단을 구성하여 다수의 이벤트(예를 들면 사고)에 대한 정보를 모을수록 그 예측 가능성이 높아

등 일반적인 보험계리적인 기법을 그대로 적용하기 어려운 경우가 많다. 대등한 교섭력을 가진 주체간의 계약인 기업성 보험계약의 성격에 따라 법률에서는 보험계약자의 법적인 보호 측면보다는 당사자간 사적자치의 원칙을 강조하여 개별적인 이익조정을 통해 계약의 조건을 정하도록 유도하고 있다.[4]

해상보험계약의 목적물인 선박과 선박에 실린 화물은 세계 각국을 이동하며 이에 따라 보험계약이나 사고 발생과 관련된 이해관계자도 특정 지역이나 국가에 한정되지 않는다. 계약의 내용이나 사고 이후 보상의 과정이 국제적으로 상호이해가 가능해야 한다. 이러한 해상보험의 국제적 특성은 법률적으로도 인정되고 있다. 원칙적으로 국내보험계약자는 보험감독당국으로부터 인가받은 보험회사가 아닌 자와 보험계약을 체결하지 못하지만(보험업법 제3조), 예외적으로 수출입적하보험계약, 선박보험계약 등에 한해 국경을 초월하여(cross border) 국내 인가받지 않은 외국보험사와의 보험거래를 허용하고 있다(보험업법 시행령 제7조).

해상보험계약의 특징을 리스크 성격의 측면에서 살펴보면, 보험 목적물인 선박이나 화물은 본질적으로 동적 리스크(dynamic risk)로 장소를 한정할 수 없으므로 변동성이 크고 육상의 공장이나 건물과 같은 정적 리스크(static risk)에 비해 사전 리스크 통제관리가 어렵고 사후 사고처리 비용이 더 많이 소요됨을 알 수 있다.[5] 또한 하

진다는 것을 말한다. 주사위를 6번 던졌을 때 연속으로 특정 같은 숫자가 나올 수도 있지만, 던지는 횟수를 증가시킬수록 특정 숫자가 나올 확률이 누적적으로는 이론적 수치인 16.7%(1 / 6)에 가깝게 되는 것을 예로 들 수 있다.

4) 해상보험은 상법 제663조의 보험계약자 등의 불이익변경금지의 원칙의 예외로서 이 원칙이 적용되지 않는다. 상법은 보험회사에 비해 상대적으로 정보력, 협상력이 약한 보험계약자의 보호를 위해 상법 보험편의 모든 규정은 그 본문에서 당사자간의 특약으로 보험계약자, 피보험자, 보험수익자에게 불이익하게 변경되어서는 안된다는 원칙을 정하고 있다.

5) 육상의 재물위험은 대부분 방화구역으로 구분되고 사전에 위험의 통제가 용이하며 사고발생시 신속한 대응도 가능하다. 따라서 하나의 사고로 건물이 전부

나의 보험회사가 단일 위험을 모두 인수하기에는 기술적, 재무적인 역량의 한계가 있어 다수보험자의 공동인수(co-insurance) 혹은 여러 단계의 국제적인 재보험(re-insurance) 구조를 통해 위험을 분산하는 경우가 흔하다. 이러한 재보험구조로 인해 국내에서 체결된 해상보험계약에서도 국제적으로 통용되는 보험조건과 약관의 적용이 요구되기도 한다.

2. 해상보험제도의 역사

기 원

해상보험제도의 역사는 인류의 해상무역 역사와 함께 매우 오래되었다. 기원전 3000년경에 중국 양자강 유역의 상인들이 자신들의 화물을 선박으로 운송할 때 여러 선박에 분산 적재를 통해 사고시 위험을 분담했다는 기록이 있다. 기원전 2100년경 제정된 함무라비 법전에 모험대차(bottomry 혹은 respodentia)와 관련된 조항이 있다. 이 법전에 따르면 해상 위험에 따른 화물의 손실을 대비하여 선박에 화물가액의 20%에 해당하는 보증금을 선불하도록 하였다. 상인들은 선불금을 내는 것으로 사고로 인한 화물의 손실시 발생하는 부채를 면제받을 수 있었다. 이러한 전통은 지중해 연안에 걸쳐 지속되었고 이후 로마황제 유스티아누스는 칙령을 통해 그 선불이자를 12%로 제한하기도 했다.

그리스인들은 '해상사업'(marine adventures) 중에 발생하는 손해의 분담에 관한 제도를 고안했다. 이는 주로 부서지기 쉬운 목선으로 해상거래를 수행하던 그리스 로도스섬의 상인들은 해상운송 중

손해에 이를 가능성이 낮다. 이에 반해 해상은 바다의 특성상 위험관리나 사고통제가 쉽지 않고 한번의 사고로 전손에 이를 가능성이 높으며(침몰 등) 사고대응비용도 많이 소요된다. 이에 따라 상대적으로 보험요율이 높고 보험사들의 사고당 담보능력(capacity)도 더 많이 요구된다.

급박한 위험에 처했을 때 선박의 안전을 확보하기 위해 갑판에 실린 운송 화물의 일부를 해상에 버리는 투하(jettison)를 감행하는 경우에 대비한 것이었다. 이후 로마의 유스티아누스 법률 요람에서는 "로도스 법률에 의하면 만일 선박을 가볍게 하기 위해 적재된 화물을 투하하였고, 이것이 모두를 위한 것이었다면, 투하된 화물은 다른 이들의 기여로 대체되어야 한다."는 문구를 포함하고 있었다.[6] 이것은 현대에도 여전히 유효한 공동해손(general average)제도의 기원이자, '사고를 당한 소수의 손해를 다수가 분담하는' 보험 기본원리에 해당한다.

11~12세기에 와서 해상보험은 유럽의 길드(guild)제도와 같이 발전하였다. 덴마크의 상인들은 해상 운송중 예기치 못한 손해를 입은 일부 구성원들의 손실을 보상하는 역할을 하는 길드를 구성하였다. 1347년에는 최초의 해상보험증권이 발행되었다('산타클라라'호에 대한 선박보험). 16세기에 북이탈리아의 부유한 상인인 롬바르디아인들이 영국으로 이주하면서 영국에 은행과 보험의 개념이 퍼지게 되었다. 1556년에서 1584년 사이에 프랑스 루앙지역 지방법원을 위해 구성된 보험법에 관한 법규(Guidon de la Mer)에서는 용선, 모험대차, 공동해손 등과 같은 해운 및 해상보험 관련 조항을 포함하고 있었다.

1601년에는 영국의 철학자이며 정치가인 프란시스 베이컨(Francis Bacon)은 당시 해상보험과 관련된 규율을 세우기 위한 목적으로 입법을 초안하였다. 그 법의 명칭은 '상인들 간에 사용되는 보험증권에 관한 법률'(An Act touching Policies of Assurances used among Merchants)이다. 이것은 해상보험과 관련된 영국 최초의 제정법이다. 이 법에서는 중재법원의 설립을 포함하고 있는데 여기서는 해사분

---

6) The Digest of Justinian, XIV, 2.1.

쟁을 해결하기 위해 한 명의 해사 전담 판사를 두도록 했다. 이 제정법은 당시 영국에서 해상무역의 중요성이 대두됨에 따라 이를 지원하기 위한 해상보험의 역할을 명확히 규정하고자 했던 것에 의미가 있었다. 한편 프랑스에서는 1681년에 해상보험에 관한 법률(Ordonnance of Louis XIV)이 성문화되었다.

영국에서의 발전: 로이즈의 역사

영국에서의 해상보험 역사는 일종의 다방이었던 로이즈(Lloyd's)의 역사와 같이 한다. 1637년에 주교이자 옥스포드대 학장이었던 윌리엄 로드(William Laud)는 그리스 크레타섬의 학자인 너대니얼 카노피우스(Nathaniel Canopius)를 초빙했는데 그는 자기 나라에서 볶은 커피콩으로부터 검은 음료를 추출하는 방법을 가지고 와서 영국에 퍼뜨렸다. 당시 엄격한 청교도 규율에 의하면 대부분의 오락을 금지하였는데, 그럼에도 불구하고 커피하우스가 그 규율에 반해 함께 모여서 카페인과 대화를 즐기는 중심지 역할을 했고 오히려 급속히 유행하기 시작했다.

1652년에 런던에 최초의 커피하우스가 생겼다. 1688년에 템즈강변 Tower street에 위치한 에드워드 로이즈의 커피하우스가 해운업계를 주요한 타겟으로 설정하고 문을 열었다. 17세기 후반의 영국은 해운 무역의 규모가 급속도로 팽창하던 시기였다. 1691년에 로이즈의 커피하우스는 Lombard street로 자리를 옮겼는데 매스미디어가 없던 시절에 업계의 뉴스와 소문의 발원지 역할을 했다. 그는 자신의 커피하우스에서 보험자들의 모임을 주선하고, 고객을 위한 필기구를 제공하였으며, 매장 코너에 연단을 만들고 때때로 거기서 중요한 공지사항을 커피하우스의 고객들에게 알리기도 했다. 또한 그는 소식지를 배포하였는데, 여기에 해운업의 동향, 주식가격, 환율 등을 실었다. 이것이 현재도 운영되는 유력한 해운 미디어의 하나인 'Lloyd's List'의 전신이다.

1745년에 해상보험관련 제정법이 통과되었다(The Marine Insurance Act(1745)). 이는 주로 피보험목적물에 대한 이익이 없는 계약자가 가입한 도박성 해상보험증권의 금지를 목적으로 제정되었다. 위 입법은 투기꾼들의 보험을 가장한 도박의 폐해가 큰 당시 상황을 통제하기 위해 제정된 것이며 합법적인 보험운영의 규율과는 상관없는 것이었다. 다만 보험계약에서 요구되는 피보험목적물에 대한 '피보험이익'의 존재에 관한 법적인 요구사항을 다루고 있었다.

1771년에는 로이즈에 사업을 운영하는 79명의 보험자들이 각자 100파운드씩을 갹출하여 개인사업자 단체인 로이즈 협회(the Society of Lloyd's)를 구성했다. 이는 현재 재무적 투자자들(The Names)로 알려진 로이즈 멤버의 시초가 되었다. 1871년에는 입법(Lloyds' Act 1871)을 통해 로이즈협회가 법인화되었다. 초기에는 개인사업자만 로이즈를 구성하였으나 1720년 Bubble Act를 통해 2개 법인사업자(Royal Exchange, London Assurance)가 추가되었다. 로이즈에서 개인사업자를 제외한 이들 두 회사의 시장 과점은 1824년까지 이후 약 100년간 이어졌다. 1870년대 중반까지 신디케이트(syndicate)를 통한 보험인수 프로세스가 확립되었다. 재무적 투자자로 개인이 아닌 법인이 참여한 것은 1994년에서야 시작되었으나 현재는 법인투자자가 대부분을 차지하고 있다.[7]

1906년에 본격적인 해상보험법이 제정되었다(Marine Insurance Act 1906). 이 법의 제정목적은 기존에 적용되던 해상보험 관련 판례법의 원칙을 정리하려는 것이었다. 이 법은 당시에 '이상적인 것'으로 여겨졌는데 이는 이전의 모든 판례를 명문화함으로써 소송 당

---

7) 재무투자자(Names)는 원래 개인적 재산에 근거한 무한책임의 구조였으나 90년대 석면클레임 급증으로 많은 개인투자자가 파산하거나 법인과 같은 유한책임제도로 전환되었다. 현재 무한책임의 개인투자는 허용하지 않고 있다. 전체 개인투자자의 비중은 10% 미만으로 알려져 있다.

사자들이 이전의 수많은 판례를 찾아봐야 하는 수고를 덜었으며 해상보험과 관련한 거의 모든 주제에 대한 판단근거를 제공하였기 때문이다. 1907년에 법안의 기초에 참여했던 찰머스 경(Sir Mackenzie D. Chalmers)은 아래와 같이 언급했다.[8]

"계약의 자유가 보장되는 한, 기업가들은 이 법으로 흑백을 분간하는 데 적합하다. 이 법에 구현된 법률의 명료함(certainty)은 정확성(nicety)보다 훨씬 중요하다. 송사보다는 입법의 비용이 저렴하다. 게다가 실제 가치가 없는 이론상의 문제가 법적 다툼이 되고 송사로 가면, 중단된 비즈니스는 궁지에 빠지게 된다."

보험계약은 20세기 전까지 주로 해운산업과 관련하여 산업지식에 정통하고 대등한 교섭력을 가진 기업간의 상업적 계약의 성격이었다. 이후 과학 기술과 사회 발전에 따라 보험의 종류가 다양화되고 특히 소비자 보험(consumer insurance)의 개념이 확산되었다.[9] 이에 따라 이전의 국제무역중심으로 입법된 해상보험법 체계로는 다양한 보험계약과 관련된 현실의 문제를 수용할 수 없게 되었다. 특히 프랑스, 독일등 유럽의 보험법제가 보험거래 당사자간의 균형유지보다는 보험사에 비해 협상력이 부족한 개인보험계약자 보호를 강화하는 방향으로 변화되었으며, 해상보험계약에 있어서도 노르웨이, 독일 등에서는 독자적인 약관의 운영을 통해 영국의 법제도나 협회약관에 비해 합리적인 경쟁력을 갖추려는 시도가 나타났다. 영국에서는 1980년대부터 법률위원회의 논의를 통해 1906년 해상보험법체계를 시대에 맞게 개선하려는 노력이 있었다.

이러한 노력이 2012년 소비자보험(고지의무)법의 제정으로 이어졌다. 이는 우선 가계성 보험에 한정되어 적용되는 법률이다. 기존

---

8) Simon Rainey et. al., *Chalmer's Marine Insurance Act 1906*, Bloomsbury Publishing, 2019, Introduction to First Edition of Digest(1901)

9) 로이즈에서는 1887년에서야 최초의 비해상보험계약이 인수되었고 1904년부터는 자동차보험을 인수하기 시작되었다.

의 유일한 보험관련 제정법인 1906년 해상보험법의 원칙을 개인이 보험계약자인 보험계약에 적용하는 데 한계가 있었기 때문이다. 새로운 법은 계약전 보험계약자의 불고지 및 부실표지금지와 관련된 규정을 자발적 고지의무에서 계약전에 부실표시를 하지 않도록 합리적인 주의를 하는 의무로 완화하였다.

2015년에 기업보험에 적용되는 보험법의 개정이 이루어졌다 (Insurance Act 2015). 1906년 해상보험법의 체계는 유지하되 일부 법리에 대한 개선을 통해 시대의 변화에 따른 법적인 합리성을 제고하려는 노력을 하였다. 먼저 보험계약자의 자발적 고지의무에 대신 보험자의 역할을 보다 강조하는 '공정한 정보제공의무'로 변경하였다. 의무 의반의 효과로서 기존의 소급적 계약 해제(avoidance)를 대체하여 비례적인 구제책이 제시되었다. 둘째로, 담보특약(warranty)의 성격을 정지적 조건으로 완화하여 위반의 치유 이후 사고에 대한 보험자의 보상책임을 인정하였고, 위반이 해당 사고위험을 증가시키지 않는 경우에(즉, 사고와 관련없는 워런티 조건의 위반시) 그 위반으로 인한 보험자의 면책주장이 불가하도록 하였다. 셋째로, 사기적인 보험금 청구에 대한 보험자의 법적인 구제방안을 분명하였고, 마지막으로는, 보험자가 합리적인 기간내에 보험금을 지급하지 못하면 피보험자가 보험자에 대하여 보험금 및 지연이자뿐만 아니라 지연으로 인해 입은 손해에 대한 배상을 청구할 수 있도록 하였다.

3. 해상보험의 종류

우리나라 상법 보험편의 해상보험규정에는 해상보험의 종류를 명시하고 있지는 않지만, 해상보험증권 기재사항을 규정하면서 '선박을 보험에 붙인 경우'와 '적하를 보험에 붙인 경우'의 두 가지로 분류하고 있다(제695조). 즉 법적으로는 선박보험과 적하보험만으로 해상보험을 규정하는 것이다. 실무적으로는 선박보험과 적하보험 뿐만아니라 선박을 건조하는 도중에 건조장과 인근 해상에서 발생하는 선박에 대한 손실위험을 담보하는 선박건조보험, 그리고 화주, 항만시설운영자, 운송주선업체 등이 자신의 고객이나 제3자에 대한 법률적 배상책임을 보상하는 해상물류배상책임보험 등이 해상보험의 범주에 포함된다. 최근에는 과학기술과 산업의 발전에 따라 위성발사 및 운영보험, offshore의 건조 및 운영과 관련된 보험, 해상풍력시설에 이르기까지 다양한 분야로 해상보험의 영역이 확장되고 있다. 우리나라 보험업법상 손해보험의 종목분류에 따르면 해상보험에는 항공기 기체 및 승객에 대한 배상책임을 보상하는 항공보험 및 육상 운송중인 화물의 물리적 손상을 보상하는 운송보험도 포함된다.[10)]

선박보험

선박보험은 대표적인 해상기업의 물적 자산인 선박(선체 및 기관)에 대해 담보위험으로 인한 물리적 멸실 및 손상을 보상하는 보험이다. 보험약관상 열거한 위험(named peril)으로 인한 사고만을 보상하며,[11)] 일반적으로 보험계약시점에 미리 보험가액(금액)을 합의로 정한다. 이는 해운 경기의 변동폭에 따라 보험기간동안 가액의 등락이 크므로 사고 시점의 보험가액에 대한 분쟁을 피하고자 계약시점에 미리 합의하여 정하려는 것이라고 볼 수 있다. 기본적으로 선박보험은 재물의 멸실 및 손상을 보상하는 보험이지만 법정 지급비용인 손해방지비용, 구조비, 그리고 타선과의 충돌배상책임손해의 일부도 약관에 따라 보상한다.

---

10) 보험업감독규정, <별표1>보험 종목(계약) 구분기준(제1 - 2조의2 관련)
11) 협회선박기간보험약관 제6조 위험 6.1항 "이 보험은 <u>다음의 위험</u>으로 인한 보험목적의 멸실 및 손상을 담보한다."

가장 널리 사용되는 선박보험 약관은 영국의 선박기간보험약관
(Institute Time Clauses-Hulls(1 / 10 / 83)이다.[12] 약관에 열거된 주요
한 담보위험은 다음과 같다.

① 피보험자의 주의의무와 무관한 위험(약관 제6.1조) - 해상고유의
위험,[13] 화재·폭발, 외부로부터의 폭력을 수반한 도난, 투하, 해적
행위, 선거 또는 항만시설이나 장비와의 접촉

② 피보험자의 주의의무 위반이 없을 것을 조건으로 하는 위험(약
관 제6.2조)[14] - 적하 또는 연료의 양하·이동중 사고, 기관의 파열 /
차축의 파손 또는 잠재적 하자, 선장 / 선원 / 도선사의 과실, 수리
자 / 용선자의 과실, 선장 / 선원의 악행

③ 유류오염의 위험을 방지하기 위해 정부당국이 취한 행위로 인
한 선박의 멸실 손상(약관 제7조)[15]

④ 타선과의 충돌로 인해 발생한 상대선이나 상대선의 적재화물
에 대한 법률적 배상책임으로 타인에 지급한 금액 중 3 / 4에 대한
보상(약관 제8조)

선박보험 기본약관 이외에도 부가조건(선택사항)으로 기본약관의
일부내용을 부담보하는 분손부담보조건(FPL unless etc.)과[16] 별도의

---

12) 이후에도 1995년 및 2003년에 걸쳐 지속적인 약관의 개정이 이루어졌으나 아
  직은 그 사용이 한정적이다.
13) 해상고유의 위험(perils of the seas)이란 말은 오직 바다의 우연한 사고나 재
  난만을 의미한다. 그것은 풍파의 통상적인 작용은 포함하지 아니한다(1906년
  영국해상보험법, 보험증권의 해석에 관한 규칙 제7조).
14) 1887년 Inchmaree호 사건에서, 열려 있어야할 밸브가 닫혀져 있었던 이유로
  선박의 보조엔진이 손상을 입었고 그 수리비에 대한 보험금 청구건에서 영국
  법원이 보험자 면책을 인정한 이후로 추가 담보를 위해 약관조항이 추가된
  것이다. 법원은 그 손상이 '해상고유의 위험'이나 보험증권의 총괄적 문언에도
  해당되지 않는다고 판단했다.
15) 여기서 유류오염피해 자체는 선박보험이 아닌 P&I 보험의 보상영역이다.
16) INSTITUTE TIME CLAUSES − HULLS(1 / 10 / 83) but free of any claim in
  respect of partial loss of and / or damage to the vessel unless caused
  by the vessel being stranded, sunk, burnt, on fire, or explosion, in
  collision or in contact with any external object other than water(but

약관으로 구성된 전손담보조건(TLO)이 있다.[17]

2019년 기준으로 글로벌 선박시장의 규모는 약 69억 불 규모에 달한다. 싱가포르(12.5%), 중국(11.5%) 및 영국 로이즈(10.2%) 등이 주요한 글로벌 선박보험시장이고, 우리나라의 선박보험 보험료규모 는 약 1,990억 원으로 글로벌 선박보험 시장의 2.4%를 차지하고 있 다.[18]

적하보험

적하보험은 화주가 자신의 화물이 선박이나 항공기를 통해 운송 되는 구간에 발생할 수 있는 사고를 대비한 것이다. 운송인은 운송 계약상 위탁받은 화물을 안전하게 목적지까지 운송할 책임이 있고, 사고발생시 손해 배상의 의무가 있다. 그러나 여러가지 해상기업에 대한 제도적 보호제도로 인해 화주의 채권이 온전히 회수되지 못하 는 경우가 많다. 이를 대비한 보험이 적하보험이다.

적하보험은 대표적인 구간보험이다. 약관에 따라 조금씩 다르지만,

---

including ice) including general average
17) INSTITUTE TIME CLAUSES-HULLS-TOTAL LOSS ONLY(Including Salvage, Salvage Charges and Sue and Labour) 1 / 10 / 83
18) 아래는 국가별 / 보험종목별 해상보험료 규모 통계자료이다.(자료: IUMI Stockholm 2020, 'Global Marine Insurance Report')

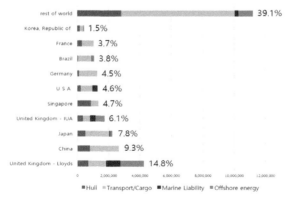

기본적으로 출발지의 창고 출발시부터 목적지 창고 도착까지의 구간 중 사고를 담보하며, 국제상공회의소가 제정한 인코텀즈(Incoterms)에 따라 비용과 위험의 부담주체와 분기점을 판단한다. 인코텀즈 2020 은 총 11개 조건으로 구성된다. 예를 들면, CIP조건의 경우는 선적항에서 위험이 수하인에게 이전되지만 송하인이 수하인을 위해 가입한 보험(타인을 위한 보험)에서 이후 구간에서 발생한 사고를 보상한다.[19] 적하보험자는 통상 적하보험금 지급후 피보험자로부터 청구권 대위를 받아 사고를 야기한 책임이 있는 운송인 등에게 구상을 진행한다.

국제무역거래에 적용되는 적하보험 계약의 약관도 주로 영국협회약관(ICC-Institute Cargo Clauses)을 적용한다. 1982년도 약관이 가장 널리 적용되고 있으며[20] 적하보험 약관 중 가장 많이 쓰이는 ICC(A) 조건은 전위험담보(All risks) 방식을 적용하고 있다.[21] 즉, 선박보험이나 ICC(B) 혹은 (C)조건과는 달리 열거된 면책사항을 제외한 모든 위험으로 인한 사고를 보상하는 방식이다. 이와 같은 포괄담보 위험방식에서 피보험자는 보험금 청구시 손해의 범위 및 손해가 담보구간내 발생한 사실만 입증하면 되고 보험자가 면책을 주장하기 위해서는 이에 대한 입증책임을 진다. 아래는 적하보험 약

---

19) CIP(Carriage and Insurance Paid to(운송비, 보험료지급인도): CIP 조건은 매도인이 합의된 장소(당사자 사이에 그러한 장소가 합의된 경우)에서 매도인이 지정한 운송인 또는 기타 당사자에게 물품을 인도할 때 인도가 완료되는 것을 의미하며, 매도인이 운송계약을 체결하고 지정된 목적지까지의 물품을 운송하는데 필요한 운송비용을 부담하는 것을 의미한다. 매도인은 또한 운송 중 매수인의 화물 멸실 및 손상 위험에 대해 보험계약을 체결해야 한다. 원칙적으로 매수인은 CIP조건 하에서 매도인은 최소담보의 보험만을 부보하도록 요구된다는 사실에 주의하여야 한다.

20) 협회적하보험약관도 2009년에 약관개정이 이루어졌으나 아직은 그 사용이 많지 않다.

21) 협회적하보험약관(A)(1/1/82), 제1조 담보위험 제1항 "이 보험은 제4조, 제5조, 제6조 및 제7조에 규정한 비담보사항을 제외하고 보험목적물의 멸실이나 손상에 대한 모든 위험을 담보한다."

관의 종류에 따른 담보위험이다.

① ICC(A)　　　전위험담보(면책사항: 일반면책(피보험자의 악의적 행위, 통상의 누손, 포장불충분, 화물고유의 성질, 지연, 선사의 지급불이행, 원자핵), 선박의 불감항면책, 전쟁면책, 동맹파업면책)

② ICC(B)　　　열거위험담보–화재·폭발, 본선이나 해상운송기구의 좌초·좌주·침몰·전복, 육상운송기구의 전복·탈선, 본선이나 해상운송기구 또는 운송용구의 외부물체와의 충돌·접촉, 피난항에서의 양륙, 지진·화산의 분화·낙뢰, 공동해손희생손해, 투하, 갑판유실, 본선 등에 해수·호수·하천수의 유입, 본선이나 해상운송기구에서 하역작업중 낙하하거나 갑판에서 멸실된 매 포장당 전손

③ ICC(C)　　　열거위험담보–상기 ICC(B) 보상위험 중 일부 항목 제외(화재·폭발, 본선이나 해상운송기구의 좌초·좌주·침몰·전복, 육상운송기구의 전복·탈선, 본선이나 해상운송기구 또는 운송용구의 외부물체와의 충돌·접촉, 피난항에서의 양륙, 공동해손희생손해, 투하)

2019년 기준으로 글로벌 적하보험시장의 규모는 약 165억 불 이다. 적하 및 운송보험이 전체 해상보험 보험료의 57%의 비중을 차지하고 있다. 중국이 전 세계에서 가장 큰 규모의 적하보험 시장이며(11.3%), 우리나라의 적하보험 보험료는 약 2,116억 원으로 글로벌 적하보험 시장의 1.3%를 차지하고 있다.[22)

건조보험

선박건조보험은 선박건조자의 건조작업(재건조, 개조 포함)과 관련하여 진수, 시운전 및 인도에 이르기까지 이에 따르는 제반 육상 및 해상위험을 담보함으로써 건조자의 손실을 보험자에게 전가함을

---

22) 해상보험 전체로는 해상배상책임이나 offshore 시장에서 절대적 지위에 있는 영국시장의 규모가 가장 크다(로이즈(14.8%) 및 컴퍼니시장(6.1%)). 우리나라는 해상보험 전체로 볼 때 약 1.5%의 시장 지위를 가진다.(위의 자료(18))

목적으로 한다. 육상의 건설공사 보험과 유사하게 공정별로 공사 개시시점부터 공사의 종료(선박의 인도)시점까지 발생하는 위험을 보상하는 구간보험이다.

선박건조보험의 약관도 영국의 협회건조자약관(Institute Clauses for Builders' Risks 1/6/88)이 가장 많이 사용된다. 선박건조보험약관은 면책위험을 제외한 전 위험을 담보하는 방식으로 구성되었다.[23] 약관상 보상되지 아니하는 비용 항목 중 유의해야할 것은 조악한 용접을 재시공하는 비용(제5.1조 단서조항), 조악한 설계로 해당 장비를 교체하거나 재설계하는 비용(제8조 단서조항) 등이다. 건조보험에서 대표적인 보험사고는 도크나 육상에서 용접중 화재로 인한 선체 손상의 경우이다. 진수 이후 시운전 중에 해상에서 타선박과 충돌하는 경우도 종종 발생한다. 건조보험약관 제17조는 시운전중 선박의 타선에 대한 충돌배상책임의 보상에 관한 조항이다. 선박보험약관의 충돌배상책임조항과 거의 유사한 내용이지만 보상하는 금액 측면에서 선박보험약관과는 달리 충돌배상책임액 전액(100%) 보상이 가능하다. 약관 제20조는 선주배상책임(protection & indemnity)과 관련된 내용이다. 시운전중의 선박은 건조자가 선박의 소유자로서 각종 해난 사고발생시 그 결과로서 제3자의 청구에 대한 법률적 배상책임을 부담한다. 건조자가 선박인도전까지 별도의 선주배상책임보험을 가입하기 어려우므로 건조보험에서 선주로서의 법률적 배상책임에 대한 담보를 제공한다. 다만, 제한된 범위의 담보제공이 되는데, 특히 오염 혹은 오탁(pollution or contamination)에 따른 배상책임은 건조보험 약관 20조상 면책위험으로 규정되어, 필요한 경우 보험자와 합의로 면책조항을 삭제하거나 별도의 보험을 가입하기도 한다.

---

23) ICBR 1/6/88 제5조 담보위험 5.1항 "이 보험은 이 보험기간동안 발생되고 발견된 담보목적에 대한 손실과 손해에 대한 모든 위험을 담보한다."

내가 경험한 선박회사의 각종 사고와 분쟁

이석행(시마스타 대표)

선박회사의 각종 사고 유형

해상에서 발생할 수 있는 사고는 크게 볼 때 선박사고, 화물사고, 인명사고, 해양오염 사고, 부두와 같은 육상 시설물과 접촉에 의한 손상, 해상 표지와의 접촉에 의한 손상 등이 있다.

선박사고는 충돌, 좌초, 침몰, 화재, 황천, 기관사고, 하역 중 중량화물의 추락으로 Tank Top(화물창 바닥) 파공손상, 저질유에 의한 Engine Contamination, 해적 피랍 등이 있다. 화물사고는 콘테이너선 경우는 화물의 적부 불량에 따른 분손, 화재 또는 폭발에 따르는 손상, 고박이 풀리면서 선외로 추락과 붕괴, 콘테이너 야드 보관 중 수침손, 하역인부들들이 Lashing Materials를 콘테이너 Roof에 던져 생겨난 Pin Hole에 의한 수침손, 도난, 화물 밀반출, 하역작업 중 콘테이너 화물의 추락사고 등이 있고 곡물의 운송의 경우는 Ballast(평형수)의 역류에 기인한 수침손, Hatch Cover하부에 맺힌 물방울에 의해 발생한 Sweat Damage가 발생하는 경우가 많고 철재화물 운송 경우는 녹손이 자주 발생하고 종종 Crane Operator의 Rough Handling에 의한 중량 철재화물이 갑판상이나 Tank Top(선창바닥)에 추락하는 사고가 발생하며 케미칼 화물의 경우는 Off-Spec이 자주 발생한다.

선박회사의 각종 클레임

선박사고에서 가장 대표적인 클레임은 충돌사고로 인한 충돌클레임인데 통상 처리하는 데 2~5년 정도가 소요되며 충돌사고가 발생하면 양선주측의 자기 선박의 손상에 대한 Survey(Straight Survey)와 상대 선박의 손상에 대한 Survey(Without Prejudice Survey: W／P Survey)를 시행하기 위해 관련보험사들(선박보험사와 가입한 P&I Club)과 협의하여 합당한 Surveyor를 수배한다.

손해액의 정도를 파악한 후 임시／영구수리비 예상액＋불가동손실 예상액＋Costs & Interests를 감안하여 상대 선주측에 Security 제공을 요구하는데 통상 상대 선박이 가입한 P&I Club(International Group of P&I Clubs 소속의)의 Letter of Guarantee를 Security로 수령한다. 이 Letter of Guarantee 내용은 '선박 가압류를 하지 않는 조건으로 Security Demand 금액한도 내에서 지급 책임을 담보하며 준거법(Governing Law)과 재판관할(Jurisdiction)'을 정하는데 일반적으로 준거법은 English Law로 하고 제판관할은 London High Court로 정한다.

최종적으로 양선박의 과실비율과 손해액에 대해 양선주간 상호합의 또는 소송의 결과에 따라 과실 상계를 적용하여 배상액이 큰 일방이 상대선주에게 지급하고 양선주간 클레임은 마무리 된다.

아울러, 보험 처리는 통상적인 방법으로 선박보험사에 3／4RDC(Running Down Clause: 상대선의 재물손해＋불가동손실), P&I Club에 1／4RDC를 부보하였다는 가정하에 선박보험사의 담보는 자기 선박의 선체손상＋3／4RDC이고 P&I Club의 담보는 자기 선박의 화물손상＋1／4RDC을 기준으로 이루어진다.

 P&I(Protection & Indemnity)Claim은 선주가 선박을 소유하거나 운항하면서 발생한 계약상 또는 법적인 책임에 기인한 선원 상병, 항로표지(Buoy 또는 입표), 부두 손상, 해양오염으로 인한 클레임, 하역인부 사상과 같은 선주의 Protection(보호)과 관련한 클레임과 운송중 발생한 화물의 멸실과 손상과 관련한 Indemnity(배상)에 관한 클레임을 말한다.

 특히 화물클레임의 경우 영미법의 체계가 도입된 국가에서는 선박을 하나의 인격체로 간주하여 화물이 실렸던 선박에 대한 가압류를 행사하여 대물소송(Action in Rem)을 제기하는데 이는 바로 해당 선박회사에 대한 대인소송(Action in Personam)으로 전환된다.

 화물클레임 경우 운송인(선주 또는 Operators)은 항해과실에 의한 면책 또는 책임제한(화물 포장당의 Package Limitation 또는 선박의 크기에 따른 Global Limitation)을 주장하고 Claimants인 화주는 선박의 불감항성(Unseaworthiness)또는 불감화성(Uncargoworthiness)을 주장하면서 운송인 면책과 책임제한을 깰려는 지리한 싸움을 하게 된다.

 통상적으로 화물손상에 대한 클레임 시효는 화물이 인도되었거나 인도되었어야 할 날(화물이 멸실된 경우 기산점)로 부터 1년의 제척기간(제소기간)이 적용되기 때문에 화주는 1년이 도과되기 전에 소송을 제기하여 시효를 중단시키거나 1년이 도과하기 전 시효연장

동의를 운송인으로 부터 사전에 받아 두어야 한다. 그렇지 않으면 1년이 지나면 시효만료(Time-barred)가 된다.

콘테이너 장비관련 클레임

콘테이너 장비관련 클레임은 세 가지가 있다. 첫째, 콘테이너 장비가 Free Time을 경과하여 Container Yard에 장치되어 있는 경우 Tariff상 정해진 콘테이너 장비 반환 지체 손해인 Demurrage가 있다. 둘째, 콘테이너 화물을 수하인의 Custody로 운송한 후 콘테이너 장비를 반환하지 않고 지체한 경우 Tariff상 정해진 콘테이너 장비 반환지체료인 Detention에 대한 운송인의 청구 클레임이 있다. 셋째, 콘테이너 장비의 하자로 인해 제 3자에게 사상을 입힌 경우 제 3자가 운송인에 책임(3rd Party Liability)을 묻는 클레임이 있다.

　＊Willis Family 사건　　미국에서 발생한 사고로 한진해운이 임차한 콘테이너 장비의 부속물이 지나가는 Willis Family가 탑승한 차의 앞 유리에 떨어져 전복사고로 6명이 사망하는 사고로 여섯 피고인(임대인, 임차인, 트럭 차주 외 3인)들이 연대하여 징벌적 손해(Punitive Damage)를 포함해서 최종적으로 미화 1억 2천만 불을 지불하고 종료된 사건이다. 이로 인해 각 피고인들은 각각 2천만 불을 부담하게 되었는데 한진해운은 TT Club을 통해 부보한 콘테이너 장비보험의 최대 보상한도인 1천만 불을 보상 받고 나머지 1천만 불은 한진해운이 부담하게 되었다.

용선분쟁 클레임은 항해용선(Voyage Chartere)에서 선주와 항해용선주(Voyage Charterers) 간 발생하는 Unpaid Freight(운임 미지급), Unsafe Port(불안전 항구)에 대한 다툼이 있고 기간용선(Time Charter)에는 선주가 정기용선자 간 Off Hire(선박 자체의 결함 발생 경우 복구시까지의 기간에 대해 용선주가 용선료 미지급), Unsafe Port (불안전 항구), Hire 미지급에 따른 Withdrawal(선박 철수), Bunker Over-consumption / Speed Claim, 화물손상 / 해양오염사고에 대한 책임 소재로 인한 다툼을 말한다.

해양오염클레임은 해양오염사고로 인해 피해를 입은 양식장, 해수욕장, 숙박업소, 인근 식당들의 손해에 따른 클레임을 말한다.

선박에서의 인명사고 클레임은 선원의 상병사고에 관련한 클레임과 하역작업 중 발생한 하역인부 사상과 관련한 클레임을 말한다.

선박회사가 갖고있는 기타 클레임으로는 장기해송계약(COA: Contract of Affreightment)상 분쟁, 연속항차계약(CVC: Consecutive Voyage Contract)상 분쟁, 콘테이너선의 Service Contract상 분쟁, 콘테이너선의 Slot Charter Agreement상 분쟁, Stevedore Damage Claim. Bill of Lading 미회수 화물인도 사고(영업용보세창고에서의 화물밀반출)이 있으며 이에 추가하여 예측이 불가한 특수한 클레임이 발생하기도 한다.

선박회사에서 부보하는 보험의 종류

선박회사에서 부보하는 보험으로 선체와 기관손상에 대해 담보받는 선박보험(Hull & Machinery Insurance), 전쟁위험을 담보받는 전쟁보험(War & Strike Insurance), 선박을 소유하거나 운항하면서 발생한 계약상 또는 법적책임을 담보하는 P&I(Protection & Indemnity)보험, 콘테이너 장비 멸실과 제3자에 대한 배상책임을 담보하는 Container 장비보험, 화물 선창에 선적이 어려운 장척화물(Lengthy Cargo) 또는 부피 큰 화물(Bulky Cargo) 경우 별도로 부보하는 SOL 보험(Shipowners Liability Insurance), 선주가 다른 선박을 용선하는 경우 용선주로서 용선선박의 Normal P&I Insurance와 Damage to Hull에 대한 위험을 담보받는 보험인 Charterers Liability Insurance

가 있으며 끝으로, 용선계약하에서 분쟁이 발생하는 경우 분쟁 금액 자체는 담보되지 않지만 계약 상대방의 자산에 대한 조사비용과 소송비용을 담보하는 FDD(Freight, Demurrage & Defence)보험이 있다.

해상클레임에서 숙지해야 할 사항

1) 선주면책 사유는 항해과실(Error of Navigation), 침몰(Sinking), 좌초(Stranding), 충돌(Collision), 황천(Heavy Weather)의 해상고유의 위험(perils of the sea), 화재(Fire) 등이 있다. 이러한 선주면책 사고가 발생하면 선주는 면책을 주장하게 된다. 그러나, 화물의 적부, 보관, 관리상 과실은 상사과실(Commercial Fault)로 선주는 면책을 주장할 수 없다.

2) 선주는 화물 포장당 책임제한(Package Limitation)과 선박의 크기에 따라 책임제한금액이 정해지는 Global Limitation을 주장할 수 있고 선주는 이들 권리를 동시에 향유할 수 있다.

3) 해손(海損: Average)은 화물 또는 선체만 손상이 발생하는 단독해손(Particular Average)과 화물이 선적된 상황하에서 충돌, 좌초, 기관고장, 화재, 황천, 해적 피랍 등 선박과 화물이 공동의 위험에 처한 상황시 발생하는 공동해손(General Average)이 있다. 공동해손 성립 요건은 선박과 화물에 대한 공동의 위험이 존재해야 하고, 자발적 처분이 이루어져야 하며, 현실적으로 손해 또는 비용이 발생해야 하고 선박 또는 적하가 보존되어야 한다. 공동해손이 선언되면 화주는 적하보험자가 제공하는 G / A Guarantee, Commercial Invoice, G / A Bond 등을 선주에게 제공하고 화물을 인도받을 수 있다. 공동해손의 희생 및 비용손해를 최종도착지에서의 화물과 선박의 구조된 가액을 공동해손분담가액(Contributory Value)으로 하여 분담비율에 따라 각 이해당사자들에게 공동해손분담금(G.A Contribution)이 부과된다. 공동해손의 원인이 선박의 불감항성(Unseaworthiness)로

인한 경우 화주는 공동해손 처리된 후 선주에게 Counter Claim을 제기할 수 있다.

4) 상법 해상편에서 정하는 시효는 소멸시효가 아닌 제척기간(제소기간)으로 이 기간이 도과하면 시효가 만료가 되나 도과하기 이전에 당사자의 합의에 의해 연장이 가능하며(상법 811조) 만약 상대방이 시효 연장을 동의해 주지 않는 경우 준거법(Governing Law) 및 재판관할(Jurisdiction)에 따라 중재 또는 소송을 제기해야 시효를 중단시킬 수 있다. 아울러, 화물 운송 채권, 정기용선계약상 채권, 공동해손 채권, 선박우선특권 채권은 시효가 1년이며 선박 충돌과 구조료에 대한 시효는 2년이다.

5) 선박구조계약은 Daily Hire Basis, Lump-sum Basis, No Cure No Pay 계약이 있는데 No Cure No Pay 계약시는 LOF2020 (Lloyd Open Form)의 정형화된 계약서를 사용한다. 아울러, LOF2020 계약시에는 설령 구조업자(Salvor)가 선박을 구조하지 못하는 상황이 발생하더라도 환경오염 예방을 위한 Salvor의 노력의 대가로 Salvor에게 일정 보수 지급을 약속하는 SCOPIC Clause(Special Compensation of P&I Club Clause)를 추가한다.

6) 클레임 상대방에게 배상한 후 Liable Party를 상대로 하는 클레임을 Indemnity Claim이라 하고 Liable Party에게 손해배상 청구를 하는 행위를 Recourse Action이라 한다. 그러나, Indemnity Claim의 시효는 각 클레임 별로 준거법에 따라 나라마다 다르기 때문에 사전에 이를 파악하여 염두에 두고 원 클레임의 주요 진행 상황을 Liable party에게 통보하는 것이 중요하다.

7) Bill of Lading(선하증권)은 운송인과 Shippers(송하인)간의 화물운송계약의 증거, 소유권(Title), 영수증(Receipt)의 3가지 법적 기능을 갖고 있는 유가증권이자 무역화폐로 모든 화물운송계약 조건이 전면 및 이면 약관에 수록되어 있다. Charter Party(용선계약서)

는 선주와 용선주간 사적계약서로 항해용선계약(Voyage C / P), 정기 용선(Time C / P), 단순 선체용선(BBC: Bare Boat Charter), 구매조건부 (또는 국적취득조건부) 선체용선(BBCHP: BBC with Purchase)이 있다.

8) 항구에 정박해 있거나 부두에 접안해 있는 선박을 충돌하는 것을 Allision이라고 하고 움직이는 양 선박이 충돌하는 것을 Collision이라고 한다.

9) 영국 / 홍콩 법원의 모든 자산에 대한 가장 강력한 가압류 명령 을 Mareva Injuction이라고 하며 자산에 대한 가압류를 Attachment, 선박가압류를 Arrest 그리고 구좌가압류를 Bank Freezing이라고 한다.

10) 상법 제777조에 (1) 채권자의 공동이익을 위한 소송비용, 항 해에 관하여 선박에 과한 제세금, 도선료, 예선료, 최후 입항후의 선박과 그 속구의 보존비, 검사비, (2) 선원과 그 밖의 선박사용인 의 고용계약으로 인한 채권, (3) 선박구조료 채권과 공동해손분담금 채권, (4) 선박 충돌과 그 밖의 항해사고로 인한 채권, 항해시설. 항 만시설 및 항로에 대한 손해와 선원이나 여객의 생명.신체에 대한 손해의 배상채권에 대해서 선박우선특권(Maritime Lien)에 의해 선박 에 대한 가압류가 가능하도록 규정하고 있다.

11) 운임 조건이 'Collect'이거나 'Prepayable'일 때 각국의 법에 따라 다를 수도 있을 수 있지만 일반적으로 양하항에서 미지급 운 임(Unpaid Freight)에 대해 화물에 대한 유치권(Lien on the cargo)을 행사할 수 있다.

12) 충돌 순간의 충돌각과 속도(Angle of Blow & Speed) Survey 는 충돌 클레임 처리시 과실비율을 정하는 데 아주 중요하다.

13) On a without prejudice basis의 의미는 '기득권에 침해를 받지 않는 조건'이란 뜻으로 서한이나 이메일 교환 시 문장 안에 포 함시키거나 또는 제목 바로 아래 대문자 Bold체로(WITHOUT

PREJUDICE)라고 표기해서 상황 변경시 제안 조건을 철회할 수 있다.

14) 벌크선 경우는 선적항과 양하항에서의 허용 정박기간(Laytime)을 정해 놓고 이 기간을 도과하면 체선료(Demurrage)를 부과하고 그 정박기간 내에 조출하는 경우는 조출료(Despatch: 통상 Demurrage의 1/2 정도)를 용선주에게 반대 급부로 지급한다. 그리고 일정 체선료 부과 기간이 지나면 Damages for Detention(선박지체료)이 부과되는데 이것은 약정손해(Liquidated Damage)인 Demurrage에 항비와 정박중 연료 소모비 등이 추가된다.

클레임별 일반적 처리절차

1) 선박클레임

(1) 보험사고 경우 선박보험자(Hull Underwriter)에게 사고 발생 사실을 통지하고 보험자 이재조사인(Underwriters' Surveyors) 수배를 요청한다.

(2) 충돌사고 경우는 선박보험자에게 Straight Survey와 함께 상대선에 대한 W/P Survey도 요청한다.

(3) 양선주간 Security를 주고 받은 후 지리한 Discovery단계를 거쳐 과실비율과 손해액에 대해 확정을 지은 후 통상 원만한 합의(Compromise Settlement)를 하지만 합의에 실패하는 경우는 법원에서 판결을 받게 된다.

2) P&I Claim

(1) Cargo Claim: 화물을 수취한 수하인이 화물에 손상이 발견되는 경우 바로 그들은 적하보험자에게 손상 사실을 통지해서 바로 Surveyors 수배를 요청하고 운송인인 선사에도 손상 발견 사실을 통지하고 운송인의 Surveyors도 초대하여 손상 원인과 손상 정도를 파악할 수 있는 기회를 제공해야 한다. 그 후 수하인은 적하보험자

로부터 구상을 받은 후 대위권(Subrogation Right)을 적하보험자에게 주면 적하보험자가 그들이 지정한 변호사 또는 Recovery Agency에서 운송인을 상대로 클레임을 제기한다. 이러한 Cargo Claim을 접수한 운송인은 바로 해당 선박이 가입한 P&I Club에 클레임 접수 사실을 통보하고 필요시 협의하에 변호사를 선임하여 양측의 변호사간 클레임 협상을 진행케 한다.

(2) 이 밖의 P&I Claim으로는 선원 상병 클레임, 하역인부 부상 클레임, 부두 시설물 접촉사고 클레임, 해양오염사고, 벌금, 회수불능 공동해손분담금 등이 있는데 P&I Club과 긴밀한 협의를 통해 처리해 나간다.

3) 콘테이너 장비관련 클레임

(1) 운송인의 Tarrif(운임표)에 근거하여 콘테이너 장비가 운송인에게 회수되지 않고 Free Time을 도과하면 화주에게 장비 회수지연으로 인한 약정손해인 Demurrage 또는 Detention Charge를 청구하게 된다.

(2) 양하지에서 콘테이너에 화물이 적입된 상태에서 수하인이 화물을 찾아가지 않아 장기 체화되는 경우 적의 판단하여 법원의 허가를 받아 내장 화물을 처분하고 콘테이너 장비를 회수하는 극단의 조치도 강구해야 한다. 즉, 어떠한 경우에도 운송인도 손해경감의 묵시적 의무(Implied Obligation)가 있기 때문이다.

(3)콘테이너 화물이 Lashing이 풀리면서 선외 유출되어 해상에서 부유하는 중에 제3의 선박에 접촉하는 사고가 발생할 수 있기 때문에 부유 중인 콘테이너는 회수하거나 회수 불가시 침몰시켜야 한다.

4) 항해용선과 기간용선 중 발생하는 다양한 용선분쟁 클레임

(1) 용선분쟁은 어찌 보면 모든 클레임의 꽃이라 여겨질 정도로

고도의 전문 지식이 요구되고 또한 분쟁 금액 자체가 보험으로 담보가 되지 않기 때문에 사손과 직결될 수 있어 고도로 신경이 곤두서는 클레임이다.

(2) 용선분쟁은 거의 대부분 준거법이 영국법이고 재판관할은 LMAA(London Maritime Arbitrators Association: 런던해사중재협회)이기 때문에 분쟁이 중재로 비화되면 영국 변호사(Solicitors)를 고용하여 대응해야 하기 때문에 변호사 비용이 만만치 않아 분쟁 금액이 미화 10만 불을 넘지 않는다면 상대측과 보다 긴밀한 협상을 통해 Compromise Settlement로 종결짓는 것이 최상이다.

5) 기타 보험으로 담보되지 않은 특수한 분쟁 또는 Irregular Cases 등

(1) 화물운송 도중 제3자가 화물에 대한 소유권을 주장하는 경우, 장기 체화된 콘테이너 화물을 검사한 결과 산업폐기물임이 밝혀졌으나 Shippers의 행방을 확인할 수 없는 경우, 수입금지된 화물에 대한 처리 문제, 콘테이너 또는 선박의 폐쇄된 장소에서 밀항자가 발견된 경우, Crane Operator의 Rough Handling으로 콘테이너 화물이 선창안에서 끼인 경우 또는 중량화물이 화물창 바닥으로 추락하여 파공이 생겼는데 공교롭게 화물창 아래의 격실이 연료유 탱크인 경우 참으로 처리가 복잡하고 운항 손실과 함께 과대한 비용이 소요되는 것이 일반적이다.

(2) 특수 클레임이나 Irregular Case들은 초기에 적극적인 대응 처리가 중요하다. 이러한 클레임의 처리를 지연시키면 손해가 점진적으로 더 커질 가능성이 있기 때문에 손해경감 차원에서 접근하여 전략 수립을 해야 한다.

클레임 처리 원칙

클레임은 반드시 초기에 공격 또는 방어전략을 수립하고 그때 그때 변화된 상황에 따라 다양한 전술을 수립해야 하며 사건 초기에 가능한한 제반 증거를 확보하려는 노력을 해야 한다. 아울러, 클레임은 반드시 사실관계를 조작하거나 허위 사실에 기초하여 Handling하는 것은 상당히 위험하다.

또한, 클레임 처리의 기본 원칙은 손해를 경감하고, 합리적인 방향으로 처리를 해야하며 변호사나 보험사에 의존하지 않고 클레임 담당자 본인이 주도하는 자세를 견지해야 하고 소송은 마지막 단계에서 검토해야 한다.

주요 사고와 분쟁 사례

1) M / V Korea Wonis Jin과 M / V Mercury Bay 충돌사고

- 양선박이 교차하는 상황하에서 KWJ호가 상대선을 우측으로 바라보는 피항선의 위치에 있었고 MB호는 유지선의 위치에 있었는데 KWJ호 당직항해사가 MB호가 급 좌전타를 해서 불가피하게 회피 동작으로 좌전타를 했다고 진술하였으나 나중 당직항해사의 진술이 거짓으로 밝혀져 부득이 KWJ : MB = 78% : 22%로 과실비율 합의를 먼저 하였으나 양측 손해액의 확정이 수년 동안 늦어져 추가적인 이자만 1백만 불 더 발생하고 10여년 만에 종결된 사건임.

- 이 사고 처리 경험을 통해 충돌사고는 과실비율(Blame Ratio)과 손해액(Claim Quantum)을 동시에 합의 종결처리가 바람직함을 알게 됨. 그리고 당직 항해사의 허위 진술은 결국 사건 처리만 지연시키는 결과를 초래하기 때문에 처음부터 사실에 입각해서 사고 처리를 해야 신속하게 끝날 수 있음.

2) M / V Korea Rainbow – Salvage건

- 마지막 폐선 항차에 철광석을 싣고 일본을 향하던 KR호가 일본 가고시마 동남방 130마일 해상에서 1번창 좌현에서 조그만 Pin Hole로 철광석 가루가 날리기 시작하다가 종국에 13M X 9M의 철판이 탈락되고 해수가 1번창에 유입되면서 화물들이 유출되어 선수가 지나치게 위로 들리는 By the stern(선수는 위로 들리고 선미는 침하된 모양)이 되어 항해 불능 상태에 이르게 됨.

- 선수가 심하게 들리고 선미 부분이 가라 앉으면서 기관실 격벽에 극심한 집중 하중으로 상하로 가는 Crack이 기관실 격벽 곳곳에서 발생함.

- 결국 Nippon Salvage의 Koyo Maru호가 현장에 급파되어 Lloyd Open Form(No Cure No Pay 조건)으로 구조 계약이 체결됨.

- 구조 후 선사에서는 구조료로 미화 45만 불을 Closed Offer한 반면, Nippon Salvage측은 미화 80만 불을 요구하여 협상이 결렬된 상태에서 London Maritime Arbitration으로 가서 중재 판정을 받았는데 최종적으로 구조료로 미화 140만 불의 Award가 떨어짐(참고로, 당시 KR호의 해철 매각가는 미화 20만 불 정도 밖에 되지 않았음).

- 본건의 경험을 통해 Lloyd Open Form의 계약은 결국 높은 구조료 계약이고 London Maritime Arbitration으로 가면 선사에게 불리하게 중재 판정이 난다는 것을 알게 됨.

3) M / V Hanjin Karachi – 기관실 수침으로 인한 침몰 건

- 항해중 2등기관사 당직 중 기관실 침수가 발견되어 방수 조치를 나름대로 했으나 실패하여 본선에서 인근 선박에 SOS를 보

내 모든 선원들은 일단 미국적선 콘테이너선에 의해 구조됨.

- 당시 인근을 지나던 Smit International 의 Salvage Tug가 지나가다가 구조 계약 협상을 제의하여 '최종적으로 No Cure No Pay but not exceeding the sum of USD500,000 as salvage charge'으로 계약 체결하였으나 Salvage Tug가 본선을 찾는 노력을 며칠 동안 하였음에도 결국 못 찾고 종료됨. (과거의 Korea Rainbow사고 경험으로 Salvor측은 LOF(No Cure No Pay조건)을 요구하였으나 인근 대만에 가까운 Safe Port가 있다는 이유를 들어 끝까지 Lumpsum Baisis 또는 Daily Hire계약을 고집하다가 타협점으로 No Cure No Pay를 기준으로 하되 구조료가 미화 50만 불을 넘지 않은 조건으로 타결함)

- 일본 화주로 부터 불감항성에 기인한 전손사고 클레임을 당하였으나 최종적으로 청구금액의 1 / 3선에서 합의 종결처리함.

- 기관실 침수의 정확한 원인은 밝히지 못하였으나 반쯤 물에 잠기는 동남아시아의 무거운 목재와 같은 미확인 부양물체(Unidentified Floating Objects)와의 접촉에 의한 것으로만 추정하였음.

4) M / V Maritime Eternity – 화물 수침건

- 한진해운이 정기용선한 표제선으로 미국 워싱톤주 Kalama항에서 대만 Taichung항 / Kaohsiung항까지 Yellow Corn 56,700톤을 싣고 대만 카오슝항에서 양하 작업 중 Ballast가 5번창과 6번창 안으로 역류하여 약 2,700여 톤의 화물이 손상됨.

- 대만에서 항소심 진행 중 화주측과 클레임액의 60%선인 약 USD10만에서 합의 종결함.

- 선주측이 Unpaid Hire USD227,000을 청구하는 중재 개시에 한진해운은 본선의 불감항성을 이유로 화물 손상에 따른 합의금 이외에 손상화물 처리비용 등 제반 손해로 USD 229,000에

대한 counter Claim을 제기하여 진행중 마지막 단계에서 그들의 과실을 인정하고 한진해운측에 USD150,000을 지급하고 Compromise Settlement함.

- 어떠한 경우에도 선창에 침수가 되는 것은 불감항성으로, 본건 경우 Bilge Well의 Non-return Valve의 Spindle 사이에 Previous Cargo였던 곡물 찌꺼기들이 끼어 Non-return Valve가 제대로 작동하지 않아 발생한 것임.

5) M / V Korea Wonis One – 4번창 28대 콘테이너 화물의 수침건

- 현대미포 수리조선소에서 수리를 마치고 부산항에 입항하여 선적작업중 선박의 Stability를 위해 Ballast(평형수)를 주입하였는데 4번 화물창 Ballast Tank 내부의 수리 작업 후 Man Hole Cover를 수리조선소 인부들이 잠그지 않고 마무리 하는 바람에 Ballast 주입으로 4번창에 선적된 28대의 콘테이너 화물이 그대로 수침이 됨.

- 수침 사실을 알았지만 부산항에서 양륙은 하지 않고 미국 L.A항으로 항진하여 그 곳에서 양륙하여 클레임으로 방어하기로 결정함.

- 화주와의 클레임 Settlement후 단계적으로 현대미포 수리조선소를 상대로 대한상사중재원에서 중재를 개시하였으나 최종적으로 선사의 화물에 대한 상당한 주의 의무(Due diligence)의 미준수를 이유로 조선소의 과실비율이 30%만 인정되는 판정이 남.

- 운송인의 감항성(Seaworthiness)와 상당한 주의의무(Due Diligence)는 화주에 대한 의무이기 때문에 선주와 수리조선소와의 수리계약에서 수리조선소의 과실로 인한 사고에 대해서도 화주에 대한 선주의 의무사항을 결부시킨 것은 크게 잘못된 중재판정

이라 여겨짐.

6) M / T Samho Dream – 소말리아해적으로 부터의 피랍건

* 본선이 원유를 싣고 미국의 Gulf만으로 향하던 중 2010년 4월 4일 소말리아 해적에 피랍되어 약 7개월 동안 억류되어 있었음.
* 소말리아 해적과 지리한 협상 끝에 석방금(Ransom)으로 미화 900만 불을 지급하고 풀려나 일단 Oman Salala항에서 본선을 정비하고 대체선으로 화물을 환적하기 위해 미국의 정기용선자와 협의하에 UAE의 Fujairah항에 입항하였으나 7개월 열대 해역에서 선박이 정박해 있는 동안 발생한 따개비가 본선의 Sea Chest를 막아 버려 발전기의 Cooling Water가 선외변으로 빠져나가지 못해 발전기 3대 모두 항해 중 발전기 엔진이 자동으로 꺼지는 사고(Trip)가 발생하였음.
* 소말리아 해적과 합의된 석방금 지급건에 대해서도 사전에 미국의 해외자산관리청(OFAC: The Office of Foreign Asset Control)의 Executive Order를 사전에 반드시 받아야 하는 문제가 있었음.
* 선주와 뉴욕중재 진행중 삼호해운이 회생절차에 들어가 결국 청산처리로 회생법원의 결정이 나면서 모든 클레임이 종료됨.

7) D선사 중국 영해에서 충돌사고로 인한 침몰 및 해양오염사고

* Salvor와의 구조계약 체결 협상을 Lump-sum 계약으로 마지막 단계까지 끌고 가다가 본선이 침몰되기 직전에 Lloyd Open Form(No Cure No Pay) 계약으로 최종 결정하여 구조작업을 진행하는 도중 본선이 침몰함.
* 본선이 침몰하면서 해양오염 사고가 발생함.
* 전손 보험금을 조속히 받도록 노력하고 해양오염 사고는 선주가 전면에 나서는 것보다 P&I Club으로 하여금 현지변호사를

선임하게 하여 전혀 무리 없이 처리함.(당시는 중국이 개방된지 얼마되지 않아 어수선할 때이기 때문에 선주가 전면에 적극 나서게 되면 항만 당국의 금전 요구 또는 운항 지연 위협 등의 Risk가 있었음)

8) Hansa Carrier - 콘테이너 화물 유실건

- 한진해운이 독일 선주로부터 18개월간 정기용선함.

- 1990년 5월 27일 부산 / 시애틀 간 항해 중 Beaufort 10의 악천후 속에서 44번 Bay의 6단적 콘테이너 중 상부 3단의 21FEU가 선외로 추락하여 유실이 되고 23FEU가 손상입음.

- 런던해사중재의 Hearing에서 선주측은 Lashing불량과 Top Tier에 과도한 중량물 선적 때문이라고 주장한 반면, 용선주인 한진해운은 선박의 Jumboizing 개조로 인한 Lashing 구조의 결함과 선적 작업시 본선의 Intervention을 주장하였으나 최종적으로 중재판정 결과는 100% 선주 승소로 결론이 남.

- 이 중재 판정 결과에 따라 용선주인 한진해운이 1항차부터 13항차까지 Conver Stowage Plan을 따르지 않은 것을 용인하였기 때문에 금반언의 원칙(Estoppel Doctrine)을 적용했어야 한다고 주장하였으나 중재판정부가 이를 간과하여 중재 판정을 내렸기 때문에 중재 판정에 대한 Appeal을 영국 High Court에 신청하였으나 각하됨.

- 그러나, 영국의 High Court는 선주가 Conver Stowage Plan을 알면서도 용선주에게 사전에 이를 시정토록 하지 않은 과실 부분이 있기 때문에 기여과실(Contributory Negligence)이 있으나 이를 선주가 간과한 부분을 인정하여 중재판정부측에 이 부분을 감안하여 다시 중재 판정을 하도록 판결함.

- 기여과실 부분을 감안한 중재진행이 다시 개시하기 전 쌍방간 합의에 의해 용선주인 한진해운이 선주측에 미화 305만 불을

지급코 클레임 종결함.

9) M / V ONE Apus - 콘테이너 화물 선외 유출 및 붕괴사고

• 14,000 TEU 콘테이너선인 M / V ONE Apus가 2020년 11월
30일 화와이 북서쪽 1,600마일 해상에서 악천후에 조우하여
1,816대의 콘테이너 화물(64대의 위험화물 포함)이 선외로 추락하
고 갑판상의 수백대의 콘테이너 화물이 붕괴되는 사고를 당함.

• 본선은 긴급히 고베항으로 회항하여 복구하는 기간만 한 달
이상 소요됨.

• 악천후시 콘테이너선의 고박장치(Lashing)가 풀리면서 연쇄적인
선외 추락과 붕괴가 이루어짐.

10) M / T Timur Queen - B / L 미회수 화물인도건

• 표제선박으로 인도네시아 Dumai항에서 중국 Beihai항으로
Palm유 7,920톤을 운송하여 육상 Bonded Tank에 보관 중 양
륙 후 11개월이 지난 시점에서 B / L 5통 중 2통의 Bs / L이 미
회수된 상태에서 화물이 인도되었다는 이유로 Beihai법원에 B /
L소지자인 Gang Ao International Co., Ltd, Hong Kong이 한
진해운외 3인에 대해 소송을 제기함.

• 육상에 화물을 양륙한지 거의 1년이 다 될 무렵 표제선을 싱
가포르에서 가압류하고 USD480만의 담보 제공을 요구함.

• 이에 대해 한진해운은 클레임 액수가 부풀려졌다는 이유로
Security Amount를 낮추는 것과 원고가 현재 Beihai Court에
소송을 제기하였고 모든 증거와 증인들이 중국에 있다는 이유
로 불편법정(Forum Non-Convenience)을 이유로 Singapore
Court에 Appeal하여 가압류 해제 조치를 취함.

• 그 후 중국 1심법원인 Beihai Court에서 한진해운이 승소하였
으나 항소심에서 패소함.

11) M / T Golden Progress – 선하증권 미회수 건

- 인도네시아에서 말레이시아를 경유하여 인도로 Chemical Cargo를 운송하는 과정에서 두 항차에 걸쳐 Switch B / L을 발행하였으나 먼저 발행했던 각 항차마다 13 set의 1st set of Bs / L 중 2 set of Bs / L를 회수치 않고 2nd set of Bs / L를 발행하여 화물이 인도되는 과정에서 2nd set of Bs / L 발행 전 사전에 기 발행한 모든 1st set of Bs / L을 회수했어야 하지만 1st set of Bs / L중 2통의 1st Bs / L을 회수하지 않아 이를 소지한 Shippers가 화물 불법인도를 이유로 표제선박을 말레이시아 Butterworth에서 가압류하고 이어서 M / V Hanjin Malta 콘테이너선을 홍콩에서 가압류함.

- P&I Club의 Guarantee Letter의 Security Wording 협상이 늦어져 주말까지 몰리는 바람에 금요일 Court 마감 시간인 오후 4시 이전에 USD60만 현금을 지급하고 종결처리키로 화주측과 합의하고 당일 밤 10시에 판사로부터 선박의 Release Order를 받아 다음날 새벽 2시에 M / V Hanjin Malta가 출항할 수 있었고 말레이시아에 가압류되었던 용선한 케미칼선도 함께 가압류에서 풀려남.

- 그 후 1st set of B / L 미회수한 말레이시아대리점을 상대로 Recourse Action을 하였으나 10년의 소송 기간 소요와 도망 간 대리점 직원을 상대로 하는 소송이 현실적으로 여의치 않다는 이유로 소송 진행 포기를 권유함.

12) M / V Handy Brave – 부적운임, 체선료 건

- Voyage Charterers인 홍콩의 Grand King Shipping Ltd가 화물의 일부를 싣지 못해 발생한 부적운임과 체선료 USD922,000을 지급치 않아 홍콩 법정에 Mareva Injuction을 신청하여

Voyage Charterers의 모든 자산에 대한 가압류 조치를 취함.

- 홍콩 법원에서 Hearing중 원고인 한진해운이 제출한 증거중 C／P의 부속계약서(Addendum) 일부가 누락되는 문제가 발생하여 Mareva Injunction이 취소되고 제반 소송비용을 결국 한진해운이 부담하게 됨.
- 모든 계약 서류는 향후 추가적인 부속계약서가 작성되었더라도 원 계약서에 첨부해서 함께 보관 관리하는 것이 중요하다는 것을 알게 됨. 계약 서류들을 체결한 순서대로 무심코 관련 서류 파일에 철만 하다보면 분쟁이 발생하여 법원이나 중재에 갔을 때 증거서류 제출 누락으로 불리한 상황을 당할 수 있으니 각별히 유의해야 함.

13) M／V Elevit – 선적불이행 건

- 한진해운이 R. J. International이라는 Voyage Charterers와 Bagged Sugar 16,600톤 운송 계약을 체결하였으나 선적불이행으로 USD332,000의 중재판정을 받았으나 Escrow Account에 입금되어 있던 USD10만중 Brokerage를 제외한 USD95,000만 회수할 수 있었음.
- 나머지 청구약 잔액에 대해서는 R. J. International이 분할지급 제안하여 합의하였으나 끝까지 이행을 하지 않아 Contingency Fee Basis(회수 금액의 일정 %를 지급하는 방식)로 미국 변호사를 고용하여 회수 노력을 기울였지만 결국 회수에 실패함.
- 미국 경우는 소송시 각자가 변호사비용을 지불해야 하고 소송이 끝나고서도 소송비용에 대한 회수가 불가능하기 때문에 소송에 신중을 기해야 함.

제 **4** 부

해상안전, 선박관리, 수산, 해양문화

해양시스템과 안전 _ 이종갑

화주, 용선주의 선박검사 소개 및 일본의 선박관리에 대하여 _ 강명호

우리나라 수산정책의 과거·현재·미래 _ 이광남

우리나라 해양수산 R&D _ 조승환

해양교육과 해양문화 －四海로 열린 바다, 매혹의 바다수영－ _ 김연빈

해양시스템과 안전

이종갑(선박해양기술협동조합 사업관리이사)

1. 개 요

2013년 6월, 런던에 위치한 국제해사기구(International Maritime Organization, 이하 IMO) 본부에서는 미래 선박안전(Future of Ship Safety)에 관한 심포지엄이 열렸다. IMO는 해양에서의 안전과 환경보호를 위한 국제협약을 제정하고 관리하는 UN 전문기구이다. 해상에서의 인명안전을 위한 협약 SOLAS의 배경이 된 타이타닉 사고(1912.4.15.) 이후 지속적으로 강화해 온 규제에도 불구하고 계속 발생하는 선박사고들, 특히 타이타닉 사고 발생 100주년이 되는 해에 발생한 Costa Concordia호 사고(2012.1.13.)에 그 동안의 노력에 문제가 있음을 인식하고 2050년을 목표로 한 미래의 선박안전에 관한 논의를 위하여 당시 사무총장의 제안으로 개최되었다. 이틀간 진행된 본 심포지엄에는 온라인 참가자를 포함하여 500여명의 선박안전과 관련한 IMO 회원국 및 관련 단체의 전문가들이 참여하였으며, 토론의 결과는 성명서(statement) 형태로 정리하여 제 92차 해사안전위원회에 문서(MSC 92 / 25 / 3)로 제출되었다.

본 강의에서는 이 심포지엄의 결과로 제안한 주요 내용 중에서 대형복합시스템의 안전성 확보를 위한 새로운 수단으로 활용되고 있는 위험기반 방법론(risk-based methodology), 이를 수용하기 위한

IMO의 새로운 법규체계(Goal-Based Standard, 이하 GBS), 그리고 해양에서의 안전문화(safety culture)에 대하여 그 동안의 IMO 활동과 연구 현장에서의 경험을 토대로 정리한 바를 소개하였다.

2. 위험도 기반 방법론(Risk - Based Methodology)

안전 · 안전기술

일반적으로 안전(safety)은 '사고위험으로부터 자유로운 상태(freedom from danger)'로 정의한다. [그림 1]에서 보는 바와 같이 사고(accident)는 대상 시스템의 위험요소(hazards)들과 이들 시스템의 운용 환경, 운용자들의 실수와 이들 간의 상호작용으로 발생하며, 이러한 사건(event)들을 예방하고 확산을 제어하기 위한 각종 장치(safeguard)의 결함들이 결합하여 인명과 재산, 환경의 피해를 유발한다.

[그림 1] 사고발생 메커니즘-Swiss Cheese Model(J. Reason, 1990)

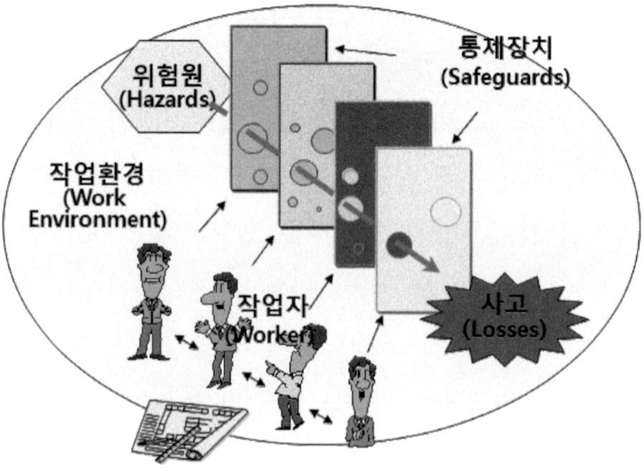

안전기술(safety measure)이란 사고의 발생과 확산, 그 피해의 최소화를 위한 제반 기술적, 관리적 수단이다. 지금까지 안전기술의

발전으로 지난 20여 년에 걸쳐 전체적인 산업재해는 10분의 1 수준으로 감소하였다. 그러나 기술의 발전과 시스템의 복잡성(complexity) 및 연결성(connectivity)이 증가하면서 대형사고(casualty)는 지속적으로 발생하고 있다. 따라서 안전에 대한 접근 방법도 발생한 사고의 원인분석과 재발방지 차원의 수동적(reactive) 접근에서 위험도 분석(risk analysis)을 기반으로 한 선제적(proactive) 방어개념으로 전환되고 있다.

위험도 기반 방법론(Risk – Based Approach)

위험도 기반 방법론이란 사고 위험에 대한 대중의 우려가 커지면서 의사결정자들에게 조언을 제공하고 그들의 결정을 합리화하는 기법으로, 시스템의 안전성 향상을 목적으로 시스템에 내재한 위험요소들을 체계적, 논리적, 종합적으로 평가하고 관리하는 접근 방법이다. 여기서 위험도(risk)란 '원하지 않은 사고의 발생 확률 혹은 빈도(probability or frequency)와 사고결과의 심각도(severity of consequence)의 곱'으로 정량화한 값이며, 안전은 '허용 가능한 위험의 수준(tolerable level of risk)'으로 정의한다. 위험도 기반 방법론은 원자력플랜트, 석유화학플랜트, 해양구조물 등 고위험시스템(high-risk system)의 안전성 확보 및 관리를 위한 수단으로 널리 사용되고 있다. 이 방법론은 의사결정의 주관적, 제한적 합리성으로 인해 논란이 많으나 불확실성(uncertainty)이 큰 고위험시스템의 안전 문제를 다루는 데 있어 가장 현실적이고 합리적인 방법의 하나로 인식되고 활용되고 있다.

국제표준화기구(ISO)에서는 위험도 평가 및 감소를 위한 표준화된 절차([그림 2]) 및 시스템의 위험관리를 위한 원칙과 프레임웍을 제공하고 있다.

[그림 2] 위험평가와 감소 절차(ISO / IEC Guide 51, 2014)

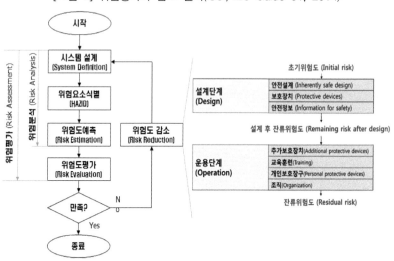

3. 해양시스템과 안전(Safety at Sea)

해양시스템

해양시스템(marine system)이란 선박을 포함한 바다와 관련한 각종 하드웨어, 소프트웨어 및 이들의 운용체계를 통칭한다. 안전성 측면에서 해양시스템은 육상기반시스템(land-based system)과 비교하여 원격성(remoteness), 열악한 운용환경(harsh environment), 밀집한 공간(confined space), 그리고 운용적 특성으로 사고의 발생 위험이 크며, 사고 발생 시 대응이 매우 어려운 대표적인 고위험시스템이다. 특히 최근 정보통신기술의 발달과 함께 가속화되는 자동화/지능화, 기후변화 대응을 위한 탈탄소화(de-carbonization)를 지향하는 온실가스 감축을 위한 노력은 예측 불가능한 사고의 위험을 증가시키는 요인이 되고 있다. 여기서는 IMO에서 관리하는 선박을 중심으로 한 해상운송시스템의 안전과 관련한 IMO의 활동을 중심으로 소개한다.

IMO GBS(Goal - Based Standards)

타이타닉 사고 이후 제정된 해상인명안전협약(SOLAS) 이후 지금까지의 규제는 지속적으로 발생하는 해양사고의 원인을 분석하고 유사 사고의 재발을 방지하기 위한 목적으로 추진되어 왔으며, 이는 기술의 발전과 해상 운송 환경의 변화를 수용하는 데는 한계가 있었다.

IMO GBS는 이러한 새로운 기술과 운용 환경의 변화를 능동적으로 수용하여 해상시스템의 안전성을 획기적으로 향상하기 위한 새로운 개념의 법규체계(regulatory regime)이다. GBS의 개념은 선박이 확보해야 할 안전 목표(safety goals)와 기능요건(functional requirements), 그리고 이를 만족하기 위해 개발되는 세부규정 및 선급규칙에 대한 검증체계(verification scheme)를 제공하고, 구체적인 방법은 설계 및 운용자에게 일임함으로써 기존의 결정론적 규정(prescriptive / deterministic regulation)의 적용에 융통성을 제공하면서 새로운 기술(new technology)의 수용을 가능하게 한다.

지금까지 선박은 설계, 건조 및 운용과 관련한 IMO 규정 및 선급 규칙을 만족함으로써 최소한의 안전성을 확보하는 개념이었다. 그러나 기존의 결정론적 법규들은 새로운 기술과 운용환경의 변화를 수용하는 데 한계가 있으며, 심지어 안전성 향상을 위한 새로운 기술의 개발과 적용을 방해하는 요소가 될 수도 있다.

GBS는 선급협회 및 조선소에 맡겨져 왔던 선박건조기준과 건조과정을 국제협약의 틀로 수용하고, 안전 및 환경오염 관련 설계와 건조규정 및 건조과정(품질)을 직접 통제함으로써, 선박 사고 및 이로 인한 해양환경의 피해 최소화를 목적으로 하는 IMO의 장기 전략과제로 2002년 제89차 이사회에서 'IMO 전략계획(IMO Strategic Plan)'의 일부로 채택되어 MSC 77차 회의에서부터 본격 논의되어 왔으며, 2006년 12월 산적화물선 및 유조선의 구조에 관한 기준을 채택하고, 이를 만족하기 위한 국제선급연합회(IACS)의 공통구조규칙(Common Structure Rule)이 제정되어 시행되고 있다. 이후 전 선종, 전 분야에 대한 안전수준기반(Safety Level Approach)의 'GBS 개발을 위한 일반지침'을 마련하였으며, IGF code, Polar code 등 최근의 주요 규정들은 GBS 형태로 개발되고 있다.

[그림 3]은 GBS 체계에서의 선박 설계 및 승인 체계를 보여주고 있다. 그림에서 보는 바와 같이 전통적인 선박(conventional ships)의 경우는 기존의 법규를 만족함으로써 안전성을 확보할 수 있다고 보고 있다. 그러나 경험과 데이터가 부족한 새로운 기술을 채택하는 선박(novel ships)의 경우에는 위험도 기반의 법규(risk-based regulations)에 따른 설계와 승인 절차를 필요로 한다. 또한 기존의 법규에서 벗어난 새로운 기술의 적용을 위해서는 위험도 기반의 설계(risk-based design)와 성능기반설계(performance-based design)를 포함한 목표기반 설계(goal-based design)와 이를 위한 승인체계가 요구된다.

[그림 3] GBS 체계에서의 선박설계와 승인(EU SAFEDOR, 2008)

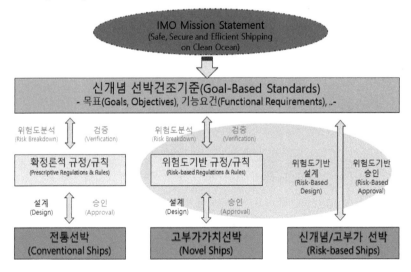

아울러 IMO는 선박의 안전성 확보를 위한 합리적인 의사결정 수단으로서 위험도 평가 방법론을 기반으로 한 '공식안전성평가(Formal Safety Assessment, 이하 FSA) 지침'을 제공하고 있다. FSA는 위험도 평가(risk assessment)와 비용-효과분석(cost-benefit assessment)을 통하여 인명, 해양환경, 그리고 재산의 보호를 포함한 해상안전(maritime safety)의 향상을 목표로 구조화되고 체계화된 방법론으로 IMO의 법규 제·개정(rule-making)의 투명성과 합리성을 보장하며, 아울러 위험도 기반 설계를 위한 도구로 활용이 가능하다.

산업계의 과제

그러나 위험도 기반 방법론은 해운산업계에는 다소 생소하고 적용이 부담스러운 과제이다. 우선 결정론적 규칙의 적용과는 달리 위험도 평가 기준(risk evaluation criteria)의 설정과 이를 이행하는 과정에서 많은 시간과 노력이 요구된다. 그리고 이해당사자(stakeholder)들의 역할과 책임의 변화에 따른 계약체계의 변화와 이를 수행하는 업체나 종사자들의 역량 확보를 위한 추가적인 노력이 필요하다. 또한 위험도 평가방법론의 주관적 특성에 기인한 의사결정의 합리성(reasonability of decision-making)에 대한 이해관계자들 간의 논란이 있을 수 있으며, 선급(class)이나 기국(flag)의 이동에 제약요소가 될 수 있다. 또한 위험도 분석 및 평가에 필요한 데이터의 확보와 방대한 데이터의 신속하고 효율적인 공유와 활용, 이를 위한 도구와 지원시스템이 요구된다.

그럼에도 불구하고 위험도 기반 접근은 고위험시스템의 안전성을 보장하기 위한 가장 현실적인 방법으로 인식되고 활용되고 있으며, 해양운송시스템에서도 그 적용이 확대되고 있어 이에 대한 수용이 불가피하다. 따라서 해운산업 환경에 적합한 절차와 방법론의 표준화와 지원시스템 및 도구의 개발, 그리고 관련 전문 인력의 확보가 요구된다.

4. 해양안전문화의 선진화

정상사고(normal accidents)

인간은 불완전한 존재이며 인간이 만든 시스템은 완벽할 수 없다. 특히 기술의 발달은 운용환경의 변화와 함께 시스템의 복잡성과 연결성을 높이고 이는 시스템 운용의 효율성을 높임과 동시에 인적과실에 따른 사고의 위험성이 높아진다.

정상사고란 일상적인 상황에서 존재하는 사소한 사건 및 위험요소가 예상치 못한 상호작용을 일으켜 발생하는 사고로 정의한다. 정상적인 상황에서의 사고의 가능성을 강조하기 위해 '정상사고'라는 명칭을 썼지만, 시스템이 복잡해지면 필연적으로 사고 발생가능성이 높기 때문에 '시스템사고(system accident)'라고도 부른다. 이러한 사고는 장애요소 간의 상호작용과 연결의 복잡성으로 예측이나 통제가 불가능하다. 아울러 사고 원인의 분석이 불가능하거나 무의미하다. 딱히 누구의 잘못이라고 특정할 수는 없지만, 그렇다고 시스템에 참여한 누구도 책임을 면할 수 없다는 것이 시스템사고이론의 특징이다.

[그림 4] 시스템의 복잡화와 휴먼에러(윤완철, 2019)

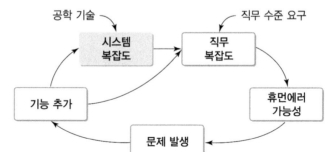

[그림 4]는 기술-사회적(techno-social) 연계성과 복잡성으로 인한 고위험시스템의 기술적, 시스템적 접근의 한계를 보이고 있다. 즉, 지속적으로 발생하는 문제를 최소화하기 위한 기능의 보완과 생산 공정의 효율성 증대를 위한 신기술의 적용은 시스템의 상호작용의 복잡도를 증가시키고 이는 시스템사고의 위험을 증가시킨다. 아울러 안전에 대한 관심과 사회적 요구의 증대는 규제의 강화와 함께 시스템 운용 관련 직무복잡도를 증가시키고, 이는 운용자의 실수를 유발할 가능성을 높인다. 최근 디지털화(digitalization), 탈탄소화(de-carbonization)로 대표되는 선박 및 운용환경의 정보화·자동화·지능화는 이러한 시스템사고의 위험을 증가시키는 요인이 되고 있다.

해양안전문화(Maritime Safety Culture)

안전문화란 안전에 관한 이해관계자들이 공유하는 태도나 신념, 인식, 가치관을 통칭하는 개념이다. 안전문화라는 말은 공식적으로 1986년에 발생한 체르노빌 원전사고에 대한 보고서(No. 75-INSAG-4, 1991)에서 처음으로 언급되었다고 알려져 있다. 이 보고서에서는 사고의 근본원인이 안전문화의 결여, 즉 현장 작업자, 운영회사, 국가차원의 원자력 안전에 대한 사고방식, 의식에 문제가 있었고 문화라고 부를 수 있을 만큼의 깊이와 폭을 가지고 개인, 조직, 사회의 의식, 행동을 좌우하고 있다고 보았다. 최근 안전문화의 중요성에 대한 인식의 확대와 함께 많은 연구들이 이루어져 왔으나, 여전히 눈에 보이지 않고 실천하기도 쉽지 않다.

안전문화는 갈수록 복잡해지는 해양시스템의 안전성 확보를 위해 기술적, 시스템적 접근의 한계를 극복하기 위한 새로운 접근방법으로서의 필요성과 중요성에 대해서는 공감하고 있지만 정확한 의미나 측정방법에 대한 합의가 없어 접근이 쉽지 않다. 본 강의에서는 해양안전과 관련한 몇 가지 사례를 소개함으로써 안전문화에 대한 이해를 돕고자 한다.

이해관계자의 역할과 책임 해양에서의 안전문화에 대한 논의는 해양시스템과 관련한 각 이해관계자들의 안전에 대한 역할과 책임의 인식으로부터 시작할 수 있을 것이다.

[그림 5]는 IMO GBS의 개념과 관련된 이해관계자(주체), 그리고 이들 간의 관계를 보이고 있다. 그림에서 보는 바와 같이 안전 주체는 크게 국가(정부), 기업(기업), 그리고 일반 대중(개인)으로 구분한다. 국가는 국민의 재산과 생명을 보호할 책임이 있다. 이를 위한 관련 법규를 제정하고 관리하며, 이들 법규는 사회에 대한 지속가능성(sustainability)을, 기업의 활동을 보장하기 위해 실현가능성(feasibility)과 유연성(flexibility)을 제공해야 한다. 산업 활동의 주체로서 기업은 안전에 대한 사회적 책임(Corporate Social Responsibility, CSR)을 가진다. 사회의 구성원으로서 개인에게 있어 안전은 권리임과 동시에 이웃과 사회에 대한 책임이다.

UN 아젠다 2030 – SDGs(Sustainable Development Goals) UN은 지구촌 차원의 빈곤퇴치를 위한 새천년 개발목표(MDGs: 2000-2015)에 이어 글로벌 성장과 지구상의 인류의 존속을 위한 포괄적인 시각을 반영한 'UN 아젠다 2030'을 선포하였다. UN 아젠다2030은 사람, 지구, 번영, 평화, 그리고 협력에 관한 범지구적 행동을 촉구하는 선언으로 범지구적으로 적용하고 실천할 수 있는 지속 가능한 개발을 위한 17개의 목표(goals)와 167개의 세부목표(targets)를 포함하고 있으며, 이는 인류 공동체(국가, 사회단체)가 추구하는 가치이며 UN 전문기구인 IMO의 전략계획(2018-2023)의 기초가 되고 있다.

[그림 5] 해양안전 주체의 역할과 책임, 상호관계(J. Juhl, 2009)

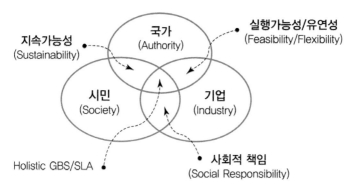

기업의 사회적 책임(CSR)　　CSR은 기업이 사업운영 및 이해관계자와의 자주적 관계에 사회문제와 환경문제를 통합하는 개념으로 정의되고 있다(EU, 2010).

미국의 경제학자 A. Carroll은 기업의 사회적 책임을 경제적 책임(economical responsibilities), 법적 책임(legal responsibilities), 윤리적 책임(ethical responsibilities), 그리고 자선적 책임(philanthropic responsibilities) 등 4가지 요소로 정의하고 있다. 경제적 책임은 주주에 대한 배당, 종업원의 임금, 국가와 지역사회에 대한 세금 등 기업을 둘러싼 이해관계자들에 대한 영리기업으로서의 본질적인 책임이며, 법적 책임은 사회적 존재로서의 기업 활동의 정당성 확보를 위한 최소한의 필요조건이다. 윤리적 책임은 기업의 독자적 윤리관에 근거한 영역으로 법률의 규제를 초월한 환경, 건강, 안전 등 정의와 공정성에 대한 책임이며, 자선적 책임은 소비자의 이익 보호, 지구환경 보호, 문화지원활동 등 기업시민(corporate citizen)으로서의 사회공헌활동을 포함한다. 특히 윤리적 책임과 자선적 책임은 법적으로 강제화할 수 없으며 기업의 안전문화의 기초가 된다.

CSR의 개념은 최근 기업뿐만 아니라 모든 조직이 지속가능한 사회에 공헌할 책임이 있다는 의미로 '사회적 책임'으로 확대한 국제표준(ISO 26000)이 제정되었다. 이는 ISO 9001(품질경영시스템), ISO 14001(환경경영시스템), ISO 45001(안전보건경영시스템)과 함께 기업경영의 기초를 제공한다. 또한 CSR은 UN Agenda 2030에 대한 기업의 공헌이며 최근 ESG(Environmental, Social and Governance)와 같은 글로벌 선진기업의 경영전략으로 확산되고 있다.

유럽 해사기술단체연합(CEMT)의 강령   유럽의 해양기술단체연합(Confederation of European Maritime Technology Society, CEMT)은 각 단체의 구성원인 조선공학자, 해양기술자, 그 밖의 관련 전문 엔지니어들이 그들의 작업을 수행하는 데 있어 법규와 상관없이 따라야 할 기본 원칙으로 다음과 같은 내용의 강령(Code of Professional Conduct)을 채택하고 있다.

- 안전과 보건(safety and health): 인명, 재산 및 환경 훼손의 위험을 방지하기 위한 모든 합리적인 조치(care)를 취해야 한다.
- 전문성(competence of practice): 관련 업무에 충분한 전문성 없는 일을 수행해서는 안 된다. 그리고 항상 최선의 능력을 쏟아야 한다.
- 감독과 책임(Supervisory Responsibility): 자신의 권한으로 수행된 모든 작업을 적절히 감독하고 그에 대한 책임을 져야 한다.
- 기밀유지(Confidentiality): 자신이나 제3자의 이익을 위해 기밀정보를 유출하거나 사용해서는 안 된다.
- 정직과 진실성(honesty and integrity): 업무의 수행에 있어 정직하고 공평하고 진실해야 한다.
- 위험평가(risk assessment): 공중(public)이나 환경에 있을 수 있는 위해요소(possible hazards)를 평가하고, 이들을 최소화하기 위한 합당한 조치를 취해야 한다.
- 강령의 준수(upholding of the code of professional conduct): 전

문 엔지니어의 사회(society)에 대한 책임은 고용주에 대한 책
임을 우선한다.

이 강령은 해양 분야에 종사하는 전문가들의 안전과 관련한 역
할과 책임을 규정하고 있으며, 사회와 조직의 구성원으로서 개인(특
히 엔지니어)의 존재의 이유이며, 이의 실천은 국가사회에 공헌하는
수단이 될 것이다.

Safety Moment   안전문화의 핵심은 실천이다. 안전은 이론과
기술, 강화된 규제만으로 보장되는 것은 아니다.

몇 년 전, 5,000미터 해저에서 채집된 망간단괴를 선상으로 올리
기 위한 양광장치의 파일럿 성능실험에 참가한 적이 있었다. 겨울
철, 수심 500미터 이상의 포항 인근 앞바다에서, 지체 시 하루 1억
원 이상 추가되는 작업선박의 임대료의 부담을 안고 일주일간 밤낮
없이 수행된 힘들고 위험한 작업이었다. 결과적으로 큰 사고 없이
계획된 일정에 성공적으로 실험을 마칠 수 있었고, 이는 실험에 참
여한 작업자들의 안전의식, 특히 현장책임자의 전문성과 리더쉽의
결과라 생각한다.

사무실도 예외는 아니다. 2014년 세월호 사고가 났던 해, 위험
도 기반 선박설계(risk-based ship design) 관련 연구를 위해 휴스턴
에 있는 미국선급(ABS) 본사의 기술센터에서 방문연구원 자격으로
근무할 기회가 있었다. 수시로 실시되는 소방훈련에 참여하는 직원
들, 두 사람 이상이 모이는 회의와 행사에 반드시 실시되는 'Safety
Moment'는 사무실과 휴게실 곳곳에 붙어있던 포스터(ABS TAKE 5)
의 의미를 실감할 수 있었다.

[그림 7] Safety Moments 사례

5. 정리 및 제안

해양시스템의 안전은 해양강국으로서의 가치와 철학이며, 미래산업으로서 해양산업의 지속가능한 성장을 위한 핵심요소가 될 것이다. 해양시스템은 정상사고가 불가피한 대표적인 고위험시스템이다. 최근 디지털화, 탈탄소화를 지향하는 선박 및 관련 시스템 기술의 발전과 사회 요구의 변화에 따라 해양시스템은 효율성의 제고와 더불어 사고의 위험도 증가하고 있다. 이러한 위험을 최소화하기 위해서는 기술적, 제도적 접근으로는 한계가 있다. 해양 분야에서의 안전문화의 조성과 정착이 시급한 이유이다. 위험의 최소화를 위한 기술개발과 시스템 운영관리의 고도화를 위한 제도적 장치의 보완을 위한 노력은 계속되어야 하지만, 동시에 안전문화의 선진화를 위한 노력이 요구된다.

이러한 노력의 궁극적인 목표는 제2의 세월호 사고를 예방하는데 있을 것이다. 이를 위해서는 해양안전에 대한 연구개발과 함께 실질적인 논의가 확대되어야 한다. 또한 해양강국으로의 도약을 위해서는 IMO를 중심으로 한 국제사회와의 협력을 강화해야 한다.

IMO 전략계획(2018-2023)은 최근의 산업 / 기술동향, 경험 / 지식을 바탕으로 해양안전에 대한 국제사회에서의 논의의 방향과 구체적인 틀을 제공하고 있다. IMO 전략계획의 목표는 우리나라 정부나 해양산업이 추구하는 가치와 다르지 않다. 따라서 이를 이해하고 실현을 위한 국제적인 활동에 적극 동참하고 기여하고자 하는 노력은 해양강국으로서 우리나라의 해양안전 선진화는 물론 국제사회에서의 선도적 위치를 확보할 수 있는 현실적인 방법이 될 것이다. 이를 위해서는 특히 이해당사자들(정부 부처 간, 산업 간, 기업 간)의 협력이 요구된다.

화주, 용선주의 선박검사 소개 및 일본의 선박관리에 대하여

강명호(일본 팩마린 서비스 사업개발팀장)

1. 선박 안전 관리 및 평가의 필요성

기술의 발달로 인해서 현대의 조선과 해운은 많은 발전을 이루었고 최근에는 다중 연료 엔진을 포함한 친환경 기술 그리고 IT를 접목한 운용 등을 통해 과거에는 접하지 못했던 고도화된 발전을 보여주고 있다.

그럼에도 불구하고 해난사고는 끊이지 않고 일어나고 있다. 가까운 예로 2021년 3월 수에즈 운하에 일주일 가량 좌초하여 전 세계 물류대란을 가져왔던 초대형 컨테이너선 에버기븐호 사고가 있다. 배는 이후 무사히 부양되어 이동하였지만 수에즈 운하청에 의해 3개월 이상 억류되었고 최근 뉴스에 의하면 선주사인 쇼에이 기센과의 합의를 통해서 7월 초 운항을 재개하였다고 한다. 애초에 수에즈 운하청이 선주사에 청구한 배상금이 약 1조 원이 넘었고 이후 다시 제시한 배상금 역시 6,000억 원 이상이었기에 구체적인 배상금 액수가 공개되지는 않았지만 적어도 수 천억 원에 달하는 배상금이 지불되었을 것이라 짐작된다.

다른 예로 2020년 7월 모리셔스에서 좌초한 와카시오호의 사례도 있다. 재화 중량 톤수 20만 톤급의 케이프 사이즈 벌크선 와카

시오호는 잘못된 항해계획으로 아프리카 모리셔스 섬 남동쪽 산호초 군락에 좌초하여 약 1,000여 톤의 연료유 유출로 인한 대규모의 해양 오염을 발생시켰고, 이 사건으로 인하여 용선주인 일본의 MOL사는 직접적인 선박의 선주 및 관리사가 아님에도 불구하고 물적 손실과 더불어 회사의 이미지도 손상을 입게 되었다.

2020년 4월 부산 신항2부두 접안 중 육상 크레인 여러 기와 충돌하였던 밀라노 브릿지호 사고도 있다. 당시 사고 기록을 보면 도선사의 도선 중 부두 근접 시까지 선박의 속도를 충분히 줄이지 않은 것으로 나와있다. 이로 인해서 관리사인 K-Line뿐만 아니라 용선주인 Ocean Network Express도 선대의 운항 스케줄 및 재정적, 물적 손해를 지게 되었다.

이처럼 해난사고, 선박사고는 선주사뿐만 아니라, 화주, 용선주에도 치명적인 손해를 끼칠 수 있고 이러한 사고는 대부분 잘못된 선박의 안전관리에서 그 원인을 찾을 수 있다. 이에 선주, 선박관리회사뿐 아니라 화주, 용선주들 역시 적극적으로 현재 용선한 또는 용선을 계획 중인 선박들의 안전 관리의 정도를 수집하고 평가하고 있다.

선박의 안전관리를 평가하는 검사들은 여러 조직에서 이루어지고 있는데 기국에서 실시하고 있는 기국 검사(Flag State Inspection), 각국 항만청에서 외항선을 대상으로 실시하는 항만국 검사(Port State Control Inspection), 선급 검사(Class Surveys) 그리고 관리선사에서 ISM코드에 의거해서 이루어 지고 있는 내부심사(Internal Audit) 등이 대표적이다. 용선주들의 검사가 다른 조직에서 이루어지고 있는 검사들과 대표적으로 다른 점은 검사의 결과가 선박의 용선의 가부에 직접적으로 영향을 미친다는 점이다. 때문에 선박의 관리사들은 이러한 용선주 검사의 결과에 민감하게 반응할 수밖에 없고 검사에서 나타난 요구사항들이 즉각적으로 선박의 관리에 반영된다는 것이 특징이다.

첫 번째 장에서는 현재 해운 마켓에서 이루어지고 있는 용선주 그리고 화주들이 실시하고 있는 대표적인 선박 검사 및 평가방법에 대해서 크게 탱커선, 건화물선 그리고 컨테이너선 마켓으로 나누어서 소개해 보고자 한다.

탱커선의 검사(OCIMF – SIRE inspection)

탱커선 시장의 특징은 오일 메이저라 불리는 몇몇 거대 석유 기업이 대부분의 원유, 가스 그리고 케미컬 시장을 주도하면서 화주 및 용선주 그리고 또 해운사로서도 막강한 영향력을 행사하고 있는 점이다. 미국에서 발생한 엑손 발데즈호 사건과 더불어 대표적인 재앙적 유류오염 사건으로 기록된 토리 캐년호의 사고 이후 석유기업들은 해양 유류오염 사고로 인한 막대한 재정적 손실을 입은 후, 안전관리의 필요성을 인지하고 1970년 Oil Companies Marine Forum, OCIMF라는 협회를 창설하게 된다.

협회의 주요 역할은 산하 여러 working group들을 통해 선박 및 터미널들의 안전 관리 지침을 개발하고 관련 책자를 발간하며, IMO 회의에 정기적인 참가를 통해서 업계의 입장을 대변하는 것이다. 현재 세계 여러 정유사 및 터미널 등 100여 사 이상의 기업이 멤버로 가입하고 있다.

이 OCIMF에서는 선박의 검사도 주요한 과제로 실시하고 있는데 이전에 석유회사별로 제각각이던 선박검사의 내용을 동일한 질문과 가이드라인으로 통일시킨 것이 바로 Ship Inspection Reporting System, SIRE 이다. SIRE 검사는 원유선, 가스선 그리고 케미컬선 이라면 대부분 수검하고 있는 검사로 탱커 마켓 화주 및 용선주들이 탱커선을 용선할 때 해당선박이 수검한 6개월 이내의 최신 SIRE 검사 레포트를 요구하기 때문에 2020년 기준으로 한해 동안 약

8,000척 이상의 선박에서 20,000건 이상의 검사가 활발하게 수행되었다.

선박의 검사는 OCIMF 협회의 인증을 받은 검사관들에 의해서 이루어지고 있으며 어떤 오일 메이저, 어떤 검사관에게 검사를 받더라도 동일한 질문지, 가이드 라인 하에서 검사가 이루어지고 레포트는 동등한 지위를 지닌다. 선박의 보고서는 1년간 website에 게재가 되고 원하는 사람은 건당 50파운드 정도의 비용을 내고 각 레포트를 열람할 수 있다.

검사관의 자격요건은 1급항해사 또는 기관사로 일정기간 이상 선박에 근무한 경력을 가진 사람으로 OCIMF 멤버의 추천을 받아 소정의 교육과 시험을 통과하면 SIRE 검사관으로 선박 검사에 종사할 수 있다. 현재 약 20여 명의 대한민국 해기사가 SIRE 검사관으로 활동하고 있다.

SIRE 검사의 최근 동향으로는 폭발의 위험이 있는 위험화물을 주로 적재하고 다니는 탱커 선의 특성상 기존에는 갑판상의 사진촬영이 금지 되고 검사보고서는 오로지 텍스트로만 작성이 되었으나 2022년 대대적인 검사 시스템의 개편을 앞두고 방폭 기능을 탑재한 스마트 기기를 이용하여 사진촬영을 하는 등 좀 더 현장의 상황을 보고서에 효과적으로 반영하는 것에 초점을 두고 있다. 질문지 또한 선체 및 기기의 결함보다는 선원의 자질, 교육 및 안전관리 지침의 실질적인 수행을 관찰하는 항목을 대폭 늘이는 쪽으로 변경되고 있다. 그리고 이제까지 이루어진 일괄적인 검사에서 벗어나 각 선박의 수검이력을 바탕으로 과거 부적합이 발견되었던 영역에 대해서 집중검사를 하는 기술도 접목될 예정이다. 기본적으로 검사관이 선박에 방선하여 각 부분을 둘러보며 이루어지는 검사이나 코로나 바이러스의 세계적 유행 이후 국가간 이동 및 터미널 방선 활동에 제약이 생기면서 불가피할 경우 전화 및 비디오 회의로 이루이

진 원격 검사도 부분적으로 시행되고 있다.

건화물선의 검사(RightShip inspection)

　OCIMF SIRE 검사가 탱커선 업계에서 가장 널리 통용되는 선박 검사 및 평가 법으로 자리잡고 있다면 건화물선 업계에서는 라이트십 검사가 있다. 라이트십은 1991년 호주를 중심으로 하는 광산회사 BHP와 RIO TINTO가 공동 출자하여 설립한 선박 안전 평가 회사로 2006년 세계 1위의 곡물회사 카길이 주주로 참여하여 명실상부 건화물선 시장에서 가장 영향력을 행사하는 주체가 되었다. 1980년대 후반 대형 광석선의 해난사고가 늘어나고 이로 인해 건화물선의 안전관리, 특히 화주/용선주 입장에서는 선박의 용선 시 사고가 일어날 수 있는 개연성을 보여주는 척도의 필요성이 대두되었는데 이것이 라이트십의 설립 배경이 되었다.

　라이트십은 선박의 안전관리 수준을 하나에서 다섯개의 별로 나타내어주는 시스템을 개발해서 업계에서 사용할 수 있도록 하였다. 이에 건화물선 용선 시장에서는 라이트십 시스템 내에서 적어도 별 3개 이상을 유지하는 것을 용선 계약상에 필요조건으로 삽입하는 경우가 많아졌고, 관리선사에서도 이를 인식하여 라이트십 평가시스템 상에서 관리 선사 및 관리 선대가 좋은 평가를 받을 수 있도록 노력을 기울이고 있다. 최근 2021년 3월 시스템 개편을 통해 별의 개수로 표현되던 안전관리 지수가 1에서 5점의 점수로 표현되는 Safety Score로 개정되었다.

　라이트십은 선박의 안전관리 수준을 나타내어주는 Safety Score 의 산정을 위해서 6가지의 주요 데이터를 수집해서 분석하고 있는데, 선박관리사의 퍼포먼스, 해당 선박의 지난 사고 이력, 기항한 터미널 들에서 수집한 보고서, 항만국 검사 결과, 선급 검사 보고서 그리고 라이트십 자체 검사 보고서가 그것이다. 주목할 만한 점은 선박의 데이터를 수집함에 따라 해당 선박관리사의 데이터가 축적이 되고 이것이 이제는 그 관리 선사에 속해 있는 선박의 평가에 영향을 주고 있는 것이다.

Safety score의 산출 지표 중의 하나로 라이트십 검사가 있다. 기본적으로 선령 14년 이상 된 건화물선을 검사의 대상으로 하고 있으며 이후 매 1년마다 계속해서 검사를 수검할 것을 요구하고 있다. 검사시기에 도래한 선박이 라이트십 검사를 받지 않을 때는 Safety Score가 자동적으로 차감되어 선박의 용선에 영향을 미침으로써 일정한 강제력을 행사한다. 종전에는 검사대상이 선령 18년 이상의 선박이었으나 2017년 발생한 건화물선 스텔라 데이지호의 침몰사고 이후 라이트십 검사 대상확대의 필요성이 대두되었고 2019년 이후 현재 선령 14년 이상의 선박으로 검사 대상 선박이 확대되었다.

지난 2018년 상해에서 열린 라이트십 세미나에서 스텔라 데이지호의 2015년도 그리고 2016년도 검사 보고서 및 사진을 볼 기회가 있었는데 2015년도에 비해 2016년도 사진에서 평형수 탱크내 선체 구조물이 확연히 노후화되고 심각한 부식이 진행되었다는 것을 확인할 수 있었다. 이 선박은 당초 단일 선체 유조선으로 건조되었으나 2008년부터 시행된 탱커선의 이중 선체 규제 및 당시 맞물린 건화물선 시장의 활황을 바탕으로 대대적으로 중국 조선소에서 광석선으로 개조된 선박들 중의 하나였다. 예전부터 라이트십 검사에서는 이 시기에 개조된 광석선들의 선체 강도 및 복원력에 대해 자료를 수집하고 모니터링을 실시하고 있었는데 스텔라 데이지선의 사고 이후 더욱 선체의 노후도 및 수리 조선소에서의 정비 이력에 대한 모니터링을 강화하게 되었다.

라이트십 검사는 상대적으로 긴 하역시간을 가진 건화물선의 적·양화 작업을 이용하여 선창 및 평형수 탱크의 선체 검사를 포함한 12시간에서 16시간 정도의 이틀에 걸친 검사를 실시하고, 사진자료를 검사보고서에 첨부하고 있다. 건화물선 선체에 대한 결함 및 안전관리절차의 미이행으로 인한 부적합의 발견에 그치지 않고 업계에 도입된 광범위한 Best Practice 들을 본선의 운용에 적극적으로 반영시킬 것을 요구하는 것도 하나의 특징이다.

라이트십에서 개발하여 제공하고 있는 또 하나의 중요한 지표는 환경 지표 GHG이다. GHG(Green House Gas) 지표는, 해당선박의 온실가스 배출 정도를 선박의 설계 및 기기의 스펙으로 계산하여 동일한 종류, 사이즈의 선박과 비교해 알파벳 A에서 E로 나타내어 주는 상대적인 지표이다. 지금은 선박 용선에 있어서 안전도의 기준인 Safety Score가 중요 지표로 주로 사용되어지고 있지만 최근 각국의 대대적인 배출가스 규제 추세와 업계에서 일고 있는 다양한 친환경 선박의 도입으로 향후 선박 용선에 있어서 참고가 될 핵심 지표가 될 것으로 예상되고 있다. 특히 GHG 지표의 적극적인 활용은 친환경 선박의 도입과 운용을 가속화하는 긍정적인 효과도 있을 것으로 보인다.

컨테이너선의 검사(ONE – VQS inspection)

컨테이너선 업계의 안전검사는 다 화주, 정기 용선으로 대표되는 마켓의 특성상 아직까지 안전관리 평가를 주도할 만한 주체가 나타나지 않고 있다. 이에 용선주, 즉 각 운항선사에서 자체적으로 용선선에 대한 안전관리를 모니터링 하고 있는데 한 예로 Ocean Network Express(ONE)에서 실시하고 있는 VQS 시스템이 있다.

ONE는 2017년 일본의 대형해운사 3사 NYK, MOL 그리고 K-line이 컨테이너 영업부문을 통합하면서 탄생한 싱가포르에 본사를 둔, 2020년 기준 컨테이너 선복량 세계 제 6위의 해운회사이다. 운항을 하는 영업부문만 통합이 되었기에 선박의 안전관리는 기존 3

사의 선박관리 부서에서 각자 행해지고 있었으며 또한 외부 용선선의 경우는 각 선박관리 회사에서 자체 기준으로 선박관리를 하고 있었기 때문에 ONE회사 설립시부터 운항선대에 대한 일정수준의 선박관리 표준을 만들고 유지할 필요성이 대두되었다. 이에 ONE은 운항선대 안전관리의 주요한 방침으로 Vessel Quality Standard(VQS) 검사 및 평가 시스템을 수립하여 실시하고 있다. VQS system의 골자로는 외부 전문검사업체를 통해 250여 척의 운항 선박을 매 2년마다 검사하고 수집한 자료를 토대로 데이터를 분석하여 이를 추후 운항계획 및 선주사와의 계약에도 반영하는 것이다.

선박의 검사는 컨테이너선의 짧은 정박시간을 고려하여 갑판과 기관 2명의 검사관이 동시에 승선해서 6시간 이내로 모든 검사를 마칠 수 있도록 하였고, 태블릿 PC를 이용, 본선에서 작성된 레포트가 실시간으로 시스템에 전송되도록 하였다. 그리고 약 500여 장의 대량의 사진을 촬영하여 시스템에 등록하고 있는 점 또한 검사의 주된 특징이다. 또 한가지 특색은 용선주 주체의 검사이다 보니 선박안전관리에 더해 적극적이고 효율적인 연료절감이 선박에서 이루어지고 있는지를 중점적으로 들여다보는 점이다. 정박 중 불필요한 장비가 운전되어 연료를 소모하고 있지는 않는지, 불필요한 연료의 가열을 하고 있지는 않는지, 보일러의 자동 점화 기능이 너무 높은 압력에서 점화가 이루어지도록 세팅이 되어 불필요한 연료소비가 되고 있지는 않는지 등을 선박검사 시 확인하도록 하고 있다. 검사의 결과는 100점 만점에 부적합의 내용에 따라 각 부적합당 1에서 5점까지 차감한 결과로 부여되고 추가로 검사를 실시한 검사관이 선박의 관리정도를 판단하여 Hardware / software 부문으로 나눠서 각각 A-E 5단계로 등급을 부여한다.

이렇게 수집된 선박검사 데이터는 다양한 분석을 통해 활용되고 있다. 개선이 필요한 영역을 찾아내고, 매년 개선의 정도를 평가하며, 선대의 평균 점수에 대한 각 선박의 상대적 평가도 실시한다. 또한 각 선박검사에서 얻은 점수를 기준으로 선박 관리사의 순위를 매기기도 한다.

컨테이너선 업계에서 주목도가 높았던 사건으로 2020년 11월에 있었던 ONE APUS 호의 컨테이너 붕괴사고가 있었다. 해당 선박은 중국을 출발하여 미국 서안을 향해 항해하다 북태평양에서 악천후를 만나 1800여 개의 컨테이너를 유실하였다. 컨테이너선의 대형화에 따라 요즘 종종 일어나는 컨테이너 붕괴사고의 전형적인 케이스로 사고 이후 일본 고베항으로 회항하여 남은 화물의 환적을 마치고 정비한 후 다시 운항을 재개한 3월 10일까지 약 3개월간의 장기 Off hire로 인한 비용발생, 또 유실한 화물의 보상 등 2020년 하반기 부터 컨테이너 운임의 상승으로 기대감에 높이고 있던 ONE 에게는 또 하나의 과제를 던져준 사건이었다.

이후 이루어지고 있는 VQS 검사에서는 컨테이너 고박장비 상태의 확인, 고박확인 절차의 이행, 기상정보 시스템의 활용 및 사고시 책임 소재 명확화 등이 포함된 컨테이너 붕괴방지에 관한 특별지침에 따라 본선에서 컨테이너 붕괴사고 방지절차가 잘 지켜지고 있는지 확인하고 있다.

맺음말

같은 기종의 최신 스마트폰이라도 사용자의 활용도에 따라 첨단 IT 기기가 될 수도 있고 때로는 그냥 벽돌이 될 수도 있다. 마찬가지로 우리의 우수한 조선소에서 최신의 기술로 스마트선박을 건조하더라도 이것이 효과적으로 운용되기 위해서는 선박의 안전관리가 필수적으로 뒷받침되어야 한다. 위에서 소개한 바와 같이 화주, 용선주들은 다양한 방법으로 선박의 안전관리를 평가하고 있고 선주들은 자신들의 선박이 이러한 검사에서 좋은 평가를 받아 높은 가격으로 용선되기를 바란다. 우수한 선박관리 시스템을 통해 화주, 용선주들의 검사에서 좋은 평가를 받은 선박관리 회사들은 업계의 높은 평판을 바탕으로 사업의 확장을 꾀할 수 있고 다른 한편으로 관리선사들이 화주, 용선주 검사에 대응하는 전문인력을 충원하고 여러 검사관들도 배출되면서 그 자체로 하나의 시장이 형성되고 있다.

마지막으로 우리나라가 탱커선, 건화물선처럼 아직 주도적인 주체가 나타나지 않은 컨테이너선, 카 캐리어 그리고 더 나아가 항공운송, 육상운송 등에서 광범위한 데이터 수집을 통해 업계에 선도적으로 안전관리 지표를 제공할 수 있다면 향후, 해운, 물류 분야에서 또 하나의 유망한 시장이 되리라 생각한다.

2. 일본의 선박관리 특징과 동향

필자는 2012년부터 현재 2021년까지 선장으로 승선하였던 2년의 시간을 제한 약 7년간 일본 선박회사의 직원 및 일본주재 선박검사관으로 직·간접적으로 일본의 해운업계에 몸담아 왔다. 이를 바탕으로 짧지만 이제까지 경험해 온 일본의 선박관리에 대해서 소개하고자 한다.

일본의 해운은 먼저 외항과 내항으로 나누어서 보는 것이 효과적이다. 고물가 사회인 일본에서 외항에 비해 내항 운송이 차지하는 비중도 상당하기 때문이다. 2019년 일본 국토교통성 자료에 따르면 일본의 내항해운 업계는 외항해운 업계에서 고용하고 있는 7천 명의 종업원수의 10배에 달하는 8만7천 명 정도의 종업원을 고용하고 있고 운항 척수도 외항의 3배에 달하는 7,400여척 그리고 산업의 규모도 외항해운업계의 4분의 1정도 규모에 해당하는 1.1조엔(한화 약 12조 원)에 달한다.

	외항	내항
종업원수	0.7만 명	8.7만 명
산업규모	4.7조 엔	1.1조 엔
운항척수	2600척	7400척
사업자수	200사	4000사

자료: 일본 국토교통성, 2019년.

외항선 시장

먼저 외항 해운시장의 경우 대형3사인 NYK, MOL 그리고 K-Line이 시장을 압도적으로 지배하고 있는 정체된 구조이기에 오히려 경쟁이 치열하지 않다. 다양한 선주들로 이루어진 컨테이너선을 논외로 하면 전 세계 에너지 시장에서의 일본의 구매력을 바탕으로 건화물선 및 탱커선의 영업을 비교적 손쉽게 하는 부분이 있다. 예를 들면 일본은 10개의 전력회사가 각 지역을 나누어 전국에 전기를 공급하고 있는데 이 중 나고야 지역을 담당하는 중부전력과 수도권 지역을 담당하는 도쿄전력이 LNG 부문을 합사해서 만든 JERA라는 화주가 있다. 이 거대 화주는 2020년 기준 전 세계 LNG 마켓에서 구매량 1위를 기록하고 있다. JERA에서 호주나 중동 등에 LNG 조달 프로젝트를 세울 때는 항상 대형해운 3사가 일정량 이상의 수송을 담당하도록 프로젝트에 참여시키고 있다. 이렇게 대형해운3사는 정부 및 공공주도의 물자수입에서 다른 외국적 선사에 비해 혜택을 누리며 운항을 하고 있다. 국토교통성 2018년도 자료를 보면 해운3사를 위시한 일본선사를 통한 수출입 물량이 전체의 66.9%를 차지한다고 나와있다. 또한 3사 간에도 경쟁보다는 같이 지분참여를 하여 일정수익을 분배하는 형태의 협조를 하고 있다. 컨테이너선 업계의 구조조정 때 3사가 컨테이너 부서를 합사하여 Ocean Network Express를 신설한 것이 대표적인 예라고 할 수 있겠다. 3사 이외에도 외항선사들은 화주와의 오랜 신뢰를 바탕으로 장기수송계약을 체결하고 이를 바탕으로 선복을 수급하고 조정하고 있다. 6척의 VLCC를 포함한 탱커선 10척 정도를 운항하는 쿄에이 탱커의 경우 코스모 석유와의 장기수송계약을 바탕으로 수요에 맞춘 10척 정도의 배를 계속 운항함으로써 변동성을 줄이고 안정적인 운영을 계속하고 있다. 대형 해운3사는 다른 외항선사들의 영업라인을 거의 침범하지 않는다. 이를 위해서 선사들은 협회를 만들고 각 사의 이익을 조절하고 업계의 목소리를 대변한다.

내항선 시장

내항선의 경우, 2020년 내항선 탱커협회의 자료에 따르면 협회 소속 선박이 탱커선만 1,000척을 상회한다. 이중 내항 탱커3사로 불리는 쯔루미, 아사히 탱커 그리고 쇼와니탄이 60퍼센트 이상의 선박을 운항하고 있다. 이러한 대규모의 시장점유를 통해 운항선사는 선주 및 화주에게 가격 협상력을 지니게 된다. 경쟁이 크지 않은 시장에서 선주들은 자기들의 배가 이러한 대형 내항선사의 선대에 속하기를 바라고 화주들 역시 국내 연안운송계약에서 약자의 위치에 서는 경우가 많다. 나이탄이라 불리는 내항선 탱커협회를 통해 선사들 간의 입장을 계속해서 조율하고 있다.

선원의 부재 그리고 선박관리

일본의 외항선원 부족 문제는 이미 오래된 주제이다. 내항선 시장의 규모가 상당하고 내항선원의 임금수준 및 복지도 외항선원에 비해 크게 뒤떨어지지 않기 때문에 오랜 시간 모국에서 떨어져 지내야 하는 외항선보다 항로에 따라 출퇴근도 가능한 내항선을 선택하는 선원들도 많다. 일본인 선원이 부족하다 보니 자연스레 해상 경험을 갖춘 관리직의 인재풀도 줄어들었고 결국 이를 자사선에서 승선경험을 갖춘 외국인 직원들로 대체하게 되었다. 대형 해운3사는 주로 인도계 직원들을 많이 고용하고 있고 시간이 흐르면서 이제는 이들이 사업의 방향을 결정하는 중요한 위치에도 많이 자리하고 있다. 외국인 직원이 늘면서 자연스레 굳이 일본에서 선박관리를 해야 할 필요성이 줄어들어 대형 해운3사의 관리사들의 경우 대부분의 조직과 인력을 싱가포르를 위시한 홍콩이나 유럽 등 전략적인 곳에 포진하고 있는 것도 특징이다. 여기에는 인도계 직원들이 일본에 상주할 때 보다 외국에서 근무할 때 주어지는 세제상의 혜택이 크다는 점 또한 많이 작용을 하고 있다. 주목할 만한 부분은 대형 해운3사에 남아있는 일본인 해기사들이 대부분 LNG선에서 승선생활을 하고 있고 따라서 LNG 선의 선박관리는 여전히 도쿄에서 이루어지는 경우가 많다는 것이다.

	컨테이너	벌크	탱커	LNG
NYK	NYK Shipmanagement (싱가포르) 컨테이너, 벌크, 탱커 각 선종별 약 30척 씩 총 138척 관리			NYK LNG Shipmanagement (도쿄) 50척
MOL	MOL Shipmanagement (싱가포르)	MOL Shipmanagement (싱가포르, 도쿄)	MOL Tank Shipmanagement (싱가포르, 런던) 64척	MOL LNG Transport (런던, 도쿄, 홍콩) 100척
K-Line	K-Line Ship management (싱가포르) 17척	K-LineRORO bulk Ship management (고베) 145척	K-Line energy Ship management (도쿄)	K-Line energy Ship management (도쿄) 50척

자료: 대형해운3사의 선박관리 자회사 현황(각 사 홈페이지를 참조하여 작성 2021.3.).

3사 이외의 선박관리는 두 개의 흐름으로 나뉘어진다. 자체 선박관리가 가능한 경우는 외국인 해기사를 감독으로 고용해 자사선의 관리를 맡기고 이마저도 어려울 경우에는 선박관리 자체를 외부에 위탁하고 있다. 직접관리의 경우는 주로 자사선에 승선경험이 있는 시니어 해기사 출신의 직원이 선박관리의 전문적인 부분을 맡고 해상경험이 없거나 짧은 일본인 스태프들이 경영, 재무 등 기타 업무를 관장하면서 외국인 감독의 고용을 통해 선박관리의 노하우를 전수받는 식이다.

위탁관리는 주로 자사에 근무한 경험이 있는 신뢰가 있는 사람에게 선주사가 선박관리를 맡기는 형식이다. 특징은 선주사의 선박을 한 관리사에게 모두 맡기지 않고 여러 개의 관리사에 분산위탁함으로써 관리사들을 경쟁시키고 관리 수수료 협상에서 선주사가 우위를 지니는 점이다. 이는 또한 한 관리사에서 문제가 생길 시 자사선들의 관리를 빠르게 기존의 다른 관리사로 바꿀 수 있어 리스크를 분산시키는 효과도 있다. 최근의 흐름으로는 일본 선주사들이 이제까지 일본 선박들의 관리를 많이 맡아왔던 한국의 관리선사에서 탈피해 필리핀 등 제3국으로 관리선사를 이전하는 경우가 많이 늘고 있다는 점이다. 이는 이제까지 한국인 선원들이 강점을 보여왔던 케미컬 탱커선 업계에서 기존의 한국 선원들이 고령화되고 신규인력이 충분히 공급되지 않으면서 그 자리를 차지했던 필리핀 선원들이 이제는 상급사관으로 자리잡고 해기사 출신 감독들을 배출해 내기 시작한 것과 무관하지 않다.

일본의 한국해기사들

일본에서 활동하고 있는 한국인 해기사들도 많이 있다. 구체적으로 집계된 자료는 없으나 도쿄, 오사카 지역을 중심으로 곳곳에 약 100여 명 이상의 한국인 해기사들이 해운사, 선주사, 조선사, 선급 그리고 다양한 연관 서비스업체에서 근무하고 있다. 시코쿠를 기반으로 한 타이요 오일이라는 정유사에는 일본 최초로 한국인 선장이 터미널 책임자로 일하고 있으며 기항하는 한국선박들에게 도움을 주고 있다. 일본 주재 한국인 해기사들은 시니어 사관 이상의 승선

경험을 갖춘 전문적인 지식을 지닌 사람들이 많고 대부분 일본 선주사에서 승선생활을 했거나 아니면 육상의 전문가로 있다가 일본으로 스카우트되어 오는 경우가 많다. 종종 일본선주사에서 신뢰를 쌓아 스스로 한국 및 제3국에 관리회사를 차리고 사장이 되는 경우도 있다.

맺음말

일본의 해운시장에서 선박관리업이 차지하는 위치는 화물영업을 통해 수익을 올리는 운항사와 많은 선복량을 자랑하는 선주사를 보조하는 역할로서 선박관리를 통해 수익을 올리기 보다는 선박관리를 불가피한 비용의 부분으로 간주하는 것이 특징이다. 선박관리만을 전문으로 하는 회사는 찾아보기 어렵고 운항사 또는 선주사 하에 속해 있는 선박관리사들도 대부분 비용의 절감을 선박관리의 목표로 세우고 있기에 창의적인 아이디어나 관리기법이 나오기 어렵고 강제된 규정을 따라가기에 급급한 실정이다. 그럼에도 불구하고 일본 해운시장의 규모와 그 선복량을 고려하면 일본선박의 관리는 무시할 수 없는 시장이기도 하다. 최근 변화의 바람이 불고 있다. 오랜 인연을 바탕으로 한국관리회사와 끈끈한 관계를 유지해오던 1세대, 2세대 오너들이 현직에서 물러나면서 그 다음 세대의 오너들은 자기들 취향에 맞는 새로운 관리사를 찾고 있다. 그들은 새로운 한국의 관리사를 물색하고 또 필리핀에 새로운 관리사를 세우기도 한다. 이 과정을 통해서 새롭게 기회를 얻는 한국 회사들도 있을 것이고 반대로 기존의 관리선을 잃는 회사도 있을 것이다. 분명한 사실은 한국선원이 없는 시장에서 한국의 선박관리사는 역량을 발휘하기 어려울 것이고 자신만의 강점 없이 오너와의 인맥만으로 유지되는 선박관리사 역시 지속가능하기 어려울 것이라는 점이다.

우리가 여기에서 머물지 않고 또 일본의 전철을 밟지 않고 더 발전된 방향으로 나가기 위해서는 우리의 관리역량을 집중할 수 있고 규모의 경제를 실현할 수 있는 대형관리선사의 출현이다. 관리선사는 자기자본이 많이 필요치 않는 사업이면서 축적된 노하우가 절대적으로 필요한 지식집약적 사업이다. 100척의 선박을 관리하는 관리선사는 100척의 선대를 보유한 해운선사와 대등하게 선원의 고용을 창출할 수 있다. 70년대, 80년대 선배 해기사들이 선원 송출사를 통해서 세계 유수의 송출선에서 많은 경험을 쌓아 지금의 해양산업 발전의 토대를 마련했듯이 이제는 우리 젊은 해기사들이 승선할 수 있는 양질의 배를 많이 보유한 관리선사가 출현해 우수한 해기사들이 다시 육상으로 진출하는 선순환이 이루어졌으면 한다. 또한 대형관리사의 출현이 나아가 많은 한국의 선주들이 태동할 수 있는 가교 역할을 할 수 있기를 기대해본다.

우리나라 수산정책의 과거·현재·미래

이광남(해양수산정책연구소 연구소장)

1. 수산행정조직의 변천사

정부의 행정조직은 고유의 기능을 수행하기 위해 수직·수평적으로 분화된 전문조직을 발달시키면서 변화해나가며, 이러한 정부조직의 변천은 정부기능의 변화와 함께 이루어진다. 또한, 정부조직과 기능은 당시 시대상황과 역사적 사건에 밀접하게 연관되어 변화하기 때문에, 정부조직의 변천사는 과거 국가의 정책 동향과 기능을 알 수 있는 중요한 정보가 된다. 이러한 정보는 향후 정부가 나아가야할 조직의 발전 방향을 판단하는 단서가 될 수 있다. 현재 해양수산부의 기능 중 하나인 수산행정은 100여 년이 넘는 오랜 역사가 있으며, 동 분야의 정부조직 변천과정을 알아보고자 한다.

최초의 수산행정조직(1894~1907)

우리나라 정부는 고려시대부터 900여 년간 중국식 6부 체제를 일부 변형해서 유지해왔으나, 별도로 수산행정을 담당하는 조직은 조성되어 있지 았았다. 다만, 공조 산하의 사재감(司宰監)이나 균역청(均役廳) 등에서 어업에 대한 세금을 징수한 적은 있었으나, 이러한 기관들은 수산행정조직이라 분류하기 어렵고 조직의 분화 및 전문화도 이루어지지 않았기 때문에 1894년까지는 수산 관련 행정조직은 존재했다고 보기 어렵다.

다만, 이 시대 특이사항으로 다산 정약용이 바닷가 유배생활 동안 수산자원의 중요성을 인식하게 되면서, 「경세유표」에서 섬과 수산자원을 관리할 관청으로 '수원사'(綏原司) 설치를 제안한 적이 있다는 점이다. 그러나, 이러한 제안은 받아들여지지 않았다. 수산과 관련된 조직이 공식적으로 설립되기 시작한 것은 1894년 갑오개혁 이후이다.

1894년 6월 28일 갑오개혁의 일환으로 조선시대의 기존 6조 체계는 8아문 체계로 전환되었으며, 이 중 농상아문의 7개의 보조기관 중 최초의 근대적 수산행정조직인 '수산국'이 설치되었다. 당시 농상아문 수산국의 직제 규정에 따르면 어업, 선구, 수산물양식, 수산물 가공 및 수산회사 등에 대한 사무를 담당하고 있는 것을 알 수 있다.

그러나 농상아문 수산국은 그리 오래 가지 못하고 사라지면서 공무아문과 합쳐져 '농상공부'가 만들어지게 되었으며, 수산업무는 농상공부 농무국 산업과로 옮겨져 담당하게 된다. 이후 1895년부터 1907년까지 수산업무는 농상공부의 독립된 분야로 존재하지 못하였으나, 그 당시 해당 직제 상에는 수산분야에 대한 정부의 기능이 명시되어 있었기 때문에 이 시기의 정부가 본격적으로 수산행정의 필요성을 인식하고, 수산행정업무를 하나의 온전한 정부기능으로 받아들여진 시기라고 평가할 수 있다.

제1기: 해방 전후 수산행정기구(1907~1948)

1907년 농상공부는 수산국을 독립적으로 설치하고 산하에 수산과, 염무과, 조사과를 두어 수산행정조직을 세분화하였다. 이러한 조직의 신설은 수산업무의 중요성이 높아지고 있다는 측면과 더불어, 일본이 통감부를 설치하고 한국을 식민지로 만드는 과정 속에서 진행되었다는 점도 고려해야 한다.

또한, 일제 강점기 수산행정의 주요 변화 중 수산물 검사기관과 수산분야 연구기관이 설립된 것을 주목할 필요가 있다. 현재 수산물 검사기관인 국립수산물품질관리원은 1913년 세관 산하에 설립된 해조검사소가 정부조직화된 기구이다. 이와 더불어 수산물 생산량을 높이기 위해 1921년 국내에서는 수산시험장을 설치하였는데, 국립수산과학원으로 명칭을 변경하여 현재에 이르고 있다.

해방 이후 미군정법령 제64호에 의한 행정부처 개편작업에 따라 농상국은 농무부로 승격되었고, 농무부 수산과는 수산국으로 승격되면서 산하에 서무과·단체과·어로과·증식과·자재과·시설과 등 7개의 보조기관을 설치하였다.

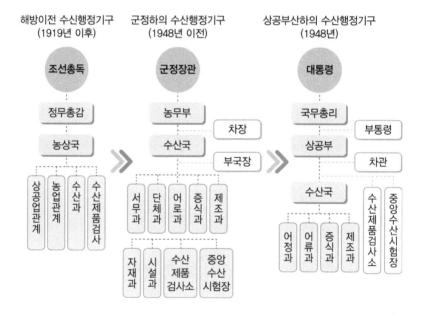

이 시기 황병규 의원이 "수산업무를 농림부에서 상공부로 이관하자"고 제안한 것이 채택되면서 1948년 상공부에는 상무국 등 6개

국이 설치되었으며, 수산국 산하에는 어정과, 어로과, 증식과, 제조
과가 설치되었다.

제2기: 해무청(1955~1962)

1950년에는 수산국 산하의 증식과가 폐지되었고 증식과는 어정
과에 흡수되었다. 1951년 2월 수산청 설치 법안이 국회를 통과하였
으나, 행정기관의 간소화 및 수산청의 필요성 부족 등의 이유로 대
통령이 거부권을 행사하면서 수산청 설치는 무산되었다.

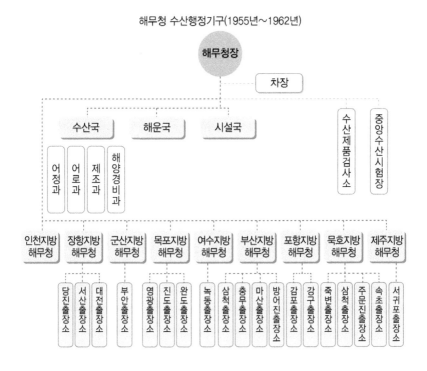

해무청 수산행정기구(1955년~1962년)

1955년 해무청은 이승만 정부가 해상질서 유지를 위한 강력한
기구의 필요성을 피력하면서 설립되었으며, 상공부 수산국 체제는
해무청 수산국으로 전환된다. 해무청 수산국은 상공부 수산국의 기

존 체계를 그대로 유지하였으나, 1953년 신설된 해양경비대가 해무청에 신설되어 수산국에 포함되었다.

제3기: 농림부 수산국(1963~1965)

1961년 해무청이 해체되면서 수산업무는 농림부로 이관되는데, 이 과정에서 다시 조직개편이 일어나게 된다. 1961년 농림부 체제에서는 제조과에서 담당하던 양식업무가 다시 분화되면서 증식과가 부활하였으며, 어로과는 원양어업과와 어선어항과로 분화되었고, 이와 더불어 수산자원의 조사 및 연구를 담당하는 해양자원과도 신설되었다.

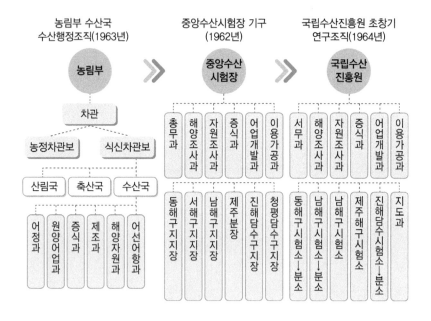

제4기: 수산청(1966~1995)

수산행정업무가 증가함에 따라 조직의 세부 분화는 1966년 수산청 신설로 인해 빠르게 진행되었다. 1963년부터 한일국교정상화의 일환으로 검토되기 시작했고, 한일국교정상화 협상의 타결이 임박해지자 박정희 대통령 지시에 따라 정부는 1965년 4월 수산청 설치를 발표하고 1966년 1월에 수산청이 신설되었다.

현재의 조직과 비교해보면 어선업무(어선과), 협동조합업무(협동조합과), 통계업무(자료조사과)가 별도의 독립된 과로 존재했다는 점이 당시로서는 상당한 의미가 있다. 1966년 10월 조직개편으로 어항과가 신설되었고, 이때부터 어항사업비가 급격히 증가하며 어항 건설 업무가 활기를 띠기 시작하였다.

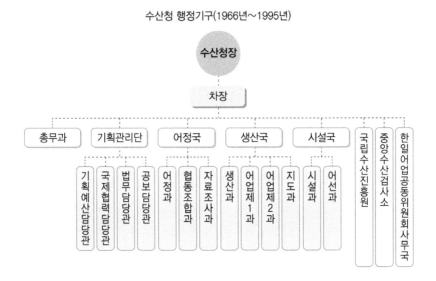

수산청 행정기구(1966년~1995년)

제5기: 해양수산부(1996~2007)

1996년 8월 8일 해양수산부가 신설되면서 수산 조직은 수산진흥국, 수산자원국, 수산물유통국 등으로 개편되었다. 유통가공과가 유통기획과, 수산가공과로 분화되고 어업인 복지과가 신설되는 변화가 있었으나, 이는 해양수산부 신설에 따른 임시적인 조직구조의 성격이 강하다.

해양수산부 수산행정기구(1966년~2007년)

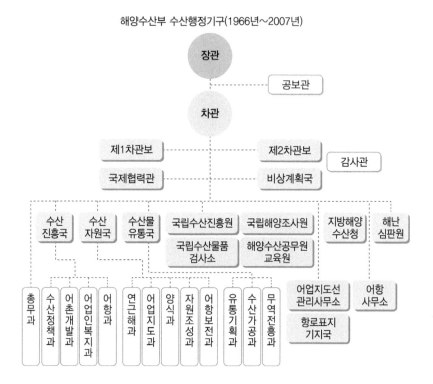

1998년에 김대중 정부가 출범을 준비하면서 해양수산부를 폐지하고 농림부로 통합하는 안이 제시되었으나, 김영삼 대통령이 김대중 당선자와의 주례회동에서 해양수산부의 존속을 요청하였고, 김대중 당선자가 이를 수용하면서 해양수산부는 계속 유지되었다.

제6기: 농림수산부 수산조직(2008~2012)

이명박 정부 집권 시, 인수위원회에서 해양수산부의 해체가 결정되면서 수산기능은 농림수산식품부로 이관되었으며, 수산조직은 수산정책실 산하 3국 12과 형태로 구성되었다. 기존 통상협력팀, 무역진흥담당관이 통합되어 수산통상과가 되고, 유통가공과는 수산정책과에 흡수되었으며, 품질위생팀, 유어내수면팀이 통합되어 유어내

수면과로 전환되었다. 이후 농림수산식품부의 수산조직은 큰 폭으로 축소되며 1실 3국 9과 체계로 전환되었고, 실질적 조직 규모는 60년대 수산청 설립 초기 규모 수준으로 축소되었다.

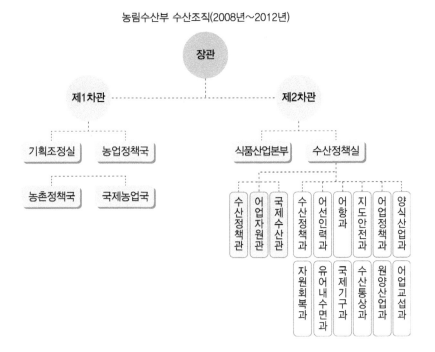

농림수산부 수산조직(2008년~2012년)

제7기: 해양수산부 부활, 수산부문 행정조직(2013~현재)

해양수산부는 박근혜 정부의 출범과 동시에 다시 부활하였고, 수산정책실 산하에 3국 12과와 해양정책실 산하 국제원양정책관이 설치되었다. 해양수산부 재출범으로 수산정책실 산하에 어촌 및 양식 업무를 담당하는 어촌양식정책관이 신설되는 등 양식을 담당하는 과의 신설을 통해 미래산업으로서 양식산업을 적극 육성하고자 하는 정부의 의지가 보이는 조직형태라고 평가할 수 있다.

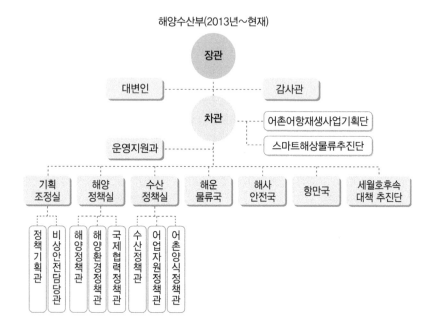

해양수산부(2013년~현재)

2. 수산정책의 변화

1960년대 이전까지 우리나라 수산업은 대체로 무동력 소형어선, 재래식 어로장비 사용 등 전통적인 어획방법이 만연했다. 이후 증기기관이 어선에도 쓰임으로써 수산업은 급진적인 발전을 하게 되고, 20세기 초부터 디젤기관을 사용하게 되면서 한층 더 능률적으로 변화되었다. 더불어 제2차 세계대전 이후, 어선의 대형화와 양식어장 개발에 주력하면서 어류양식 기술을 도입하는 등 활발한 양식활동이 이루어진다.

1960년대 이후, 경제개발정책 과정으로 1차 산업에 대한 집중투자가 이루어지고, 해외기술 도입 및 어업구조개선 등의 변화가 나타나게 된다. 이 시기에 국내 어업 기술 수준이 높아지면서 1980년대 국내 수산물 생산량은 세계 10위권에 진입하게 되었으며, 기술수준도 선진국 대열로 발전하게 되면서 국내 수산업은 전성기를 맞게 된다.

20세기 들어 세계 인구가 급격히 증가함에 따라 수산물의 소비 또한 급증하게 되었고, 연이어 어업의 발달로 자원부족 현상이 나타나자 수산자원 보호를 위한 배타적 경제수역 선포로 공해어장이 제약을 받게 되면서 양식업의 연구 및 개발이 활력을 띄게 된다. 이처럼 지속가능한 수산업 구현 및 경쟁력 제고를 위해 LED 집어등 개발(2007), 넙치 및 전복 육종 프로그램 개발(2008) 등 다양한 시도를 실시하게 된다.

수산업은 대표적인 1차 산업이자 미래산업이다. 스마트폰 시대를 예언한 미래학자 윌리엄 할랄(William Halal)은 「기술의 약속」에서 양식수산업을 미래 유망산업 중 하나로 전망했다. 소득수준이 올라갈수록 건강에 좋은 수산물에 대한 수요도 함께 증가하며, 전 세계적으로 수산물의 소비가 증가하고 있는 것은 우리나라에 있어 매우 중요한 기회다. 특히 중국의 수산물 수요가 증가하고 있는 만큼 우리나라 수산물 소비량도 늘고 있기 때문에, 잡는 어업만으로는 그 수요를 충족하기는 어려워 양식수산업이 발전할 수 밖에 없는 상황이다.

이를 기회의 발판으로 삼아 양식산업을 수산업의 핵심 미래전략산업으로 육성하고, 로봇조업선 등 신개념 첨단 기술을 적용한 양식시설을 개발하는 등 국제적인 수산업 육성에 주력하고, 우리나라 수산업을 미래성장산업으로 탈바꿈시켜 나아가야 할 것이다.

3. 수산분야 주요 지표

최근 약 50년간 우리나라 어가인구 및 어업가구수는 지속적으로 감소 추세를 나타냈다. 이로 인해 어업의 고령화, 노동력 부족 현상이 나타났으며, 앞으로도 어가고령화율은 급속도로 심화될 것으로 전망된다. 특히 소규모 유인도서의 경우에 유입되는 청년이 매우 적기 때문에 단시일 내에 무인도서로 전환될 가능성이 있다는 전망도 제기되고 있다.

어가수와 어가인구의 변화는 어촌 소멸위기의 심각성을 그대로 보여주고 있다. 통계청에 따르면 어가수는 2018년 5만1,494가구 대비 2019년 4만9,998가구로 약 1,500가구(2.9%)가 감소했고, 2020년에는 4만3,462가구로 더 떨어졌다. 또한, 어가인구수는 2018년 11만6,883명, 2019년 11만2,754명이었고, 2020년 9만7,954명으로 이 또한 감소하였으며, 이뿐 아니라 어가고령화율도 급속하게 심화되고 있는 실정이다. 어가인구가 급격히 감소하는 동시에 어가를 구성하는 가구원의 수도 급감하고 있는 상황이며, 이러한 추세는 향후 더 빠르게 진행될 것으로 예상된다.

어가의 고령화율 역시 마찬가지이다. 통계청에 따르면 2003년 3만3,802명으로 15.94% 수준이였던 65세 이상 어가의 비율은 2006년 4만4,467명으로 20.21%를 기록했고, 2014년에는 4만5,474명으로 32.17%를 기록해 고령화율이 처음으로 30%를 넘어섰다. 이같은 추세는 계속 이어져 2019년에는 11만3,898명의 어가인구 중 4만4,692명이 65세 이상으로 전체의 39.24%를 차지하면서 고령화율은 계속해서 높아지고 있는 실정이다.

수산업에 있어서는 약 50년 전 국내 수산업 중 '연근해어업'은 전체 어업의 87.0%로 가장 많은 비율을 차지했으나, 점차 감소하는 추세를 보이면서 최근에는 '천해양식어업'이 62.4%로 가장 큰 비중을 차지하고 있다. 연근해어업 생산량이 지속적으로 감소하는 상황에서, 2019년도 연이은 태풍 등 기상영향으로 조업일수가 크게 감소하고, 연근해어업 생산량은 더욱 감소하게 된다(전년 대비 약 13.8% 감소). 위기에 직면한 연근해어업을 위한 대책으로 정부는 지난 2019년 종전의 생산 지원에서 자원관리 중심의 정책 전환과,

2030년까지 '연근해 자원량 503만 톤 회복', '총허용어획량(TAC) 관리대상종 어획비율 80% 달성' 계획을 발표하였다. 이로 인해 2020년의 연근해어업 생산량은 전년 대비 소폭 증가하였으며, 또한 2020년 어기 한중어업협상의 타결로 중국어선 조업척수 감척 및 조업조건이 강화돼 우리 어업인의 어업활동에 도움이 될 전망이다.

전 세계적으로 증가하는 수산물의 수요를 충족시키기 위해서는 양식수산업의 발달은 매우 중요한 부분이다. 이는 1965년 천해양식어업의 생산량 7만4천 톤(11.6%)에서 2019년 241만 톤(62.4%)으로 약 233만6천 톤 증가(3,156%)한 것을 통해서도 양식어업의 중요성이 증가하고 있는 것을 알 수 있다.

4. 최근 수산정책

전 세계적으로 수산물 소비가 증가하는 추세에 따라 효율적인 어업생산을 극대화하기 위해 어선·어업기자재 현대화 및 ICT·IoT 기반의 스마트 양식산업의 육성의 중요성이 매우 높다. 또한, 최근 코로나19로 인해 소비자들은 가격보다는 품질, 안전성 등 양적가치에서 질적가치를 중시하는 소비패턴으로 변화되었고, 이에 따라 수산업계는 포스트 코로나 시대에 발맞춰 안정적이고 지속가능한 패러다임의 구축이 필요할 것으로 사료된다.

우리나라 수산업은 1999년 한·일 어업협정 체결을 계기로 수산업 세계시장 확대에 따른 변화에 능동적으로 대처하기 위하여, 2000년대 이후 매년 5년마다 관련 법정대책을 수립하고 있다. 이 중 '제4차 수산진흥대책'('16~'20)은 안정적인 수산물 생산, 어촌활력 제고, 안전한 수산식품 공급, 글로벌 네트워크 강화, 미래 성장 동력 확보를 5대 정책 목표로 삼아 수산업 관련 부가가치와 고용 창출 및 수산업의 6차 산업화 달성 등을 위한 제도적 기반을 마련한다. 또한, 수산업의 범위를 확대하고 연관 산업 종사자까지 포함하는 수산인에 대한 근거를 마련하여, 수산업 전반을 육성할 수 있도록 지원하는 방안 마련에 목적이 있다.

2019년 정부는 수산자원과 어가인구 감소, 어촌 고령화 등으로 위기에 처한 국내 수산업을 혁신하고, 미래 성장산업으로 재도약하기 위해 종합적인 중장기 수산혁신 로드맵 '수산혁신 2030'을 발표했다. '수산혁신 2030'은 지속가능한 젊은 수산업, 함께 잘사는 어촌 실현을 비전으로 추진하며, 세부 목표로 ① 수산업 전체 매출액 성장(연 2.9%)과 ② 어가소득 성장(연 3.8%), ③ 수산업 신규 일자리('19년부터 매년 3,300개 창출)를 제시하고 있다.

세부추진전략으로 첫째, 연근해어업을 생산자원 중심에서 자원관리 중심으로 패러다임을 전환하며, TAC 확대, 불법어업 근절 등 자원관리형 어업구조로 전면 개편한다. 둘째, 양식어업 부문은 소규모·재래식·사후대응양식에서 규모화·스마트·예방방식으로의 전환을 위해 기업화, 스마트화를 통한 친환경, 고부가가치 양식어업으로의 혁신을 전략으로 삼고 있다. 셋째, 어촌지역은 생산지원 공간 중심에서 정주, 여가의 공간 중심으로 변환을 추구하며, 어촌뉴딜 300사업과 어촌관광 등 혁신사업을 통해 어촌활력을 제고한다. 넷째, 수산기업은 단순기업 비용지원에서 기업 창업에서 성장 지원 중심으로의 전환으로 수산기업 창업, 투자 확대를 통해 자생력을 갖춘 사업으로의 도약을 목표하고 있다. 마지막으로 다섯째, 유통 및 소비 부문에서 유통시설의 현대화 및 안전관리 강화로 안심 소비문화를 정착하며 공급자 편의 중심에서 소비자 관리 중심으로 전환하는 데 전략을 두고 있다.

수산자원 관리부터 수산물 생산, 유통, 소비 등 수산업의 전 단계를 혁신할 수 있는 정책 추진방향을 제시함으로써, 어촌소득 증대를 도모하고 새로운 청년 일자리 창출을 추진하는 계획을 담고 있다. 이처럼 정부는 지속적으로 다양한 수산정책을 수립·시행하고 국내외 환경 및 시대적 변화에 대응하면서, 다가오는 미래 수산업·어촌에 능동적으로 대비하고 있는 것을 볼 수 있다.

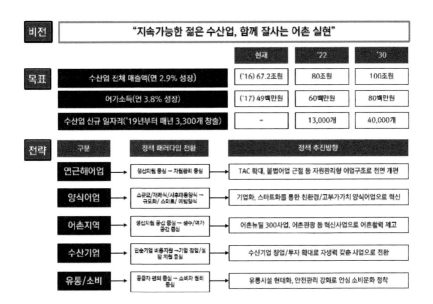

5. 미래 수산정책 방향

최근 수산업·어촌을 둘러싼 국내외 환경은 급속도로 변화하고 있으며, 해양·수산에 대한 국민들의 관심 또한 지속적으로 증가하고 있다. 이러한 상황에서 수산업이 미래를 주도하는 산업으로 발전하기 위해서는 세계 수산물 소비 패턴을 우선 파악하는 것이 중요하다. 국민들의 소득수준이 올라갈수록 건강에 좋은 수산물에 대한 수요는 증가하면서 이는 전 세계적으로 공통적으로 나타나는 특징이며, 특히 중국의 수산물 수요가 증가하고 있는 것은 우리나라에 있어 매우 큰 기회다. 이에 해양공간 이용에 대한 국민들의 수요 급증에 따른 맞춤형 정책을 추진하고 미래 수산업에 맞는 발전

방안을 마련할 필요가 있다.

해양공간 이용 맞춤형 정책

최근 우리나라는 웰빙(Well-Being)과 건강이 삶의 주요 부분을 차지하고 있으며, 육체적 건강뿐 아니라 정신적 건강에도 많은 관심이 쏠리고 있다. 또한, 주 5일 근무제 정착 및 소득수준의 증가로 국민들의 여가활동이 활발해지면서, 레저스포츠에 대한 관심과 레저이용객이 급격하게 늘고 있는 추세이다. 과거 해양레저 이용 주체가 주로 어업인이었다면, 근래 해양레저이용객, 특히 젊은층의 이용 비중이 증가하고 있다. 이에 따라 모든 연령층의 이용객을 유치할 수 있는 요트 및 크루즈 투어와 양식어장 체험 연계와 같은 해양레저관광 연계형 수산업의 새로운 패러다임의 정책 마련이 필요하다.

해양시설물 경관·기능 강화

근래 해양 이용객 및 국민들의 레저활동 수요의 증가로 기존 자연환경보전지역에 대한 관광개발과 무분별한 개발로 인해 아름다운 해양경관이 훼손되는 경우가 발생한다. 또한, 외부 방문객들의 쓰레기 투기로 해양환경이 오염되고 지역주민들과 이용객 간의 갈등도 피할 수 없는 상황이다.

게다가 해안지역의 대부분은 어항시설과 같은 콘크리트 위주의 인공구조물이 그 주변의 자연적·경관적 가치를 감소시키고 있으며, 지역 고유의 아름다운 해안경관을 형성하는 데 어려움이 있다. 따라서, 각 권역별 해안지역의 경관적 특성과 문제점을 파악하여 해양수산 관련 시설물의 경관 및 기능을 강화하고 해양관광산업을 활성화 등을 통해, 지역어업인들의 소득 창출 및 지역경제 활성화에 기여하는 방안 도출이 필요하다.

생계형·상업적·기업형어업 구분 지원

그간 국내 수산정책은 지원 대상 어업의 명확한 구분 없이 단순한 필요에 따른 지원 정책을 추진해왔다. 그러나 이러한 방법은 대기업 지원 및 중복수혜 등의 문제가 발생하고 막상 적합한 곳에는 우선적으로 지원이 되지 않는 문제 등이 발생하기 마련이다.

따라서, 현재의 어업별 규모 및 특성 등을 고려한 체계적 기준(생계유지형, 상업적어업, 기업형어업)에 따른 지원을 적용하고, 이를 바탕으로 필요에 맞는 맞춤형 지원을 제공하는 등 합리적이고 효율적인 지원체계 및 방안에 관한 고찰이 필요할 것이다.

ICT 연계형 수산업 발전

스마트폰, 소셜네트워크 등 급변하는 ICT 환경은 미래 수산업의 메가트렌드를 변화시키는 주요 원동력으로 작용할 수 있다. 이미 해양수산부는 2013년부터 수산 ICT융합지원사업을 추진하여 지금까지 총 25개 사업을 지원하고 있으며, 이를 통해 다양한 성과를 거두었다. 이와 같이 해양수산부에서는 양식산업에 대해 스마트양식이라는 개념을 도입하여 추진하고 있으며, 여기서 말하는 '스마트양식장'이란 일반적으로 빅데이터, AI, IoT 등을 포함하는 ICT의 적용을 통한 자동화·지능화된 양식장을 지칭한다. 이는 사물인터넷(IoT: Internet of Things), 바이오플록(biofloc), 순환여과시스템(RAS) 등의 기술을 이용하여 해면 및 내수면의 수산생물 양식 시설의 수온조절과 사료공급 및 수질정화 등 최적의 생육 환경을 자동 제어 장치를 통해 구동하여 사료 공급량과 폐사율을 줄여 생산성을 최적의 상태로 변화시킬 수 있는 양식형태를 말한다. 문재인정부는 국가비전 및 5대 국정목표 중 하나로 양식업의 첨단화·규모화를 제시하고 있으며, 이를 통해 수산업을 ICT 연계형의 미래지향적으로 발전시키고자 하는 방향을 볼 수 있다.

문재인정부 및 해양수산부에서 양식산업부문에 있어 정책적으로 추진하고 있는 스마트양식에 대해 동해안 맞춤형 스마트양식에 대한 큰 그림을 그릴 필요가 있으며, 이에 대한 세부실천전략에 대해 고민할 필요가 있다. 이처럼 변화하는 글로벌 ICT 기술 트렌드 전망에 맞추어, 수산업은 스마트팜, 양식장의 현대화 등 ICT 연계형 발전을 통해 수산업 현장에 적용할 수 있는 선진 정보기술 및 IT융합 기술 적용 모델 등을 계속해서 발굴하는 것이 필요하다. 이는 수산업 작업과정에서 안전성을 강화시키고 수산물의 생산성을 높이며, 어업인의 안정적인 소득증대를 도모하며 경영상태에도 도움을 줄 수 있을 것이라고 기대한다.

4차 산업혁명은 21세기 모든 산업분야에서 가장 큰 이슈로 나타나고 있다. 수산업과 같은 전통산업에서 4차 산업혁명은 일반적으로 생소하게 받아들여지기 쉽기 마련이지만, 이러한 점을 활용해 전통기술만으로는 산업 경쟁력을 확보하기가 어려운 수산업의 경우 4차 산업혁명 기술은 첨단산업으로 도약할 수 있는 계기가 될 수 있을 것이다. 그러나 대표적 1차 산업인 수산업을 미래지향적 산업으로 발전시켜 나가는 일은 쉽지 않을 것이다. 미래 수산업·어촌은 고유의 기능을 유지하되 기술적 능력을 강화함으로써 경제적·산업적·공익적 측면에서 다양한 국민의 수요에 부응하는 정책으로 전환될 것으로 기대된다. 또한, 지속적인 정부의 수산업·어촌 관련 중장기 정책과제 추진으로, 미래에는 고부가가치 수산업으로의 성장, 고품질 수산식품의 안정적 공급, 국민과 함께하는 행복 어촌을 실현할 수 있을 것으로 판단된다. 이를 위해 정부의 적극적인 지원과 어업인들의 노력, 국민들의 관심과 함께 어우러져 미래 세대와 공유하는 자원, 경쟁력을 갖춘 미래산업, 소비자의 눈높이에 맞춘 수산식품산업 조성을 기대해본다.

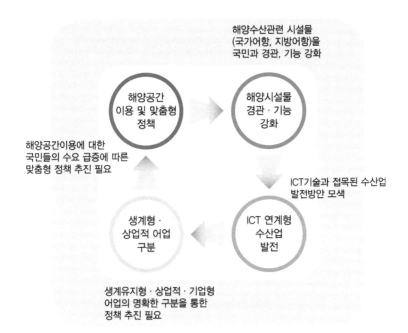

해양수산관련 시설물
(국가어항, 지방어항)을
국민과 경관, 기능 강화

해양공간
이용 및 맞춤형
정책

해양시설물
경관·기능
강화

해양공간이용에 대한
국민들의 수요 급증에 따른
맞춤형 정책 추진 필요

ICT기술과 접목된 수산업
발전방안 모색

생계형·
상업적 어업
구분

ICT 연계형
수산업
발전

생계유지형·상업적·기업형
어업의 명확한 구분을 통한
정책 추진 필요

우리나라 해양수산 R&D

조승환(해양수산부 장관)

1. 들어가면서: 해양수산 R&D의 필요성과 특성에 대하여

우리나라는 정부차원의 R&D예산만 하더라도 25조 원을 상회하고 2022년에는 거의 30조 원에 도달할 것으로 예상된다. 이는 코비드 19 위기 등 사회 경제적 변화 속에서 이에 부합하는 기술력 확보가 우리 산업의 경쟁력 확보 및 국가 경제 재도약의 중요한 요소라는 판단에 따른 것으로 볼 수 있다.

R&D 사업 추진의 필요성은 R&D를 통해 개발된 원천 기술 등이 기술이전, 창업지원, 투자 확보 등을 거쳐 사업화되고, 이를 통해 일자리가 만들어지고 국민의 먹거리가 되도록 하기 위함이다. 또한 이 과정 속에서 새로운 과학기술의 수요가 발굴되고 이를 R&D 기획을 통해 R&D 과제화하면서 R&D와 우리 산업, 경제가 선순환적 경제구조를 갖도록 유도하는 것이라 할 수 있다.

또한 정부 R&D의 중요한 기능 중에 하나가 우리나라의 연구역량을 유지 확대해 나가는 것이다. 새로운 산업 분야뿐 아니라 기초연구를 포함한 다양한 분야의 연구역량을 유지 확대하기 위해 그 분야에 대한 인재 양성이 정부 R&D의 중요한 역할이라고 할 수 있다.

해양수산 R&D의 필요성

여기에서 주로 논의할 해양수산 분야의 R&D는 간단히 말해 '바다 R&D'라고 할 것이다. 바다를 대상으로 하는 해양생물, 해양환경, 선박, 항만, 물류, 양식 등 다양한 분야에 대한 것이다.

그렇다면 바다와 관련된 R&D에 대해 알아보기 전에 바다의 가치, 바다의 의미를 먼저 살펴보고자 한다. 바다는 지구 표면의 71%를 차지하고 생물의 80%가 서식하는 생명의 원천이며 세계 인구의 50%, 우리나라 인구의 27%가 바닷가에 거주하는 삶의 기반이기도 하다. 우리는 바다에서 먹거리의 25%를 제공 받고 있으며 바다는 기후조절의 핵심 역할을 수행한다. 세계 교역량의 78%가 바다를 통해 이루어지는 등 해양산업의 총부가가치는 2010년 1.5조$에 달하는 것으로 평가되고 2030년에는 두 배인 3조$에 도달할 것으로 전망된다. 바다의 자산가치도 세계자연기금에서 최소 24조$에 이르는 것으로 추정하고 있다.

우리는 이러한 중요한 역할과 기능을 하는 바다에 대해 모르는 것이 참으로 많다. 이것을 알아 가는 노력이 해양수산 R&D 투자이며 해양수산 과학기술을 발전시켜야 하는 근본적인 필요성이다. 또한 최근에 와서는 자연적으로 환경적으로 사회적으로 바다의 중요성과 역할이 더욱 커지고 있어 이에 대한 R&D 투자의 필요성은 더욱 높아지고 있다.

먼저, 육상자원의 고갈로서 인류의 삶을 유지 발전시켜 나가기 위해서 자원의 보고인 바다로 관심을 돌리지 않을 수 없다. 또한 인간의 여러 가지 육해상 활동으로 발생하는 오염물질로 인해 해양환경 오염이 심각해지고 있으며 기후변화 등으로 인해 해양기인 자연재해가 더 많이 더 강하게 발생하고 있다. 아울러 국제 사회에서의 바다의 역할과 기능 등 중요성에 대한 인식이 높아져 해양 영토에 대한 권리 주장이 강해지면 세계 곳곳에서 해양 영토에 대한 분쟁 가능성이 높아지고 있다.

자원의 보고로서 해양은 인류의 경제 활동의 중심축으로 삶의 질 향상의 원천으로 인식되고 있으며, 해양자원, 환경, 기후변화 연구 및 첨단 해양수산산업 육성을 통한 문제 해결을 위한 수단으로서 해양수산과학기술의 중요성이 크게 대두되고 있다.

해양수산 R&D의 특징

해양수산 R&D가 다른 분야의 R&D와 비교해서 갖는 특징이 무엇인지 검토해 볼 필요가 있다. 이는 해양수산 R&D 투자 성공의 불확실성과 어려움과 직접적으로 연결되고 있고, 이러한 특성을 이해해야 해양수산 R&D의 발전 방향을 설정할 수 있다.

첫째로 해양수산 R&D의 융합성이다. 여러 분야의 기초. 응용 과학기술이 해양수산분야에 결합되는 다학제적 융합기술이다. 이는 해양수산 분야의 고유 특성과 관련되어 있다고 할 수 있다. 행정의 기능에 의한 분류가 아닌 바다라는 대상을 갖고 분류하기 때문이다. 과학기술 분야만 하더라도 바이오, IT 환경, 공학 등 다양한 영역이 얽혀 있어 바다와 관련한 소기의 성과를 내기 위해서는 통합적이고 복합적인 연구가 필요하다.

둘째로 해양수산 R&D의 거대성이다. 바다를 연구 대상 또는 연구공간으로 하고 있고 그 특성상 현장 연구 및 실증이 필수적으로 연구 조사선, 해양과학기지, 대형 모형시설 등 대형 인프라 투자가 필요하다. 이는 통상의 과학기술 R&D와는 큰 차이가 있으며 연구 과제 선정 및 예산 확보에 있어 큰 어려움인 만큼 동료 연구자 및 예산당국 등을 설득하기 위해 많은 노력이 필요하다. 최근의 대표적 사례로 쇄빙선 아라온호, 대형과학조사선 이사부호 건조, 심해공학수조 건설 등을 들 수 있다. 또한 추가적인 시설 및 장비 확보를 위해서는 막대한 R&D 예산이 투입된 이러한 시설, 장비에서 국민이 바라는 연구 성과가 나와야 한다.

또한, 다음에서 언급할 해양수산 R&D의 국제성과도 관련되는 사항으로 단순한 연구와 개발뿐만 아니라 이에 대한 실증과 실적이 필요하며, 이를 위해서는 실증을 위한 선박이나 설치 장비 및 실증 해역이 요구되고 있다. 미래해양개발을 위한 수중건설로봇이 개발되어 만들어졌지만 이들의 성능을 실증하기 위한 트랙레코드가 필요하고 이를 위해 동 로봇을 해양에 런칭하고 작업 후 다시 인양할 수 있는 선박이 필요한 것이 대표적 사례이다.

셋째로 해양수산 R&D의 국제성이다. 세계의 바다는 모두 연결되어 있어 해양과 관련된 이슈는 하나의 국가에 한정되어 있지 않으며 어느 한 국가의 문제일 수가 없다. 따라서 국제 협력이 필수적이다. 대표적 사례는 바로 한국인이 사무총장으로 있는 국제해사기구(IMO, International Maritime Organization)의 역할과 기능에서 볼 수 있다. 해양에서의 안전과 해양 환경보호의 이슈를 국제적으로 발굴하고 이에 대응하여 국제적인 제도를 만들어 낸다. 즉 국제 협력을 통해 국제 표준을 만들어 내고 있는 것이다. 국제선급협회(IACS, International Association of Classification Socities)와 국제표준화기구(ISO, International Organization for Standardization) 등도 해양에서의 선박 및 기기류와 적재 용기 등의 표준화를 위해 노력하고 있다.

해양 환경보호와 해양 안전을 위한 해양 R&D는 산업화와 연결되어야 하며 이는 국제 사회에서의 협력이 필수적이며 국제 표준화가 중요하다. 더욱 우리나라와 같이 해양 관련 산업에 대한 수요가 부족한 경우에는 해외 시장 개척이 필수적이며 이를 위해서는 국제 표준을 선점하는 것이 첫째 요건이라고 할 것이다. 이것은 실증이 필요하며 이는 해양수산 R&D의 거대성과 다시 연결된다.

2. 우리나라 해양수산 R&D의 구분 및 현황

우리나라 정부의 해양수산 R&D는 집행방식에 따라 크게 두 가지로, 공모형 R&D와 연구기관 목적형 R&D로 분류된다. 통상 공모형 R&D는 해양수산관련 산·학·연 전체 연구인력을 대상으로 정부에서 공모하는 과제에 대해 연구자들이 응모하는 형식으로 이루어진다. 여기에는 연구과제를 제시하는 지정공모형 과제와 대략적인 연구의 범위와 지원금액을 제시한 후 연구과제까지 연구자가 제안하는 자유공모형 과제가 있다. 즉 공모형 R&D는 해양수산과학기술진흥원(이하 KIMST)이 주관하여 대학, 기업의 연구소 등을 대상으로 공모를 통해 R&D 연구가 이루어지는 형식이다.

공모형 R&D 사업이 만들어지기 위해서는 R&D 수요기술조사를 시작하여 수요를 발굴하고, 사전기획과 기획과정을 거치게 된다. 이러한 과정에서 연구계와 산업계의 의견을 교환하고 해양수산부의 정책적 수요 발굴은 물론 해양수산부와 긴밀한 협의가 이루어지게 된다. 이렇게 하여 기획보고서가 완성되면 해양수산부와 함께 과학기술정보통신부와 기획재정부에 예산을 요청하여 협의하여 정부예산(안)에 사업비를 반영하게 된다. 물론 예비타당성 조사 대상 사업에 대해서는 예산 협의 전에 동 조사를 거쳐 그 필요성과 타당성이 인정되어야 한다. 국회 의결을 거쳐 R&D 사업과 과제가 확정되면 KIMST에서는 연간 사업계획을 공고하고 권역별로 당해 연도 해양수산 R&D 사업설명회를 거치면서 신규 사업을 홍보하면서 많은 관심있는 연구자들의 응모를 독려한다.

다른 한편에서는 기획보고서와 해양수산부 등 정부와의 협의 내용 및 국회 예산 심의 과정에서의 반영 요청 사항 등을 고려하여 공모에 사용할 사업 제안요청서(RFP)를 작성하게 된다. 사업설명회를 통해 수렴한 의견을 반영하여 최종적으로 마련된 제안요청서를 바탕으로 공모를 진행하여 민간 전문가들로 구성된 선정평가위원회에서 R&D과제를 맡게 될 연구사업자를 선정하게 된다. KIMST에서는 선정된 연구자와 제안요청서와 사업제안서를 바탕으로 하여 협약을 체결하고 연구비를 지급함으로써 R&D 연구사업을 시작하게 된다.

다음으로 연구기관 목적형 R&D에 대해 간략히 알아 보면, 해양수산부에는 해양수산 관련 과학기술 연구기관으로서 공무원으로 구성된 국립수산과학원과 정부출연연구기관으로 한국해양과학기술원 및 산하 부설 연구기관으로 극지연구소와 선박해양플랜트연구소가 있다. 국립수산과학원에는 정부예산 형식으로 R&D예산이 반영되어 있으며 정부출연연구기관에는 출연금 형식으로 R&D예산이 반영되어 있다. 이러한 예산을 바탕으로 각 기관의 고유한 R&R(Roles and Responsibilities)에 맞춘 연구활동을 하게 된다. 물론 정부출연연구기관이라 해서 공모형 R&D 사업에의 응모가 제한되지는 아니한다.

해양수산 R&D의 투자규모는 2021년 기준으로 7,825억 원으로 정부 전체 R&D 27조 4,018억 원의 2.86% 수준이며 이중 KIMST에서 관리하는 공모형 R&D 규모는 4,503억 원에 이른다. 해양수산 R&D는 2011년 이후 2020년까지 10년 동안 4,021억 원에서 6,906억 원으로 연 평균 14~15%의 증가 추세에 있으며 공모형 R&D 규모는 해양수산 R&D의 50%를 조금 상회하는 수준이다.

해양수산 공모형 R&D 분야별 투자비중을 2020년 기준으로 살펴보면 해양 관련 현안 해결 37.5%(1,333억 원), 해양수산 전략산업 육성 36.1%(1,283억 원), 4차 산업혁명 대응 17.2%(614억 원), 민간 역량 강화 6.6%(236억 원)로 구성되어 있다.

우리나라의 해양수산 과학기술 수준은 분야별로 차이는 있겠지만 최고 기술 보유국에 대비하여 약 70~87% 수준으로 기술격차는 약 4.1년~7.2년으로 조사되었으며, 평균적으로는 약 80% 수준으로 기술격차는 약 5.6년으로 나타났다. 대체적으로 해양자원, 해양·항만물류, 수산양식, 어업생산·이용가공 분야가 기술 수준이 높은 것으로 나타났고 극지 해양과학, 해양환경, 해양공학, 해양관측·예보 분야의 기술 수준이 상대적으로 낮은 것으로 조사되었다.

해양수산 R&D를 통한 연구 성과를 살펴보면 논문, 특허 등 양적 연구 성과는 증가 추세임을 알 수 있으며 특허와 논문은 최고기술 보유국 대비 80.5%, 논문은 72.5%에 이른다.

3. 해양수산 R&D의 환경변화

해양수산 R&D가 왜 필요한가에 대해 살펴본 바 있으나 최근 들어서는 해양수산 R&D에 관한 환경이 급격하게 변화하고 있다.

4차 산업혁명으로 인한 경제·사회의 변화가 가속화되고 있다. 인공 지능 기술 등과 융합 촉진을 통한 해운·물류·수산 등 전통 산업의 생산성 혁신이 요구되고 있으며 데이터가 새로운 경쟁의 원천으로 부상함에 따라 해양수산데이터의 민간 공유에 대한 요구가 증대되고 있고 무인화 등 급격한 고용환경 변화에 대한 선제적 대응이 필요하게 되었다.

일상생활 속 문제 해결을 위한 과학기술에 대한 국민적 관심이 증대되어 해양쓰레기, 해양 안전, 수산 먹거리 등의 위험요인에 대한 해결책으로 해양수산 R&D의 역할론이 증가하고 있으며 모바일 등 국민의 정책 참여가 용이해짐에 따라 집단지성을 통한 사회문제 해결 사례가 증가하고 있다.

해양수산자원의 보존과 이용·개발을 둘러싼 국내외 갈등이 심

화되고 있다. 해양의 보존과 이용·개발에 대한 이해관계인 간의
증가하는 갈등에 대해 과학기술을 통한 합리적 조정·해결의 필요
성이 높아지고 대외적으로도 전 지구적 문제가 확대되는 경향이 있
어 국제 간 공조 체제를 확산하는 한편, 국제 의제 선점을 위한 경
쟁이 심화되는 상황에서 해양수산 R&D의 역할에 대한 요구가 높아
지고 있다.

4. 해양수산과학기술진흥원(KIMST)

일반 현황

해양수산과학기술진흥원(KIMST)은 해양수산과학기술육성법 제23
조에 근거하여 설립된 준정부기관으로서 해양수산과학기술 육성을
위한 연구개발사업 등의 기획·관리·평가 등의 업무를 효율적으로
지원함으로써 해양수산과학기술 육성과 해양수산 관련 산업 발전에
기여함을 목적으로 하고 있다.

KIMST는 해양수산분야 연구개발사업의 기획·관리 및 평가 업
무를 바탕으로 연구개발사업의 기술이전 및 실용화 촉진을 기본 업
무로 하고 있으며 해양수산 R&D 사업외 해양수산 분야의 창업을
지원하고 창업 기업에 대한 투자 유치를 지원하는 업무로 확대하였
다. 아울러 해양수산부의 해양수산과학기술 정책 수립을 지원하고
있다.

해양수산과학기술진흥원은 2006년 재단법인 한국해양수산기술진
흥원으로 개원하여 2013년 해양수산과학기술육성법에 근거한 법정
기관이 됨으로써 법적 지위를 갖게 되었다. 2015년 위탁집행형 준
정부기관으로 지정되어 기관의 위상이 한 단계 올라 갔으며, 2018
년 창업투자전담기관 지정, 2019년 기술평가기관 지정, 해양경찰청
R&D 사업 위탁관리를 시작하는 등 기관의 업무를 확장하고 역량을

강화해 가고 있다.

KIMST의 조직현황은 3본부 1단 1센터 7실 13팀으로 구성되어 있다. 기획·예산·인사 및 외부 수탁 R&D 관리 등을 총괄하는 경영전략본부, R&D 사업을 기획하고 완수된 R&D 사업의 성과를 추적 관리하면서 새로운 아이디어를 발굴하고 관련 정보통계를 관리하는 혁신성장본부, 현재 진행중인 R&D사업을 바이오, 에너지, 디지털, 수산, 안전 등 분야별로 관리하는 사업관리본부를 두고 있다. 또한 해양수산분야의 창업과 투자유치를 지원하면서 이를 통한 일자리 창출을 지원하고 기술평가와 인증을 담당하면서 민간의 기술성과를 사업화할 수 있도록 하는 등의 업무를 담당하는 창업사업화지원단을 운영하고 있다.

KIMST에서는 2021년 기준으로 96명의 직원이 65건의 사업 및 305건의 과제를 관리하고 있다. 관리대상 예산은 4,503억 원에 이르고 있으며 업무 범위의 확장과 신규 사업 및 과제의 증가로 기관의 인원과 예산은 지속적인 증가세를 시현하고 있다.

구 분	2017년	2018년	2019년	2020년	2021년
정 원	74명	84명	87명	89명	96명
예 산	2,818억 원	2,946억 원	3,229억 원	3,776억 원	4,503억 원
사 업	18건	21건	37건	42건	65건
과 제	280건	259건	286건	299건	305건

업무 현황

통상적으로 KIMST 업무를 R&D업무와 비R&D업무로 구분한다. R&D업무에는 해양수산부 R&D사업과 해양경찰청 R&D사업으로, 비R&D에는 해양수산분야 창업투자, 사업화, 기술인증 및 평가 업무 등으로 나눌 수 있다.

2021년 기준으로 KIMST가 관리하는 해양수산부 R&D사업은 총 58개 사업이며 예산은 4,188억 원이다.

이를 투자 분야별로 구분해 보면 첫째, 해양수산분야의 스마트화를 위해 자율운항선박 운용기술 개발 및 실증기반 마련, 스마트 해상물류 기술개발, 스마트 양식핵심기술 개발 및 표준화 등 13개 사업에 761억 원을 투자하고 있다. 둘째, 해양수산분야 상용화 기술 확보를 위해 친환경 해사산업·해양바이오·해양에너지 상용화, 첨단장비·해양로봇·플랜트 실증 및 수산양식 산업화 지원 등 21개 사업에 1,503억 원을 투자하고 있다. 셋째, 사회문제 해결 및 국민 삶의 질 향상을 위해 국민체감형 사회문제 해결 기술 개발, 글로벌 해양수산 이슈 협력 강화 등 19개 사업에 1,634억 원을 투자하고 있다. 넷째, 민간 역량 강화를 위해 해양수산 기술 창업 및 해양수산 수요기반 기술개발 투자, 지역 균형발전과 전문인력 양성 추진 등 5개 사업에 290억 원을 투자하고 있다.

KIMST에서는 해양경찰청 R&D 5개 사업, 222억 원의 예산을 관리하고 있다. 먼저 해양경찰청 R&D의 특성은 수요기관인 해양경찰청에서 직접 필요로 하는 R&D사업을 추진한다는 것이다. 그 내역을 보면 해양안전관리 및 수색구조 대응역량 강화를 위해 '골든타임 사수를 위한 수색구조 기술개발 사업' 78억 원, '해양사고 신속대응 군집 수색 자율 수중로봇 시스템 개발' 21억 원, '무인항공기 기반 해양안전 및 불법어업·수산생태계 관리기술 개발' 27억 원 등 총126억 원을 투자하고 있으며 불법 선박 대응 장비 및 과학적 수사 기법 확보를 위해 '불법선박 대응을 위한 선진화 기술 개발 사업'에 40억 원, 해양 오염 예방 및 긴급 방제역량 강화를 위해 '방제단계별 대응역량 강화 기술개발 사업'에 56억 원을 투자하고 있다.

또한 KIMST에서는 통칭 비R&D 분야로서 학계·연구계·산업

계 등에서 보유하고 있는 해양수산 분야의 기술 거래와 이의 사업
화를 지원하기 위해 사업화 유망 기술 발굴, 기술 거래 매칭, 기술
이전 지원 사업 등을 추진하고 있다. 해양수산 분야의 창업과 투자
유치 지원을 위해 창업 예비 후보 기업 및 창업 기업에 대해 창업
교육, 특허 분석, 엑셀러레이팅 등을 통한 창업 및 사업화와 투자
유치를 지원하고 있다. 벤처 캐피털 투자자 등에 대해서는 원활한
투자가 이루어 질 수 있도록 해양수산 분야의 인식과 지식을 높이
기 위한 교육 및 팸 투어 등을 실시하고 있다.

또한 기술 인증 및 기술 평가 기관으로 지정됨으로써 해양수산
신기술, 물류 신기술, 녹색 기술을 인증하고 있으며 해양수산 분야
의 특성을 반영한 기술평가를 실시하여 해양수산기업을 지원하고
있다.

5. 선박·해운·항만 관련 추진 주요 R&D 과제

KIMST에서 현재 추진 중에 있는 선박과 해운·항만 분야의 주
요 과제를 소개하겠다.

선박관련 R&D 과제

자율운항선박기술개발(해수부·산업부 협업)　　　선박해양플랜트연구
소 중심의 산·학·연 협동 사업단이 2020.4~2025.12 동안 자율운
항 지능화시스템 개발, 글로벌 수준의 신뢰성 검증 및 표준화, 자율
운항 선박시장 점유율 50% 확보를 목표로 한다. 연구개발 내용은
'지능형항로 의사결정기능을 갖춘 자율운항시스템 개발', '자율운항선
박 Data 교환 및 통신기술 개발', '자율운항선박 사이버 보안기술개
발', '자율운항선박 육상제어기술개발', '자율운항시스템 신뢰성 평가
및 사고대응기술 개발', '자율운항시스템 원격관리 및 안전운영 기술

개발', '자율운항선박 국제표준화 기술 개발'로 구성되어 있다.

연안선박 맞춤형 LNG 벙커링 시스템 개발 선박해양플랜트연구소와 포스코 등 기업이 협력하여 2018.4~2022.12 동안 연안운항 LNG벙커링용 500cbm 선박시스템 개발을 목표로 하며 주요 내용으로 '선박시스템개발', 'LNG저장탱크 설계 및 제작', '탱크 공정제어시스템설치 관련 LNG 벙커링 운영기술 / 운영체계 개발(벙커링절차서, 긴급대응매뉴얼, 교육프로그램 개발 등)', 'LNG벙커링 기자재 시험평가 설비 및 기술 개발 추진'으로 구성되어 있다.

LNG – 암모니아 혼소엔진 개발 한국기계연구원, 선박해양플랜트연구소, 한국선급 등이 협력하여 2021.4~2025.12 동안 암모니아 연료공급시스템 공정설계 및 고압 직분사식 연료분사장치 개발과 LNG – 암모니아 혼소엔진 개발을 추진 중에 있다.

전기추진 차도선 및 이동식 전원공급시스템 개발 선박해양플랜트연구소 주관 하에 기업체 등이 참여하여 2020.4~2024.12 동안 연안운송용 무탄소 전기 차도선을 개발하고 이동교체식 단위 전원공급시스템 개발 및 전기 차도선 및 도서전원공급 운용 실증을 사업 내용으로 하고 있다.

선박과 관련하여 상기의 사업외에도 IMO 선박 국제규제 선도기술 개발 사업과 수소 선박 안전기준 개발사업 등을 진행하고 있다.

해운 · 항만관련 R&D 과제

스마트 항만 – 자율운항선박 연계 기술 개발 한국 선급, 선박해양플랜트연구소, 삼성중공업, 해양대학교 등이 중심이 되어 2021.4~2025.12 동안 자율운항선박 도선지원시스템, 자동계류시스템과 스마트 해상물류 통합 프로세스 설계기술 및 영상인식기반 선원 · 화물관리시스템을 개발하고 자율운항선박 안전입출항 / 관제기술 개발을 추진 중에 있다.

IoT 기반 지능형 항만물류 기술 개발　　부산대 산학협력단 주관으로 2019.5~2021.12 동안 스마트항만 IoT 인프라 구축 및 융합·운영 기술과 항만물류 자원 공유 플랫폼 기술을 개발하고 있다.

스마트 자동화 항만 상용화 기술 개발　　한국해양수산개발원 주관으로 2019.4~2023.12 동안 '고생산성 신개념 자동화 컨테이너 항만시스템 상용화 기술 개발'을 목표로 '컨테이너 하역시스템 테스트베드 구축', '성능 검증 개선 및 보완을 통한 상용화 수준 향상'을 주 내용으로 하고 있다.

해운·항만·물류와 관련하여 상기 사업이외에도 안전한 항만 구축 및 관리 기술개발사업, 항만 컨테이너 자동 통합검색 플랫폼 기술개발, 스마트 컨테이너 실용화 기술 개발 사업 등을 추진하고 있다.

6. 공모형 해양수산 R&D 우수 성과

2020년 해양수산 R&D 우수 성과로 선정된 과제 가운데 KIMST에서 주관한 공모형 우수 과제 중 일부 사례를 소개하도록 하겠다.

고품질 장기 해양관측정보 확보와 대양관측 네트워크의 대륙붕 최초 관측정점 등록

이어도 기지, 가거초 기지, 소청초 기지에서 2003년부터 우수한 해양관측 자료를 수집하여, 대양이 연안에 미치는 영향을 가장 잘 파악하고 있음을 인정받아 대륙붕에 위치한 해양관측시스템 최초로 OceanSITE(대양관측망네트워크)에 등록되는 성과를 달성하였다.

국내최초 자율운항 및 해상임무 수행이 가능한 무인선 개발 및 실해역 실증

지능형 자율제어기술을 탑재하여 해양조사와 해양 감시 임무를 수행할 수 있는 국내 최초의 무인선 아라곤 3호를 개발하였다. 아라곤 3호는 최고시속 83km, 파고 2m에서 65km로 운항할 수 있으며 레이다, 라이다, 열화상카메라 등 다양한 탐지 센서 정보를 융합하여 스스로 장애물을 탐지하여 회피할 수 있다.

위험·유해 물질(HNS) 사고에 대응하기 위한 국가관리체계 구축

HNS 유출 사고에 대비하기 위해 국내 해역에서 발생한 각종 사고 정보와 해역 특성 및 해수 유동 정보를 분석한 HNS 사고이력관리 시스템을 개발하였고, 사고 발생 시 필수정보를 입력하면 유출 형태와 해양환경 정보를 분석하여 예측 결과를 산출하고 이를 관련 기관에 제공할 수 있게 되었다. 이로써 HNS 유출 피해 축소는 물로 국제적 기술 선진국 지위를 확보하였다.

세계 최초 초고속 3차원 항만 컨테이너 영상검색 기술 구현

3차원 영상을 재구성하여 복잡하게 적재된 화물을 손쉽고 빠르게 검색할 수 있고 진동을 최소화하면서 신속한 컨테이너 이동이 가능한 선형 유도 전동방식 이송대차 시스템을 개발하여 수입검색기 대체는 물론 수출 경쟁력을 확보하였다.

해양개발용 수중건설로봇을 통한 해양장비 개발 및 인프라 구축

첨단 수중건설 로봇 3종을 개발하고 실증 및 테스트를 통한 수중 장비 국산화, 수중공사의 안전성(무인화)을 확보하고 시공 능력을 향상시키면서 수중건설로봇 시장 진출을 위해 트랙 레코드를 축적해 가고 있다.

7. 마무리하면서

해양수산 R&D의 필요성, 특성과 KIMST 조직·예산·연혁·기능·주요 사업·주요 성과 등에 대해 살펴 보았다. 앞으로의 해양수산 R&D와 KIMST의 개선 및 발전 방안에 대해 생각해 보도록 하겠다.

첫 번째로 해양수산 R&D의 구조 변화가 필요하다. 과학기술정보통신부에서는 공모형 R&D에는 일몰제를 엄격히 적용하고 있다. R&D의 성과를 확보하고 예산의 효율적 집행이란 측면에서 효율적 제도라고 할 수 있다. 하지만 지속적으로 사업을 기획하고 이를 통한 예산 확보의 계속성에 어려움이 많이 있다. 또한 한국해양과학기술원, 극지연구소, 선박해양플랜트연구소 등의 사업에는 공모형 R&D를 통해 성과를 높일 수 있는 사업들이 다수 존재한다. 이러한 해양수산부 출연연구소 간의 R&D사업의 구조 조정이 필요하다.

두 번째로 실증형 R&D 및 성과물 활용형 R&D 등에 대한 기존의 특허·논문 등 연구 성과형 R&D와 구분하여 관리할 필요가 있다. 연구 개발, R&D란 실패를 전제로 구성되어 있다고 할 수 있다. 하지만 실증형 R&D나 성과물 활용형 R&D의 경우에는 성공의 경우에도 실패의 경우에도 논문·특허·실험용 모형 등이 성과로 나오는 연구 성과형 R&D와는 구분하여 관리해야 할 것이다. 특히 해양수산 R&D의 경우에는 실증형과 성과물 활용형 R&D사업 건수도 증가하고 예산 비중도 높아지고 있는 실정이다. 예를 들면 실증형 R&D로서 스마트 항만을 만들기 위해 기존의 항만에 각종 장비와 센서 등을 설치하여 무인 자동화 항만으로 변혁을 추진하는 사업에 있어 성공할 경우, 기존의 항만 운영자는 항만을 테스트베드로 제공함에도 불구하고 아무런 혜택을 받을 수 없는 상황으로 이에 상응한 이익이 돌아갈 수 있는 제도 마련이 필요하며, 실패할 경우 또는 성공해도 항만운영에 만족스러운 성과가 나오지 못할 경우 철거 비용 등 원상 회복을 위한 방안 등이 강구되어야 할 것이다.

성과물 활용형 R&D로서 대형요트 건조 기술 개발 사업 등의 성과물로 완성된 대형요트를 일반적 R&D 성과와 같이 연구자(조선소) 소유로 하는 것이 적절한가 하는 의문을 던져 본다. 더구나 이러한 성과물이 시장에서 상품 가치(담보가치 포함)를 인정받고 민간 사업자일 경우, 정부 차원에서 단순히 기술료만을 징수하는 기존의 R&D 성과물 관리체계로는 관리하는 것이 적절하지 않다는 점을 분명히 하고자 한다.

세 번째로 해양수산 분야의 정부 R&D가 민간 기업의 연구 개발과 경쟁해서는 안 된다. 해양수산 R&D가 기초연구 분야의 비중이 축소되고 개발연구 분야의 비중이 확대되고 있는 상황에서 민간 기업의 R&D와 정부의 R&D가 중복되는 상황이 발생할 가능성이 높아지고 있다. R&D란 속성이 실패를 전제로 하고 동일한 목표를 위해 연구를 하더라도 그 과정은 달리할 수 있으며 그 성과도 달라질 수 있다. 하지만 한정된 재원 하에서 동일한 연구개발 목표를 가지고 연구개발 투자를 중복적으로 하는 것은 정부 차원에서 최대한 방지해야 할 정책 목표가 되어야 한다. 이를 위해서 R&D 수요 발굴의 초기 단계부터 민·관이 적극 협력하여 각각의 임무를 할당하여 정리하고 이를 조정할 수 있는 시스템을 갖추어야 한다.

네 번째로 그동안 해양수산 R&D 투자를 통해 이룩한 성과에 대한 적극적 검토가 필요하다. 소위 '잠자는 R&D 성과'를 깨우는 노력이 필요하다. R&D 과제를 마치고 성공 판정을 받고 시간이 경과되면 KIMST의 추적평가 외에는 담당 연구자 마져도 관심을 갖지 않는 실정이다. R&D 과제를 마무리하는 시점에서는 큰 관심이 없었던 성과 등이 시간이 흘러 경제·사회적 변화 등에 따라 활용 가능성이 나타날 수 있으며 이를 위해서는 성과의 현행화를 위한 노력이 필요하다. 사업화, 기술이전 등 가능성 있는 '잠자는 R&D 성과'를 발굴하고 이를 현행화하기 위해 체계적으로 노력해야 한다. KIMST에서는 Scale-Up 사업이란 이름으로 '잠자는 R&D 성과'를 현행화시키고 고도화시키는 사업을 시작하였다. 성공적인 정착을 위해서 해양수산 R&D 사업을 담당했었던 연구자와 연구 기관의 관심과 노력이 필요하다.

다섯 번째로 해양수산 R&D와 비R&D사업 간의 보다 강화된 연계를 통해 선순환구조를 조성해야 할 것이다. R&D사업 자체도 원칙적으로 해당 사업의 기획연구에 주로 참여한 사람은 본 연구에 직접 참여할 수 없도록 하고 있다. 기회의 확산, 공정성의 문제 등에 대해서는 타당한 방식이라고 할 수 있으나, 기획 연구를 통해 동 R&D 사업에 대한 이해가 높은 연구자의 참여를 제한하는 것은 사업의 목표 달성이라는 측면에서 비효율적이라고 할 수 있다. 그래서 KIMST에서는 기획연구와 본 연구사업 간의 칸막이를 없애는 '도전적 R&D' 제도를 도입하였다.

해양수산 R&D가 더욱 발전하기 위해서는 기획연구와 본 사업연구의 칸막이를 없애기 위해 제도를 도입하듯이 법규와 관행을 뛰어넘는 R&D 연구사업과 창업지원, 투자유치, 기술인증 및 평가 등의 비R&D와의 연계 강화를 통해 선순환구조를 만들어 가야 할 것이다. 예를 들면 창업 컨테스트 등에서 수상한 아이디어가 R&D 기획으로 이어지고 R&D 성과에 대해 창업 지원 사업 등으로 우선 지원하며 기술이전된 R&D 성과에 대한 사업화 R&D의 지원 등 해양수산과학기술진흥원(KIMST)를 중심에 두고 R&D사업과 비R&D사업의 성과와 지원 등이 자연스럽게 연결되면서 선순환구조를 만들어가야 한다.

마지막으로 막대한 정부예산이 투입된 R&D 사업의 성과물 또는 연구장비, 시제품, 모형 등이 주관연구기관이 주도적으로 사용함으로써 나타나는 문제점을 해결하기 위해 KIMST가 주도권을 갖고 사용을 희망하는 기업이나 연구자들이 자유롭게 사용하도록 하여 새로운 성과를 구현할 수 있는 시스템의 마련도 필요하다.

해양교육과 해양문화
– 四海로 열린 나라, 매혹의 바다수영 –

김연빈(전 주일한국대사관 해양수산관)

1. 들어가며

안녕하세요. 도서출판 귀거래사 대표 김연빈입니다. 2019년 6월 해양수산부에서 정년퇴직했습니다.

오늘 제 발표는 '해양교육과 해양문화–四海로 열린 나라, 매혹의 바다수영'이란 제목 아래, ① 해양교육과 해양문화, ② 四海로 열린 나라, ③ 매혹의 바다수영, 순서로 말씀드리고 '통섭의 바다, 지성의 바다'로 마무리하도록 하겠습니다.

발표에 앞서 제가 이 발표를 통해 여러분께 드리고자 하는 핵심 메시지를 먼저 제시하겠습니다.

첫째, "삼면이 바다로 '열린' 우리나라"란 표현을 사용하고 보급하자는 것입니다.

둘째, 해양수산계가 주도적으로 '바다수영(OWS)'을 육성하고 보급하자는 것입니다.

지금까지 이 모임에서 20회 동안 약 40명의 저자와 전문가들이 발표한 내용은 주로 발표자들이 쌓아온 전문지식과 경험을 함께 공유하고 지식의 폭, 이해의 범위를 넓히고자 하는 것이었다고 생각

---

* 강연 내용을 글로 옮긴 것이라 경어체로 되어 있다는 점을 밝혀둔다.

합니다. 제가 오늘 발표하고자 하는 내용은 그 단계를 넘어서 여러분께 동행을 제안하고 실천을 요청하는 것이라고 할 수 있습니다.

저는 지금까지 바다수영을 통한 국민해양사상 고취 활동에 큰 관심을 가져왔습니다. 이와 함께 청소년 해양교육에도 관심을 갖고 있습니다. 저는 바다수영 보급 활동과 청소년 해양교육을 한 틀에서 생각하고 있습니다. 이 발표를 앞두고 막연했던 제 생각을 논리적으로 정리해보았습니다.

한국 경영학계의 원로 윤석철 교수는 「삶의 正道」(위즈덤하우스, 2011)에서 후배들에게 '복잡함(complexity)'을 떠나 '간결함(simplicity)'을 추구할 것을 권장하면서, 2진법에서 영감을 얻어 2개의 요소(elements)만으로 삶의 복잡한 세계를 분석하고, 삶에 필요한 모든 의사결정을 내릴 수 있는 방법론을 연구해왔다고 합니다. 그 결과 '수단매체'와 '목적함수'라는 2개의 개념으로 인간 삶의 세계를 분석하며, 이것으로 삶에 필요한 모든 의사 결정이 가능하다고 판단했습니다. 윤 교수는 목적함수란 인간의 삶의 질(quality)을 높이기 위한 노력의 방향이며, 수단매체란 목적함수를 달성하기 위해서 필요한 수단(means)적 도구(medium)라고 했습니다.

이런 면에서 볼 때 나의 목적함수는 '국민해양사상 고취'이고, 이를 달성하기 위한 수단매체는, ① 이념적으로는 '열린'으로 대표되는 개방적 사고방식(수단매체 1), ② 행동적으로는 '바다수영' 보급 활동(수단매체 2), ③ 영역적·방법론적으로는 '일본어와 일본'(수단매체 3)으로 설정할 수 있었고, ④ 업무적으로는 고정관념 탈피, 관행 타파, 제도개선 등(수단매체 4)으로 정리할 수 있었습니다.

이 자리에 모인 해양수산인의 궁극적 목표라고 할 '해양강국 건설'을 추구하기 위한 목적함수는 다양하고 수단매체 역시 실로 다기하다고 생각합니다. 따라서 제가 오늘 말씀드리고자 하는 것도 '해양강국 건설'로 가는 다양다기한 방법 중의 극히 일부분이라는 것을 먼저 이해하고 발표를 들어주시면 감사하겠습니다.

2. 해양교육과 해양문화

먼저 오늘 발표의 주제인 해양교육과 해양문화에 대해 말씀드리겠습니다. 해양교육과 해양문화는 국민해양사상 고취 활동을 전개하는 제도적 틀이라고 할 수 있습니다.

우리나라의 해양교육과 해양문화

국가 차원에서 해양교육과 해양문화 창달의 근거는 「해양수산발전 기본법」에서 찾을 수 있습니다. 「해양수산발전 기본법」 제31조는 '해양수산전문인력의 양성 등'에 관해 규정하고 있고, 제34조는 '해양문화의 창달 등'에 관해 규정하고 있습니다. 즉 제34조제1항에서는 "정부는 해양에 관한 진취적인 사상을 높이고 해양문화를 창달하기 위하여 노력하여야 한다."고 규정하고, 제2항에서는 "정부는 해양개발등에 관한 국민의 이해증진 및 지식보급을 위하여 노력하여야 한다."고 규정하고 있습니다.

'해양수산발전 기본계획'은 「해양수산발전 기본법」 제6조에 따라 관계부처 합동으로 10년마다 수립하는 해양수산분야 최상위 국가계획입니다. 2021년 1월 수립된 '제3차 해양수산발전 기본계획'에 해양교육과 해양문화 창달에 관한 구체적인 시행계획이 담겨 있습니다.

정부는 「해양수산발전 기본법」에서 규정한 해양교육과 해양문화 창달을 구체적으로 시행하기 위해 2020년 2월 18일 「해양교육 및 해양문화의 활성화에 관한 법률(법률 제17058호)」(약칭 「해양교육문화법」)을 제정·공포했습니다. 2021년 2월 19일 시행된 「해양교육문화법」은 "해양에 대한 국민의 인식 개선 및 인재양성에 기여하고 해양문화를 창달한다"는 제정목적과 함께 국가와 지방자치단체의

책무, 기본계획 수립, 교육프로그램 개발·보급·인증, 학교·사회
해양교육 지원, 해양문화 확산과 연구 활동 지원 등에 대해 규정하
고 있습니다. 「해양교육문화법」 제정·시행을 계기로 해양교육과
해양문화 진흥 활동이 더욱 구체적이고 체계적으로 실시될 것으로
기대됩니다. 자세한 설명은 생략하겠습니다.

일본의 해양교육

해양교육과 시행체제　　일본의 해양교육은 「해양기본법」에 구체
적인 근거를 두고 있습니다.

우리나라의 「해양수산발전 기본법」에 해당하는 일본 「해양기본
법」은 2007년 4월 여야 만장일치로 제정되어, 일본 '바다의 날(海の
日)'과 관계가 있는 2007년 7월 20일 시행되었습니다. 일본 「해양기
본법」의 핵심은 수상을 본부장으로 하는 종합해양정책본부와 해양
정책담당장관(관행적으로 국토교통장관이 겸임)을 신설하고, 해양정책
의 기본방침을 담은 해양기본계획을 수립하는 것입니다. 특히 「해
양기본법」은 해양의 중요성을 감안하여 일본 국민이 해양에 대한
이해와 관심을 높일 수 있도록 학교교육과 사회교육에서 해양에 관
한 교육을 추진하고, 종합적인 대처가 필요한 해양정책 과제에 적
확하게 대응하기 위해 필요한 지식과 능력을 갖춘 인재를 육성하기
위해 대학 등에서 학제적인 교육 및 연구를 추진하는 것을 국가가
추진할 12가지 기본적 시책 중의 하나로 규정하였습니다. 또 국민
경축일 '바다의 날'(7월 제3월요일)에 국민에게 널리 해양에 대한 이
해와 관심을 높일 수 있는 행사를 실시하도록 국가와 지방공공단체
가 힘써야 한다고 규정하였습니다.

「해양기본법」에 입각하여 2008년 3월 처음 수립된 '해양기본계
획'에서는 '해양에 관한 국민의 이해 증진과 인재 육성'이란 항목
아래 "일본이 새로운 해양입국을 실현하기 위해서는 국민 한 사람

한 사람이 해양에 관해 깊은 이해와 관심을 갖고 해양입국의 구성
원으로서 주체적으로 참가하는 사회를 구축하기 위한 노력, 차세대
를 짊어질 청소년 등에게 올바른 지식과 이해를 증진시키기 위한
노력 및 새로운 해양입국을 뒷받침할 인재의 육성·확보를 위한 노
력을 한다."고 구체적으로 명시하고 있습니다.

2018년 5월 15일 일본 국무회의에서 결정된 '제3기 해양기본계
획'에서는 '해양인재 육성과 국민의 이해 증진'을 위해 2025년까지
전 지자체에서 해양교육을 실시하고 '일본 배움의 바다 플랫폼' 하
에서 대응을 강화하도록 하고 있습니다. 또 해양개발기술자 육성을
목표로 '일본재단 오션 이노베이션 컨소시엄'의 기능을 강화하며,
외향적 해양국가관 배양, '바다의 날'을 충실히 활용하도록 하고 있
습니다. '제3기 해양기본계획'의 '구체적 시책'으로 약 370개 항목의
시책이 열거되어 있습니다.

대학에서 실시하는 해양교육

1) 대학에서 실시하는 해양교육

일본에서는 유엔해양법협약 발효와 아젠다 21의 채택에 따라 종
합적인 대처가 필요한 해양문제에 적확하게 대처하기 위해서는 이
를 담당할 인재 육성이 필요하다는 판단 아래 2003년 이후 각 대
학에 해양관리에 관한 프로그램을 설치하게 되었습니다. 현재 시행
되고 있는 교육체제로서는 대학의 학부와 대학원이 제휴하여 프로
그램을 제공하는 체제(요코하마국립대학, 교토대학, 도쿄대학 해양얼라이
언스), 새로운 학부·학과·대학원 과정을 설치하여 학위를 제공하
는 체제(고베대학, 도쿄해양대학, 도카이대학, 고치대학, 이와테대학 등),
복수의 대학이 제휴하여 프로그램을 제공하는 체제(간사이지구 해사
교육 얼라이언스, 방송대학) 등이 있습니다.

2) 도쿄대학 해양얼라이언스와 대학원생 인턴십

도쿄대학 해양얼라이언스에서는 해양에 관한 지식과 인재를 융합하고 해양과 인류의 새로운 친화적·협조적 관계를 구축하기 위해 전문분야를 초월한 범조직적 교육·연구 활동을 실시·지원하고 있습니다. 2007년 7월 대학원 7개 연구과, 5개 연구소, 1개의 연구센터를 중심으로 대학 조직의 하나인 기구를 설립하고, 전교적으로 부국(部局)을 망라한 해양교육연구 활동 프로젝트를 실시해왔습니다. 2020년 4월에는 도쿄대학 해양얼라이언스제휴연구기구로 개편되어 보다 자발적이고 유연한 체제로 기동적 사회제휴를 목표로 하고 있습니다.

2019년부터 도쿄대학 대학원 교육학연구과 내에 '해양교육센터'가 신설되어 학교교육·사회교육에서의 해양교육의 확고한 정착과 발전을 위해 이학계 연구자와 교육학계 연구자가 연계해서 새로운 해양교육에 관한 다양한 프로젝트를 전개하고 있습니다. 이 센터는 2010년 발족한 '해양교육촉진연구센터'의 후신이며, 해양교육촉진연구센터는 해양얼라이언스의 일부로 9년간에 걸쳐 주로 초·중등교육 단계의 해양교육을 추진해 왔습니다. 이 사업은 현재 완료되었습니다.

도쿄대학 해양얼라이언스에서는 '해양학제교육 프로그램'과 '종합해양기반(일본재단) 프로그램'에서 대학원생을 대상으로 하는 종합적 해양교육 및 인턴십을 실시하고 있습니다. 인턴십을 통해 성청과 연구기관에 2주~1개월 간 파견되어 배운 것을 실천할 기회가 부여되는데 2017년도는 15명이 국토교통성 등에 파견되었고, 2016년도 12명, 2017년도 14명이 국제기구와 해외 연구기관에 파견되었습니다. '해양학제교육 프로그램'은 2017년도에 66명이 등록하였으며, 필수과목 <해양문제연습>은 학내외 전문가에 의한 강의와 그룹으로 실시하는 과제연구를 합니다.

3) 대학원생용 해양교육교재 개발

유엔해양법협약 전문은 "해양을 둘러싼 각종 문제는 상호 밀접하게 관련되어 있기 때문에 전체적으로 검토될 필요가 있다"고 규정하고 있습니다. 이런 국제적 해양환경 변화의 흐름에 따라 2007년 대학원생용 해양교육 전문교재인 「海洋問題入門」(해양정책연구재단 편)이 발간되었습니다. 「海洋問題入門」은 '해양의 종합적 관리'와 '지속가능한 발전'이란 기본적 이념 아래 해양문제를 종합적으로 이해하고 교육하려는 새로운 해양교육 움직임에 따라 일본 최고의 전문가들이 집필한 교재로, 해양에 관한 자연과학, 산업활동, 정책, 법제도 등 해양의 종합적 관리에 필요한 기초지식을 한 권으로 집약하였습니다. 「海洋問題入門」은 2010년 「해양문제입문」(김연빈 역, 청어)으로 국내에서도 번역·출간되었습니다.

도쿄대학 해양얼라이언스 등에서 발간된 다양한 초·중등학생용 해양교육 교재

바다의 날(7월20일 전후) 무렵 간행되는 일본 정부 간행물

대학원생용 해양교육 교과서 「해양문제입문」 (원본과 번역서)

국토교통성 등 정부기관의 해양교육과 해사진흥 활동　　초·중등
학교, 대학에서만이 아니라 국토교통성 등 정부기관에서도 해양교
육이 활발히 실시되고 있습니다. 장관이 해양정책담당장관을 겸임
하는 국토교통성의 해양교육과 해사진흥활동을 알아보겠습니다. 해
사진흥활동은 곧 해양문화활동이라고도 할 수 있습니다.

1) C to Sea 프로젝트

어린이와 청소년을 비롯한 많은 사람들이 바다와 배를 더욱 즐
겁고 몸 가까이 할 수 있도록 관계 단체 등과 연계해서 2017년 여
름부터 추진하고 있는 온라인 SNS 홍보활동으로 트위터, 인스타그

램, 유튜브 등을 활용하여 친근한 바다·선박 정보를 제공하고 있습니다. 2019년도에는 투고열람 수가 860만 회를 넘는 등 많은 사람들에게 정보를 전달하게 되었습니다.

2) '바다의 날', '바다의 월간' 행사

매년 7월을 '바다의 월간'으로 설정, 관계단체와 협력해서 전국 각지에서 체험승선과 시설견학 등 다양한 행사를 실시하고 있습니다.

3) 국토교통성 자체 해양교육

관계 행정기관, 교육기관, 해사관계단체 등과 연계해서 초·중등학교 교육현장에서의 해사산업의 중요성에 관한 교육을 추진하는 조치로 '해양교육추진 프로젝트'를 기획, 다양한 해양교육을 실시하고 있습니다.

4) 소형선박 이용 활성화

마린레저의 매력을 향상시키고 마린레저를 체험하기 위해 필요한 정보, 시설, 장비를 보유하고 마린레저 진흥을 위한 다양한 노력을 추진하고 있습니다.

5) 모터보트 경주(경정)

전국 24개소에서 개최되고 있는 모터보트 경주 매출액의 일부가 선박등진흥기구에 교부금으로 교부됩니다. 2020년도 교부금은 약 157억 엔(약 1,650억 원. 총매출액은 2조951억 엔)으로, 이 기금은 조선 기술 연구개발, 해사·해양관계 인재 육성, 해양교육 추진, 장애인의 사회참여, 어린이 관련 문제 해결, 재해부흥 등에 지원됩니다.

6) 해양입국 추진 공로자 표창

농림수산성 등 5개 성과 공동으로 내각수상 표창을 수여하고 있으며 2020년에는 개인 4명과 3개 단체가 수상했습니다.

기타 국가의 해양교육

중국은 해양교육·문화정책 컨트롤 타워로 해양 홍보·교육센터를 설치·운영하고 있습니다. 미국은 시민을 대상으로 해양적 소양 (Ocean Literacy)을 갖추도록 교육을 실시하고 있습니다. 대만은 해양교육센터를 설치하는 등 학교 교과과정으로 해양교육을 실시하고 있습니다.

시사점과 과제

활발한 활동을 전개하고 있는 일본의 해양교육 체제를 적극적으로 벤치마킹할 필요가 있습니다. 특히 도쿄대학 해양얼라이언스를 본받아 국내 우수 대학에 해양얼라이언스를 구성하고 해양교육센터를 설립해서 운영할 필요가 있습니다. 대학(원)생용 해양교재를 발간하고, 해양교육문화법 시행에 발맞추어 대학 교수들이 주축이 된 가칭 해양교육문화학회 창설도 필요합니다.

3. 四海로 열린 나라

이어서 부제인 '四海로 열린 나라'에 대해 말씀드리겠습니다. '四海로 열린 나라'는 '국민해양사상 고취'라는 목적함수를 달성하기 위한 이념적 수단매체로 설정한 '열린'을 표상화한 상징구호입니다. 여기에서는 수단매체 '열린'이 어떻게 사용되고 있으며 앞으로 어떻게 사용되었으면 하는지에 대해 알아보겠습니다.

四海로 열린 나라

남북 분단으로 북쪽이 대륙과 단절된 우리나라는 사실상 섬나라나 다름없습니다. 대륙과의 단절은 어떤 의미에서 중화·대륙으로부터의 해방을 가져왔으며, 강요된 해양화와 압축성장으로 세계 10

위권의 경제대국으로 부상하는 요인이 되었다고도 합니다.[1]

최진석 서강대학교 철학과 명예교수는 「탁월한 사유의 시선」(20세기북스, 2017)에서 "철학이란 스스로 삶의 격을 결정하고 실천하는 것이며, 한마디로 탁월한 사유의 시선을 갖는 것"이라고 말하고, "시선의 높이가 삶의 높이"라고 했습니다. 이런 관점에서 "국가지도자의 생각의 깊이가 국가의 깊이"라고 하면서 "종속적 사고의 '따라하기'로는 선진국 진입이 불가하며 주체적 사고와 선도적 실행이 필요"하다고 말했습니다.

홍승용 전 인하대학교 총장은 「해양책략 1」(효민디앤피, 2019)에서 우리나라는 "반도국가로서 바다헌장과 해양지정학에 맞는 국가 해양책략을 갖추는 것이 중요"하다고 말하고 "해양책략의 핵심은 방향성과 정체성"이며 "국가나 기업은 지도자가 갖는 시선의 높이와 거리만큼 성장하고 발전"한다고 했습니다. 이어서 "정치지도자와 기업 CEO는 해양 개척에 대한 끊임없는 지적 '호기심'과 도전, 전문가 집단지성 축적, 이를 추진하려는 국민들의 통합의지를 묶고 키워야 한다."고 말하고, "기존의 것을 새로운 시각으로 보고 느끼고 관념이나 상식에 얽매이지 않고 대상에 접근하는 것이 제4차 산업혁명시대의 해양책략"이라고 말했습니다.

최진석 명예교수와 홍승용 전 총장이 주장한 것처럼 이제 세계 10위권의 경제대국으로 성장한 우리나라가 명실상부한 선진국으로 도약하기 위해서는 국가지도자와 국민들의 주체적 사고와 선도적 실행, 해양 개척에 대한 지적 '호기심'과 도전이 필요할 것입니다. 그래서 저는 이를 상징하는 자세가 '열린'이고, 이를 표상화한 것이 '四海로 열린 나라'라고 설정해보았습니다.

---

1) 홍승용, 「해양책략 2」, 효민디앤피, 2019. pp. 243~244.

'열린'의 의미와 사용 사례

국가지도자와 국민들의 선진국 진입을 위한 주체적 사고와 선도적 실행, 그리고 새로운 시각과 상식에 얽매이지 않는 접근은 '열린'이란 한 단어와 통한다고 할 수 있습니다. 또 '열린'의 의미는 '코페르니쿠스적 발상의 전환', 해양수산부에서 흔히 얘기하는 '거꾸로 된 세계지도'와 같은 개념으로 사용될 수 있다는 것을 알 수 있습니다. 한편으로 '열린'의 반대개념은 '닫힌', '둘러싸인'이라고 할 수 있을 것입니다.

여기에서 바다에 면한 국토의 지정학적 입지와 관련하여 '둘러싸인'과 '열린'이 우리 주변에서 어떻게 사용되고 있는지 간단히 살펴보겠습니다.

외국 사례로 일본에서는 모든 정부 간행물과 일상생활에서 '사방이 바다로 둘러싸인 섬나라 일본(四方を海に囲まれた島国日本)'과 같이 '바다로 둘러싸인(surrounded by the sea)'이란 표현이 정형화·고착화되어 있습니다. 한편 최근 관심을 모으고 있는 쿼드(Quad)에서 '열린(open)'이란 용어를 발견할 수 있었습니다. 쿼드(Quad)는 미국·일본·호주·인도 4개국 외교장관 협의체로 '자유롭고 열린 인도 태평양(Free and Open Indo-Pacific, FOIP)'을 기치로 내걸고 있으며, '일대일로(一帶一路)'로 대표되는 중국의 패권주의를 견제하기 위한 성격이 짙다고 합니다.

국내 사례에서는 일본과 같이 '삼면이 바다로 둘러싸인'이란 표현이 고착되어 있습니다. 2020년 2월 18일 제정·공포된 「해양교육문화법」 제정이유에도 "우리나라는 삼면이 바다로 둘러싸여"란 표현이 관용구처럼 사용되었습니다. 혹시 이 표현이 일본의 '사방이 바다로 둘러싸인'이란 표현에서 유래된 것이 아닌지 궁금합니다.

그러면, '열린'이란 표현이 실생활에서 사용되고 있는 구체적 사례를 찾아보겠습니다.

먼저 인천경제자유구역청 광고판에서 '세계로 열린 한반도 관문 IFEZ'란 표현을 찾을 수 있었습니다. 이 표현은 '삼면이 바다로 열린 우리나라'란 표현과 가장 상통하는 표현이라 할 수 있습니다. '깊어진 뱃길만큼 더 먼 세계로 열린 바다–인천신항'이란 문구에서는 '열린 바다'란 표현을 볼 수 있는데, 약간 어감이 다릅니다. 국토해양부 해양정책국 직원들의 글 모음집 「열린 바다, 우리의 도전」 (2008)도 같은 사례라 할 수 있습니다. 의외로 한반도대운하 관련 연구보고서(2008)에서 "반도는 대륙과 해양으로 모두 열려 있어"란 표현을 발견할 수 있었습니다. "대하(大河)를 앞에 두고 개울을 논한다."는 비아냥을 받기도 했던 한반도대운하 구상에서 이런 표현이 사용되었다는 것은 정말 뜻밖이었습니다.

'삼면이 바다로 열린 우리나라'란 표현이 시의적절하게 사용된 사례를 소개하겠습니다. 금년 2월 고려대학교에서 "국제물류주선업자의 법적 지위에 관한 연구"로 법학박사학위를 취득한 삼성SDS의 이종덕 부장은 작년 10월 논문을 마무리하는 단계에서 한 고민에 빠졌다고 합니다. 국제물류를 다루는 논문의 성격상 '3면이 바다로 둘러싸인 우리나라'란 표현은 아무래도 어색하고 어울리지 않았던 것입니다. 그러던 중에 마침 제가 한 석상에서 말한 '삼면이 바다로 열린 우리나라'란 표현을 듣고 바로 '3면이 바다로 열린'으로 정리를 해서 논문을 마무리했다고 합니다. "우리나라는 물류관점에서 3면이 바다로 열려있고 유럽과 미주대륙을 연결하는 천혜의 조건을 가지고 있다." 만약 이 문장에서 관행대로 '3면이 바다로 둘러싸여 있고'라고 했다면 문맥이 조금 어색하지 않겠습니까? 이종덕 박사가 했던 고민이 이해가 되고, 제 생각이 이 박사의 학위 논문 작성에 도움이 되었다니 마음이 뿌듯합니다.

'열린' 사고를 바탕으로 한 정책 제언

그런 의미에서 바다로 열린 대한민국, 세계로 가는 해양수산부, 미래로 뛰는 해양수산인을 추구하면서 '열린' 사고를 바탕으로 한 몇 가지 정책 제언을 드리겠습니다.

국민 해양사상 고취와 청소년 해양교육 강화　먼저, '국민 해양사상 고취와 청소년 해양교육 강화'입니다.

구체적으로는 첫째, 삼면이 바다로 '둘러싸인' 대한민국이 아닌 삼면이 바다로 '열린' 대한민국을 실현하는 것입니다. 해양수산계 지도층 인사들이 각종 축사·기고·강연·저술·생활 속에서 '바다로 열린 대한민국'이란 표현을 생활화하고 정착시켜 나가며, 초·중고등학교 교과서의 서술내용을 '삼면이 바다로 열린 우리나라'로 수정하는 것입니다. 궁극적으로는 이러한 정신을 헌법에 포함시키는 것입니다. 현행 헌법 제3조는 "대한민국의 영토는 한반도와 그 부속도서로 한다."고 규정하고 있습니다. 사단법인 한국헌법학회(당시 회장 고문현)는 2018년 3월 이 조항을 "대한민국의 영역[2]은 한반도와 그 부속도서를 포함하는 영토, 영해, 영공으로 한다."로 하는 헌법개정안을 제시하였습니다(한국헌법학회 헌법개정연구위원회 「헌법개정연구」, 박영사, 2020.9.). 저는 여기에서 한걸음 더 나아가 "삼면이 바다로 열린 대한민국의 영역은 한반도와 그 부속도서를 포함하는 영토, 영해, 영공으로 한다."로 '삼면이 바다로 열린'이란 표현을 추가할 것을 제안합니다.

둘째, '독도, 국토의 시작 운동'을 전개하는 것입니다. '독도, 국토의 시작 운동'을 전개하고 국민 성금으로 '독도, 대한민국 국토의 시작' 표지석을 설치했으면 합니다. 현재 독도에는 '대한민국 동쪽 땅끝'이란 표지석이 설치되어 있습니다. 전문가의 의견을 들은 결과

---

2) 한국해양수산개발원은 '영역' 대신 '국토'로 하는 해양수산부문 헌법개정안을 제시하였다.(해양수산통합행정 25주년 기념 정책토론회, 2021.8.10.)

설치비용은 1억 원 이내로 가능할 것입니다. 시인성 확보, 홍보효과 증대를 위해서는 독도 접안시설 바닥에 크게 '독도, 대한민국 국토의 시작'이라고 표기하여 공중에서도 쉽게 인식할 수 있도록 하는 것도 좋은 방법일 것입니다.

셋째, 청소년 해양교육을 강화하고 독도를 청소년 해양교육의 성지로 육성하는 것입니다. 독도는 그 상징성으로 인해 해양교육의 성지로 발전할 충분한 잠재력이 있습니다. 구체적으로는 독도의 동도와 서도 사이에서 청소년을 대상으로 해양레저스포츠 활동을 전개하는 것입니다. 동도와 서도 사이는 약 120미터로 기상이 좋을 때는 두 섬 사이의 잔잔한 해역을 활용하여 500미터 내외의 바다수영대회를 개최할 수 있습니다. 여객선 기능과 해양레저스포츠 지도선 기능을 갖는 다목적 선박을 건조해서 투입하면 금상첨화일 것입니다. 참고로 일본 국토교통성은 2013년도부터 2021년도까지 1,275억 엔(약 1조3천억 원)을 투입하여 일본 최남단 섬인 오키노토리시마에 항만시설을 건설하고 있습니다. 이 항만시설은 길이 80미터 폭 8미터 수심 8미터의 접안시설과 1,500미터의 연결도로를 건설하는 것으로, 준공이 되면 5천 톤급 해양조사선이 안전하게 접안할 수 있다고 합니다. 국토교통성에서는 2013년 오키노토리시마와 미나미토리시마의 해양관광 가능성(섬에 착륙하지 않는 크루즈)을 검토한 바 있는데, 일본 최남단과 최동단이라는 지리적 위치 자체가 관광지로서의 매력을 갖고 있으며 일부 관광객에게 높은 수요가 있다는 것을 확인했고 경제적 효과도 클 것으로 예측하고 있습니다. 이런 점을 보더라도 독도를 청소년 해양교육 장소로 활용하고 해양교육의 성지로 육성하자는 것이 전혀 허황된 주장이 아니라는 것은 납득할 수 있을 것입니다.

거꾸로 된 세계지도(해양수산부
「해양강국을 향한 첫걸음」 1997)

21세기 동북아 물류중심기지 개
발 구상도(좌동)

'대한민국 동쪽 땅끝' 독도 표지석

새로운 해양수산 업무 영역 창출   이어서 '열린 사고'를 통해 해
양수산부의 외연을 확대하기 위한 새로운 업무 영역 창출에 대해
말씀드리겠습니다.

1) 폐기물 매립호안의 항만시설화(항만법 개정)

구체적인 사업으로 첫째, '폐기물 매립호안'을 항만시설화하는 것
입니다. 이를 위해 항만법을 개정해서 '폐기물 매립호안'을 항만시
설로 규정하도록 합니다.

폐기물 처분장을 내륙부에 건설하는 것은 한계가 있습니다. 그렇
게 되면 폐기물 매립장을 어쩔 수 없이 연안지역에 조성하지 않을

수 없게 됩니다. 이것이 장래 우리가 감당해야 할 현실입니다. 그렇다면 해양수산부가 선제적으로 폐기물 최종처분장(폐기물 매립장)을 항만구역 안이나 무인도에 조성하고 폐기물 매립호안을 항만시설로 규정하는 근거를 마련할 필요가 있습니다. 매립호안 건설은 항만건설 업무를 관장하는 해양수산부가 담당하고 실제적인 매립은 폐기물 업무를 관장하는 환경부와 지방정부가 담당하도록 하여 폐기물 처리에 중앙정부와 지방정부가 상생협력하는 틀을 마련하는 것입니다.

일본은 1973년 항만법 개정을 통해 폐기물 최종처분장이 될 폐기물매립호안을 항만시설로 추가하고 폐기물매립호안 건설업무를 항만관리자의 업무대상으로 규정했습니다. 폐기물매립호안은 정부보조사업으로 국토교통성은 조성비용의 1 / 3(항만법 제43조1항5호)을 지원하고 있습니다. 오랜 통계이지만 2005년 3월말 기준으로 전국 81개 항만과 1개 만(오사카만)에서 105개 지구, 총면적 약 5,000ha의 폐기물 최종처분장이 정비되었으며, 국민들의 높아진 환경 의식에 따라 기능과 구조도 비약적으로 고도화되었습니다. 폐기물 최종처분장의 대표적인 사업으로 오사카만 피닉스[3]를 들 수 있습니다.

2) 여수항 개항 100주년을 해양수산부 도약의 전기로 활용

둘째, 여수항 개항 100주년을 최대한으로 활용하는 것입니다. 여수항은 2023년 6월 1일 개항 100주년을 맞이합니다. 여수항 개항 100주년을 여수지역만의 축제와 경사가 아니라 해양수산부 도약의 전기로 승화시켰으면 합니다. 여수항 개항 100주년(6월 1일)과 2023년 바다의 날(5월 31일)을 연계하여, 새로운 대통령이 참석하여 새로

---

[3] 오사카만 피닉스는 폐기물의 광역적 수용으로 생활환경 보전에 기여하는 한편 조성지를 물류기능용지 등으로 항만을 질서 있게 정비함으로써 지역 균형발전에 기여하고 오사카 권역 시민생활 및 산업활동의 근간을 지탱하는 역할을 수행할 목적으로 조성되었다. 2021년 3월말 현재 수용 대상 구역은 긴키(近畿) 2부 4현의 168개 시정촌에 이르고, 반입시설은 오사카·사카이·고베 등 9개 기지, 매립장소는 오사카항·고베항 등 4개 항에 조성되어 있다.

운 해양수산 비전을 제시하는 톱세일즈를 기획했으면 합니다. 2017년 요코하마항 개항 160주년 기념식에는 당시 일본 천황 부처가 참석했습니다. 여수시는 여수항이 세관지정항으로 지정된 1923년 4월 1일을 기준으로 2023년 4월 1일 여수항 개항 100주년 기념식을 개최할 준비를 하고 있습니다. 여수항 개항 100주년의 주축이 되어야 할 해양수산부(여수지방해양수산청)가 수수방관하고 있는 모습이 안타깝습니다.

3) 해양방송 플랫폼 개설과 해양경찰가상대학 운영

셋째, 해양방송 플랫폼을 개설했으면 합니다. 해양환경, 해양산업, 해양과학기술, 해양문화예술(문학·미술·음악·영화 등), 해양레저스포츠, 해양교육, 해양정책·법제도, 해군·해경 등 다양한 해양 콘텐츠를 총괄하는 해양방송 플랫폼을 개설하는 것입니다. 방대한 시설과 장비를 갖춘 기존의 지상파나 종편 방송국이 아니라 YouTube 방송을 결합한 가상방송 형태를 취하면 전혀 불가능한 일은 아닐 것입니다. 중국에는 가상대학인 중국심천허의(虛擬)대학이 있다고 합니다. 이를 벤치마킹하는 것입니다. 좀 더 생각을 연장하면 유능한 해양경찰 간부를 양성하기 위한 가상의 해양경찰대학도 같은 방법으로 운영할 수 있을 것입니다. 우리나라에는 현재 7개 대학에 해양경찰학과가 있고 120개 대학에 경찰학과가 있다고 합니다. 이 대학들의 해양경찰학과, 나아가서는 경찰학과를 네트워크화하면 가상의 해양경찰대학, 가상경찰대학을 설립할 수 있을 것입니다. 코로나19 팬데믹이 야기한 논택트시대와 화상모임 <바다, 저자·전문가와의 대화>가 이끌어낸 통섭·융합의 성과가 실현 가능성을 한 눈에 보여주고 있습니다.

4) 타이운하(크라운하) 구상에 참여

타이 정부가 오래 전부터 말레이반도의 타이-말레이시아 국경지

대 부근에 건설하고자 하고 있는 타이운하(크라운하) 구상에 일본·중국, 나아가서는 미국·러시아와 함께 참여하여 동북아시아의 평화협력사업으로 발전시키는 방안을 적극 강구할 필요가 있습니다. 타이운하가 개설되면 선박이 폭주하는 말라카해협에 의존하는 우리 수출입 선박의 수송 루트를 다변화하고 수송 시간과 비용을 절감시켜 국가경제에도 도움을 주고, 이를 매개로 한 한·중·일 3국 간 협력과 제휴에도 큰 효과를 미칠 것입니다.

4. 매혹의 바다수영

이어서 두 번째 부제인 '매혹의 바다수영'에 대해 설명드리겠습니다. 바다수영은 '국민해양사상 고취'라는 목적함수를 달성하기 위한 행동적 수단매체입니다. 여기에서는 우리나라 바다수영의 현실과 육성·발전 구상에 대해 알아보겠습니다.

바다수영의 효용과 현실

바다수영의 효용과 공익적 가치　　　바다수영(OWS, Open Water Swimming)은 바다나 강·호수 등 자연 상태의 수역에서 하는 수영을 말합니다.[4] 경영, 수구, 다이빙, 아티스틱 스위밍과 함께 수영 5개 부문의 하나입니다. 풀에서 하는 경기와 달리 자연에서 하는 경기이기 때문에 체력과 기술력은 물론, 해류와 강의 흐름(水流) 등을

---

4) Open Water Swimming(OWS)은 우리나라에서는 아직 용어가 확립되어 있지 않다. 올림픽에서는 10km 종목을 특별히 '마라톤수영(Marathon Swimming)'이라 하고, 대한수영연맹에서는 '오픈워터수영'이라고 한다. 2005년 '사단법인 한국바다수영협회(AKOWS)' 창립 당시 바다와의 친근성, 대자연과 함께 하는 호연지기 등을 염두에 두고 '바다수영'이라고 명명하였다. 보통 엘리트 수영에서는 OWS, 생활 수영이나 이벤트 수영에서는 '바다수영'이라고 하면 무리가 없을 것 같다. 여기에서는 복합적으로 '바다수영(OWS)' 또는 '바다수영'으로 표기하였다.

의식해서 진로를 헤엄쳐 나가는 어려움이 바다수영의 매력의 하나입니다.⁵⁾ 엘리트 스포츠로서의 OWS는 1991년 세계수영선수권대회에서 처음 정식종목(25km)으로 채택된 후 2008년 베이징올림픽부터 남녀 10km 종목이 마라톤수영이란 이름으로 정식종목으로 채택되어 인기리에 열리고 있습니다. 생활체육으로서의 바다수영은 유럽을 중심으로 야외 스포츠로서 각광을 받고 있습니다. 여기에서 설명하는 바다수영(OWS)은 주로 생활체육으로서의 바다수영입니다.

바다수영은 환경보호, 안전준수, 문화관광, 지역진흥, 과학교육, 정신계몽, 건강증진, 생명보존, 국토사랑, 국가안보 등등 그 효용과 공익적 가치가 막대합니다.

바다수영은 해양환경 보호운동입니다. 바다나 강이 깨끗해야 수영을 할 수 있습니다. 그런 의미에서 일본 국토교통성을 비롯한 외국 정부·지방정부에서는 바다수영을 장려하고 권장하고 있습니다. 허베이 스피리트호 유류유출 사고로 검은 기름으로 뒤덮인 서해안 해수욕장이 123만 자원봉사자의 헌신적인 노력으로 수영을 할 수 있을 만큼 깨끗하게 회복된 것을 기념하여 2008년 7월 만리포해수욕장에서 국토해양부장관배 바다수영대회가 개최된 것도 그런 의미를 갖고 있습니다. 2010년 8월 오바마 대통령이 멕시코만 플로리다 해변에서 수영을 한 것도 BP의 유류유출 사고로 인한 풍문피해로 멕시코만의 관광산업과 지역경제가 영향을 받자 멕시코만이 깨끗하다는 것을 보여주기 위한 것이었습니다.

---

5) 일본국제바다수영협회(JIOWSA) 「오픈워터스윔레이스」(2010.1.)

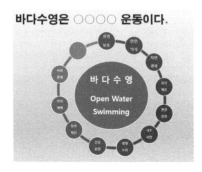

바다수영은 환경보존 등 다양한 기능을
갖고 있다.

국토해양부장관배 바다수영대회
(2008.7. 태안 만리포해수욕장)

바다수영 전국체전 정식종목 지정을
기원하는 언론 기고

세계 바다수영 동향과 우리나라의 실태   엘리트 선수가 참가하
는 OWS 대회로는 올림픽의 마라톤수영이나 세계수영연맹(FINA)이
개최하는 세계선수권대회(5·10·25km), FINA가 공인하는 10km 경
기대회인 Marathon Swim World Series(MSWS), 10km 이상의 장
거리 수영대회인 UltraMarathon Swim Series(UMSS)가 있습니다.[6]

---

6) 2021년에는 10km 경기인 MSWS 10개 대회, 10km 이상인 UMSS 4개 대회
   (15~36km)가 계획되어 있다. 8월 21일 개최된 Ohrid(마케도니아) 대회는
   25km, 9월 5일 개최되는 Capri / Napoli(이탈리아) 대회는 36km이다.

일반 동호인들이 참가하는 OWS 대회로는 세계 마스터즈수영선수권
(FINA), 맨하튼일주수영(미),[7] 시드니하버수영(호), 일월담횡단수영(대
만), JIOWSA 바다수영(일본)[8] 등이 유명합니다. 이런 수영대회는 지
역홍보와 환경보호의 중요성을 알리기 위해 중앙부처나 지방정부가
후원하기도 합니다. Manhattan Island Marathon Swim은 뉴욕 맨
하튼섬의 수질 개선을 목적으로 맨하튼재단이 기부를 겸해서 뉴욕·
뉴저지항만청 후원사업으로 개최되고 있습니다. Sydney Harbour
Swim Classic은 세계 3대 미항으로 유명한 시드니 만에서 매년 열
리는 지구 환경 이벤트 '시드니 하버 페스티벌'의 일환으로 개최되
었습니다.[9] 특히 대만 중부의 관광지 일월담 호수에서 매년 8월 개
최되는 '日月譚萬人泳渡'(Sun Moon Lake International Swimming
Carnival)는 2만여 명이 참가하는 대규모 이벤트 수영대회로, 수영을
못하는 사람도 튜브 같은 보조도구를 이용하여 3km의 호수를 건널
수 있습니다. 관광 증진을 위해 지역 현청이 후원하고 있습니다.[10]

세계오픈워터스위밍협회(WOWSA)에서는 해마다 '세계 100대 바
다수영'(World's Top 100 Open Water Swims),[11] '세계 100대 섬수
영'(World's Top 100 Island Swims),[12] '아시아 50대 바다수영'(Asia's

---

7) Manhattan Island Marathon Swim(MIMS). 맨하튼섬을 일주(45.9km,
   28.5mile)하는 경기로 1992년 창설되어 2015년까지 개최된 후(NYC Swim 주
   최), 2016년부터 '20 Bridges Manhattan Island Swim'(New York Open
   Water 주최)으로 계승되었다. 20 Bridges로 전환 후 2016년 22명, 2017년
   67명, 2018년 63명, 2019년 84명, 2020년 10명이 완영하였다.
8) 2021년에는 OWS 9개 대회, 아쿠아슬론 5개 대회가 계획되어 있다.
9) Sydney Harbour Swim Classic은 2002년부터 2012년까지 개최된 후 폐지되
   고 2017년부터 Sydney Harbour Splash Swim이 열리고 있다.
10) 매년 'World's Top 100 Open Water Swims' 상위에 랭크되는 명품 대회이
    다. 일월담日月譚은 Lalu라는 작은 섬을 둘러싸고 있으며, 호수 동쪽은 해를
    닮았고 서쪽은 달을 닮았다고 해서 붙여진 이름이다. 해발 748m, 수심 27m,
    수면적 7.93km².
11) https://www.openwaterpedia.com/wiki/World%27s_Top_100_Open_Water_
    Swims(2021.8.30. 접속)
12) World's Top 100 Island Swims-Openwaterpedia (2021.8.30. 접속)

Top 50 Open Water Swims)을 선정하고, 미국에서는 '미국 100대 바다수영'(America's Top 100 Open Water Swims)을 선정하고 있습니다. 전 세계에서 해마다 10,000개 이상의 섬수영대회가 열리고 있다고 합니다. '국제 마라톤수영 명예의 전당'(International Marathon Swimming Hall of Fame, IMSHF)에는 1964년 이래 306명의 개인과 협회가 헌액되어 있습니다. 이러한 사실들은 오픈워터스위밍이 세계적으로 얼마만큼 활발하게 열리고 있는지를 말해주는 것입니다.

우리나라에서는 2005년 해양수산부의 허가로 사단법인 한국바다수영대회(AKOWS, 회장 지봉규)가 설립되어 해양수산부장관배 바다수영대회를 개최하다가 최근에는 해양스포츠제전 바다수영으로 근근이 명맥을 이어오고 있습니다. 대한수영연맹이 OWS에 관심을 갖게 된 것은 아주 최근의 일입니다. OWS가 올림픽 정식종목으로 지정된 지 오래지만 아직 전국체전 정식종목으로도 지정되어 있지 않습니다. 2019년 7월 여수에서 개최된 'FINA 2019 광주 세계수영선수권대회' OWS에 참가할 우리나라 국가대표 선수단은 대회 한 달 전인 6월에야 부랴부랴 선발되었습니다. 2020년 10월 선발된 OWS 국가대표선수와 2020 도쿄올림픽 마라톤수영 기록은 현격한 차이를 보이고 있습니다.[13] 일본, 중국, 싱가포르, 홍콩이 이번 도쿄올림픽에 OWS 선수를 출전시키고 있는 것과 비교해도 우리나라 OWS의 낙후성을 짐작할 수 있습니다.

해양수산부와 해양수산계의 주도적 참여 필요성 2005년부터 2007년까지 부산 해운대해수욕장에서 개최된 해양수산부장관배 바다수영대회는 부산항만공사가 후원하였습니다. 2008년부터 2010년까지 태안에서 열린 국토해양부장관배 바다수영대회는 해양수산부

---

13) 2020도쿄올림픽 마라톤수영 남자부 우승 기록은 1시간 48분 33초 7, 여자부 우승기록은 1시간 59분 30초 8로 우리나라 OWS 국가대표 선발전 기록(남자 2시간 6분 35초, 여자 2시간 18분 55초 2)에 비해 남자는 18분 1초, 여자는 19분 25초가 빨랐다.(2020 도쿄올림픽 마라톤수영 결과 참조)

의 예산지원 속에 해양환경공단과 사단법인 한국바다수영협회
(AKOWS)가 함께 개최했습니다. 해양수산부장관배 바다수영대회는
2011년부터 열리지 않고 있습니다. 모든 해양레저스포츠의 기본인
바다수영을 해양수산부와 해양수산계가 주도적으로 참여하고 책임
지고 육성할 필요가 있습니다. 이것은 해양관련 기관·단체·기업
의 사회적 책임(CSR)과 최근 대두하고 있는 ESG 경영의 요체라고
도 할 수 있습니다. 이런 측면에서 저는 해양수산부 산하 공기업,
특히 해양환경 업무를 관장하고 있는 해양환경공단이 바다수영 보
급활동에 관심을 가져야 한다고 생각해 왔습니다.

바다수영 육성·발전 방안

바다수영은 이렇게 다양한 공익적 효용과 기능을 하고 있음에도
불구하고 해양수산부를 비롯하여 우리 주변에서는 바다수영에 대한
관심이 거의 없는 것이 현실입니다. 아마 바다수영은 위험하다는
인식이 머리에 박혀 있기 때문일 것입니다.

일제 강점기에 1936년 베를린올림픽 마라톤에서 금메달을 획득
한 손기정 선수는 이렇게 말했습니다. "아직도 수영이라면 대단히
위험한 것으로 알고, 그 학부형들은 될 수 있는 대로 자녀들에게
바다는커녕 개천가에도 가까이 가지 못하게 하는 예를 나는 잘 알
고 있다. 이런 생각들은 이 시기에 깨끗이 벗어버려야 할 것이다.
바다를 두려워하고 바다를 경계한다고 반드시 수명이 긴 것이 아니
고, 바다로 내달린다고 해서 반드시 위험하다고 할 것은 물론 아니
련만, 우리 학부형들의 관념 가운데 살아있는 바다에 친하지 못한
구태를 그대로 그 자녀들에게 전하려고 하는 (것은) 그릇된 욕구이
다."(「朝光」 "國民皆泳", 1943년 7월호)

열악한 환경 속에서 제가 오랫동안 구상해온 바다수영을 우리
해양수산계가 주도적으로 육성하고 책임 있게 성장·발전시킬 비책

을 제시하겠습니다.

엘리트 스포츠로서의 OWS 육성　먼저 엘리트 스포츠로서의 바다수영(OWS)에 대한 국가적 관심과 육성입니다.

첫째, 올림픽 정식종목 바다수영(OWS)을 전국체전 정식종목으로 지정하는 것입니다. 저는 수차례에 걸쳐 신문기고를 통해 바다수영을 전국체전 정식종목으로 지정해야 한다고 주장해오고 있습니다. 오늘 이 발표를 계기로 바다수영 전국체전 정식종목 추진 운동이 우리 <바다, 저자·전문가와의 대화>의 실천과제로 추진되었으면 합니다.

둘째, 바다수영이 전국체전 정식종목으로 지정되면 전국체전(10월) 바다수영(OWS)을 해양스포츠제전(8월)에서 개최하도록 합니다. 해양스포츠제전은 문화체육관광부와 공동으로 추진하지만 해양수산부가 좀 더 주도적인 위치에 설 수 있습니다.

셋째, 대통령배 바다수영대회를 창설하고 매년 전국 주요 해변을 순회하며 개최하는 것입니다. 전국 각지의 대회 유치 경쟁으로 바다수영에 대한 관심과 국민들의 호응을 일거에 얻을 수 있습니다.

넷째, 세계수영연맹(FINA) 공인 UMSS(10km 이상의 OWS 대회)를 국내에 유치하는 것입니다. 대상지로는 순천을 중심으로 한 순천만~여자만 UMSS(고흥 팔영대교 기점~여수 여자도~보성 장도~순천 순천만 습지, 30km)도 좋고, 부산·여수·통영·태안·포항·강릉·신안(홍도~흑산도) 등도 적지로 추천할 수 있습니다.

다섯째, 세계수영선수권대회 개최국들(일본·카타르·러시아·헝가리 등)과 협력하여 외교력을 발휘하여 세계대회 개최국들이 자동으로 올림픽 OWS 출전권을 확보하도록 하는 것입니다. 현재의 열악한 국내 OWS 상황을 볼 때 우리나라 선수가 올림픽 OWS에 출전하는 것은 백년하청입니다.

생활체육으로서의 바다수영 육성　이어서 생활체육 바다수영으로, 바다수영(OWS)을 해양수산부 부기(部技)로 지정하고 '해양수산계가 바다수영을 책임 육성'하는 것입니다. 구체적으로는,

1) 해양스포츠제전 바다수영을 정식종목으로 전환합니다.

2) 지방해양수산청과 해양경찰서 단위로 1개 대회를 개최하고 챔피언전 성격의 해양수산부장관배 대회를 개최하는 것입니다. 기관장의 바다수영 육성·보급 의지를 확고히 하기 위해 바다수영대회 개최와 기관장 성과평가를 연계하는 것도 한 방법입니다.

3) 마리나 개발과 바다수영 육성방안을 연계합니다. 1개 마리나에 1개의 OWS 코스를 정비하고, 1마리나 1대회 개최를 의무화 또는 권장합니다.

4) '어촌뉴딜 300'과 연계, 300개 어촌에서 300개의 소규모 바다수영대회를 개최하는 것입니다(1시·군·구 1대회). '반려해변 사업'[14]과도 연계할 수 있습니다(一社一泳).

5) 전국 주요 항만의 방파제를 순회하는 방파제수영을 개발하고, '대한민국 명품 바다수영 코스 100선'을 선정합니다. 방파제 안쪽은 최고의 인공수영장입니다. 새만금항방파제(3.1km), 포항영일신항방파제(3km)는 훌륭한 바다수영 코스가 될 수 있습니다.

6) 부산·인천·울산·여수광양 등 4대 항만공사와 해양환경공단·어촌어항공단·수산자원공단·해양교통안전공단 등 4대 공단 등 해양수산 공기업에서 바다수영단을 공동으로 창설·운영하는 것입니다.

7) 이렇게 창설되고 개최되는 바다수영대회를 바탕으로 바다수영 리그를 창설하여 새로운 고용과 부가가치를 창출하고, 장래에는 프로바다수영리그(KOL, Korea Open Water Swimming League)로 발전

---

14) 특정 해변을 기업이나 단체 등이 맡아 자신의 반려동물처럼 아끼고 돌보는 해변입양 프로그램으로 1986년 미국 텍사스주에서 처음 시작되었으며 국내에도 최근 도입되어 시행되고 있다.

시키는 것입니다.

8) MastOWS SmartOWS(마스토스 스마토스)로 한일 협력에 기여하는 것입니다. 즉, '2019 광주 세계 마스터즈수영 OWS에 출전한 내국인(178명) 모임'을 구성, 2022년 5월 일본 후쿠오카에서 열리는 'FINA 세계 마스터즈수영선수권 OWS'에 다수 출전하도록 하고, 이렇게 형성된 네트워크를 국내는 물론 동북아지역의 OWS 진흥에 활용합니다.

지방정부의 역할   다음으로 지방정부의 역할로서 지역별로 이벤트 수영대회를 개최하고 이를 지역의 명품 브랜드로 육성하는 것입니다.

1) '오륙도 왕복 수영을 부산의 하계스포츠 명품 브랜드로!' 육성하는 것입니다. 인천 실미도, 태안반도, 여수 오동도, 창원 돛섬, 경주 감포 문무대왕릉, 속초 조도, 신안 흑산도~홍도도 브랜드수영의 호조건을 갖추고 있습니다.

2) '독도 일주수영을 대한민국 대표 브랜드로!'로 육성하고 대한민국 영토수호 동서남북 수영대회(서해 백령도, 동해 독도, 남해 마라도, 서해 가거도)를 개최합니다.

3) '백령도~장산곶 횡단수영을 남북평화협력·세계평화구현 사업으로!' 구현합니다. 백령도~장산곶은 약 13km 정도로 국제적 OWS 대회를 개최하는 데 적절한 거리이며, 남북 화해 무드가 조성되면 언제라도 실현될 수 있습니다. 아마 정주영 회장이 소떼를 몰고 북한을 방문한 것 이상으로 세계의 관심을 모을 것입니다.

4) '한일해협 횡단수영을 한일 화해·협력·우호증진 사업으로!' 추진합니다. 이것은 이미 2014년 8월 25일 이주영 해양수산부장관이 한·중·일 물류장관회의 참석차 요코하마를 방문했을 때 제가 '東京八策'의 하나로 건의한 것입니다. 실현은 되지 않았지만 국교 수립 50주년(2015년) 기념 한일 협력사업으로 채택되기도 했고, 여

기에 관심을 가진 한일 양국의 메이저 언론사도 있었습니다. 이 수
영은 최근 한일 해저터널 건설 논의가 부상함에 따라 한일 해저터
널 예상 코스를 따라 수영하는 한일 릴레이 수영대회로도 개최할
수 있습니다.

5) '동아시아 지중해 링크 수영(한국-북한-러시아-일본-대만-중
국-북한-한국)을 동아시아 평화사업으로!' 추진합니다.

독도일주수영 코스도(입체)

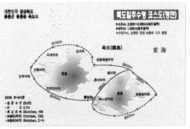

독도일주수영 코스도(평면)

순천만-여자만 FINA 공인 UMSS(30km) 구상

5. 마치며 – 통섭의 바다, 지성의 바다

지금까지 해양교육과 해양문화, 四海로 열린 나라, 매혹의 바다
수영에 대해 제 견해를 말씀드렸습니다. 해양교육과 해양문화는 국
민해양사상 고취 활동을 전개하는 제도적 틀이고, '四海로 열린 나
라'와 '매혹의 바다수영'은 이 활동을 위한 두 가지 수단을 상징합

니다.

해양교육과 해양문화는 이를 활성화하기 위한 법률, 즉 「해양교육문화법」이 이미 제정되어 시행된 만큼 구체적인 시행계획이 수립되고 논의하는 자리가 늘어날 것으로 생각합니다. 이에 비해 '四海로 열린 나라'나 '매혹의 바다수영'과 같은 주장은 지금까지 크게 공론화된 적이 없고 앞으로도 이런 기회를 갖기가 쉽지 않을 것이기 때문에 본주제에 비해 부주제인 '四海로 열린 나라'와 '매혹의 바다수영' 부분에 좀 더 비중을 두고 설명 드렸습니다. 여러분께는 매우 생소하고 황당하게 생각되는 주장도 있을 것입니다만, 전혀 불가능한 것은 아닙니다. 생각을 바꾸고 실천할 의지만 있으면 실행이 가능한 것입니다.

지금까지 코로나19 확산에 따른 여러 제약 속에서 2020년 9월부터 매주 토요일 밤에 열리고 있는 해양수산 관계자들의 화상모임 <바다, 저자·전문가와의 대화>를 통해 해운·조선·물류·수산·해양사상·해양문화 등 해양수산과 관련된 다양한 주제의 발표와 토론이 있었습니다. 이런 활동을 통해 전문분야와 관심사항을 넘어 다른 분야의 정보를 접하고 다른 전문가의 의견을 들을 수 있는 기회가 오히려 늘어났습니다. 이를 통해 서로의 식견을 보완하고 새로운 견해를 가미할 수 있게 되었습니다. 이것을 우리는 통섭이라고 하고 집단지성이라고 합니다. 가히 통섭의 바다, 지성의 바다가 우리 주변에 펼쳐진 것입니다. 이번에 제가 평소 생각해 오던 '바다로 열린 나라'와 '바다수영 보급활동'에 대해 의견을 나누는 귀중한 시간을 여러분과 함께 했습니다. 나의 '열린' 생각, '바다수영'처럼 여러분 각자가 자기의 생각과 좋아하는 분야를 공유하고 실천하고 융합하면 우리 해양수산계의 앞날은 더욱 밝고 해양강국 건설은 멀지 않을 것입니다.

오늘 제가 말씀드렸던 내용 중 핵심 메시지를 다시 한 번 정리하면서 발표를 마치도록 하겠습니다.

첫째, 해양수산계 지도층 인사들은 축사·기념사·기고·집필·강의·강연과 일상생활에서 "삼면이 바다로 '열린' 우리나라"란 표현을 의도적으로 사용하고 이를 정착시켜나갔으면 합니다. 궁극적으로는 헌법에 '삼면이 바다로 열린 우리나라'를 포함시키도록 합니다. 이와 함께 '독도, 국토의 시작' 운동도 함께 전개합니다.

둘째, 모든 해양레저스포츠의 기본이고 깨끗한 환경의 바로미터인 바다수영(OWS)을 우리 해양수산계가 주도적으로 책임 있게 육성·발전시켜나갔으면 합니다. 우선 '올림픽 정식종목 바다수영을 전축체전 정식종목으로 지정'하고, 해양스포츠제전 바다수영을 번외종목에서 정식종목으로 전환하고, 중단된 해양수산부장관배 바다수영대회를 부활하였으면 합니다. 이것을 촉구하고 실현하기 위해 우리 <바다, 저자·전문가와의 대화> 회원 전원의 이름으로 '올림픽 정식종목 바다수영을 전국체전 정식종목으로 지정하자!'는 건의를 하였으면 합니다.

셋째, 「해양교육문화법」 시행에 발맞추어 우리 학계에서도 도쿄대학 해양얼라이언스와 같은 해양교육 연구기구를 설립해서 체계적인 해양교육을 실시하도록 하고, 대학(원)생용 해양교육 교재를 개발하고, 해양교육해양문화학회를 설립했으면 합니다.

감사합니다.

올림픽 정식종목 바다수영(OWS)
전국체전 정식종목 지정 기원!

건 의 서

존경하는 문화체육관광부 장관님, 해양수산부 장관님,
대한체육회장 겸 국제올림픽위원회(IOC) 위원님, 대한수영연맹
회장님!

**올림픽 정식종목 바다수영(OWS)을 전국체전 정식종목으로 지정
하고, 해양스포츠제전 정식종목으로 전환해 주십시오.**

해양강국 건설을 위한 해양교육과 해양문화 진흥활동의 일환으
로서 올림픽 정식종목 바다수영(OWS)이 활발히 보급되고 전국체전
정식종목으로 조속히 지정되길 간절히 바라면서 위와 같이 건의합
니다.

바다수영(Open Water Swimming, OWS, 오픈워터수영, 오픈워터)은
바다나 강·호수 등 자연 상태의 수면에서 하는 수영을 말합니다. 유
럽을 중심으로 야외 스포츠로 각광을 받고 있는 바다수영은 1991년
세계수영선수권대회에서 처음 정식종목(25㎞)으로 채택된 후 2008
년 베이징올림픽부터 남녀 10㎞ 종목이 마라톤수영이란 이름으로
정식 개최되고 있습니다.

그러나 우리나라는 아직 전국체전 정식종목으로도 지정되지 않

았고, 대한수영연맹이 주최하는 공식대회 하나 열리고 있지 않습니다. 2005년 5월 고 조오련 선수를 비롯한 뜻 있는 수영인들과 해양수산부 공무원들이 주축이 되어 '깨끗한 바다, 끝없는 도전, 확실한 안전'을 표방하고 설립한 바다수영 보급단체 '사단법인 한국바다수영협회(AKOWS. 회장 지봉규)'가 '해양수산부장관배 바다수영대회'와 '해양스포츠제전 바다수영' 등을 개최하면서 그나마 빈틈을 메우고 명맥을 이어 오고 있는 실정입니다.

해양레저스포츠의 기본인 바다수영은 스포츠를 넘어 다양한 공익적 효용을 갖고 있습니다. 바다수영은 환경보호 운동입니다. 바다나 강이 깨끗하지 않으면 수영을 할 수 없습니다. 바다수영은 안전의식 생활화 운동입니다. 바다수영은 모든 과정에서 안전을 최우선으로 하고 있습니다. 바다수영을 통해 육지중심의 사고에서 벗어나 바다에서 사물을 보고 해양적 시각으로 생각하는 등 사고의 다양성을 갖게 해줍니다.

우리나라에서는 2019년 7월 '광주 세계 수영대회'가 열렸고, 8월에는 아마추어 수영 동호인들의 지구 최대의 축제인 '세계 마스터즈 수영대회'가 열렸습니다. 세계수영선수권대회를 개최했지만 수영 불모지나 다름없는 우리나라가 바다수영 선진국과 어깨를 나란히 하기 위해 필요한 것은 백 가지 구상보다 한 가지 실행이 긴요합니다. 그 첫걸음이 바로 바다수영을 전국체전 정식종목으로 지정하고 실행하는 것이라고 생각합니다. 백견이불여일행(百見而不如一行)입니다.

바다수영이 전국체전 정식종목으로 지정되면 많은 경영 선수들이 오픈워터(바다수영)로 전환하는 기회가 열리는 등 수영인의 고용창출(최소 100명)은 물론 엘리트 체육과 생활 체육이 동반 발전하게 되어 10년 후에는 우리나라가 올림픽이나 세계선수권대회를 제패하는 오픈워터스위밍 강국이 될 수도 있습니다. 그런 과정에서 문화체육관광부와 해양수산부 등 정부부처가 합동으로 추진하는 '해양레저관광활성화대책'도 상승효과를 얻어 활발하게 추진될 될 것입니다.

일본은 이미 2016년 이와테 전국체전에서 남녀 5㎞ 종목을 전국체전 정식종목으로 지정했고, 중국은 지난 2019년 세계선수권대회에서 여자부 10㎞ 부문 우승을 차지하였습니다. 홍콩·싱가포르는 2020 도쿄올림픽에 참가하였습니다. 대한민국 체육행정을 총괄하는 문화체육관광부 장관님과 이를 실행하는 대한체육회장님, 대한수영연맹 회장님, 그리고 해양레저스포츠를 관장하는 해양수산부 장관님이 머리를 맞대고 숙의하셔서 '바다수영 전국체전 정식종목화'라는 이 건의가 새정부 출범과 함께 실행될 수 있도록 힘을 모아 주실 것을 앙망합니다.

간곡히 건의 드립니다.

2022. 5.
김연빈 드림

집필자 후기

▪ 강명호

해양사고는 끊임없이 일어나고 있고 이를 막으려는 노력 또한 계속해서 이어지고 있다. 좋은 기회를 통하여 최근 선박안전관리의 흐름을 소개할 수 있어서 반가웠고 대한민국 유일의 이 바다모임이 알찬 결실을 맺게 되어 자랑스럽다. 해양 안전의 모토를 다시 한 번 되새기고자 한다. No harm to human, no harm to environment!

▪ 권오익

이제는 해운과 항공을 포함한 모든 이동장치, 그리고 산업체 및 국가까지 GHG를 줄이면서, 최종 목표는 2050년도에 Zero Carbon으로 가야 한다. 특히 2021년에는 미국의 조 바이든 대통령이 기후 변화에 관한 유엔 기본 협약(기후변화협약)에 복귀를 하면서, 2021년 11월 초에 영국 글래스고우에서 열리는 COP26에서 보다 강화된 규제의 제정이 예상된다.

▪ 권오정

바다를 무대로 하는 비즈니스는 과거로부터 고위험의 모험사업이었다. 해운기업들은 사업의 안정적 운영을 위해 해상무역상 관습의 하나로 형성된 해상보험제도를 활용해 왔다. 보험제도의 기원으로서 오랜 역사를 가진 해상보험은 과거에 비해 상대적으로 그 비중이 축소되었다. 그러나, 바다에서의 상업활동이 지속되는 한 위험분담 제도로서의 해상보험의 역할은 앞으로도 계속될 것이다.

▪ 김연빈

앞으로 해양수산계 지도층 인사들은 일상생활에서 "삼면이 바다로 '열린' 우리나라"란 표현을 의식적으로 사용하고 이를 정착시켜 나갔으면 한다. 궁극적으로는 헌법 제3조 영토조항에 '삼면이 바다로 열린 대한민국'을 포함시키도록 하자. 모든 해양레저스포츠의 기본이고 깨끗한 환경의 바로미터인 바다수영(OWS)을 해양수산계가 주도적으로 책임 있게 육성·발전시켜나가자. 2021년 2월 시행된 「해양교육문화법」에 발맞추어 체계적인 해양교육을 실시하도록 하자.

▪ 김영무

지난 40여 년간 한국 해운산업은 많은 어려움 속에서도 꾸준히 발전되어 왔다. 지난날을 반면교사로 삼아 해운산업이 국가기간산업으로서의 역할을 다 할 수 있도록 우리 모두의 지혜와 노력을 보이기를 기대한다.

■ **김 인 현**

바다전문가들이 모여서 바다관련 개론서를 작성한다고 하여 동참하였다. 나의 전공인 해상법을 개론적으로 풀어 강의하였고 이를 서술하여 제출한다. 나의 글이 다른 전문가의 글과 함께 어우러져 바다를 위한 통섭의 하모니를 이루길 기원한다. 강의와 저술에 참여한 20여 분의 숭고한 마음에 감사를 표한다.

■ **김 정 식**

기국(Flag State)은 회사설립, 선박등록, 저당등기, 선박 운영 및 기술에 관한 지원, 관련증서발급, 선박건조 및 운영상의 관련 규정에 대한 해석 및 신기술 개발 참여, IMO 활동 등 여러 가지 서비스를 제공하는 역할을 수행하고 있으며, 국제해사산업에 여러 가지 기여를 하고 있다. 본서를 통해 기국의 업무들에 대해 한층 더 쉽게 이해할 수 있는 계기가 되었으면 한다.

■ **김 칠 봉**

해운 호황기에 과도한 투자로 위기를 초래하는 과오를 범하지 않고, 불황기에는 넓은 시야로 선행투자할 수 있도록, 해운과 조선해양산업이 금융을 매개로 지속적인 협업을 이루어야 한다. 오대양을 오가는 해상운송산업에서 평생 일구며 쌓아온 노하우를 바탕으로, 사업의 안정성을 확보하고 시장의 변동성에 대한 리스크를 최소화하는 전략을 제시하고자 한다.

■ **김   현**

해상법은 오랜 역사를 가지고 있으며 국제적 통일성이 있다. 저자와의 대화를 통해 우리 해상법이 더욱 발전해 해운계에 도움이 되기를 바란다. 그리고 대한민국 해사중재가 더욱 활성화되고 해사법원이 조속히 설치되어 전문적이고 정확한 판결을 통해 대한민국 해상법이 국제사회를 리드하기를 바란다.

■ **양 창 호**

2021년 1월 지난 15년간 대학원에서 강의했던 자료와 논문을 기초로 해서 「항만경제」를 발간하였다. 결론 중 중요한 점은 항만이 선사나 화주에게 선택받기 위해서는 화주의 물류사슬(logistic chain)상 총비용과 운송시간 단축요구는 물론 화주의 수송화물 가치 창출에 부응할 수 있어야 하는 점이다. 이를 위해 항만은 전통적인 핵심 서비스를 넘어서 혁신적인 비고유 항만 서비스를 제공할 수 있어야 한다.

▪ 유병세

70년대 세계시장에 진입한 이래 한국 조선 산업은 10년 단위로 보면 어렵지 않은 때가 없었다. 그 어려움을 극복한 지혜를 바탕으로 향후의 친환경 선박 및 자율운항 선박 개발에서도 경쟁국을 따돌리고 다시 한 번 세계조선 역사에 기록될 우리 조선 산업을 상상해 본다. 끝으로 바다관련 분야의 전문가들이 모여 각 분야의 과거와 현재 그리고 미래의 모습을 발표하고 토론한 결과를 한 권의 책자로 만들어 내기까지 힘써주신 모든 분께 감사의 마음을 전한다.

▪ 윤경준

대학을 졸업하고 막연히 바라만 보던 바다에 승선생활로 첫발을 내딛으며 수많은 고난과 역경이 있었지만 결국에 바로 그 바다 때문에 지금도 내가 이 자리에 서 있다. '언젠간 다시 바다로 나가야지'라는 생각을 수도 없이 하고 있지만 지금도 사실은 나는 바다와 함께 하고 있다. 많은 것을 베풀어 준 바다를 이제는 우리가 더 아끼고 사랑해주어야 할 때다. 받은 만큼 돌려주는 미덕도 잊지 말고 실천했으면 한다. 바다에 미래가 없다면 우리의 미래도 없기 때문이다.

▪ 이광남

<바다, 저자와의 대화Ⅱ>를 통해 변화하는 국내·외 수산업의 동향을 이해할 수 있었다. 서로 유익한 정보를 공유할 수 있는 자리인 만큼, 모두가 함께 다가올 포스트 코로나 시대에 맞춰 우리나라 수산업이 한 단계 도약할 기회와 발판을 만들어갈 수 있기를 기대한다.

▪ 이동해

해운과 선박금융은 오랜 역사를 통해 동반자 관계를 가지고 있다. 글로벌 금융위기 이후 해운시장이 오랜 장기침체를 겪으면서 선박금융시장은 빠르게 脫유럽, 중국化, 非銀行化 현상을 보이고 있다. 한국 선박금융시장은 상업적 시중은행은 떠나고 정책금융기관들만 남아 있어 매우 특이한 상황이다. 한국 해운의 지속성장을 위해서는 정책금융, 시중은행, 자본시장이 조화롭게 동반성장하는 선박금융시장 정상화 노력이 필요하다.

▪ 이석행

해운회사에서 발생하는 각종 사고와 분쟁은 발생에서 처리 시까지 그 과정이 실로 복잡다단하고 이해가 쉽지 않다. 따라서 전문 용어에 대한 이해도 중요하지만 특히 모든 사고와 분쟁 처리 시 초기에 전략(Strategy)을 잘 수립하고 그때그때 상황에 맞춰 전술(Tactics)을 잘 펼쳐 손해 경감을 위한 노력을 기울여야 한다.

■ 이종갑

안전은 막연하고 복잡한 주제이다. 중요성은 잘 알고 있지만 실천하기가 쉽지 않다. 방법을 몰라서, 때로는 알면서도 당장 먹고 사는 일에 도움이 되지 않아서. 그러나 어떤 형태라도 안전에 대한 관심과 노력은 가치 있는 일이다. 이웃을 사랑하고 나아가 사회에 공헌하는 방법이다. 부족하지만 해양안전에 관한 논의의 기회를 제공해 주신 '바다, 전문가와의 대화'에 감사드리며 무궁한 발전을 기원한다.

■ 정병석

1980년 변호사 업무를 시작하여 우연치 않은 기회에 해상클레임을 접하면서 해상전문 변호사(maritime lawyer)로서의 길로 들어선 지 40여 성상이 흘렀다. 한국 해운의 발전과 같이 하여온 세월이라고 할 수 있겠다. 해상법 및 국제사법 개정에 참여할 수 있는 기회를 갖기도 하였다. 1970년 – 80년대 해외취업 선원들의 피땀 어린 노력 위에 이루어진 한국 해운은, 2008년 경제위기와 한진해운의 파산 등 위기를 겪었지만 이를 교훈 삼아 다시 도약할 수 있으리라 믿는다!

■ 정우영

1990년 초에 비로소 자리 잡은 외화표시 선박 금융은 i) 외환위기를 변곡점으로 은행 중심의 금융에서 자본 시장 중심의 선박금융으로 점차 변화되었고 ii) 금융의 제공 여부 및 금리의 결정을 시장 기능인 '보이지 않는 손'에 의존하였던 것을, 2008년 리먼사태를 겪으면서 점차 '정부의 보이는 손'이 개입하는 형태로 변화되었다. 앞으로 한국의 선박 금융은 어떠한 모습을 취할지??

■ 조규열

해양진흥공사가 설립된 지 어느덧 3년이 지났다. 해진공 설립 제1기 경영진의 일원으로서 3년의 임기를 마치고 지난 3년간 해진공의 공과에 대해 일부라도 논할 수 있는 기회를 갖게 되어 기쁘게 생각한다. 이 자리를 빌어 지난 3년간 큰 버팀목이 되어 주신 전임 황호선 사장님과 동료 본부장님, 그리고 신생 조직원으로서 힘에 겨운 난제들을 같이 헤쳐 나가면서 가시적인 성과를 내주신 직원 여러분들께도 감사한 마음을 표하고자 한다.

■ 조승환

해양·수산·조선·금융 등 바다와 관련된 모든 분야의 관심 있는 분들이 모인 통섭의 광장의 일원으로 참석할 수 있어 기쁘고 영광스럽다. 김인현 교수님을 비롯하여 이끌어 주시는 분들께 감사드린다. 여러 분야의 산만한 지식이 모여지는 해양의 지식광장으로 더욱 발전하길 기대한다.

- **최 덕 림**

우리나라는 해운 물류 산업의 후발 주자이지만 2000년도 초반까지 조선업과 함께 빠른 발전을 이루어 왔다. 한때 정책적인 실수로 해운, 물류산업에 큰 위기가 있었지만, 지금이라도 종합 물류 서비스 제공, 해운 물류 산업의 디지털화, 해운 환경 문제에 대한 인식 변화 등 산업 패러다임의 변화를 인식하고 해운 분야 물류분야의 질적, 양적 경쟁력을 갖추기 위해 정부의 적극적이고 장기적인 관심과 투자가 이루어졌으면 하는 바람이다.

- **최 수 범**

전문가들과 호흡을 같이 할 수 있다는 것은 커다란 기쁨이 아닐 수 없다. 서로가 다른 조직에서 서로 다른 방향으로 미래를 향해 나아가고 있지만, 분명한 사실은 머언 미래에서 오늘을 보면 우리 모두 같은 방향으로 달려가고 있을 것이다. <바다, 저자와의 대화Ⅱ>는 우리가 모두 한 방향으로 달려가고 있다는 것을 느끼게 해 주는 지성체이다. 본서는 미래 대한민국의 해운과 물류의 역사에 큰 기록으로 남을 것이다.

- **최 영 석**

한진해운 파산 이후, 글로벌 물류의 국가 경쟁력이 더 주춤한 상황에서, 글로벌 제조 Supply Chain의 변화, 물류 요구사항의 구조적 변화를 직시하여, '해운재건 5개년 계획'의 전반부는 양적인 성장과 회복에 초점을 맞추었다면, 남은 후반부 기간 동안에는 질적인 변화와 성장을 선도할 수 있도록 정부, 정부기관, 산업계, 학계, 연구기관이 실질적인 협력과 실행결과를 만들어 낼 수 있는 노력들이 가일층 발전되는 계기가 되었으면 한다.

집필자 약력

(가나다순)

■ **강명호**
  (현) 팩마린 서비스 사업개발팀장
  (전) 일본 아사히 탱커 감독
  (전) 일본 아사히 탱커 선장

■ **권오익**
  (전) 대우조선해양 기술본부장(CTO)
  (현) 한국글로벌솔루션 대표이사
  (현) 한국카본 LNG사업부문 수석부사장
  마르케스 후즈후 세계인명사전 등재 (평생공로상), 은탑산업훈장 수상

■ **권오정**
  (현) 삼성화재해상보험(주) 수석
  (전) 삼성화재 해상보험파트장
  고려대학교 일반대학원 박사과정 수료(상법전공)
  (공저)『해상보험법』제2판, 법문사, 2021

■ **김연빈**
  (현) 도서출판 귀거래사 대표
  (전) 주일한국대사관 해양수산관·국토교통관
  사단법인 한국바다수영협회(AKOWS) 설립(2005) 및 전무이사(2005 ~ 2011)

■ **김영무**
  (현) 한국해운협회 상근부회장
  (현) 한국해양산업 총연합회 부회장
  (현) 한국해사재단 상임이사

■ **김인현**
  (현) 고려대학교 법학전문대학원 교수
  (전) 해양수산부 정책자문위원장
  (전) 일본 산코라인 선장(현 유효한 선장면허 보유)

■ **김정식**
  (현) 라이베리아 기국 한국등록처 법인 대표
  (전) 디엠씨주식회사 영업본부
  (전) 현대중공업 그룹선박영업본부(동경지사 주재 외)

■ **김칠봉**
  (현) ㈜ 에스아이씨 부회장
  (전) 대한해운(주) 부회장
  (전) SM상선(주) 대표이사
  (전) 사단법인 한국선급 감사

■ 김   현

(현) 법무법인 세창 대표변호사
(현) 해양수산부 법률고문, 런던국제중재재판소 중재인
(전) 서울지방변호사회 회장, 대한변협 회장

■ 양창호

(현) 성결대학교 무역물류학과 특임교수
(전) 인천대학교 동북아물류대학원 교수
(전) 한국해양수산개발원(KMI) 원장
(전) 한국선급 비상근 감사, (전) 한국공항공사 비상임 이사

■ 유병세

(현) 선박해양공학기술협동조합 이사
(전) 고려대학교 법학전문대학원 겸임교수
(전) 한국조선해양플랜트협회 전무이사
(전) 선박해양플랜트연구소(KRISO) 책임연구원

■ 윤경준

(현) 배재대학교 무역물류학과 교수
(전) 국가정보원 분석관
(전) 전남도청 사무관(항만물류팀장), (전) 서산시청 항만사업팀장/항만팀장
(전) 팬오션(주) Chief Officer(선장면허 보유)

■ 이광남

(현) 해양수산정책연구소 연구소장, 해양수산인재개발원 겸임교수
(전) 한국수산회 수산정책연구소 소장
(전) 선박안전기술공단 임원

■ 이동해

(현) 포천파워(주) 재경본부장(CFO)
(전) KDB산업은행 해양산업금융본부장
(전) 부산IFC 해양금융종합센터장

■ 이석행

(현) 시마스타(SEAMASTER) 대표
(현) 대한상사 해사중재인/서울해사중재인협회 중재인
(전) 한진해운 법무보험팀 이사대우

■ 이종갑

(현) 선박해양공학기술협동조합 사업관리이사/Ph.D
(현) 국제표준화기구 선박해양기술위원회 선박설계소위원회(ISO/TC8/SC8) 의장
(전) 해양과학기술원 부설 선박해양플랜트연구소 책임연구원
(전) 국제조선전문가연합(ASEF) 기술대표

- **정병석**
  - (현) 변호사(Kim & Chang: 1980 ~ 현재)
  - (현) 고려대학교 겸임교수(2015 ~ 현재)
  - (전) 한국해법학회 회장(2012 ~ 2014)

- **정우영**
  - (현) 법무법인(유) 광장(Lee & Ko) 소속 변호사(1992년 ~)
  - (현) HMM 사외이사(2022 ~)
  - (현) 고려대 겸임교수(2015 ~), 해양수산부 정책자문위원(2002 ~)
  - (전) 한국해운거래정보센터 대표이사(2017 ~ 2018)

- **조규열**
  - (현) 세계로선박금융(주) 대표이사
  - (전) 한국해양진흥공사 해운금융1본부장
  - (전) 한국해양보증보험 대표이사
  - (전) 한국수출입은행 해양·구조조정본부 부행장 겸 해양금융종합센터 센터장

- **조승환**
  - (현) 해양수산부 장관
  - (전) 해양수산과학기술진흥원(KIMST) 원장
  - (전) 해양수산부 해양정책실장, (전)부산지방해양수산청장
  - (전) 국제해사기구(IMO) 상주대표

- **최덕림**
  - (현) 삼성SDS 상임고문
  - (전) 현대상선(HMM) 상무이사
  - (전) 한진해운 상무이사

- **최수범**
  - (현) 국립인천대학교 동북아물류경영연구소 초빙연구위원
  - (현) 대통령직속 북방경제협력위원회 교통물류 전문위원
  - (현) 국립인천대학교 북방물류 교육협력 및 인력양성 사업단 부단장
  - (전) SLK국보 총괄상무/북극항로 프로젝트 PM

- **최영석**
  - (현) 남성(해운)홀딩스 전략기획실장
  - (현) 한국해운물류학회 이사
  - (전) 한국아이비엠(주) 비즈니스컨설팅 사업부문

바다, 저자와의 대화 Ⅱ
－ 23인의 저자가 들려주는 바다이야기 －

2022년 7월 10일   초판 인쇄
2022년 7월 15일   초판 1쇄 발행

저 자 김 인 현   외   2 2 인
발행인 배   효   선

도서
출판   **法 文 社**

주 소 10881 경기도 파주시 회동길 37-29
등 록 1957년 12월 12일/제2-76호(윤)
전 화 (031)955-6500~6 FAX (031)955-6525
E-mail (영업) bms@bobmunsa.co.kr
     (편집) edit66@bobmunsa.co.kr
홈페이지 http://www.bobmunsa.co.kr
조 판   법 문 사 전 산 실

정가 23,000원   ISBN 978-89-18-91323-0